KB134057

하버드 중국사 **당**
열린 세계 제국

하버드 중국사 당_열린 세계 제국

2017년 9월 18일 제1판 1쇄 인쇄
2017년 10월 2일 제1판 1쇄 발행

지은이   마크 에드워드 루이스
옮긴이   김한신
펴낸이   이재민, 김상미

편집   정진라
디자인   달뜸창작실, 정희정

종이   다올페이퍼
인쇄   천일문화사
제본   광신제책

펴낸곳   너머북스
주소   서울시 종로구 자하문로24길 32-12 2층
전화   02) 335-3366, 336-5131 팩스 02) 335-5848
홈페이지 www.nermerbooks.com
등록번호 제313-2007-232호

ISBN 978-89-94606-47-7 93910
ISBN 978-89-94606-28-6(세트)

너머북스와 너머학교는 좋은 서가와 학교를 꿈꾸는 출판사입니다.

하버드 중국사 **당**
열린 세계 제국

마크 에드워드 루이스 지음
김한신 옮김

너머북스

차례__

지도와 그림__

지도

그림

한국어판 서문

하나의 문명사를 한 권의 책에 담아내는 일은 제2차 세계대전 이후, 적
어도 서양에서는 역사학자가 가장 열정을 쏟았던 작업이다. 중국사
분야에서도 숱한 난관을 이겨내고 뛰어난 작품들을 내놓은 수많은 개
척자 — 존 페어뱅크John Fairbank(1907~1991)부터 조너선 스펜스Jonathan
Spence(1936~)에 이르기까지 — 가 있다. 나는 세계대전 이후에 태어난
세대로서 우리 세대에게는 그러한 야망이 그다지 많지 않은 것을 당연
한 일이라고 생각한다. 내 동료 중에도 이미 몇몇 이들이 포괄적인 역
사서를 저술했고, 앞으로도 더 많은 작품이 나올 가능성이 있지만, 우
리 가운데 페어뱅크나 스펜스에 버금가는 권위를 얻을 사람은 아마 없
을 것으로 본다. 우리에게는 앞선 세대가 겪지 못했던 문제가 있는데,
과거에는 없던 너무나 방대한 지식과 구체적인 정보가 현재 넘쳐나는
것이 그 이유이다. 부지런한 역사학자라면 중국에서 출간된 모든 책
을 읽을 수 있던 시절이 있었다. 하지만 적어도 20여 년 전부터는 이러
한 일이 어려워졌고, 오늘날은 사실상 불가능하다. 그렇기에 오히려
우리 세대에는 중국의 역사를 특정한 주제에 따라 재조명하여 한 권의

책에 담아내는 일이 얼마든지 가능해졌다. 하지만 중국사 전체를 한 권의 책에 담아내는 작업은 더욱 어려운 일이 되었다.

하버드 대학교 출판부의 캐슬린 맥더모트Kathleen McDermott가 폭넓은 독자층을 위한 중국사를 출간하자고 내게 제안했을 때 나는 그 전체를 나 혼자 다 쓸 수 없음을 직감했다. 원나라 이전의 중국사라면 나는 거의 아마추어 수준에 가까웠기 때문이다. 각 왕조마다 전문가가 필요한 작업이었다. 이 시리즈는 원래 4권으로 기획되었지만, 가장 중요한 왕조 — 한漢, 당唐, 송宋, 명明, 청淸 — 만 해도 이미 5권이 필요한 상황이었다. 그때 (이 시리즈의 저자인) 마크 에드워드 루이스Mark Edward Lewis가 진·한과 당 사이의 남북조 시기에 대해서는 풍부한 서술이 가능할 만큼 새로운 연구가 이루어졌으므로, 따로 한 권으로 정리해줄 필요가 있다고 조언했다. 나 역시 3~6세기에 걸친 중국사를 한 권의 책에 담아내자는 의견에 찬성했고, 결국 이 "하버드 중국사" 시리즈는 중국이 항상 강력하게 중앙 집권화된 정부가 다스리는 지역이라는 기존의 통념과는 다른 곳임을 보여주는 기획이 되었다. 그리하여 총 6권의 시리즈를 기획하게 된 것이다.

나는 이 시리즈의 다른 저자들에게 별다른 지침을 주지 않았다. 내가 가장 중요하게 생각했던 점은 각 시대에 해당하는 연구 자료들의 가장 최근 성과를 조사하여 현재의 자료에 가장 가까운 사실을 서술하는 것이었다. 나는 역사를 시대 순으로 처음부터 차근차근 서술하는 평범한 방식을 되풀이하지 않기를 요청했다. 반대로, 그 당시에 살던 사람과 같은 관점과 같은 생각을 가지고 보고 서술하기를 바랐다.

이미 정형화되고 기정사실화된 역사를 다시 끄집어내는 것이 아니라, 당시의 삶이 구체적으로 어떠했는지 그 복잡 다양함을 오롯이 담아내는 역사서가 되기를 희망했다. 나는 또한 우리가 이미 알고 있고 또 곧 알게 될 지식에 너무 많이 의존하지 않기를 바랐다. 그리고 외부에서 바라보는 역사가 아니라, 역사의 내부에 밀착하여 숱한 세월을 함께 살아내고 자세히 읽어내는 역사서가 되기를 바랐다. 가령 각 시대를 이해하기 위해 일정 부분 정치사가 필요하다는 사실을 인정했지만, 그때에도 황실 정치가 정치사를 독점하지 않도록 주의해줄 것을 각 저자들에게 요청했다. 그렇다고 철학의 흐름이 이야기를 주도하는 것을 원한 것도 아니었다. 일반 서민은 대부분 철학이나 정치와는 동떨어진 삶을 살았던 만큼, 나 역시 이 "하버드 중국사" 시리즈가 일반 서민들의 삶과 경험을 충분히 보여주기를 소망했다. 그러므로 이 책을 읽는 독자들은 황제 중심의 일화보다는 당시의 사회, 경제, 문화, 그리고 백성들의 일상생활에 관해 좀 더 많은 정보를 접하게 될 것이다. 마지막으로, 이 "하버드 중국사" 시리즈가 공통적으로 담아내고자 한 주제는 각 시대의 역사가 형성될 때 비한족非漢族이 맡은 역할과 공헌에 주목하는 일이다. 중국의 역사는 한족漢族만의 역사가 아니기 때문이다.

이러한 지침을 제외하면, 나는 시대마다 중요한 사건의 가치와 활용 가능한 자료에 따라 각 시대를 어떻게 파악해야 하는지에 대해서는 시리즈 저자들의 재량에 맡겼다. 그 결과 중화제국에 관하여 상당히 포괄적인 연구가 이루어졌는데, 각 시대가 하나의 주도적인 주제에 따라 해석된 것이 아니라 여러 시대마다 대두했던 다양한 주제가 전개

될 수 있었다.

바라는 바가 있다면, 이 시리즈의 6권 모두가 독자들에게 서로 다른 방식으로 중국의 과거를 통찰하고 앞으로의 새로운 연구를 자극하는 계기를 제공하는 것이다.

책임 편집 티모시 브룩

일러두기 ·

· 중국의 인명과 지명은 우리말 한자음으로 표기했고, 처음 언급할 때만 한자 병기했다.

· 서양과 일본의 인명과 지명은 국립국어원 외래어표기법을 기준으로 삼았다.

· 중국 사료의 인용은 가능한 한 중국 사료를 참고하여 번역했다.

· 이 책에 등장하는 날짜는 특별한 언급이 없는 한 양력으로 환산된 날짜이며, 음력 날 짜는 따로 병기했다.

| 들어가는 말 |

대다수의 중국인은 당唐 왕조(618-907)를 정치적으로나 문화적으로 중화 제국의 절정기로 인식하고 있다. 당 제국은 만주족의 청淸 왕조 이전에 있었던 역대 중국 왕조 중에서 가장 넓은 영토를 차지하였고 종교, 문자, 그리고 다양한 경제적·정치적 제도로 연결되었던 동아시아 세계의 중심이었다. 게다가 당대唐代의 문인들은 중국의 위대한 서정시의 전통에서 최상의 시들을 만들어 내었고, 그것들은 중국 역사 전체를 통틀어 최고 수준의 문학 장르로 남았다. 그러나 수세기 동안 유지되었던 다른 왕조들과 마찬가지로, 당대 역시 변화의 시대였다. 당대 후반기의 세상은 전반기의 세상과는 전혀 달랐고, 당대가 가진 역사적 중요성은 그 시기에 발생한 변화의 결과에서 찾아볼 수 있다.

중국인이 전통적으로 찬양하는 군사적 정복과 뛰어난 시문의 등장은 당 왕조의 전반기에 이루어졌다. 당 조정은 8세기 중반에 격변을 불러온 반란으로부터 회복하지 못하였고, 수십 년이 지나기도 전에 이 미 중국의 정치가와 문인 들은 지나가 버린 왕조의 전성기를 언급하면 서 자신들은 그 지나간 영광의 그늘 속에서 살고 있다고 생각하게 되 었다. 정치와 예술에서의 초기 업적에 대한 찬양은 후대 왕조들에서 더욱 강조되었다. 이후 거의 모든 왕조 시기에 이민족이 지배하였던 중국 북부 지역을 포함한 중국 전역을 다스렸던 당 왕조는 최후의 위 대한 '중국 민족' 왕조였다. (군사적으로 약체였던 명 왕조에 대해서는 고려치 않은) 이러한 생각은 당 왕실이 혈통적으로나 문화적으로 5세기와 6세 기에 중국 북부 지역을 지배하고 있었던 모든 변방의 '오랑캐'와 깊은 관련이 있었다는 사실을 무시한 것이었다.

역사학자들, 특히 서구의 학자들은 당대 후반기가 전반기보다도 여 러 면에서 더욱 흥미롭다고 생각한다. 756년 안녹산의 반란으로 뚜렷 해지는 역사적 단절은 왕조의 성쇠 면에서나 중국의 역사 전개의 전체 궤도에서도 결정적인 순간이었다. 일본의 역사학자 나이토 토라지로 [内藤虎次郎](또는 나이토 코난[内藤湖南])는 8세기 중반에 시작되는 당에서 宋末으로 이어지는 기나긴 변혁의 시기는 중국 '중세'에서 '근세'로의 전 환을 특징짓는다고 주장하였다. 서양의 시대 구분을 중국 역사에 대입 하는 것은 위험한 일이지만, 나이토 이후의 상당수의 학자들은 그의 핵 심적인 가설을 확인해 주었다. 안녹산의 반란 이후 당 왕조는 중요한 경제적, 군사적, 사회적 제도들을 폐기하고, 제국의 문화적 지형을 재 구성하였으며, 외부 세계와의 무역 관계를 확대하고, 이와 같이 변화 하는 세계에 대처하 는 과정에서 개발된 새로운 예술 형식은 모두 후기 중화 제국을 그 이전 시대와 구분지어 주는 기본적인 특징들이었다.

이러한 역사적 이행의 첫 번째 요소는 기원후 220년 한漢 왕조가 멸망한 시점까지 그 기원을 거슬러 올라갈 수 있는 제도들을 당 왕조가 폐기한 것이었다. 당대 초기에 적어도 중국 북부 지역에서 공식적인 토지 보유 형태는 균전제均田制였다. 그것은 원칙적으로 국가가 소유한 토지를 경작 가능한 가구들에게 주기적으로 재분배하는 것이었다. 토지를 지급받는 모든 가구에 대하여 동일하게 속粟, 견絹, 그리고 정역丁役(중앙정부의 토목공사에 종사)을 부가하는 세금 체계가 이러한 토지 소유 제도와 연결되었다. 당 왕조가 과거로부터 계승한 군사 체계는 전방에 있었던 이민족 유목민 부대와 변경에 배치된 직업군인들을 부병체제로 구성하고, 여기에 장안長安 주변에 집중적으로 주둔하였던 정예군을 구성하는 군호軍戶들과 결합시키는 형태였다. 수도와 다른 주요 도시들은 벽으로 둘러싸인 거주 구역으로 나뉘어져 있었고 교역은 특정한 시장에서만 열 수 있도록 제한되어 있었다. 사회는 수세기 동안 제국 전체에 걸쳐 명성을 떨쳤던 소수의 최상위 대가문들에 의해서 지배되었다. 이러한 전승된 제도들은 당 후반기에 모두 사라졌지만, 최상위 대가문들의 지배적인 영향력만은 10세기 초반 당 왕조의 멸망에 이르러서야 종식되었다.

이러한 변화의 가장 중요한 요인은 국가 자산과 신민臣民에 대한 국가 통제의 상실과 더불어 진행된 상업화와 도시화였다. 안녹산의 반란 이후, 국가는 토지 소유제를 통제하고자 하는 초반의 노력을 포기하였다. 이것은 대체로 가족에 기반을 둔 군사제도(부병제)를 직업군인

제(모병제)로 전환시켰다. 도시 내 교역에서는 공간적인 제약들이 사라졌다. 도시 생활은 상업시설들이 시끌벅적한 거리를 따라 주거 공간과 섞여 있는 후기 중화 제국 모델로 변화하였다. 농촌 여기저기에서 생겨난 새로운 상업 중심지들은 중계인이나 소매상인의 지배하에 점차 상업화되어 가는 농업 시스템에 편의를 제공하였다. 한편 엘리트 가문들은 공직 진출을 위한 시험 제도를 통해서 그들의 지위와 생계를 국가의 운명과 연계시켰지만 당 왕조가 무너지면서 사라지게 되었다. 그렇지만 시험 제도 자체는 뒤이어 등장한 왕조들에서도 유지되고 발전하였다.

당대 후반기를 그보다 앞선 왕조들과 구분 짓는 두 번째 단계는 새로운 문화지형의 등장이다. 한 왕조의 멸망과 589년 수隋 왕조의 등장 사이의 몇 세기 동안, 잇따라 등장한 국가들은 양자강 하구 유역 및 그 남쪽 지역을 대규모로 개발하였다. 늪지대로 이루어진 저지대에서 배수가 가능해진 이후, 새롭게 개발된 이러한 지역은 강수량이 풍부하였다. 그 결과 고대 중국의 중심지였던 북부의 황하 유역보다 훨씬 많은 농업 생산량을 달성하였다. 양자강 지역은 벌크선 수송에 보다 적합한 수상 운송 조건을 갖췄고, 그것은 지역 간 교역을 용이하게 하여 결국 지역적 전문화專門化로 이어졌다. 단명한 수 왕조의 최고 업적인 대운하는 곡물, 특히 쌀을 남부 지역에서 북서부의 장안에까지 운반할 수 있도록 하였다. 당 후반기에 남부의 인구는 북부에 비해서 다소 적었지만, 안녹산의 반란 이후 정부는 황하 유역 대부분의 지역에 대한 통제권을 상실하였다. 이로 인하여 양자강 유역은 제국의 경제 중심지이자 국가 재정 수입상으로도 가장 중요한 지역이 되었다. 남부는 인구나 문화 면에서, 또 경제적으로 북부를 압도하였다. 하지만 전략적인 이유로 북부에 있던 수도의 통제를 받는 남부라는 전형적인 형태는 당말 이후의 중화 제국 시기 내내 유지되었다.

후기 중화 제국으로의 세 번째 전환은, 당대 상인들이 외부 세계와의 교역관계를 재편한 것이다. 당 왕조는 서북쪽으로 유목민 연합과 도시 국가들과 정치적인 교류를 지속하였다. 육상 교역은 티베트 왕조인 토번吐蕃의 부상으로 가로막히기 전까지 고대의 '실크로드'를 따라서 간헐적으로 지속되었다. 그러나 당말에 해상교역을 가능하게 한 것은 바로 풍요로운 남부의 수많은 천연의 항구들이었다. 이전의 여러 세기 동안과 마찬가지로 대부분의 교역은 한국이나 일본 같은 동북아시아의 국가들과 이루어졌다. 하지만 동남아시아, 인도 그리고 페르시안 해협의 해안 지역들과도 실질적으로 새로운 상업교역을 맺었다. 이와 같은 해상을 바탕으로 하는 벌크 수송 교역은 중국을 새롭게 등장하는 세계 경제 시스템과 연결시켰고—이러한 패턴은 명대에 국가 후원의 해상 원정이 중단됨에도 후기 중화 제국 전체를 걸쳐서 지속되었다.—새로운 상업 기회는 많은 외국 상인을 끌어들여 중국 주요 도시에 정착하도록 하였고, 또한 중국인이 동남아시아와 그 너머로까지 퍼져나가도록 만들었다.

증가하는 교역과 도시의 상업화는 당에 네 번째 전환을 가져왔다. 그것은 새로운 문학 장르의 등장이었다. 당 왕조의 전반기는 왕유王維, 이백李白 그리고 두보杜甫의 시문詩文에서 전형적으로 보이는 바와 같이 당의 전반기에는 서정적인 운문韻文으로 대표되는 성당盛唐의 황금시대에 도달해 있었다. 이러한 당 전반기 작가들의 더 많은 자유에의 추구와 도덕적 진지함은 예술 작품 생산의 중심이 수도인 장안을 비롯한 다른 주요 도시로 이동하면서 가능해졌다. 장식적이고 인위적인 스타일의 작문을 강조하였던 왕실 조정으로부터 벗어난 것이다. 시문의 지리학적 범위의 확대는 당 후반기에도 지속되었고, 도시 생활의 기쁨과 슬픔을 다룬 새로운 장르의 운문들이 장안이나 다른 주요 도시의 홍등가 등지에서 생겨났다.

동시기에, 몇몇 작가들은 사회 비판적인 산문들을 주요한 문학 형태로 발전시켰다. 가장 두드러진 예는 유학자이자 철학가였던 한유와 그와 어울렸던 작가들의 작품으로, 그들은 수도 장안에서 쫓겨나 대부분의 시간을 유배지인 지방 관청에서 보냈던 인물들이다. 마지막 세기에 세상이 점차 더 복잡해지면서 중국 지식인 전통의 한 부분으로 인정되는 작가들은 당대 남자와 여자 사이의 관계나 내면을 탐구하는 수단으로써 허구의 이야기를 처음 만들어 내었다.

1

| 당 제국의 지리적 경관 |

당대 가장 큰 변화의 하나는 중화 제국의 공간에 대한 재정립이었다. 당 왕조의 첫 140여 년간(618~756년 사이) 당 왕조가 그 중심지인 장안과 제2의 수도인 낙양洛陽으로부터 외부로 확장하고 있을 때에 인구의 대다수는 북부 최대 수로인 황하, 그리고 그 주요 지류인 위하渭河와 분하汾河 유역에 거주하고 있었다. 황하黃河는 북서부의 오르도스 분지로부터 함곡관函谷關 동쪽의 비옥한 중원 평원을 통과하여 동북부 해안의 범람원에까지 이르는데 이는 생산성이 가장 높고 인구가 제일 많이 밀집한 지역들을 지나는 것이었다. 그것은 진대秦代와 한대漢代와 같은 이전 왕조 시대에도 동일하였다.

당 왕조가 멸망할 즈음에는 그 모든 것이 완전히 변하였다. 과거의 대도시는 다시 한 번 폐허가 되고, 장안과 같은 도시들도 제국의 수도로서의 이전과 같은 지위를 회복하지 못했다. 전통적으로 중심지였던

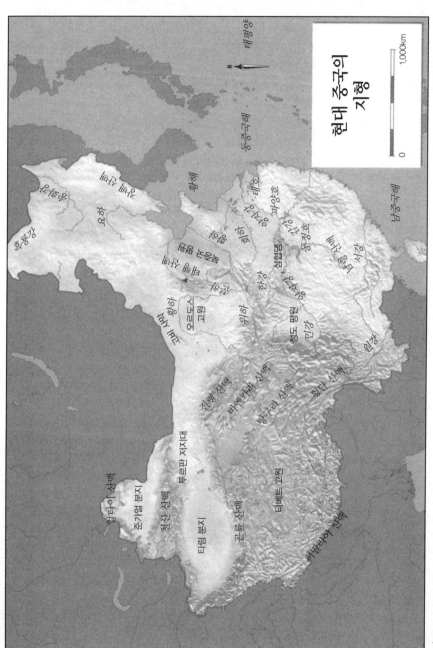

현대 중국의 지형

0 ⌷⌷⌷⌷ 1,000km

태평양

헤이룽강

싱안링산맥

얼타이산맥

준가얼 분지

톈산산맥

투르판 저지대

타림 분지

쿤룬산맥

치롄산맥

쿤룬 산맥

티베트 고원

히말라야산맥

창탕 고원

탕구라 산맥

바옌카라 산맥

친링 산맥

오르도스 고원

황하

웨이허

한강

싼샤댐

양쯔강

성도 평원

민강

웬강

젠탕강

완저우호

둥팅호

간강

포양호

타이호

보하이

황하

루안허

화이허

랴오하

태산 산맥

북중국해

동중국해

황해

요하

두만강

송화강

우쑤리강

남중국해

시 서강

주장

N

지도 1

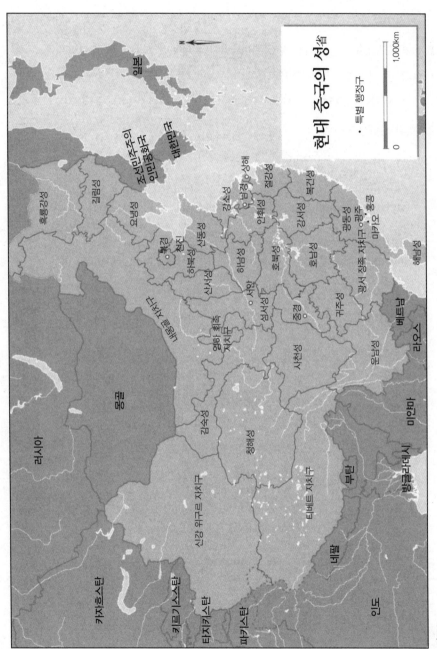

현대 중국의 성省

· 특별 행정구

0   1,000km

카자흐스탄

키르기스스탄

타지키스탄

파키스탄

러시아

몽골

신강 위구르 자치구

청해성

티베트 자치구

네팔

부탄

인도

방글라데시

미얀마

라오스

베트남

감숙성

내몽골 자치구

영하 회족
자치구

닝샤 회족
자치구

섬서성

사천성

운남성

흑룡강성

길림성

요녕성

하북성

북경 · 천진

하남성

호북성

중경

귀주성

광서 장족 자치구

내몽고 자치구

산서성

산동성

강소성

남경 · 상해

안휘성

절강성

호남성

강서성

복건성

광동성 · 광주

홍콩

마카오

해남성

조선민주주의
인민공화국

대한민국

일본

N

지도 2

북서부 지역은 장기간의 경제적·생태적 쇠퇴가 시작되어 오늘날과 같은 빈곤하고 반半사막인 후배지後背地로 전락하게 된다. 중원 평야는 인구학적으로나 경제학적으로 지배적인 위치뿐 아니라 중국 문화의 전형으로서의 광채를 상실하였다. 북동부(오늘날의 하북성과 산동성)는 거의 이민족화되어 경계 지역이 되었고, 그중 몇몇은 이후 몇 세기 동안 중화 지역과 다시 결합되지 못하였다. 그 지역들은 후기 중화 제국 시기 내내 비한족의 '정복왕조들'의 본거지로서 유지되었다. 양자강 하류 지역과 그 남부 지역은 풍부한 강수량과 풍요로운 식생 그리고 편리한 수상 운송으로 인하여 중국의 인구학적 그리고 경제적 중심지로서 점차 황하 유역을 대체하고 있었다. 이 지역은 남조南朝 시대의 4세기 동안 착실하게 발전해 왔고 당대에 중국의 중심지가 되었다.[1]

중국 고대의 중심지, 관중

당 제국의 정치적 중심지는 수도인 장안과 그 둘레의 (위하를 중심으로 하는) 관중關中 지역이었다. 이는 중국을 처음으로 통일한 진秦 제국

---

1) Somers, Robert M. "Time, Space and Structure in the Consolidation of the T'ang Dynasty (a.d. 617 - 700)" In *State and Society in Early Medieval China*. Ed. Albert E. Dien. Stanford: Stanford University Press, 1990.; Wang, Gungwu. "The Middle Yangtze in Tang Politics." In *Perspectives on the T'ang*. Ed. Arthur F. Wright and Denis Twitchett. New Haven: Yale University Press, 1973.; Schafer, Edward H. *The Vermilion Bird: T'ang Images of the South*. Berkeley: University of California Press, 1967.; Schafer, *The Empire of Min*. Rutland, Vt.: C. E. Tuttle, 1954.

(기원전 221-206)과 진 제국의 정치적, 문화적 계승자였던 전한前漢 제
국(기원전 206-기원후 8)의 오래된 중심지였다. 관중이라는 이름('관關의
가운데中')은 그 지역을 둘러싸고 있는 산맥과 산에 의한 자연적 방어물
들에 대한 주의를 환기시킨다.

진秦과 전한前漢 시기, 장안에 위치하였던 조정은 관중 지역에만 우
호적이었다. 반면 주위의 산들 너머에 있고 고대에는 관동('함곡관 동
부')이라고 알려진 광활한 평원 지역에 대해서는 차별적인 법률과 경제
정책을 시행하였다. 조정은 법률적 구실들을 이용해서 장안에서 멀리
떨어져 있던 유력 집안들을 억누르고자 하였다. 많은 주요 집안들이
강제적으로 수도 근처에 재정착하였고, 제국 전체에서 거둬들인 재정
은 종종 수리시설의 향상을 통해 관중 지역의 경제적 생산을 극대화하
는 데에 투자되었다.[2] 진대에 정국거鄭國渠는 북서 지역을 중국 최고의
비옥한 농업 지역으로 바꾸어 놓았다.

전한은 관중 지역에 유리한 방향으로 제국의 사회기반시설의 형태
를 만들어 나갔다. 그 지역의 농작물 수확량은 조정의 필요를 충당하
기에는 부족하다는 점이 명확해지고, 결국 한 정부는 보다 풍요로운
황하 하구의 범람원 지역으로부터 북서부 지역인 수도 장안으로 곡물
을 운반하기 시작하였다. 이것은 제국의 역사에서 매우 중요한 발전

---

2) 수리 조절을 중심으로 중국 수도 지역의 경제적 특권에 대해 지적한 것은,
 Wittfogel, Karl August, *Wirtschaft und Gesellschaft Chinas*, Leipzig: Verlag
 von C. L. Hirschfeld, 1931와 Ch'ao-ting Chi, *Key Economic Areas in
 Chinese History: As Revealed in the Development of Public Works for Water-
 contro*, A. M. Kelley, 1970에서 찾아볼 수 있다. 이러한 고전적인 연구들은
 많은 시간이 지났지만, 그 기본적인 주장은 여전히 중요성을 지니고 있다.

이라고 할 수 있다. 정치적·경제적 중심지가 나뉜 것이 중국 역사상 최초의 일이었기 때문이다. 벌크 수송은 수상 운송으로만 가능했지만, 건기에는 황하의 대부분의 지역에서 불가능하였고 장안과 황하를 연결하는 위하를 통하는 것은 매우 비효율적이어서 항상 의지할 수만은 없었다. 한무제漢武帝(재위 기원전 140-87)는 상당히 많은 비용과 노동력을 동원하여 위하를 우회하여 장안을 바로 황하와 연결시키는 운하를 건설하였다. 이어서 비옥한 분하 유역으로부터 곡물의 수송을 가능하게 하였던 또 다른 운하의 건설도 이루어졌다.[3]

이러한 수로들의 주요한 기능은 곡물을 북동부와 동부의 생산성이 높은 지역으로부터 수도로 운송하는 것이었지만, 두 운하 모두 그 지역의 수리관개에도 큰 도움이 되었다. 기원전 111년, 한무제는 여섯 개의 추가적인 관개 운하들을 정국거 인근 북부 지역에 개통시켰다. 그다음 해에는 황하의 지류로서 낙양 근처를 지나가는 낙하洛河 유역의 관개를 향상시키려는 시도를 하였다. 이 계획이 실패한 이후, 한무제는 황하의 제방이 크게 무너진 이래 몇 년간 대규모 홍수가 난 동부 범람원 지대의 주민들이 겪고 있었던 고통에 뒤늦게 관심을 갖게 되었다. 결국 무너진 제방을 수리하고 강물의 범람을 막을 수 있게 되자 한무제는 자신의 업적을 칭송하는 시를 짓기도 하였지만, 그 후에는 다시 관중에만 집중하였다. 관중 지역에서 한무제는 운송 능력이

---

3) Ch'ao-ting Chi, *Key Economic Areas in Chinese History*, pp.79 - 83에 인용된 『한서漢書』의 부분 참조. 수리 조절과 수상 운송에 대한 투자를 통해 수도 장안에 특혜를 주는 정책에 대해서는, 史念海, 『中國古都和文化』, 北京: 中華書局, 1998. 5장 참조.

저하되고 이름도 백거白渠라고 바뀐 정국거의 기능을 회복시켰고 3개의 새로운 관개 운하를 장안 근처에 건설하였다. 이로써 꼬리를 물고 연결된 운하들을 통해 수도 장안을 (황하에 인접한) 산서성 화음시華陰市까지 연결하고, 훨씬 더 북서부 지역에서의 관개 사업에도 착수하였다. 장안을 위한 사회기반시설 확충에 집중한 한무제의 정책에서 유일한 예외라고 한다면 회수淮水 유역에 건설되었던 관개 운하들일 것이다.[4]

기원후 25년 혼란의 시기가 끝난 후에 재건된 후한後漢 왕조(기원후 23-220)는 새로운 수도를 중원 평원의 낙양에 건설하였다. 관중 지역 주변 이민족들의 끊임없는 침입과 그 지역에서 발생하는 반란들을 진압할 능력을 상실하였던 중앙정부의 무능력이 원인이 되어 진대의 중심지는 이민족화의 과정을 겪게 되었다. 장안의 위신은 하락하였고, 그러는 사이에 장안 주변의 관개와 운송을 위한 운하들은 황폐화되고 사용이 중지되었다. 낙양 주위 황하의 제방들은 상태가 양호하였고 더 동쪽 방향으로 소규모의 관개 사업들이 지역 관리들에 의해서 이루어졌다. 후한은 황하강 유역을 통과하는 장거리의 운송을 통해서 수도에 식량을 공급하는 정책을 포기하였고 수도에 필요한 물품을 다른 도시들과 마찬가지로 근접한 배후지로부터 조달하는 과거의 패턴으

---

4) Ch'ao-ting Chi, *Key Economic Areas in Chinese History*, pp.84–88. 후대 정국거의의 변화에 대해서는 Elvin, Mark. *The Retreat of the Elephants: An Environmental History of China*. New Haven: Yale University Press, 2004. p.122; Will, "ClearWaters versus Muddy Waters: The Zheng-Bai Irrigation System of Shaanxi in the Late-Imperial Period"; 史念海, 『唐代歷史地理研究』, 中國社會科學出版社, 1998. pp.88–90 참조.

로 회귀하였다. [5]

지역 내에서 식량을 조달하는 관습은 한 왕조가 멸망한 이후에도 지속되었는데, 이후 4세기 동안 중국은 북부와 남부에 수많은 왕조로 나뉘었고 이들은 모두 단명하였다(삼국시대의 위, 진, 그리고 16국과 북위, 북제, 북주, 그리고 수 왕조까지 포함해서). 북부 왕조들은 관례대로 대규모의 중국 소작농과 유목민을 수도 주위에 정착시켜서 도시 거주자들과 조정에서 필요한 것들을 공급하도록 하였다. 317년 진晉 조정이 남부의 양자강 하류로 옮겨간 이후, 양자강 중류 지역의 군 지휘부들의 선례에 따라서 새로운 수도 건강建康 또한 주위의 농촌으로부터 식량을 제공받았다. 남부 지역에서 필요한 노동력은 납치되거나 강제로 동원된 토착민과 더불어 북부에서 유입된 대규모의 난민으로 충당되었다. [6]

수나라가 589년 중국을 재통일한 이후, 수 왕조의 창업자는 새로운 수도 대흥성大興城을 한대漢代 장안의 폐허 근처에 건설하기로 결정하였다. 수 왕조의 창업자를 비롯하여 그의 정치적 협력자들이 북서부 출신의 반半이민족 귀족들이었기 때문이다. [7] 그러나 이 당시는 이미 중국의 경제 중심지가 확실히 동부와 남부로 이동한 상태였으므로 관

5) Ch'ao-ting Chi, *Key Economic Areas in Chinese History*. pp.89-95.

6) Lewis, Mark Edward. *China between Empires: The Northern and Southern Dynasties*. Cambridge: Harvard University Press, 2009. 1장·5장 참조.

7) 이들 군인들과 후주 지배자들 사이의 관계에 대해서는, Dien, Albert E. "The Role of the Military in the Western Wei/Northern Chou State"In *State and Society in Early Medieval China*. Ed. Albert E. Dien. Stanford: Stanford University Press, 1990.; Dien, Albert E. "The Bestowal of Surnames under the Western Wei-Northern Chou: A Case of Counter-Acculturation." *T'oung Pao* 63 (1977): pp.137-177 참조.

중 지역에 수도를 건설하는 것에는 어려움이 따랐다. 일부 식량은 양자강 하류로 이동한 다음에 위하를 따라 재건설된 운하를 통과해서 수도에 다다를 수 있었다. 그러나 대부분의 식량은 황하와 그 남쪽의 지류들을 연결하고자 재건설된 수로들을 연속적으로 통과하여야 수도에 도달할 수 있었다. 수도를 제국의 모든 생산성 높은 지역들과 연결시키고자 한 이러한 야심찬 토목계획이 바로 뒷날 대운하로 알려진 사업이다.

수 왕조의 황실 가문과 마찬가지로 당 왕조를 건설한 이들 또한 북서부 군인 가문의 후손들이었다. 그들 역시 대흥성을 수도로 삼고 그것을 고대 도시에서 이름을 따서 장안이라고 불렀다. 그러나 왕조의 수립 이후 몇십 년이 지나지 않아서, 수도를 임시로 낙양으로 옮기지 않을 수 없었다. 제국의 관료와 그들을 떠받치는 인구의 증가로 식량 공급이나 다른 필수품들이 보다 접근 가능한 장소를 필요로 했기 때문이다. 7세기 후반 측천무후가 정권을 장악하여 관중 지역의 엘리트들과 지속적인 긴장 상태가 조성되면서, 낙양은 제국의 제2의 수도이자 신성한 수도라고 선언되었다. 측천무후의 실각 이후 현종은 배요경裵耀卿을 임명하여 그에게 대운하를 복구하여 곡창지대들과 연결시키도록 하였다. 이 작업이 완료되자 당 조정은 736년에 장안으로 돌아갈 수 있었다.

비옥한 분하와 그 지류 유역은 수도 장안과의 거리적 근접성과 운송의 용이함으로 인하여 당대에 35개 정도의 관개 사업들이 이 지역에서 이루어졌고, 이는 당시 세 번째로 많은 숫자였다. 그러나 '관중' 지역의

식량 공급 능력은 지속적으로 악화되었다. 그것과 맞물려 산림 벌채,
토양 침식, 우열雨裂 침식, 물 부족, 수로의 토사 퇴적 등의 문제들이
상황을 더욱 악화시켰다.[8] 북부 중국의 산림들은 건설 자재와 난방 연
료로 과다하게 이용되면서 수세기에 걸쳐 사라지고 있었다. 궁전, 사
원, 정부 건물 그리고 수도의 주민 거주지 건설에 필요한 목재의 수요
는 큰 부담이 되었다. 수도에 거주한 상류층 또한 목재의 사용을 증가
시키는 결과를 가져왔다. 수도 장안으로 땔감을 수송하기 위해서 정
부가 건설한 운하는 전체 숲의 감소를 촉진시켰다. 마지막으로 정부
가 티베트(토번)에게 빼앗긴 목초지를 대신해서 북서부 지역에서 말을
기르려고 시도하였다. 이 때문에 목부牧夫들이 자신들이 거주할 곳을
짓고 땔감을 위해서 나무를 벌채하면서 주변부의 토지가 파괴되고 경
사면의 침식이 이루어졌다.

화분 계측은 산림이 점차 강 유역과 언덕 사면에서 사라지고 수도
지역의 북반부에서는 완전히 자취를 감추게 되었음을 보여 준다. 산
림 벌채에 뒤이은 토양 침식은 수도에 물자를 운반하는 운하에 토사
가 더욱 퇴적되는 결과를 초래하였다. 따라서 수도 장안의 지리적 위
치는 그것과 관련된 비용과 인구와 더불어 환경을 악화시키고 경제
를 퇴보시키는 그릇된 결과를 초래하였다. 9세기 초반의 수필가이자

---

8) 史念海, 『唐代歷史地理研究』, pp.63 - 87; 史念海, 『黃土高原歷史地理研究』,
　　黃河水利出版社, 2001, 1장-5장; 史念海, 『中国古都和文化』, pp.277 - 285,
　　439 - 443, 537 - 540. 그 밖에도 영어권 연구로는 Elvin, Mark. "Introduction."
　　In *Sediments of Time: Environment and Society in Chinese History.* Ed. Mark
　　Elvin and Liu Ts'ui-jung. Cambridge: Cambridge University Press, 1998.
　　pp.16 - 17.

시인인 유종원柳宗元의 시는 당시의 일반적인 상식을 이야기한다.

> 우형虞衡의 도끼질은 온 산에 미치는데
>
> 공부工部의 명령으로 말뚝과 서까래를 만들기 위함이다
>
> 깊은 숲 속에서 베어 낸 열 그루 가운데 겨우 하나만 멀리 운반하는데
>
> 마차를 달고 온 많은 소가 나무를 나르니, 그 두 바퀴가 부서질 지경이
> 구나
>
> 베어 낸 나무로 도로가 가득 차 지나가기가 어려울 지경인데
>
> 사방에 널브러진 목재들이 마침내 산불로 타 버리는구나
>
> 남은 작은 나무도 보호하지 않고 계곡에서 짓밟히니 어찌 남아나겠는
> 가
>
> 많은 나무가 채 자라기도 전에 도끼질을 당하니, 숭산 준령이 맨몸뚱이
> 가 되는구나[9]

분명히 정치적인 이 시에서, 나무 벌목은 부패한 조정에 의해 꺾이
는 인재들의 운명을 상징한다. 한편 이러한 상황에 대한 은유로써 숲
의 파괴가 선뜻 떠올랐다는 사실은 당대에 벌거벗은 산등성이들이 얼
마나 일반적인 현상이었는지를 알려주고 있다.

함곡관 동쪽으로 황하가 길게 이어지는 지역들에서는 유속이 느려

---

9) Elvin, Mark. *The Retreat of the Elephants: An Environmental History of China*. p.19에서 인용하였음. (※ 마크엘빈 지음, 정철웅 옮김, 『코끼리의 후퇴』, 사계절, 2011. p.72 참조-역주) 또한 유종원에 대해서는 Chen, *Jo-shui. Liu Tsung-yuan and Intellectual Change in T'ang China*, 773–819. Cambridge: Cambridge University Press, 1992 참조.

지고 강폭이 넓어지며, 결국에는 강이 토사를 운반하는 능력을 상실하였다. 그 결과 강바닥을 따라서 지속적인 토사의 퇴적이 진행되어 강의 수위가 높아져서 제방을 무너뜨리게 되었다. 침식이 증가하면서 퇴적의 정도가 상승하고 제방의 파괴가 보다 빈번해지면서 제방은 점차 더 높게 건설되었다. 어느 한 왕조에서 다음 왕조 사이에 기록된 제방 붕괴의 빈도를 통해서 북서부 지역에서 발생하였던 침식의 빈도를 파악할 수 있다.[10] 전한대 마지막 수십 년 동안, 관중 지역에서 곡물을 생산하려는 노력들이 최고조에 달하였을 때에, 강 하류에서 제방이 붕괴하는 일이 급증하였다. 후한대 북서부의 일부 지역이 버려져 있을 때에, 그 빈도는 점차 줄어들었고 왕조의 멸망에 따라서 급속히 감소하였다. 그러나 5세기 초반 북위北魏가 북중국을 재통일한 이후에, 제방 붕괴의 빈도는 다시 증가하기 시작하였다. 중당中唐 시기에, 제방 붕괴의 빈도는 10년에 한 번 꼴로 가장 극성기였던 후한대의 9년에 한 번 꼴에 비하면 다소 줄었지만, 다음 몇 세기 동안 그것은 3~4년에 한 번꼴로 급증하였다. 이러한 수치들은 북서부 지역에서의 비옥한 토양의 유실만을 보여 주는 것이 아니다. 그것은 한편으로 그 지역에서 홍수의 발생이 놀라울 정도로 급증했다는 것을 보여 주며, 이는 더 많은 고통의 원인이 되었다.

당대 초기에, 북서부 지역은 중원 평원보다도 생산량이 높았는데, 이는 북위 시기와 그 이후에 동위와 서위로 나누어지는 내전 시기에

---

10) Elvin, Mark. *The Retreat of the Elephants: An Environmental History of China.* pp.24-26.

북서부 지역이 상대적인 안정을 누렸기 때문이다. 결국 당 왕조의 첫 번째 세기 동안에 당 정부는 그곳에 두 곳의 곡물 창고를 건설하여 수도로 운송할 잉여의 농업 생산물을 보관하고자 하였다. 수나라가 대운하의 북동 지역 연장선으로 건설하였던 영제거永濟渠는 주로 곡물을 북동부 지역에서부터 장안으로 운송하는 역할을 하였다. 당 왕조는 영제거에 연결되는 몇 개의 지류 운하를 건설하여 관개를 향상시키고 곡물을 생산자들로부터 주요 운하로 실어 나르고 그 수위를 높이고자 하였다. 이러한 개선과 더불어, 농업은 북으로 연산燕山에서까지 이루어지게 되었고 농업과 축산이 혼합된 형태는 더 북쪽까지 확대되었다.[11] 비록 이러한 주변부 지역 토지의 개발은 결국 침식과 사막화를 초래하게 되지만, 그 당시에는 높은 생산성을 유지하고 있었다.

안녹산의 반란 이후에, 당 조정은 북동부 지역 대부분에 대한 통제권을 상실하고 더 이상 세금이나 곡물을 얻어 낼 수 없었다. 또한 북서부 지역에 주둔한 대규모의 직업군인이 너무나 많이 지역의 잉여 생산물을 소비하였기 때문에 당 조정에 충성하였던 지역들까지도 장안으로 보내는 수확량을 충분히 확보할 수는 없었다. 번영하였던 남부는 중앙정부를 유지시켜 주는 식량과 세수의 유일한 원천이었다. 두목杜牧(830-52년에 활약)의 말처럼 "회수와 양자강은 당 왕조의 생명선"이었다.[12]

---

11) 史念海, 『唐代歷史地理研究』, pp.104 - 106, 111-130; 嚴耕望, 『唐代交通圖考』, 中華民國臺北:中央研究院歷史語言研究所, 1985, pp.1589-1628.

12) 史念海, 『唐代歷史地理研究』, p.318

북서부에서 남동부로 이어지는 지정학적인 축선은 8세기 중반 이후 당 제국의 구조를 정의하고 있었다. 보다 내륙의 북서부 지역에서 조정에 의해 통제되었던 중요한 군사 지역들은 티베트족(토번)과 위구르족(서하)의 끊임없는 위협들을 막아 내고 있었다. 관중 지역과 수도 장안은 그들의 바로 남동쪽에 위치하고 있었다. 비옥한 양자강 하류 지역은 훨씬 남동쪽에 있었고, 그곳에서는 당 조정과 북서부 지역을 위한 대부분의 식량과 사용 가능한 세입을 생산하였다. 곡물과 다른 세수들은 아마도 비단의 형태로 북쪽과 북서부로 대운하를 따라서 조정으로 운반되었다. 부유하지만 상대적으로 비군사화된 남부가 전략적인 이유로 북부에 위치한 수도를 실질적으로 그리고 재정적으로 지속시켜 주는 지정학적인 구조는 후기 중화 제국의 전형이 되었다. 유일한 차이점은 이후 왕조의 수도는 대부분 북서부 지역이 아닌 북동부 지역에 위치하고 있었다는 점이다.

북동부, 중원 평원, 그리고 사천

316년 서진 왕조의 멸망과 진 조정의 남쪽으로의 이주 이후에, 중국 북동부 지역에 머물던 많은 가문은 전란을 피해 구릉 지대나 황무지에 위치한 요새들로 들어가 있었다. 439년 완성된 북위의 북중국 통일은 보다 큰 평화와 안전을 가져왔지만, 많은 한족 가문은 여전히 요새에 머물렀고, 그곳에서는 남자뿐 아니라 여자까지도 전문적으로 기마술과 궁술을 익혔다. "관중은 장군을 배출하고 관동은 재상을 배출한다."는 한대의 격언과는 달리, 북위의 지배하에서 동부 지역 출신의 군대 장교들은 서부 지역 출신에 비해서 5배가 많았다. 북위 왕조가 동과 서로 나뉘어졌을 때에, 동위 왕조와 그 뒤를 이은 북제北齊 왕조는 북동부 지역 가문 출신의 군대 장교들을 계속해서 선발하였다. 무장한 요새들은 그 지역에서 권력의 주요 기반으로 남아 있었고, 수 왕조 말기의 내란 시기에 그 역할이 분명하게 드러났다.[13]

북동부 지역의 군사화는 4세기 진 조정의 남천 이후 수많은 비한족의 정착과 관련이 있었다. 군사 주둔지와 요새에서 군호 출신의 한족 중국인은 거란, 선비鮮卑 그리고 다른 부족을 포함한 비한족 군인들과 자유롭게 뒤섞여 있었다. 당 왕조의 건국으로 이어지는 내란 시기에, 관중에 기반을 둔 당(왕실) 가문(이연)의 가장 강력한 적수는 부유한 북동부 선비 계열의 가문 출신인 두건덕竇建德이었다. 전직 마을 우두머리였던 두건덕은 과거의 전통적인 건달이나 자객을 모방하여 당시 북동부에 기반을 둔 지역의 많은 반란군이 채용하였던 '사적인 정의감과 죽음에 이를 때까지의 상호 헌신'을 행동강령으로 선택하였다. 두건덕의 군대가 621년 결정적으로 패배하였을 때에, 북동부의 군사들은 이

---

13) 史念海, 『唐代歷史地理硏究』, pp.470-490; 陳寅恪,
「論隋末唐初所謂"山東豪傑"」, 「唐代政治史述論稿」, 『陳寅恪先生論文集』
台北市:三人行出版社, 1974. pp.176-196. 이러한 요새들이 당대 친족 패턴에
영향을 끼치는 방식에 대해서는 Ebrey, Patricia B. "Early Stages in the
Development of Descent Group Organization," In *Kinship Organization in
Late Imperial China, 1000-1940*. Ed. Patricia Buckley Ebrey and James L.
Watson. Berkeley: University of California Press, 1986. pp.29-34 참조.

전에 자신들의 기병 지휘관이던 유흑달을 명목상의 지휘관으로 내세우며 다시 모여 일 년 넘게 당의 팽창에 지속적으로 대항하였다. 결국, 당의 창업주는 "두건덕의 무리를 완전히 소탕하고 산맥 동쪽 지역을 완전히 비워 두고 싶어 했다."[14] 안녹산의 반란 이후에 독립적인 절도사節度使들의 성장은 북동부 지역을 당 조정에 대한 저항의 영구적인 중심지로 만들었다.

동쪽 수도 낙양 주변의 황하 중류 지역(오늘날의 섬서성 남부와 하남성 북부)은 산림 벌채, 토양 침식, (강바닥의 토사) 퇴적, 그리고 도랑에 의한 농경지의 분할과 같은 관중 지역에서 발생하였던 것과 비슷한 문제들을 겪었다. 황하의 남부 지역은 곳곳에서 높은 생산성을 자랑했지만, 그 지역에는 농업 생산물의 대부분을 소비해 버리는 몇몇 주요 도시들이 위치해 있었다. 따라서 이 지역에는 수출할 만한 곡식이 적었다. 당 왕조는 대체로 이 지역의 관개에 무관심하였고 동남부 지역으로부터 수도로 곡식을 운반하기 위한 대운하를 유지하는 것에 보다 집중하고 있었다. 황하의 중심부에서 관개와 운송 사이의 긴장 관계는 안녹산의 반란 이후에 그 지역의 절도사들이 중요한 정치적 인물이 되고부터 더욱 심화되었다. 절도사들은 그들의 군사를 먹이고 월급을 주어야 했기 때문에 중앙정부로 납부해야 하는 곡식과 세금을 보류하였고 어느 때보다도 더 많은 수량의 강물을 (농업을 위한) 관개로 전용하였

---

14) Graff, David A. *Medieval Chinese Warfare: 300–900*. London: Routledge, 2002. pp.161-163, 171-178; Graff, David A. "Dou Jiande's Dilemma: Logistics, Strategy, and State Formation in Seventh-Century China." In *Warfare in Chinese History*. Ed. Hans van de Ven. Leiden: E. J. Brill, 2000.

다. 이것은 때때로 운하의 수위를 너무 낮추어 아무것도 운반할 수 없게 만들었다. 더구나 관개 사업이 원활하지 않았기 때문에, 많은 물이 그 운하 의 틈새로 유실되어서 사용 가능한 물의 총량이 더욱 줄어들었다. 절대적으로 부족한 자원을 놓고 벌어진 조정과 절도사들 사이의 전쟁은 9세기 정치상의 중요한 특징이었다.[15]

당 조정에게 중원 평원은 경제적·정치적으로 부차적인 지역이었다. 반면에, 그 지역은 당대에 대단한 문화적 명성을 누리고 있었다. 고대 동주東周와 후한 시대의 수도로서, 낙양은 제국의 비군사적 수도로서의 분위기를 유지하고 있었다. 즉 관중 지역이 진秦 왕조의 군사적 근거지로서의 의미를 띠었다면 낙양은 동부 지역에서 문학과 문화의 중심지로서의 의미를 지니고 있었다. 수세기 동안, 학자와 시인 들은 낙양을 중국과 세계의 진정한 중심이라고 찬양해 왔다. '중원 평원'이라는 명칭은 좁은 의미로 낙양 주위의 지역을 가리키지만, 그것은 또한 중국 문화의 '중심적인' 모든 것을 대표하면서 중국 전체를 의미할 수도 있었다. 그런 점에서 장안은 정신적인 수도로서 기능했던 낙양의 경쟁 상대가 될 수 없다고 여겨졌다.

이러한 주장은 4세기에 걸친 분열기 동안 진정한 중국 왕조는 남쪽과 북쪽 어디에 있었는지를 놓고 9세기에 벌어진 논쟁에서 분명하게 나타난다. "오늘날의 역사학자들은 모두 동진東晉(남조)을 적법하지 않다고 여기는데 이는 큰 실수다. 탁발 씨의 왕조(북위)가 '중심 국가

---

15) 史念海,『唐代歷史地理硏究』, pp.98-104; 青山定雄,
    『唐宋時代の交通と地誌地圖の硏究』, 東京:吉川弘文館, 1963. pp.267-271.

(중국)'였다고 주장하는 사람들에게, 나는 의례와 예절이 있는 것이 '중심 국가'가 되는 것이며 그러한 것들이 결여된 국가는 오랑캐의 국가일 뿐이라고 반박한다. 어떻게 그것이 지리적 위치로 결정될 수 있겠는가?"[16] 이러한 주장은 기존의 입장에 반론을 제기하고 있는데, 이를 통해 당시 대부분의 학자들이 중국 왕조의 정통성을 낙양 주위의 중원 평원에 대한 보유 여부로 규정하고 있었음을 알 수 있다.

사천四川 지역은 산으로 둘러싸여 고립된 중국 남서부 지역으로서 당대에 동남쪽의 양자강 하구 유역만큼의 경제적인 중요성은 없었지만, 티베트(토번)와 남조南詔가 7세기 후반기부터 이 지역에서 발흥하기 시작하면서 중요한 군사적 중심지로 대두하였다. 사천 지역은 오늘날의 신강新疆 지역에 진출한 티베트 군대에 대항하였던 당 왕조가 오르도스 고원에서부터 진격하는 부대와 남쪽으로부터 진격하는 부대가 양면 협공작전을 실시하기 위한 남쪽 근거지를 제공하였다. 또한 이 지역은 안녹산의 반란 시기에는 피난하는 현종에게, 당 후반기에는 덕종과 희종에게 안전한 낙원을 제공해 주었다.

그러나 사천 지역으로 들어가고 나오는 것은 매우 어려웠다. 이전의 왕조들처럼 당 왕조는 제국 여기저기에 관리와 문서가 이동할 수 있도록 장안과 낙양으로부터 (사방으로) 퍼져 나오는 도로망을 유지하였다. 이와 같이 나무가 늘어선 도로들은 다져진 흙으로 만들어졌고 도로 가운데에서 양 가장자리로 굽어져 있어서 빗물을 배수할 수 있었

16) Abramson, Marc S. *Ethnic Identity in Tang China*. Philadelphia: University of Pennsylvania Press, 2008. pp.109-110; Hartman, Charles. *Han Yü and the T'ang Search for Unity*. Princeton: Princeton University Press, 1986. p.330n77.

그림 1.
사천 지역으로 피난가는 당현종을 묘사한 그림 대만고궁박물관

다. 그 도로의 약 2/3는 수도로부터 북부의 국경 지역까지 뻗어 있었다. 그러나 당 왕조는 그 도로망을 남부 지역에서 크게 확장하였고, 사천 지역은 그 핵심 지역이 되었다. 그 지역을 지나는 도로는 오늘날의 운남성과 귀주성으로 이어져서 제국의 다른 지역들과 연결시켰고 남동부의 해안지대에까지도 이어졌다. 이러한 길들과 양자강을 따라 이

루어진 교역 덕택에, 사천 지역은 두보의 시에서 언급된 바와 같이 그 지역 자체가 부유한 상업 중심지가 되었다.

촉蜀(사천)에서 온 여행자들은 큰 부를 축적하고
변경에서 온 사람들은 쉬이 높은 지위를 얻네

사천 지역은 특히 값비싼 악기, 종이 그리고 인쇄물과 더불어 조정의 여인들에게 제공되는 아름다운 직물의 생산지로 명성이 높았다. [17]

육로 운송과 교역의 네트워크를 확대시키는 것과 더불어, 당 왕조는 16킬로미터 거리를 두고 1개의 중간 기착지를 두는 방식으로 총 1,297개를 설치하여 신속 전달 우편 시스템을 확립하였다. 무리를 이룬 말들이 신속한 교체를 위해서 대기하고 있었고, 말들이 부족할 때에는 훈련을 받은 전령을 이용하였다. 장안에서 제국의 가장 먼 지점까지 도달하는 데 8일에서 14일 정도가 소요되었고, 한때 고립되어 있었던 사천 지역 또한 제국의 다른 지역들과 정기적으로 연락을 주고받을 수 있게 되었다. 신속한 문서 전달은 매우 중요한 일이었기 때문에 지연되는 경우에는 처벌을 받았는데, 하루가 늦어진 경우에는 장형杖刑 8대를 받았고, 그보다 늦는 경우에는 형벌이 점점 늘어나서 6일이 지난 경우에는 유형 2년까지 부과되었다. 군사적 중요성을 지닌 문서 전달을 지

---

17) 嚴耕望, 「唐伍代時期的成都」, 『嚴耕望史學論文選集』, 聯經出版事業公司, 1991.
　　pp.207-211, 236-239, 244에서 두보의 시를 인용함; 嚴耕望, 『唐代交通圖考』,
　　vol 4.

연시킨 경우에는 극형에 처할 수 있었는데, 특히 그 지연으로 인하여 인명 피해가 발생한 경우에는 더욱 그러하였다.[18]

진대에 건설된 성도成都의 도강언都江堰 수리 사업은 사천 지역에서 상당히 많은 인구를 먹여 살릴 수 있는 대량의 곡물을 생산할 수 있도록 해 주었다. 제국의 다른 지역들처럼, 사람들이 집을 짓고 난방을 지속하기 위해서 상당한 규모의 산림 벌채가 이루어졌다. 당대에 이미 사천의 중심 분지와 그 주위를 둘러싸고 있는 산간 구릉지를 뒤덮었던 원시림들은 완전히 사라졌기 때문에, 농민들은 오리나무나 생장이 빠른 다른 나무들을 직접 키워서 땔나무로 사용하였다. 이러한 관습은 760년대에 성도에 거주하였던 두보의 시에서 언급된다.

초당 둔덕 서편에 나무 한 그루 없었는데
그대 아니었다면 누가 내 흉중을 알아차렸겠는가
오리나무 심어 3년 만에 거목 되었다는 소리 들으니 몹시 반갑구나
물가에 10무畝쯤의 그늘을 만들어 주겠거니

몇 년 후에 그는 다른 시 「당성堂成」을 지어 말하였다.

오리나무 숲 해 가리고 나부끼는 나뭇잎을 읊조리며

---

18) Benn, Charles D. *China's Golden Age: Everyday Life in the Tang Dynasty.*
Oxford: Oxford University Press, 2002. pp.182-184; Elvin, Mark. *The Pattern of the Chinese Past.* Stanford: Stanford University Press, 1973. pp.131-134.

대숲 감싼 연무 이슬에 젖었어라[19]

사천 지역에서 가장 높은 산지까지도 산림 벌채가 이루어지면서 그 지역의 잘 부식되는 목재 교량과 잔도를 유지할 책임이 있었던 군인들은 어느 때보다도 더 멀리 가서 적합한 나무들을 구해 와야 했다. 농부들처럼, 그들은 이러한 용도에 쓰일 나무들을 재배하도록 적극 장려되었다.[20]

산림 벌채는 심지어 산림이 우거진 동남부에서도 발생하였다. 5세기에 남방 지역의 관리가 작성한 상주문은 366년부터 산림 벌채 위반자에 대해서는 공개처형을 실시하는 형벌을 시행했음에도 동진의 양자강 하구의 건강 지역 주위의 초목들이 과수원과 대나무 숲 조성을 위해 조직적으로 불태워지고 있다고 보고하고 있다.

남부 지역

당대 가장 중요한 발전 중 하나는 남부 지역이 경제와 인구의 측면에서 중국의 중심지로서 서서히 등장하게 된 것이다. 이와 같은 부상은 그 지역의 독특한 지형·기후와 관련이 있다. 당대에 남부 지역은

---

19) Elvin, Mark. *The Retreat of the Elephants: An Environmental History of China*. pp.55, 64.

20) Elvin, Mark. *The Pattern of the Chinese Past*. p.132; Elvin, Mark. *The Retreat of the Elephants: An Environmental History of China*. pp.55, 64.

양자강과 그것의 네 갈래 주요 지류의 하천 유역으로 이루어져 있었다. 오늘날 호북, 호남, 강서, 산서의 진령秦嶺 산맥 남쪽과 안휘 남부, 강소 남부, 절강 북부가 이에 해당된다. 비록 그 지역은 구릉지였지만, 강수량은 일정량을 유지하였고 호수, 강, 하천 들이 풍부하였다. 남부 지역은 한랭한 북부 지역에 비해서 곡물 성장 시기가 길어서 보다 긴 시간 동안 다모작이 가능하였다. 이러한 우월한 자연 조건으로 인하여, 가장 진보된 농업 기술과 배수 시설이 소개되자마자, 이 지역의 토지들은 비슷한 크기의 북부 지역 토지에 비해서 보다 많은 곡물을 생산할 수 있었다.

사천 지역을 제외하고 당대에 양자강을 따라 분포하는 인구와 농업은 강 중류와 하류 지역에 집중되어 있었다. 양자강 중류는 많은 비로 인한 빗물을 모아둘 수 있는 동정호나 파양호 같은 2개의 큰 호수와 더불어 수많은 작은 호수 그리고 습지로 이루어져 있다. 이러한 호수들에는 양자강의 세 갈래의 주요 지류 즉 한강漢江, 상강湘江, 공강贛江의 물이 흘러 들어온다. 양자강이 이 공강을 지나면 유속이 느려지고 강폭이 크게 넓어져서 상대편 강기슭이 보이지 않을 정도가 된다. 양자강의 퇴적토는 바다에 다다르면 거대한 델타를 형성하는데, 이것은 70년에 1.6킬로미터 정도씩 계속해서 동중국해로 확장되어 나가고 있었다.[21] 이러한 충적토는 일단 적절하게 배수가 되면 매우 비옥한 토양이 되었다. 당대에 양자강 유역의 농업은 하곡河谷과 하류의 델타 지역에

---

21) Van Slyke, Lyman P. *Yangtze: Nature, History, and the River*. Reading, Mass.: Addison-Wesley, 1988. pp.19-24.

서 그리고 중앙 저지대의 큰 호수들 주위의 늪지대에서만 가능하였고 산비탈에서는 불가능하였다.

양자강 유역과 같이 중국 동남부 지역에 치우친 해안 지역(대략 오늘날의 복건 지역)은 경사지였지만 그 하곡들은 매우 비옥하였다. 그 지역이 처음으로 중국의 영향력 아래 들어오게 된 것은 한 왕조의 붕괴에 따른 인구 이주 때문이지만, 줄곧 당대까지 아주 적은 수의 인구만이 거주하고 있었다. 8세기까지 동남부 해안 지역은 당 조정에서 관심을 두지 않았다. 사천 지역처럼 이 지역은 동떨어진 세계였고 제국의 다른 지역과는 산들로 인하여 분리되어 있었다. 당 왕조 말기에 이 지역은 갈라져 나와서 민閩이라는 독립된 국가를 형성하였다.[22] 그 지역의 풍부한 자연 항구들로 인하여, 동남부 해안 지역은 중국의 다른 어느 지역보다도 어업과 해외 교역에 의존도가 높았다. 결국 대만, 일본 그리고 동남아시아와 강한 유대관계를 맺으면서, 이 지역은 중국이 외부 세계와 교역을 행하는 데에 핵심 역할을 수행하게 되었다. 이러한 교역은 특히 당 왕조의 말기에 이를수록 더 중요해졌고 다음 세기(10세기)까지도 그 중요성이 지속되었다.

남서부 지역은 오늘날의 운남과 귀주를 포함해서 18세기와 19세기에 이르러서야 겨우 중국인이 정착하게 되었다. 당대에 그 지역은 남조라고 하는 새롭게 등장한 국가의 세력하에서 통일되었는데, 그 국가는 당과 티베트(토번) 사이에 끈질기게 지속된 외교적·군사적 마찰

---

22) Schafer, *The Empire of Min*.

에서 중요한 역할을 수행하였다.[23] 이 지역은 산지가 많고 그 저지대들은 정글로 덮여 있었다. 당대에 여기에는 수십 개의 다양한 부족민이 거주하였는데, 그중 대다수가 오늘날 중국 사회에서 여전히 '소수 민족'으로서 존재하고 있다.

당대에 전래된 문학작품 속에서, 남부 지역은 정글, 늪지대, 질병, 독초, 그리고 야만적인 짐승이 있는 위험하고 이국적인 땅으로 묘사되었고, 조정에서 실각한 많은 관리들이 (일단 들어가면) 되돌아 나올 수 없는 유배지이기도 하였다. 이러한 이미지들은 당대 내내 지속되었지만, '남부 지역'이라는 명칭이 적용되는 지역은 조금씩 더욱 남쪽으로 이동하고 있었다. 한대에 이 명칭이 양자강 유역에 적용되었던 반면, 당 말기에는 오늘날의 복건, 광동 그리고 광서 지역까지 적용되었다. 이러한 변화는 중국인이 이 시기에 지속적으로 남쪽으로 이주하였고 그들이 가져온 경관의 변화를 반영하였던 것이다.[24]

남부 지역 전체에 걸쳐 가장 중요한 환경적 문제는 가뭄이나 홍수가 아니라 모기가 횡행하는 저지대의 음습함이었고, 그 지역은 농사를 짓기에는 너무 늪이 많았다. 보다 많은 중국인이 이 지역으로 이주해 옴으로써 그들은 대소 규모의 배수 사업에 착수하였고 수세기에 걸쳐서 넓게 트인 거대한 습지들을 비옥한 경작지로 변화시켰다. 비록 정부가 가끔씩 수리관리에 대해서 조언을 해 주거나 늪지대에 정착한 사

---

23) Backus, Charles. *The Nan-chao Kingdom and T'ang China's Southwestern Frontier*. Cambridge: Cambridge University Press, 1981.

24) Schafer, Edward H. *The Vermilion Bird: T'ang Images of the South*.

람들에게 세금을 면제해 주기도 하고 조정에서 큰 영향력을 가진 가문
들의 (토지개간) 사업들을 보증해 주는 장려금을 하사하기도 하였지만,
(기본적으로) 국가는 늪지대를 배수하고 경작지에 관개하는 것들을 그
지역의 대지주들의 손에 맡겨 두었다. 결국 남부 지역의 지주들은 새
로운 땅을 개간하는 데 기술들을 도입하고 생산량을 향상시키는 데 더
욱 큰 역할을 하였고, 북부 지역의 지주들에 비해서 보다 더 크고 더욱
생산성이 높은 토지들을 보유하게 되었다. 그럼으로써 보다 높은 수
준으로 지역사회를 지배하였다. 이러한 지역적 차이는 이후 후기 중
화 제국 시기 내내 유지되었다.

  남부 지역에서 지주들이 차지하는 중요성 중에 무엇보다 큰 것은 그
지역 전체에 걸쳐 (다른 지역과는) 다른 형태의 물관리가 필수적으로 이
루어졌다는 점이다. 북부 지역에서 홍수는 국가가 건설하고 유지하였
던 거대한 제방에 의해서 조절되었고, 그 지역의 관개 시스템은 강의
지류들이나 농부들이 굴착한 우물에서 물을 끌어왔다. 중국 중부의
회수나 사수泗水 유역과 양자강의 중하류는 매우 다른 생태환경을 가
졌고, 따라서 수리 조절에서도 매우 다른 시스템을 갖게 되었다. 일반
적으로 중부 지역에서는 느리게 흐르는 강물을 댐으로 막아서 저수지
를 만들고 그 물을 수문을 통해서 저수지로부터 작은 수로로 흘려보내
서 그 후에 중력의 작용을 통해서 경작지로 흘러가도록 하였다. 양자
강 유역에서는 반대로 과잉의 물을 인공적으로 조성된 웅덩이나 저수
지 속으로 배수시켜서 나중에 필요할 때 빼서 쓸 수 있도록 하는 방식
을 주로 썼다. 제방은 홍수 통제나 저지대의 토지 개간을 위해서 건설

하였다. 이러한 사업은 수십 명에서 수천 명까지 다양한 그룹의 사람들에 의해서 손쉽게 이루어졌고, 그 지역의 유력 가문이 운영하는 대규모의 사적인 조직들에 의하여 이루어졌다.

지역 가문들과 그들을 따르는 사람들에 의한 남부 지역의 점진적인 개방은 사회의 최상위 계층의 활동에만 초점이 맞춰져 있던 당대의 저작물들에 거의 흔적을 남기지 못했지만, 몇몇 증거들은 남아 있다. 당대 인구 수치는 대체로 도시 지역의 인구조사를 반영하고 있고 해당 지역에서 국가 통제의 정도에 의해 좌우되었다. 그러나 심지어 이러한 환경하에서도, 양자강 하류의 (국가에) 등록된 인구는 당대 초반기에 몇 배로 증가하였다는 사실은 농촌 인구의 급격한 팽창을 분명하게 보여 주고 있는 것이다. 이러한 현상은 농업적 개간을 위한 보다 많은 토지의 개방을 통해서만 가능하였을 것이다. 당대의 역사서들은 또한 양자강 하류 전체에 걸쳐 분포된 수십 곳의 수리 통제 사업의 목록을 기록하고 있다. 그 사업 시행의 빈도는 왕조의 전반기에도 지속적으로 증가하였고, 후반기에는 그 빈도가 더욱 증가하였다. 이러한 사업 중에서 대규모의 것들은 국가가 조직한 반면에, 대부분은 거의 지역에서 후원하는 소규모의 사업이었다. 조정의 남동부의 곡식에 대한 의존도 증가는 그 지역의 생산성 증가의 또 다른 징조였는데, 이때 남부 지역에서는 이전보다 훨씬 많은 곡물을 북부로 보내면서도 남부 지역의 인구들 또한 먹여 살릴 수 있을 만큼 생산성이 증가하였다.[25]

남부 지역의 농업적 발전에서 지역 가문들의 중심적인 역할에 대한

---

25) 史念海, 『唐代歷史地理研究』, pp.133-136, 138-139.

가장 분명한 증거는 안녹산의 반란 이후의 시기부터 등장한다. 당 조정이 과거에 비해서 약화되고 빈곤해졌지만, 남부 지역에서는 관개 시설 건설 사업들이 급격히 증가하였다. 특히 태호太湖 부근의 지역에서는 많은 늪지와 강이 있어서 전형적으로 지역 지주들이 추진했던 다양한 작은 규모의 사업을 하기에 매우 적합하였다. 대운하가 가로지르는 양자강 하류와 회수 유역에서는, 북쪽으로 곡식 운반을 원활화하기 위해서 가능한 모든 수자원을 운하에 집중시키고자 하였던 지역 관리들과 가능한 한 보다 많은 물을 경작지에 관개하려는 지역의 농업인들 사이에서 지속적인 분쟁이 발생하였다. 다시 말하자면, 이러한 이해의 충돌은 정부가 수상 운송 시스템의 필요성에 보다 정성을 들인 반면에 지역의 유력한 가문들은 대체로 그 지역의 관개 시스템의 유지에 관심이 있었음을 알려준다.[26]

당대에 남부 지역에 거주하는 인구가 증가함에 따라, 쌀은 제국의 가장 중요한 식용 작물이 되었다. 건조 지대의 품종들은 북부 지역에서 재배되었지만, 쌀은 물이 많은 남부 지역의 논에서 가장 잘 자랐고, 쌀 경작의 특별한 특징들은 적어도 두 가지 방향에서 사회 질서에 영향을 끼쳤다. 첫 번째로, 물은 작물 생육에 영양분을 공급하는 가장 중요한 매개체였기 때문에, 경작의 성패는 그 경작지의 토질보다는 그곳에 공급하는 수량과 수질 그리고 물 공급 시기에 더욱 크게 의존하였다. 결국 물이 풍부한 남부 지역에서조차, 정교한 관개와 수리 관리 시스템이 필요해졌다. 이러한 필요성은 지역 단계에서 지역

---

26) 史念海,『唐代歷史地理研究』, pp.139-140.

엘리트들에게 상당한 진취성, 실험 정신 그리고 지도력을 요구하였다. 두 번째로, 수도水稻 경작은 극도로 노동 집약적이었고, 생산량은 농민 각자의 근면성과 기술에 크게 의존하였다. 일정한 수심 유지, 토양 마련, 제방 유지 등의 일은 모두 지속적인 노동력을 필요로 하였다. 가장 힘든 것은 모내기로서 그 시기와 간격에서 정확함이 요구되었다. 결국 경험이 많고, 생산성이 높은 농민들이야말로 당대 중국 지역의 농업경제에서 가장 가치 있는 자산이었다.[27]

수상 운송

수상 운송은 당대에 곡물과 다른 대량의 제품을 아주 먼 곳까지 적정한 비용으로 실어 나를 수 있는 유일한 수단이었다. 북중국에서, 주요 하천 시스템은 수가 적었고 퇴적물을 지속적으로 준설할 필요가 있었다. 그러나 준설을 한다고 하더라도, 강들은 종종 너무 휘어지고 얕아져서 운송 운하가 강과 같은 자연적인 경로를 대신하기 위해서 굴착되었다. 북부 지역에서는 강수량이 충분하지 못했기에, 농작물을 재배하기 위해서 보다 많은 물이 농업용 관개 수로로 흘러들어갔다. 따

---

27) Twitchett, Denis. "The Monasteries and China's Economy in Medieval Times." *Bulletin of the School of Oriental and African Studies* 19:3 (1957): 526 - 549. pp.532-533. 관개 방식의 지역적 다양성에 대해서는, Needham, Joseph, and Francesca Bray. *Science and Civilisation in China. Vol. 6, Biology and Biological Technology*, Part 2, *Agriculture*. Cambridge: Cambridge University Press, 1984. pp.109-113 참조.

라서 많은 물자를 적재한 운반선들을 실어 나를 강에는 훨씬 적은 운하 용수만이 공급되었다. 결과적으로, 북부 지역에서 수상 운송은 당대 전반기 내내 제한적이었다.

이러한 제한적인 상황이 초래한 한 가지 결과는 대규모 군사의 이동을 위축시켰다는 점이다. 당대의 전반기와 후반기에 유적流賊들은 눈에 보이는 것은 모조리 노략질하고 나서 다른 지역으로 이동하면서 떼를 지어 다니는 데에 반해서, 정부군은 이러한 방식으로는 작동할 수 없었다. 수만 명 혹은 심지어 수십만 명의 군사로 이루어진 군대에 식량을 공급하는 것은 곡물 창고 또는 다른 저장 시설들로부터의 정규적인 곡물의 운송을 필요로 하였다. 그 군대의 규모가 커질수록, 상당한 규모의 수상 운송로를 이용할 수 있는 범위 내에 반드시 주둔하여야 한다는 필요성이 그 군대의 기동성에 더욱 큰 제한 요소로 작용하였다.[28]

그러나 제한적인 수상 운송의 가장 중요한 결과는 각각의 도시와 지역이 그 지역의 자체적인 농업 생산에만 의지해야 했다는 점이고, 이는 경제적 전문화(분화)를 제한시켰다. 당대 중반기 이전까지 중국 역사의 대부분의 시기 동안, 역대 왕조들은 주로 지역적 구성체로서 각각의 지역은 그들이 물질적으로 필요한 것들을 자체적으로 공급하였다. 먼 지역을 넘어서 이동하는 유일한 물건들은 공물로 바쳐지는 진귀한 물건이거나 귀족들이 사용하는 고가의 제품들이었다. 그러나 장

---

28) Graff, David A. "Dou Jiande's Dilemma: Logistics, Strategy, and State Formation in Seventh-Century China." pp.86-98.

거리의 대량 교역의 성장으로 한 지역은 다른 지역들은 생산할 수 없었던 높은 이익을 내는 몇몇 물건들의 생산에 전념할 수 있었고, 그 이익을 곡물이나 의류와 같은 생필품을 구매하는 데 사용할 수 있었다. 수상 운송의 도입은 때때로 중국 중세의 경제 혁명이라고 불리는 경제적 생산의 급증을 위한 필수적인 전제조건이었다.[29]

수대 황제들은 북부 지역에서 수상 운송을 향상시키고 수도 대흥성(장안)의 조정에 식량을 공급하기 위해서, (수로의) 물과 노동력이 충분할 시기 동안에, 저장과 계절에 따른 환적을 용이하게 하기 위한 곡물 창고들을 주요 지역에 건설하는 데에 많은 노력을 기울였다. 뿐만 아니라 대운하를 건설하는 데에도 상당한 에너지와 비용을 소비하였다. 584년 수문제는 위하와 평행하게 흐르고 토사 퇴적과 계절마다 수심이 얕아지는 경향이 있었던 한나라 때의 운하를 복구시킴으로써, 대량의 물자들을 비옥한 양자강의 충적평야로부터 인구 과밀의 수도로 운송하는 것이 가능해졌다(지도 3). 대운하의 두 번째 구간은 통제거通濟渠를 따라서 낙양을 회수와 연결시키고, 그러고 난 후에는 과거 한대의 수로를 거쳐서 강도江都(오늘날의 양주) 근처의 양자강에 연결시켰다. 이 것은 두 번째 황제인 양제 시기에 낙양을 복구하려는 노력의 일환으로써 605년에 시작되었다. 세 번째 구간은 다시 대체로 과거의 운하 경로를 따라서 경구京口(오늘날의 진강) 근처의 양자강으로부터 강남운하를 따라서 항주만 입구의 도시인 (절강성) 여항餘杭까지 연결되었다.

---

29) Elvin, Mark. *The Pattern of the Chinese Past*. pt. 2. Ch. 10에서는 수상 운송의 혁명에 대해서 검토한다.

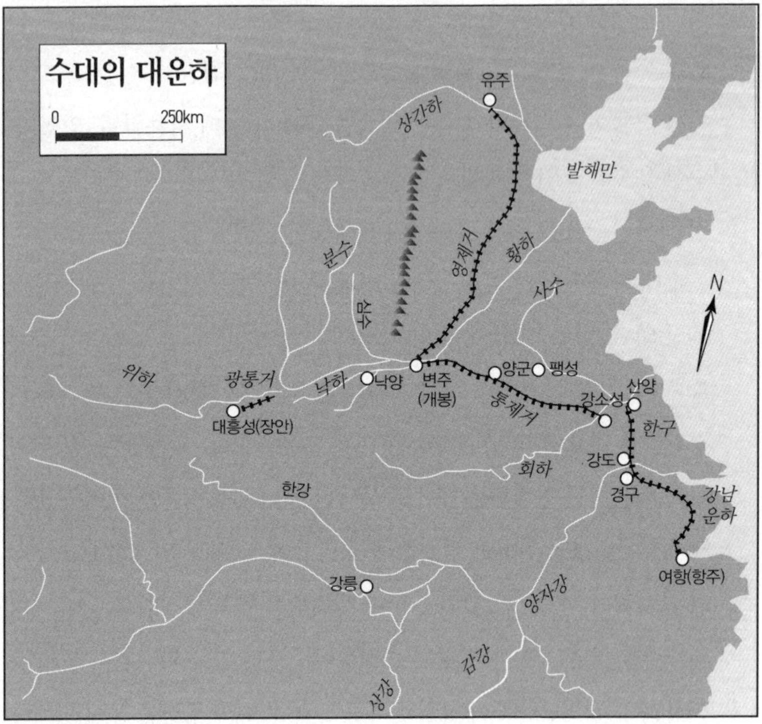

지도 3

　마지막 구간은 영제거永濟渠로서 낙양 근처의 낙하와 황하의 합류 지점에서부터 북동부 지역의 북경 근처까지 연결되었다. 608년에 시작된 이 구간은 대운하 전체 중에서 상당 부분 새로운 굴착을 수반하였던 유일한 부분이며 북동부 지역을 중원 평야와 연결시키고 그럼으로써 남부 지역과도 연결시켰다.[30] 이 구간은 북동부의 건조 지대를 통

---

30) 운하에 대해서는 Xiong, Victor Cunrui. *Emperor Yang of the Sui Dynasty: His*

과하기 때문에, 충분한 수심을 유지하는 것이 매우 어려웠다. 새로운 수로를 파서 추가적인 물을 가져오는 것은 여름 빗물에 의한 보다 많은 토사의 침식과 퇴적을 야기하였다. 수세기 동안 저수지와 수로 건설로 운하의 막힘을 방지하고자 하였지만, 예기치 못한 물의 범람은 지속적으로 북부 충적평야의 생태환경을 엉망으로 만들었다.[31]

대운하는 중국의 거의 대부분의 지역을 연결하였다. 7세기에 활동한 관리인 취융崔融은 대운하의 번성함을 묘사하기를, "배들이 전국의 모든 곳에서부터 모여든다. 다른 한편으로 그들은 사천 지역과 한수 유역에 이른다. 그들은 복건과 광동 지역으로의 길을 알려준다. 일곱 곳의 습지와 열 곳의 늪지 그리고 세 개의 강과 다섯 호수를 통과하고 회안淮安과 해주海州를 아우르면서 그들은 황하와 낙하로 들어온다. 수천수만 척의 큰 배가 왔다 갔다 하면서 물건들을 운반하였다. 만약 그 배들이 잠시라도 운항하지 않으면, 수만 명의 상인은 파산할 것이다."라고 하였다.[32]

Life, Times, and Legacy. Albany: State University of New York Press, 2006. pp.86-93; Wright, Arthur F. *The Sui Dynasty: The Unification of China, a.d. 581-617*. New York: Alfred A. Knopf, 1978. pp.177-181 참조. 곡창지대에 대해서는 Xiong, Victor Cunrui. *Emperor Yang of the Sui Dynasty: His Life, Times, and Legacy*. pp.175-180 참조. 후대 중국 역사 속의 대운하에 대해서는 Van Slyke, Lyman P. *Yangtze: Nature, History, and the River*. ch.6; Tregear, T. R. A Geography of China. Chicago: Aldine, 1965. pp.78-80; Ch'ao-ting Chi, *Key Economic Areas in Chinese History*. pp.113-121 참조.

31) Elvin, Mark. *The Retreat of the Elephants: An Environmental History of China*. pp.120, 130-136, 140, 437.

32) Elvin, Mark. *The Pattern of the Chinese Past*, pp.136-137에서 인용. 운하에서 사용된 엄청나게 많은 배에 대한 이러한 과장된 표현은 화재나 폭풍에 의해

당현종은 대운하에 대한 대규모의 재정비를 명하여 736년에 이 사업은 종료되었고, 이후 20여 년간 장안에서 필요로 하는 추가적인 곡물들이 대체로 황하의 충적평야로부터 운반되었다. 장안에 식량을 공급하는 이러한 패턴은 전한 시기와 비슷하였다. 그러나 안녹산의 반란 이후 북동부의 대부분은 (당 왕조로부터) 독립적이거나 반독립적인 절도사들이 장악하였고, 그들은 수도로 더 이상 곡물을 공급하지 않았다. 중원 평원은 (당 왕조에) 충성스러운 관리들의 통제하에 있었지만 그들의 군대들이 그 지역의 곡식을 모두 소비하게 되었다. 이렇게 되자 추가적인 곡물, 즉 주로 쌀이 나올 수 있는 유일한 원천은 동남부 지역이었다. 결국 안녹산의 반란 이전까지 국가 식량 공급에서 유용하지만 보충적인 역할에 불과하던 대운하는 갑자기 없어서는 안 될 생명선이 되었다. 763년 이후, 남송을 제외한 모든 중화 제국의 수도들은 내륙 수로의 네트워크를 따라서 운반된 곡물의 공급을 받았다.

장거리의 대량 수송의 등장은 새로운 생활방식을 낳았는데, 배에 살면서 상업적 기회가 이끄는 대로 중국의 어느 곳이든 운하를 따라 떠돌아다니는 상인이 등장하였다. 그 시대에 이러한 삶의 방식은 시가의 주제가 되었는데, 사실 매우 상투적인 표현들이었다. 당말의 많은 유명한 시인이 풍자적인 시를 많이 지었는데, 예를 들어 장적張籍(?-780)는 「고객락賈客樂」이라는 시에서 다음과 같이 표현하였다.

침몰한 수천 척에 달하는 선박들에 대한 8세기 기록들에서 산발적으로 등장하는 구체적 수치에 의해서 확인된다. 선박의 숫자와 그 속도에 대해서는, Benn, Charles D. *China's Golden Age: Everyday Life in the Tang Dynasty*. pp.164-165 참조.

금릉 맞은편 서쪽 제방에는 여행하는 수많은 상인이

배에서 바람과 파도를 헤치며 생계를 이어가네

막 항해하려 함에, 배를 양자강 입구로 대어

뱃머리에서 신에게 기도하면서 술을 바치네

(중략)

가을 강 위에 초승달 비치고 원숭이 재잘거리는 소리

외로운 항해는 한밤중 소수瀟水와 상수湘水의 제방에서 출발하네

뱃사공들은 자신들의 길을 따라 한밤중 강물 거슬러 배를 몰고

앞의 배를 뒤따라 절벽 늘어선 협곡을 지나가네

해 지날수록 이익 좇아 서로 동으로 계속 왔다 갔다

그 이름과 성은 어느 지역의 호적에서도 찾을 수 없다네

동일한 제목의 비슷한 시들이 원진元稹과 유우석劉禹錫에 의해서도 쓰여졌지만, 가장 유명한 것은 808년에 백거이白居易가 쓴 「염상부鹽商婦」일 것이다.

소금장수 아내는 금과 비단이 많아

밭농사나 양잠과 길쌈도 하지 않는다네

동서남북 어디에나 집이 있어

바람과 불을 고향 삼고 배가 집이라네

이러한 시들은 공통된 주제—이익을 추구하여 제국 전체를 가로지

르면서 물 위에서 떠다니는 상인들의 모험과 같은 삶과 토지로부터 빠
듯하게 근근이 먹고살면서 한 장소에 뿌리내린 농부들의 노역의 삶 사
이의 대조적인 모습──를 다루고 있다.[33]

　장거리 수상 운송의 등장은 독특한 삶의 방식으로 사회의 새로운 틈
새를 만들어 냈을 뿐만 아니라, 많은 도시에 부를 안겨 주었다. 그로
인해 그 도시들은 수천 척의 대규모 상선들의 운행을 위해서 새로운
부두와 다른 항만 시설물들을 추가하고자 물리적으로 재조직되었다.
그 한 예가 양자강 하류의 강도일 것이다. 이전에는 중간 규모의 도시
였던 강도는 양자강과 대운하의 주요 접점이었고 중국의 경제적 중심
지가 되었는데, 이는 당 말기의 "강도가 최고이고 익주益州(사천 지역)
가 그다음이다."라고 한 격언에서도 찾아볼 수 있다. 사천, 광동, 복건
그리고 오늘날의 베트남과 같은 전국 각지에서 온 배들이 강도를 거쳐
갔다. 심지어 장안에서 사천으로 가는 여행자들조차도 양자강을 따라
거슬러 올라갈 때에 종종 강도를 통해서 갔다. 대양을 항해하는 배들
도 강도에 도착해서 당나라의 거대한 내부 수상 네트워크를 외부 세계
와 연결시켰다.[34]

33) Twitchett, Denis. "Merchant, Trade, and Government in Late T'ang." *Asia
　　Major*, n.s. 14:1 (1968): 63－95. pp.81-87; Elvin, Mark. *The Pattern of the
　　Chinese Past*, p.136.

34) 史念海, 『唐代歷史地理研究』, pp.313-341. 양주를 거쳐 가는 다양한 경로에
　　대한 시문과 역사 기록에 관해서는 p.317 참조.

내지와 외지

　진秦나라가 기원전 221년 중국을 통일한 이후로, 진이 다스리는 지역은 중국의 두 개의 거대한 강의 배수 체계에 의해서 기본적으로 그 윤곽이 드러난다. 이러한 '내지'에서, 사람들은 농업이나 도시교역에 근거한 정주적定住的인 삶을 영위하였다. 이러한 지역 밖에서, 북부와 극서부 지역(오늘날의 내몽골, 감숙 그리고 과거의 소련의 중앙아시아)에 있었던 부족들은 유목생활에 의존해서 생활하고 있었고, 신강 지역의 도시국가들(오아시스 실크로드 지역)은 교역과 오아시스 농업을 결합하였으며, 북동부 지역의 종족들은 목축업과 더불어 농업과 산림개발을 결합하여 생활하였다. 도시들의 네트워크 속에서 곡물과 직물에 대한 세금을 통해 수익을 얻는 중화 제국의 경제 구조는 이러한 '외지外地'가 안전하게 포함될 수 없음을 뜻하고 있었다. 중국의 국가들은 이러한 비농업 지역들로부터 국경수비대와 행정기관의 운영에 소요되는 비용을 충당할 만큼의 충분한 수익을 거둘 수 없었다.

　중국 본토와 외지 사이의 구분은 고대 시기부터의 다양한 문학적 전통 속에서 찾아볼 수 있었다. 중국의 직접적인 통치를 받는 내지는 기원전 4세기 전국시대의 저작으로 추정되는 『상서書經』「하서夏書」 중 「우공禹貢」편에서 묘사된 세계와 일치하는 것이었다. 이 글에서는 두 개의 강 유역 사이에 위치하는 지역을 생산품의 차이에 따라 다시 아홉 개의 구역으로 나눈다. '구주九州'라고 하는 이 명칭은 결국 중국 전체를 나타낸다. 「우공」은 문명화된 지배자를 중심으로 하는 보다 넓은 세계의 모델에 대한 설명으로 끝이 나는데, 그 세계는 수도에서 멀어질수록 보다 더 거칠고 더 야생의 지역들이 동심원의 형태로 둘러싸고 있었다.

이러한 동심원적인 모델은 구주가 더 거대한 대륙의 한 구석에 불과하였다는 전국시대 말기와 전한 시기에 등장한 새로운 세계관의 도전을 받았다. 진시황과 같이 야심 있는 지배자들은 자신들이 과거에 알려졌던 지역들 너머로 팽창하는 것을 정당화시켜 주는 이 확장된 세계관을 받아들였다. 그러나 한대에 조정이 유교 경전을 국가의 정통 경전으로 확정하면서 「우공」편 역시 경전의 한 부분이 되었고, 지식인과 조정의 관료 들은 군사적 팽창에 대해서 더욱더 의구심을 갖게 되었다. 결국 중화 제국의 직접적인 통치를 받지만 완전한 야만인보다는 위에 있었던 반半문명의 사람들에 둘러싸여 있는 문명화된 중심부를 갖고 있는 구주의 모델은 일반적으로 받아들여지고 있었다.[35]

한대 이후의 몇 세기 동안에, 북동부, 북부, 그리고 북서부 지역의 외지와의 관계는 크게 변화하였다. 4세기 초반 이후 황하 유역 전체 혹은 부분을 다스렸던 모든 왕조들은 이민족들로부터 기원하였다. 중국 본토에서 벗어난 북부 세계는 무엇보다도 군사들의 공급자이자 지배자로서 필연적으로 내지의 정치 질서에 휘말려 들어갔다. 후한 초기부터 당대까지 지속된 비중국인의 내지 이주는 또한 중국 인구의 인종적 구성을 변화시켰다. 현대의 몇몇 학자는 당대 초기 비한인 이

---

35) Lewis, Mark Edward. *The Construction of Space in Early China*. Albany: State University of New York Press, 2006. pp.247-273; Abramson, Marc S. *Ethnic Identity in Tang China*. pp.119-121.

주자들이 제국 인구의 7퍼센트 그리고 북부 지역 인구 중에서는 대략 12~14퍼센트를 차지하였다고 추정한다. 당대 후반기에는 이러한 비율이 10에서 19퍼센트 정도로 증가하였다.[36]

그럼에도 내지 중국과 야만족의 외지로 구분하는 과거의 세계 모델은 여전히 큰 영향력을 끼치고 있었다. 당대 작가들 대부분은 이질적인 사람과 문화를 외지와 연관 지었고, 「우공」편에서 묘사된 지역들에 중점을 둔 일련의 문화적 기준들을 통해 중국을 정의하였다. 많은 중국 지식인에게 이러한 구분은 7세기 후반기 당의 명재상이던 적인걸狄仁傑이 표현한 바와 같이 우주질서의 일부로 짜 넣어져 있었다.

> 내가 듣기로 하늘이 오랑캐夷를 낳을 때 그들은 모두 과거 성왕들의 분봉된 지역(「우공」의 영역) 밖에 있었다. 따라서 동으로 그들은 깊고 푸른 바다에 의해 분리되었고, 서로 그들은 물 흐르는 듯한 모래로 분리되었고, 북으로 그들은 거대한 사막으로 갈라져 있었고, 남으로 그들은 다섯 개의 봉우리로 가로막혀 있었다. 이것들은 하늘이 오랑캐들의 구역을 정해 준 것이고 내지를 외지와 구분해 놓은 것이다.[37]

이렇게 내지와 외지의 깔끔한 구분은 분명히 당대 실제 정세를 묘사한 것은 아니었다. 많은 외국인이 변방뿐만 아니라 중국의 주요 도

---

36) Abramson, Marc S. *Ethnic Identity in Tang China*. p.220n96.

37) Abramson, Marc S. *Ethnic Identity in Tang China*. pp.109-114. 원문 인용 pp.110-111.

시에서도 거주하고 있었던 때에, 당대 작가들은 단지 중화 제국의 지배를 받을 뿐이었던 이러한 (오랑캐의) 지역을 중국 본토의 지역과 구분하기 위해서 상당히 정교한 단어들을 만들어 내었다. 오늘날의 내몽골, 신강, 심지어 사천성 서부 일부까지도 그 전자에 속해 있었고, 안녹산 반란 이후 백거이와 그 외의 다른 작가들로 하여금 그러한 외국 영역의 상실은 당나라 사람들과는 아무 상관이 없다고 주장하게끔 만들었다.

순수 중국인의 땅과 일시적으로 당나라가 차지하게 된 이질적인 땅 사이의 분명한 대조는 당 조정에서 근래에 정복한 고창高昌(신강의 투루판 부근)에 대한 처분을 두고 벌어진 논쟁을 벌일 때에 저수량褚遂良(597~658)에 의해서 가장 분명하게 설명되었다.

제가 듣기로는, 고대에 현명한 군주가 제위에 오르고 어진 왕들이 왕업을 일으킬 때에, 반드시 화하華夏를 첫 번째로 두고 오랑캐를 그다음에 두었다고 하였습니다. 현명한 군주와 어진 왕들의 덕은 교화시키는 힘이 다하는 곳에까지 영향을 미치지만, 외진 황무지에는 이르지 않았습니다. 따라서 주선왕周宣王이 사절을 보냄에 변경에 이르자 돌아왔던 것입니다. 그러나 진시황이 변경 국경을 넘어서 나아가자 중국은 산산조각 났던 것입니다. 폐하(당태종)께서는 고창을 멸망시키고 황제의 권위를 서부 지역으로까지 확대시키셨습니다. 이제 폐하께서는 이러한 괴물을 차지하시고 그것을 주현으로 바꾸기를 원하고 계십니다. …… 하서河西(감숙성 서부)는 우리 고유의 심장이고 쓸개에 비유할 수 있지만, 고창은 타인의 팔이나 다

리와 같습니다.[38]

정밀하게 표현된 이 고전적인 모델에서 중국 본토와 외부 세계 사이의 분리는 성인들에 의해서 정해졌는데 악랄한 진시황이 영토 확장을 통해서 이러한 근본적인 구분을 혼란스럽게 만드는 범죄를 저질렀던 것이다.

대부분의 당대 지식인들은 이러한 이상적인 세계관을 찬양하였고, 중국을 의심스러워하는 많은 이민족은 그것에 동의하였다. 그럼에도 불구하고, 몇몇 정력적인 당대 군주들, 특히 당태종은 모든 민족을 궁극적으로는 중국에 끌어들여 교화시킬 수 있다는 포괄적인 비전을 주장하였다. 그의 몇몇 후계자와 더불어, 그는 돌궐 및 다른 이민족들을 당에 병합시키고자 시도하였다. 그러나 심지어 이러한 이민족의 흡수를 지지하는 사람들조차도, 비록 그들이 당 제국의 범위 내에서 거주한다고 하더라도 한족과 이민족 사이에는 근본적인 차이가 존재할 것이라는 점을 인정하였다. 이러한 시각은 당태종이 자신을 천제天帝이자 천가한天可汗이라 선포하도록 만들었다. 그 메시지는 분명하였는데, 즉 중국 황제의 지위로 다스릴 수 있었던 도덕적이고 정치적인 시스템은 당태종이 다른 지위로서 다스리려 하였던 돌궐을 포함시키지는 못하였던 것이다. 중국인과 이민족은 각기 국가의 서로 다른 한 부분이 될 수 있었고, 중국과 외부 세계 사이의 지역적 분리를 초월하여

---

38) Abramson, Marc S. *Ethnic Identity in Tang China.* pp.114-119. 원문 인용·
   pp.118-119.

다스릴 수 있는 바로 그 능력을 지닌 지배자의 권능을 통해서만 합쳐 질 수 있었다.[39]

  이러한 시각의 가장 분명한 제도적인 표현은 '기미주羈縻州'에서 발 견되었다. 한漢 제국에 의해서 건설된 '종속국들'과 마찬가지로, 이러 한 기미주들은 상대적으로 자치적인 지역들이었다. 당의 변경 내에 거주하는 이들 부족민들은 당에서 직위와 인장을 수여받은 부족장들 의 지배를 받았다. 비록 그들은 제국의 은혜를 입고 있었고 때때로 제 국의 정규군을 돕기 위해서 군사력을 제공해야 했지만, 일반적으로 호적에 등재된 중국인과 같은 형태의 행정적인 지배를 받지 않았다. 또 중국인과 같은 세금이나 노역의 의무를 진 것도 아니었다. 기미주 들은 대체로 당과 완전히 이질적인 '오랑캐들' 사이의 완충국이었다. 임시적인 기반 위에서 설치되고, 종종 분명하고 고정된 경계가 없었 던 이 기미주들은 당 제국이 흥망성쇠를 거듭함에 따라 나타났다가 사 라지기도 하였고, 때때로 그 위치가 옮겨 가기도 하였다. 기미주들은 특히 정주적인 농경 지역에서 초원 유목 지역으로 넘어가는 생태적인 변화가 분명하게 나타나는 변경 지역에 밀집되어 있었다.

  두 종류의 민족을 위한 두 개의 병렬된 행정시스템의 존재는 8세기 당대唐代의 지리학자가 세상의 원리를 구조화하면서 분명하게 설명하 였다. "중국이라는 표현에 대해서 우리는 「우공」편을 그 시초로 꼽고, 반면에 외지의 오랑캐에 대해서는 『한서漢書』가 그 근거가 된다. 「우공」

---

39) Abramson, Marc S. *Ethnic Identity in Tang China*. pp.141~149; Lewis, Mark Edward. *The Construction of Space in Early China*. 4장·5장 참조.

편은 영지와 주현의 증감을 기록하였고, 반면에『한서』는 이민족 부족
의 흥망에 대해서 설명한다."[40]『한서』의 작가는 진시황제의 죄악에 집
중하기보다는, 중국 민족과 그들과 혼재돼 살고 있었던 이민족의 사
회적, 행정적 형태들에 대한 별개의 문학적 두 사료를 인용하여 비교
하였다. 이러한 방식으로, 그는 내지와 그 세계를 둘러싸고 구성된 외
지 사이의 구별을 어렵게 하지 않으면서도 북부아시아와 중앙아시아
의 지역들을 중화 세계 속으로 끌어들였다.

---

40) Abramson, Marc S. *Ethnic Identity in Tang China*. pp.122-125.

2

| 당 제국 건국에서부터 반란으로 |

9세기에 수 왕조의 멸망을 되돌아보면서, 시인 온정균溫庭筠(812-870)은 수 왕조의 마지막 황제가 북부 지역을 버려둔 채 배를 타고 강과 운하를 따라 남부로 내려가 최후에는 암살당하게 되었던 것을 「춘강화월야春江花月夜」에서 다음과 같이 읊었다.

양씨 가문의 두 번째 통치자는 구중궁궐 속에서 안전하였는데
그의 빛나는 마차는 더 이상 움직이지 않고, 그의 용마龍馬에도 더는 흥미가 없네
대신 수많은 비단으로 만든 돛들은 바람의 힘으로 가득 차 있고
하늘 끝까지 퍼져나간 것이 마치 황금 연꽃과 같다
진주와 물총새 깃털은 별과 일치하고, 그들은 지금 밝게 빛나고 있다
용두선龍頭船은 파도를 헤치며 나아가고 애처로운 악기소리가 울려 퍼

지는데

술 취한 그 한순간에, 그 모든 세계는 사라졌다

사방에서 세상이 뒤집히고 연기와 먼지가 일어났다

그러나 그는 여전히 몽상의 향취 속에 있었고

마지막 군주의 잡초가 무성한 궁전에서, 아침 꾀꼬리는

날아서 오건만, 서하西河의 물길로는 올 수 없었다[1]

양자강의 하구 유역은 이미 온정균이 시를 작성할 때부터 당나라 경제의 기반이었지만, 이 시 속에서 그는 남부 중국을 일군의 실패한 황제들을 삼켜 버린 향기롭고 이국적인 덫으로서 설명한다. 마치 진나라를 패망시킨 항우가 남부 지역의 고향으로 돌아가고자 결정한 것이 그가 관중을 차지한 한漢 왕조의 창업자의 손에 패배하도록 운명 지은 것과 같이, 관중을 떠나서 배를 타고 남부 지역으로 가자는 수양제의 결정은 그의 경쟁자들에게 승리를 안겨다 주었다.

온정균의 '위험한 남부 지역'이라는 시각은 당시 사람들에게 그 지역의 정치적 실체보다는 9세기의 문학적 관습이 더 많은 영향을 주고 있었음을 알려준다. 관중이라는 전략적 근거지가 산록이 우거진 남부 지

---

1) Rouzer, Paul F. *Writing Another's Dream: The Poetry of Wen Tingyun*. Stanford: Stanford University Press, 1993. pp.123-128. 4장은 온정균의 역사 시문에 대해서 논의한다. 동일한 주제로 작성된 이상의 시문에 대해서는 Owen, Stephen, ed. and tr. *An Anthology of Chinese Literature: Beginnings to 1911*. New York: W. W. Norton, 1996. pp.515-517; Owen, Stephen, *The Late Tang: Chinese Poetry of the Mid-Ninth Century (827–860)*. Cambridge: Harvard University Press, 2006. pp.427-430 참조.

역에 비해서 더욱 안전하고 방어가 용이한 근거지를 제공한다고 하는 수대와 당대 초기의 사실은 남부 지역의 그 모든 부유함에도 불구하고 여전히 위험한 지역으로 남아 있도록 만들었다.[2] 북서부 지역에서 당 제국의 영역 확대와 중국 전역의 점진적인 통합은 중국 역사에서 관중 지역이 제국의 근거지로서의 기능을 수행한 마지막 모습이었다.

당 제국의 통합

613년 수 왕조에 대항한 반란이 일어났을 때에, 미래의 당 창업주인 이연李淵은 태원太原 지역 국경수비대의 장수였다(지도 4 참조). 그의 가문은 변경 지역 출신들로서 오랜 기간 주변 민족과 혼혈을 이루고 있었음에 분명하다. 그 집안은 그의 고조부 때부터 군인으로서 국가에 봉사하여 왔고, 이연도 10여 년간 장군으로서 복무하였다.[3] 태항산맥

---

2) 진나라 말기 항우의 초楚 지역으로의 회군에 대해서는, Mark Edward. *The Construction of Space in Early China*. pp.515-517; Lewis, Mark Edward. *The Early Chinese Empires: Qin and Han*. Cambridge: Harvard University Press, 2007. pp.19, 60-61. 수양제의 남쪽으로의 이동 결정과 이연의 성공에서 관중 지역이 어떻게 중요하였는지에 대해서는, 陳寅恪, 「唐代政治史述論稿」, p.201 참조.

3) Bingham, Woodridge. *The Founding of the T'ang Dynasty: The Fall of the Sui and Rise of the T'ang*. Baltimore: American Council of Learned Societies, 1941. 8장; Somers, Robert M. "Time, Space and Structure in the Consolidation of the T'ang Dynasty (a.d. 617-700)"; Wechsler, Howard J. "The Founding of the T'ang Dynasty: Kao-tsu (reign 618-26)." In *Cambridge History of China*. Vol. 3, *Sui and T'ang China, Part I*. Ed. Denis

지도 4

의 피신처에서 몇 년간 기회를 기다린 끝에, 617년 이연은 수나라의
수도 대흥성으로 진격하였다. 그다음 해에 그는 수나라 공제恭帝(양유
楊侑)의 양위를 받아들이고 당 왕조를 건국하였다.

　당 왕조 초기에, 이연의 새로운 왕조는 관중 지역만을 지배하고 있

Twitchett and John K. Fairbank, Cambridge: Cambridge University Press,
1979.; Wechsler, Howard J. "T'ai-tsung (reign 626 – 649) the Consolidator."

었다. 북동부, 중원 평야, 그리고 남부 지역은 여전히 수십 만의 군대를 지휘하는 주요 경쟁자들이 차지하고 있었다.[4] 최후의 경쟁자를 패배시킬 때까지 5년이 걸렸고, 그 전쟁은 대부분의 경우 태자였던 이건성과 왕자 이세민李世民이 지휘하였다. 628년까지 당에 대한 군사적 저항은 줄어들지 않았지만, 624년에는 충분히 안정을 이루었다. 따라서 이연은 그 군사를 대규모로 감축하고 남은 군사들을 재구성하여 800명에서 1,200명으로 구성된 633개의 부대로 만들었다. 이들 부대의 대부분은 관중 지역 주변에 주둔하였다. 이씨 가문과 그들의 추종자들은 초자연적인 전조前兆들을 찾아내고 황제 의례를 거행하는 것과 같은 고전적인 왕조 건국 행위들을 추구하였다. 그들은 도교의 창시자인 노자老子의 성씨가 이씨였고 그 성씨를 지닌 구세주와 같은 통치자가 도교의 천년 번성을 가져다줄 것이라는 믿음을 갖고 있었던 주요한 도사들의 적극적인 지지를 얻을 수 있었다.[5]

628년 전면적인 전쟁은 종식되었지만, 중국 영토의 많은 부분에서는 아직 평화가 완전히 정착되지는 못하였다. 추종자들을 군사적 요

---

4) Graff, David A. *Medieval Chinese Warfare: 300–900*. pp.162-165.

5) Graff, David A. *Medieval Chinese Warfare: 300–900*. pp.165-178.; 전조 현상과 의례에 대해서는 Wechsler, Howard J. *Mirror to the Son of Heaven: Wei Cheng at the Court of T'ang T'aitsung*. New Haven: Yale University Press, 1974. pp.31-32; Wechsler, Howard J. *Offerings of Jade and Silk: Ritual and Symbol in the Legitimation of the T'ang Dynasty*. New Haven: Yale University Press, 1985. 3장 참조. 도사들의 지지에 대해서는 Bokenkamp, Stephen. "Time After Time: Taoist Apocalyptic History and the Founding of the T'ang Dynasty." *Asia Major*, Third Series 7 (1994): 59 - 88.; Seidel, Anna. "The Image of the Perfect Ruler in Early Taoist Messianism." *History of Religions 9* (1969): 216 - 247 참조.

새 속에 끌어 모아서 지난 수세기 동안의 정치적 혼란 속에서 살아남
았던 중국 북부 지역의 엘리트들은 여전히 이러한 군사적 방어기지에
의존하고 있었다. (왕조 설립) 초기 수십 년 동안, 당 조정은 관중 지역
을 넘어서 지배 질서를 확립하기 위해서 중국 전역에 43개의 지역 군
사 지휘부總管府를 설치하였는데, 이 지휘부들의 배치는 당시까지 당
조정에서 전혀 군대를 주둔시키지 않았던 많은 빈 공간이 존재하였음
을 알려주고 있다. 대부분의 경우에 지역적 군사집단들은 명목상으로
는 그 지역 군사 지휘부에 복종하였다. 하지만 황제가 황실 집안 사람
을 그들의 점유지에 분봉하려고 할 때에도 그 지역에 대한 군사적 지
휘권의 부여는 고려하지 않았다. 이것은 이러한 지역들이 실질적으로
는 당 조정의 관료적 통제를 받고 있지 않았다는 점을 알려준다.[6]

건국 초기 당 조정은 제국 전체에 안정을 회복하는 것과 더불어, 국
가의 재정적 지불 능력을 복구할 필요가 있었다. 전쟁으로 국고가 바
닥나면서, 정부는 세수의 꾸준한 확보를 위해서 국가에서 토지를 분
배해 주는 제도인 균전제를 재도입하였다. 이 균전제의 정상적인 운
영을 위해서는 적극적인 지역 행정력이 필요하였고, 당 왕조는 주현
제州縣制를 확립함으로써 그것을 해결하고자 하였다. 621년에 정부
는 통화를 안정화시키기 위한 방법으로서 동전을 주조하기 시작하
였으나, 그것은 수대에 화폐의 가치 저하와 위조화폐로 인하여 붕괴
되었던 것이었다. 755년 안녹산의 반란 바로 직전까지, 정부는 동전

---

6) Somers, Robert M. "Time, Space and Structure in the Consolidation of the
   T'ang Dynasty (a.d. 617‒700)", pp.374‒378.

을 주조하는 99개의 용광로를 지닌 11개의 조폐국을 운영하였다. 이러한 노력에도 불구하고, 통화 부족은 왕조 시기 내내 정부를 괴롭혔고, 많은 경우 동전보다는 직물이 교환과 조세 납부의 매개물로 이용되었다.[7]

새로운 왕조가 맞닥뜨린 또 다른 문제는 중국 북부와 서부에 있었던 돌궐 제국의 군사력이었다. 돌궐은 6세기부터 북부 중국의 스텝 지역과 초지를 점령하였고, 수대 외교 정책의 초점이 되었다. 수나라의 붕괴를 가져온 내전 기간 동안, 돌궐은 중화 제국을 계속해서 약화시키고 분열시키고자 여러 전쟁 당사자 사이에 싸움을 붙였다. 623년 당나라에서 내부 분쟁이 점차 줄어들자, 돌궐은 당 왕조에 대한 대규모의 침공을 감행하여 이후 3년간 전쟁을 벌였다. 당고조는 돌궐에게 재물을 바침으로써 그 압박을 완화시키고자 시도하였지만, 그들의 침공을 막지 못했다.[8]

북방 변경의 이러한 상황은 당고조의 차남으로서 북동 지역과 중원평야 지대의 정복에서 상당한 군사적 실력을 보여 주었던 이세민이 626년 쿠데타를 통해 그의 형제들을 죽이고 그의 아버지를 유폐시키면서 변화하기 시작하였다. 시호諡號인 태종太宗으로 가장 널리 알려진 이세민도 처음에는 돌궐의 침공을 예방하기 위해서 재물을 바치는

---

7) Wechsler, Howard J. "The Founding of the T'ang Dynasty: Kao-tsu (reign 618 - 26)." pp.168-181.

8) Graff, David A. *Medieval Chinese Warfare: 300-900*. pp.185-188; Wechsler, Howard J. "The Founding of the T'ang Dynasty: Kao-tsu (reign 618 - 26)." pp.181-182, 220-224.

아버지의 정책을 지속하였다. 그러나 627년 돌궐이 두 제국으로 분열하고, 돌궐 가한에 대한 반란과 돌궐의 가축들을 몰살시킨 폭설 등 (당 제국 입장에서는) 행운과도 같은 일들의 동시다발적인 발생은 그에게 동돌궐을 멸망시키고 변경에 그의 통제를 받는 돌궐 동맹자를 배치할 수 있는 기회를 제공하였다. 630년에 돌궐 동맹자들은 당태종에게 천가한이라는 칭호를 하사하였는데, 이는 암시적으로 그가 중국의 국경 너머의 분쟁을 해결할 권리를 갖고 있었음을 인정하는 것이었다. 당태종은 즉각 오르도스 고원 지역에 항복한 동돌궐 세력을 재정착시키고 서돌궐 내에서 반란과 내전을 부추기는 정책을 추진하였는데, 당시 서돌궐은 옥문관(오늘날의 감숙성 옥문玉門)에서부터 서쪽으로는 사산조 페르시아에 이르는 지역 거의 대부분을 차지하고 있었다. 642년 서돌궐 가한의 공식적인 항복으로 당 제국은 중앙아시아에서 도전받지 않는 지배력을 확보하게 되었다.

돌궐에 대한 태종의 승리는 그의 위대한 업적이었지만, 중국에서 그는 그가 직접 성취한 업적보다는 그의 사후 전개된 당 역사의 혼란스러움과 그의 치세가 비교되면서 더욱 칭송을 받게 되었다. 다음 황제인 당고종의 재위기는 측천무후에 의해서 지배되었는데, 그녀는 중국 역사상 직접 중국을 통치하고자 하였던 유일한 여성으로서 중국 역사가들에 의해서 철저하게 매도당하였다. 690년에 (황제가 된) 그녀는 705년 정권이 전복되기 전까지 당 왕조를 그녀 자신의 주周 왕조로 대체하였다. 중종中宗은 제위에 복귀하였지만, 그의 무능했던 5년간의 통치기는 그의 부인인 위후韋后에 의해 장악되었는데, 역사가들은 확실한 증거도 없이 그녀가 남편인 중종을 독살하였다는 혐의를 제기하여 왔다. 당현종은 712년에 정권을 쟁취하였고 그의 긴 재위 기간은 당 번영의 최정점을 이루었다. 그러나 그의 부주의함은 755년 안녹산의 반란으로 이어졌고, 이후 당 왕조는 다시는 완전하게 회복하지 못하였다. 결국 태종의 시기는 관습적으로 중국 역사상 가장 강력한 왕조로서 간주되었다. 뿐만 아니라 당태종은 진정한 의미에서 성공적인 재위기를 보냈던 유일한 황제로 손꼽힌다.

중국 역사가들은 태종이 피로 더럽혀지고 불효한 그의 황제 즉위 과정을 보상하기 위해 채택했던 국가 정책들에서 뚜렷하게 표현된 유가적 가치들에 대해서 찬양하였다. 그는 초기에 뛰어난 근면성과 검소함으로 국정에 헌신하였고, 문관과 무관의 뛰어난 인물들을 조정에 불러들이고 그들의 의견을 청취하고 그들의 조언을 따르고자 매우 노력하였다. 그의 치세의 연호인 정관貞觀(627-649)은 이후 중국 역사에서 선정善政과 동의어로 사용되었다. 그러나 630년대에 태종이 그의 정권이 안정되었다고 느끼면서 도덕, 검약 그리고 다른 덕목에 대한 그의 노력은 중지되었다. 그의 재위의 마지막 20여 년은 그와 재신宰臣들과의 끊임없는 다툼으로 얼룩졌고, 심지어 그가 가장 위대한 승리를 이뤘던 외교 정책도 몇 차례에 걸친 고구려에 대한 재앙적인 전쟁 이후에 뒤틀어지기 시작하였다. 649년 태종의 시의적절한 죽음은 그가 과거 한반도를 침공하였던 또 다른 황제인 수양제의 운명을 재현하는 것으로부터 구제해 주었다.[9]

---

9) Wechsler, Howard J. "T'ai-tsung (reign 626-649) the Consolidator."

태종의 임기 마지막에, 대부분의 중국 북부 평원은 여전히 지역 세력들이 실질적으로 지배하고 있었다. 지역의 군사 지휘부와 군부대들은 여전히 관중과 당 왕조가 초기에 점령한 지역들에 집중되어 있었다. 태종은 두 차례에 걸쳐서 계획하였음에도 그 지역의 안전이 보장받지 못한다는 이유로 황하 범람원 지대에 있었던 태산泰山에서 봉선封禪의식을 행할 수 없었다. 게다가 지역 행정조직을 정규화하고 인구로 등록하고자 하였던 대대적인 노력에도 그의 재위 말기에 왕조의 통제 아래에 있었던 인구는 대략 수대의 1/3이 되지 못했고 그의 아버지 고조의 시기보다 조금 많았을 뿐이다. 결국 중국의 많은 지역은 당 제국의 통제 너머에 있었다.[10]

고종의 재위 기간(649-683)은 후궁에서부터 그의 두 번째 황후가 되는 무측천(무조武曌)의 권력 장악으로 특징지을 수 있다. 고종은 대체로 아버지의 정책을 답습하였지만, 우리는 그의 재위 기간 동안 두 가지의 중요한 출발을 목격하게 된다. 당고종은 당률의 수정·보완을 후원하였고 새로운 원칙에 입각한 제국 전체의 족보를 발행하였다. 외교정책에서는 여전히 상당한 비용을 들여서 돌궐을 지속적으로 지배하고 있었지만, 그는 668년에야 결국 고구려를 가까스로 정복하였다. 고

---

pp.195-201.

10) Somers, Robert M. "Time, Space and Structure in the Consolidation of the T'ang Dynasty (a.d. 617 - 700)" pp.380-389. 또한 Graff, David A. *Medieval Chinese Warfare: 300-900*. pp.190-191.; Wechsler, Howard J. "T'ai-tsung (reign 626 - 649) the Consolidator." pp.208-210 참조. 당대 초기 지역 기반의 파벌들의 조정에서의 권력 투쟁에 대해서는 陳寅恪,「唐代政治史述論稿」, pp.170ff.; 谷霽光.「安史亂前之河北道」,『燕京學報』19 (1936): 197 - 209 참조.

7세기 한반도

0   250km

부여성

신성

백암성

회원진 ○○요동성

영주 ○ ○안시성

로하진 ○ ○

망해둔 ○건안

고구려

평양

신라

배사성

임유한 ○

유주(북경)

사비성

동래군

백제

지도 5

구려 정복은 고구려 왕의 죽음을 이용해서 신라와 동맹을 맺고 과거의 육상 위주의 침공을 포기하고 바다를 건너고 백제의 영역을 통하는 경로를 활용하였다(지도 5 참조). 그러나 이러한 외교적 업적은 잠깐 동안이었음이 판명되었다.[11]

11) Twitchett, Denis. "Kao-tsung (reign 649 – 83) and the Empress Wu: The Inheritor and the Usurper." In *Cambridge History of China.Vol. 3, Sui and T'ang China,Part I.* pp.273-287.

측천무후는 650년대에 조정을 장악하였고, 683년 남편(고종)의 사망 이후 705년 폐위에 이르기까지 그녀는 황후로서 그리고 그녀 자신의 왕조의 여제女帝로서 중국을 다스렸다. 이 시기의 시간적 길이와 역사적 중요성에도 불구하고, 우리는 몇몇 비문과 적은 수의 불교 문헌을 제외하고는 그녀의 활약에 대한 신뢰할 수 있고 유용한 자료들을 거의 갖고 있지 않다. 이러한 결핍은 무조가 여자라는 이유에서 기인한다. 그 시기에 관한 모든 자료들은 그녀의 정적政敵이던 남자뿐만 아니라 그녀의 전체 경력을 자연현상의 왜곡이라고 간주하였던 남자들에 의해서 작성되었다. 심지어 현대 역사가들조차 그 문서 기록들의 신뢰할 수 없음을 충분히 인지하고 있었음에도 여전히 복잡하게 얽혀 있는 원한들로부터 벗어나지 못하고 논란의 여지가 있는 자료들에 의존하고 있다. 권위 있는『캠브리지 중국사Cambridge History of China』는 우선 그 기록의 편향성을 지적하고 나서, 이른바 무측천이 자신의 라이벌인 왕황후에게 덮어씌우고자 계획하였던 자기 자신의 딸을 살해한 사건, 그녀가 아마도 사형시켰을 것으로 추정되는 왕황후와 소숙비의 신체를 절단하였던 사건(이미 그녀의 시기부터 여성 군주에 대한 상투적인 표현), 그녀의 후원자들 중 지도적인 인물들과의 간통 사건(또 하나의 오래된 상투적인 표현), 그녀의 미신적인 성격과 사기적인 주술을 사용한 조작 사건(관습적으로 모두 여자들의 탓으로 돌려지는 경향) 그리고 수많은 다른 비방들을 의심의 여지없이 받아들였다.

이러한 사건들이 일어나지 않았다고 입증할 수는 없지만(어떻게 그것이 아니라고 증명할 수 있겠는가), 역사가들은 사서의 내용들을 믿도록 만들어 줄 그 어떠한 증거도 갖고 있지 못한 것도 사실이다. 불행하게도, 이것은 당 조정에서 벌어진 60년간의 사건들이 사실상 백지 상태에 있다는 것을 의미한다.[12] 사료가 증명하는 한 가지 사건은 측천무후를 겨냥한 특별할 정도의 적대감일 것이다. 그녀가 가능한 한 오래 정권을 쥐고 있었다는 사실은 그녀의 뛰어난 지능과 의지를 증명하는 것이고, 그녀가 저질렀을지도 모를 야만스러운 행위들 또한 (그녀를 반대하기 위해서는) 어떤 일이든 서슴지 않았을 정적들로 둘러싸인 세상 속에서 그녀가 살아남기 위해 필요한 일이었음을 알 수 있다.

이 시기의 당 조정의 일들이 불분명하게 남아 있지만, 공식적인 사건들은 여전히 유용하게 연구될 수 있다. 가장 중요한 사건 중 한 가지는 낙양으로의 천도였다. 태종 시기 당 조정은 적어도 3차례 임시로 동

---

12) Twitchett, Denis. "Kao-tsung (reign 649-83) and the Empress Wu: The Inheritor and the Usurper." pp.244-257. (이 글은 무측천이 권력을 쥐게 되는 과정에 대해서 설명하면서 검증되지 않은 공포 이야기나 중상모략을 그대로 활용한다.); Guisso Richard W. "Reigns of the Empress Wu, Chung-tsung and Jui-tsung (684-712)." In *Cambridge History of China*.Vol. 3, *Sui and T'ang China, Part I*. pp.294-300, 303-304, 308, 312, 315-316 (여기서 현대 역사학자는 노령의 무측천과 젊은 이복형제들과의 불륜관계에 관한 설명을 받아들인다. 이 이야기 속에서 무측천은 정력제 복용으로 새로운 이가 자라났다고도 한다.), pp.318-319, 320. '방탕함', '야심 그리고 황제인 남편을 쥐락펴락한 일 등에 대한 죄목은 무측천 다음의 황제인 중종의 부인인 위황후에게도 동일하게 적용되었다. 이에 대해서는 pp.322, 325 참조. 무측천 지배 시기에 대한 편향된 사료 기록에 대해서는, Guisso Richard W. *Wu Tse-t'ien and the Politics of Legitimation in T'ang China*. Bellingham: Western Washington University Press, 1978. 2장 appendix A 참조. 고전적이지만 읽어볼 만한 역사 설명으로는, Fitzgerald, C. P. *The Empress Wu*. London: Cresset Press, 1956. 참조. 무측천에 대한 보다 동조적인 설명으로는, Dien, Dora Shu-fang. *Empress Wu Zetian in Fiction and in History: Female Defiance in Confucian China*. New York: Nova Science Publishers, 2003 참조.

도東都 즉 낙양으로 옮긴 적이 있는데, 이는 장안에서 음식과 물자 들이 부족해졌을 때였다. 657년 낙양은 영원히 동도라고 선포되었고, 고종대에 조정은 그곳으로 적어도 7차례 이주하였다. 684년 황태후였던 측천무후는 이제 아들의 조정을 통제하게 되자, 그녀의 조상들을 위한 7곳의 사원을 건설하였는데, 이는 그때까지 황실 가문에만 제한적으로 허용되었던 특권이었다. 이와 관계된 특별 사면령을 내리면서, 그녀는 또한 낙양을 '신성한 수도神都'라고 선포하였다. 690년 그녀의 아들인 예종을 폐위시키고 나서 그녀가 공식적으로 새로운 왕조를 건설하였을 때, 그녀는 낙양으로 천도하였고, 그 수도 이전은 705년 그녀의 정권이 이씨 가문의 지지자들에 의해 전복될 때까지 유지되었다.

낙양으로의 천도에는 적어도 두 가지의 이유가 있었다. 첫 번째로, 그것은 조정을 당 왕조의 지배 집안과 이씨 가문의 가장 가까운 지지자들의 중심 근거지로부터 이동시키는 것이었다. 두 번째로, 낙양의 위치는 제국 전체와의 교통 및 상업의 측면에서 장안보다 훨씬 유리하였다. 대운하에 위치하여, 그것은 남쪽으로 가는 상업 루트와 북동쪽으로 가는 교통 루트에 보다 손쉽게 접근할 수 있었다. 반대로 장안이 중국의 다른 지역들과 연결되는 유일한 방법은 강이나 운하 수로들에 의한 것인데 그것들은 자주 토사가 쌓이거나 말라 버렸다. 심지어 당의 부흥 이후에 공식적인 수도로서 장안이 새롭게 재건된 이후에도, 후대의 황제들은 여전히 빈번하게 낙양으로 조정을 이주하여야만 했다.[13] 당의 멸망으로 인하여, 장안은 별다른 정치적 중요성이 없는 지

---

13) Twitchett, Denis. "Kao-tsung (reign 649-83) and the Empress Wu: The

방도시의 지위로 전락하였다.

수도가 장안으로부터 이전하게 되는 후대 현상의 예고편으로서의 낙양 천도 이외에도 측천무후의 재위는 황제와 관료 사이의 관계가 변화하고 있었다는 점에서도 주목할 만한 시기였다. 몇몇 역사가들은 그녀가 근대에 형성된 시험 체제를 통해서 관리들을 선발함으로써 과거의 명문 가문과 동북 지역의 귀족 가문을 약화시키고, 조정을 그녀의 호의에 의지하는 낮은 계급 출신의 사람들로 메꿔 나가고자 하였다고 주장한다. 그녀의 재위기에 등장했던 수많은 최고위 관료들은 사실 동부 혹은 동북부 출신으로 과거제도를 통해서 성장하였다.[14] 그러나 과거시험은 당대 전체로 놓고 보면 관료가 되는 매우 예외적인 통로였고, 측천무후가 이 제도를 특별히 다른 황제들에 비해서 더 자주 사용하였던 것도 아니었다. 그녀는 관료들의 권력을 약화시키고 보다 전제적인 정권을 수립하는 다른 방법들을 갖고 있었다.

첫 번째로, 당의 창업주인 이연과 같이, 그녀는 자신의 심복들로 채워 넣을 수 있는 수많은 새로운 자리를 만들었고, 한편으로는 재상을

Inheritor and the Usurper." pp.257-258; Guisso Richard W. "Reigns of the Empress Wu, Chung-tsung and Jui-tsung (684-712)." pp.291-293, 307, 319. 여성이 미신에 쉽게 현혹된다는 중국의 전통적인 경멸을 받아들이면서, Twichett와 Guisso는 무측천이 자신이 죽음으로 몰고 갔던 인물들의 영혼에 대한 두려움 때문에 수도를 천도하였다고 주장한다. 낙양의 경제적 장점과 당 후반기에 낙양으로의 비상시 천도에 대해서는 Twichett, Denis. "Hsüan-tsung (reign 712-56)." In *Cambridge History of China*. Vol. 3, *Sui and T'ang China, Part I*. pp.355-356, 357, 388, 397, 399-400 참조.

14) Guisso Richard W. *Wu Tse-t'ien and the Politics of Legitimation in T'ang China*. 7장.

정기적으로 해임할 수 있는 황제로서의 특권을 활용하였다. 원래 재상의 직책은 삼성육부三省六部의 수장을 나타내는 것이지만, 다른 직위에 대해서도 재상의 칭호를 주어 때때로 15명이나 되었다. 태종의 재위 초기, 이러한 관리들은 서로 간에 결속력을 강화시켜서 황제의 행위들에 도전할 수 있을 정도가 되었고, 태종은 이러한 행위들을 허용하거나 심지어 권장하기까지도 하였다. 측천무후는 다른 한편으로 그녀의 재위 말기까지 당시 재상의 80퍼센트를 제거하였고, 그들 중 상당수를 귀양 보내거나 사형에 처하였다. 그녀는 또한 정권에 협조하는 자들에게는 특별한 보상을 내리는 시스템을 정교하게 발전시켰다.

측천무후는 공식적인 관료체계 외부에, 북문학사北門學士라는 싱크탱크를 발전시켰는데, 이는 비공식적인 조언자 그룹이었다. 그들은 칙령을 작성하고, 수많은 문학작품을 측천무후의 이름으로 창작하고, 정책을 구상하였다. 관료들이 측천무후에 대해서 저항하는 경우에, 북문학사는 황제의 칙령을 고안하고 수행하는 데 필요한 (조정에서의) 심의와 고안의 업무를 (관료들로부터) 넘겨받아 수행했다. 그들의 이런 태도 때문에, 현대 학자들은 이 그룹을 '사악한' 그리고 '비밀스러운' 기관 또는 공식 직함 없이 조정 활동에 참여했던 한림원翰林院의 선구적인 형태라고 다양하게 묘사하였다.[15] 측천무후의 조언자들에 대

---

15) Guisso Richard W. "Reigns of the Empress Wu, Chung-tsung and Jui-tsung (684-712)." pp.309-311.; Twitchett, Denis. "Hsüan-tsung (reign 712-56)." pp.349-351. 당대 초반부터 무측천 재위 기간까지의 재상들과 그들의 재임 기간에 대한 표 목록에 대해서는, Guisso Richard W. *Wu Tse-t'ien and the Politics of Legitimation in T'ang China*. appendix B 참조. '북문학사'에 대해서는, Guisso Richard W. "Reigns of the Empress Wu, Chung-tsung and

한 보다 정확한 표현은 한대와 그 이후의 왕조 시기들을 모델로 한 '내부 조정朝廷'이 될 것이다. 측천무후의 정책들은 한편으로 그 순간까지 중화 제국 역사에서 되풀이되었던 중앙으로의 권력 이동의 재현이었고 또 한편으로는 그녀에게 저항하는 관료들에 대항하여 자신의 권위를 강화할 현재적인 필요의 결과였다. 하지만 그 정책들은 어느 때보다도 더 강력한 전제정치로 향해 가는 중화 제국의 장기적인 발전을 예상하게 하였다.

측천무후가 조정을 장악했던 기간에는 외교적 측면에서 큰 성과들을 거두었는데, 특히 한 세기 동안 중국의 황제들이 이룩하지 못했던 고구려의 정복이 이때에 달성되었다. 중앙아시아를 잠식하기 시작하였고 670년부터는 중국 영토의 서부 변경 지역으로 팽창하는 티베트 세력을 처음 맞닥뜨리게 된 것 역시 이 시기였다. 670년에서 680년 사이에 중국은 타림분지와 사천 북서부에서 몇 곳의 핵심적인 거점들을 상실하였고(지도 6 참조), 695년에는 티베트 군대가 장안 서부에서 당군唐軍에게 재앙적인 패배를 안겨 주었다. 같은 해에 동북 지역에서는 이

Jui-tsung (684 - 712)." pp.310-311; Twitchett, Denis. "Kao-tsung (reign 649 - 83) and the Empress Wu: The Inheritor and the Usurper." p.263; Guisso Richard W. *Wu Tse-t'ien and the Politics of Legitimation in T'ang China*. p.134. 현종대 북문학사와 유사한 '집현원集賢院'과 한림원 학사들에 대해서는, Twitchett, Denis. "Hsüan-tsung (reign 712 - 56)." pp.378, 450.; Bischoff, F. A., tr. *La Forêt des Pinceaux: Étude sur l'Academie du Han-lin sous la Dynastie des T'ang et traduction du Han lin tche*. Paris: Presses Universitaires de France, 1963.; Chiu-Duke, Josephine. *To Rebuild the Empire: Lu Chih's Confucian Pragmatist Approach to the Mid-T'ang Predicament*. Albany: State University of New York Press, 2000. pp.33-36; 池田 温, 「盛唐之集賢院」, 『北海道大學文學部紀要』 19.2, 1971: 45-98 참조.

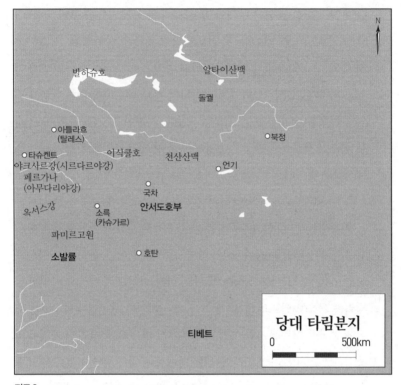

발하슈호

알타이산맥

돌궐

아틀라흐
(탈레스)

북정

타슈켄트
야크사르강(시르다르야강)
페르가나
(아무다리야강)

이식쿨호

천산산맥

언기

옥서스강

국차

안서도호부

소륵
(카슈가르)

파미르고원

소발률

호탄

티베트

당대 타림분지

0   500km

지도6

전에 동맹을 맺었던 거란족이 대규모 반란을 일으켰고, 부활한 동돌
궐은 갑작스런 공격을 감행해 오는 등 여러 전선에서 전쟁을 수행해야
하는 심각한 위기를 맞았다. 측천무후와 그녀의 정부는 티베트 내부
에 가까스로 내분을 일으키고 2년간의 대규모 군사력을 동원한 끝에
거란 세력을 그들의 본거지로 몰아낼 수 있었다. 이러한 투쟁 이후에,
그녀는 북부와 북동부 지역에 항구적인 군사 지휘부인 번진들을 설치

했는데, 이는 국가 방위 정책 부문에서 그녀의 재위기의 가장 중요한 혁신이었다. 하지만 한편으로 이는 장기적으로는 당 왕조에 재앙적인 결과를 가져다주는 결정이었다.[16]

측천무후 정권의 몰락과 그녀의 아들 중종(재위기간 705-710)에 의한 당 황실의 복구에도 이씨 가문은 곧바로 정권을 장악하지는 못하였다. 이후 7년간 당 조정은 강력한 의지를 지닌 여성들과 그녀들의 추종자들에 의해서 계속 지배받았다. 이들 여성 중에는 중종의 아내인 위황후와 그들의 딸인 안락공주安樂公主도 포함되었다. 그러나 무엇보다도 측천무후의 딸인 태평공주太平公主는 그 시기 내내 조정에서 정권을 장악하고 있었는데, 어느 때에는 그녀의 사촌인 무삼사武三思와 공동으로, 어떤 때에는 상관완아上官婉兒와 같은 여성 동료들과 함께, 때로는 그녀 홀로 정권을 장악하였다.

710년 독살에 의한 것으로 추정되는 중종의 사망 이후, 중종과 마찬가지로 측천무후에 의해 이전에 폐위된 아들인 예종이 제위에 복귀하였다. 그러나 권력의 부재와 불길한 전조인 혜성의 등장으로 인하여 우울해진 그는 2년 후에 퇴위하기로 결정하고 그의 아들 중 한 명에게 양위하기로 하였다. 예종이 퇴위하지 못하도록 설득하는 것이 불가능해지고, 권력의 균형이 그녀에게 불리한 방향으로 바뀌게 되는 것을 염려한 태평공주는 우선 새롭게 자리에 오른 현종을 독살하고 난 후에 예종을 퇴위시키고 예종의 더 어린 아들을 황제의 자리에 앉히려고 하

---

16) Twitchett, Denis. "Hsüan-tsung (reign 712-56)." pp.362-370; Guisso Richard W. *Wu Tse-t'ien and the Politics of Legitimation in T'ang China.* 8장.

였다. 이러한 시도가 실패로 돌아가자 그녀에게는 강제 자살 명령이
내려졌고 그렇게 함으로써 이러한 전대미문의 여성 지배 시대가 최종
적으로 종식되었다.[17]

현종의 치세와 안녹산의 반란

중국 역사학자들은 관습적으로 현종의 치세 초반기를 당 왕조의 전
성기로서 태종의 재위기에 버금가는 새로운 황금시대라고 여긴다. 그
들은 현종을 여성에 의한 60년간의 지배 이후에 효율적인 정부를 복구
하기 위해 뛰어난 대신과 더불어 일하는 근면한 황제로 묘사하였다.
이 시기는 중국 역사상 가장 뛰어난 시인들이 그들의 작품을 배출한
시기이기도 하였다. 그러나 그의 재위 말기에 그 이야기는 늙어 가는
황제가 또 다른 야망이 큰 여성의 주술에 빠져들어 가는 쪽으로 흘러
간다. 국가의 모든 정무를 한 명의 신뢰할 수 없는 대신의 손에 남겨 둔
채, 그는 스스로 뒤늦게 꽃피운 열정의 행복 속에 자기 자신을 맡겨 버
렸다. 그렇게 잘못 운영된 정부는 그 사랑하는 후궁을 죽음으로 몰고
가고 황제를 퇴위시키고 왕조를 거의 파산시킨 재앙적인 군사 반란으
로 휩쓸려 들어갔다.

이러한 전통적인 설명은 여성혐오적인 도덕적 판단과 지식인들의

---

17) Guisso Richard W. "Reigns of the Empress Wu, Chung-tsung and Jui-tsung
(684-712)." pp.321-328; Twitchett, Denis. "Hsüan-tsung (reign 712-56)."
pp.333-345.

자기 미화에 근거한 것이었을 뿐만 아니라 현종의 재위를 두 부분으로 나누는 것은 분석적으로 가장 유용한 방법도 아니었다. 보다 적합한 틀은 그 재위기를 세 부분으로 나누는 것이다. 그 첫 번째 시기는 712년 그의 제위 등극에서부터 대략 720년까지로서, 그 관료 구성이나 정책에서 측천무후 재위기로부터의 상당한 연속성이 발견되고 있다. 그다음 시기는 720년에서 736년으로서, 이때는 관중 지역의 대가문들의 재기와 관료제도가 아닌 다른 방식으로 등용된 전문가 위원과 특별 관리의 첫 등장으로 특징지어진다. 마지막 시기인 736년에서 756년 안녹산의 반란의 발발에 이르는 기간은 황제의 사적인 생활로의 도주, 연달아 등장한 두 명의 재상에 의한 조정 장악, 그리고 파벌주의의 등장과 같이 흔히 관습적으로 언급되는 특징들을 제외하고, 군대가 완전히 직업군인화하고, 군사 지휘관들이 고위 관직에 임명되었으며, 당 왕조가 점차 수세적인 외교 정책들로 이동하고 있었다는 것이다.[18]

이 세 시기 중에서 첫 번째 시기 동안, 모든 최고 대신과 현종의 지도적인 조언자 들은 동부 그리고 동북부 지역의 출신자였고 측천무후 시기에 과거를 통해 성장한 인물들이었다. 현종이 황제의 자리에 오르게 되었을 때에, 최고위 관직에 오르는 빠른 출셋길로서 과거시험의 증가하는 중요성은 당대에 관리들을 수도에 임명된 자와 상대적으로 높은 직위와 충분한 급료에도 불구하고 유배와 같은 것으로 인식되

---

18) 이러한 설명은 Twitchett, Denis. "Hsüan-tsung (reign 712–56)."의 분석을 따른 것임.

었던 지방관으로 임명된 자로 나누는 경향을 더욱 심화시켰다. 이 시기에 가장 야망이 큰 관리들은 칙령을 내려도, 또 황제나 재상들의 압력에도 지방에서의 근무를 거부하였다. 게다가 여러 황후들은 조정을 필요 이상의 관리로 가득 채워서 관리들의 저항을 약화시키는 수단으로 사용하였고 몇몇 경우는 관직의 판매를 통해 정부 수입을 충당하기도 하였다. 현종의 재위 초기의 지도자들은 이러한 문제점들을 인지하고 있었지만 그것을 해결할 방법을 찾지 못했다.

현종 재위기의 첫 번째 단계 동안의 한 가지 중요한 변화는 재상들에게 단지 짧은 임기만을 보장해 주었던 측천무후의 정책을 바꿔 버렸다는 점이다. 현종은 단지 한 번에 두세 명의 재상을 임명하였고, 그중 한 명은 다른 재상들을 이끄는 역할을 하도록 하면서, 여러 해 동안 같이 일하도록 하였다. 황제가 고위 관료를 존중하고, 그들에게 진정한 의미의 의사결정의 권한을 준 점은 현종의 재위기 중 이 시기가 널리 칭송받는 가장 중요한 이유일 것이다. 이러한 관습이 좀 더 나은 정부를 만들었는지는 분명하지 않다. 당 제국에 닥쳐 온 주요한 문제들—자연 재해, 화폐의 가치 하락, 세수 감소를 불러온 인구의 호적 이탈, 그리고 새롭게 등장하는 변방의 위협에 대처하기에는 부적합한 낡은 군사체제—은 여전히 해결되지 않은 채 남아 있었다.

현종의 재위 중반에 해당하는 720년에서 대략 736년까지는 관중에서 손꼽히는 가문들이 조정에서 대거 부활하였다는 점과 관료제도 밖의 몇몇 분야에서 특별 관리들이 등장하였다는 점을 특징으로 꼽을 수 있다. 부활한 관중 엘리트의 영향력은 상대적으로 오래 지속되지 못하였고 중앙조정 밖에서의 발전에도 크게 공헌하지 못하였다. 만약 무측천의 동부와 동북부 지역 출신의 인물에 대한 발탁이 이씨 가문이 전통적으로 북서부 지역 출신에 의존해 온 것에 대한 균형을 맞추기 위한 것이라고 한다면, 현종의 재위는 단지 아마도 그 이전의 상황으로의 복귀를 보여 주는 것이었다. 한편, 황제의 지원하에 이루어진 광범위한 족보의 편찬에서 보이는 몇몇 증거들은 자신들에게 독보적으로 가장 높은 지위를 부여해 달라고 하였던 과거 북서부 가문의 요구가 부분적으로 부활하였음을 보여 주고 있었다. 우리가 가진 가장 신뢰할 수 있는 증거는 조정에서의 관료 임용에서 찾아볼 수 있다. 현종이 측천무후의 조정으로부터 계승한 관리들을 북서부 지역 출신의 관리들로 대체하였고, 729년에 이르러 조정의 모든 주요 직책은 관중 출신의 인물로 채워졌다.[19]

현종조 이후의 역사에서 더욱 중요한 것은 정규 관료가 아닌 특별 관리들을 임명해서 그들에게 지극히 중요한 사안의 결정에 있어서 강력한 권력을 부여한 새로운 관습의 출현이었다. 이와 관련하여 가장 분명한 사례는 정부의 기록에서 누락된 가구들을 찾아내고 등록하는 임무를 맡은 위원으로 우문융宇文融을 임명한 것이다. 그의 성공적인 임무 수행으로 720년대 초기에 80만 호와 그들의 토지가 새롭게 등록되어, 제국의 재정 안정에 큰 기여를 하였다. 토지와 수운水運 담당 장관 배요경裴耀卿은 대운하를 통한 곡식의 운송을 위한 인프라 향상의

---

19) Twitchett, Denis. "Hsüan-tsung (reign 712-56)." pp.382-395; 陳寅恪, 「唐代政治史述論稿」, pp.170, 199-200.

책임을 맡았고, 그의 공로로 조정이 과거의 수도인 장안으로 완전히 복귀할 수 있었다. 조정에서 재정 정책을 장악하게 되는 귀족 출신의 재정 전문가들의 등장이라는 새로운 물결의 일환으로서 740년대에 그의 직책은 위견韋堅이 물려받게 된다. 이러한 재정 장관들은 현종의 통치 후반기에 재상이 강력한 권력을 지니게 되는 데 기여하게 된다.[20]

한림학사翰林學士와 같은 학자 무리 또한 실질적인 정규 관료 체계 밖의 관리로서 활약하였고 황제들에 의해서 때때로 정규 관리들을 대체하기도 하였다. 9세기에 중국 남부에서 소금 전매제의 운영을 담당하던 염철전운사鹽鐵轉運使가 그러했던 것처럼, 변경 지역을 장악하고 최종적으로는 당 정치의 대부분을 장악하게 되는 절도사 또한 일종의 특별 관료였다. 그러한 직책을 지닌 관리들은 당 왕조를 재정적으로나 군사적으로 최고의 수준에 올려놓는 데 중요한 역할을 하였지만, 그들이 독자적으로 활약하기 시작하면서 그 왕조를 거의 멸망시키게 된다.

재위 마지막 시기인 736년 이임보李林甫를 재상으로 임명하였던 것을 시작으로 현종은 종교, 예술 그리고 그가 총애하는 젊은 궁녀인 양귀비에 심취한다. 결국 조정에서의 모든 권력은 한 명의 재상의 손에 놓이게 되었다. 이임보는 처음에는 그의 헌신적인 추종자이자 변경의 군사 지휘관 출신으로서 재상의 자리에 오른 최초의 인물인 우선객牛

---

20) Pulleyblank, E. G. *The Background of the Rebellion of An Lu-Shan*. London: Oxford University Press, 1955. 3장, pp.49-50; Twitchett, Denis. "Hsüan-tsung (reign 712 - 56)." pp.384-387, 395, 397, 399-400, 419-420, 445, 449, 457; Twitchett, Denis. *Financial Administration under the T'ang Dynasty*. Cambridge: Cambridge University Press, 1975. pp.12-16, 27.

仙客과 함께 한 쌍을 이루어 국정을 운영하였다. 742년 우선객이 사망한 이후에 이임보는 조정 내에서 자신의 권력을 지속하기 위해서 실제적인 그리고 잠재적인 적들에 대한 야만적인 숙청을 단행하였다. 747년까지 그는 실제적인 독재자였고, 조정에는 능력 있는 인재가 없어졌는데, 이임보와 충돌하였던 뛰어난 군 장수나 재정 담당 행정가 같은 인물들이 사라졌다. 이와 같이 모든 권력의 1인에의 집중, 다른 모든 인재들의 이탈, 진취적 기상의 억제 그리고 그 결과 조정의 현실 세상으로부터의 분리는 대체적으로 그로부터 10여 년 후에 발생하게 되는 위기에 대처하기에는 어려운 상황을 초래하였다.

조정에서 독재적인 권력의 집중현상은 북부 지역에서 절도사의 흥기와 동시에 발생하였다. 730년대 중반에, 우선객과 이임보는 부재중이던 수도의 북부와 북서부 지역의 절도사직을 담당하였다. 그러나 이임보는 곧 생각을 바꾸어서 오로지 비한인만을 절도사로 임명하는 정책을 채택하였다. 조정에 아무런 연고가 없는 자에게 군사를 맡김으로써, 어떠한 잠재적인 경쟁자라도 군사적 성공을 바탕으로 정치적 권력을 얻게 되는 것을 방지하고 싶었던 것이다. 그러나 이러한 정책은 진정으로 조정 밖에서 권력을 잡은 사람들을 점차 중앙 정부로부터 멀어지게 하였다. 동북부 지역에서 그와 같은 장군이었던 안녹산의 반란은 당의 전성기를 종식시켰고 왕조에 결정적인 타격을 안겼다.[21]

---

21) 당대 안녹산의 전기의 번역본을 참고하려면, Levy, Howard S. *The Biography of An Lu-shan. Berkeley*: University of California Press, 1960.; Des Rotours, Robert, tr. *Histoire de Ngan Lou-chan*. Paris: Presses Universitaires de France, 1962. 또한 Pulleyblank, E. G. *The Background of the Rebellion of An Lu-Shan*. 2장도 참조.

현종 자신은 그 반란의 계기가 된 사건들에서 한 역할을 담당하였다. 늙어 가는 황제가 양귀비에 집착하면서, 그녀의 친족 중 몇은 고위직에 오르게 되었는데, 가장 유명한 인물이 (현종에 의해서 양국충楊國忠이라는 이름을 하사받게 되는) 양소楊釗였다. 양국충이 조정에서 급속히 성장하자, 그는 이임보의 권력에 도전하기 시작하였다. 처음에는 은밀하게 대항하다가 나중에는 노골적으로 대항하였다. 그는 또한 사천지역에 자신의 근거지를 개발하였는데, 그 지역은 그가 처음으로 정부 관리로서 들어간 곳이고 한족 출신으로서는 유일하게 절도사로 발탁된 지역이기도 하였다. 동시기에 안녹산은 동북부 지역에 주둔하면서 가장 강력한 비한족 절도사이자 제국에서 가장 큰 단일한 지휘체계를 가진 군대의 사령관으로서 이임보에게는 의존적인 존재로 남아 있었다. 752년 이임보가 사망하였을 때, 양국충은 조정의 통제권을 장악한 다음에, 안녹산의 양모이기도 하였던 양귀비와 당현종의 총애와 보호를 누리고 있던 안녹산을 제거하기 위한 작업에 착수하였다. 양국충의 적개심이 커져 감에 따라, 안녹산은 그의 군대를 반란을 위해 준비시켰고 이러한 반란의 준비에 대한 보고는 양국충으로부터 더욱 격렬한 비난을 불러일으켰다.[22]

755년 11월 안녹산은 화북 지역에 있던 그의 근거지로부터 반란을 일으켜서 그해가 다 가기 전에 낙양을 점령하였다. 그의 군대들은 함

---

22) Pulleyblank, E. G. *The Background of the Rebellion of An Lu-Shan*. 4장, 7장 (4장은 이림보의 독재권력의 등장 과정을 추적하였고, 7장은 그와 안녹산과의 관계에 대해서 설명한다.) Twitchett, Denis. "Hsüan-tsung (reign 712 - 56)." pp.427-430, 444-453.

곡관의 바로 서편에 있었던 동관에서 방어하는 당군에 의해서 관중 지역으로의 진격이 가로막혔는데, 당 조정은 북서부 변경의 대부대를 그곳으로 배치시켰다. 당의 충신들은 안녹산의 군대가 남쪽으로 이동하려는 시도를 차단하였고 동경東京(낙양)으로의 신속한 진군으로 인하여 완전하게 장악하지 못했던 지역들을 통과하는 안녹산 군대의 보급로를 위협하였다. 몇몇 반란군의 대부대들이 패배하였고, 6월이면 그 반란군은 무너질 것 같았다.

바로 이 시기에 양국충은 치명적인 전술적 실수를 저지르게 되었다. 자신의 권력이 북서부 부대의 지휘를 맡고 있던 장군에 의해 도전받게 될 것이라고 믿었던 그는 현종 황제를 설득하여 당군이 동관을 나와 동쪽의 안녹산의 반란군을 공격하라는 명령을 내리도록 하였다. 좁은 골짜기에 갇히게 된 당군은 무너졌다. 그 재앙적인 소식이 수도에 전해졌을 때, 양국충은 황제를 설득하여 사천 지역의 안전한 근거지로 도망가도록 하였고, 그 소규모 무리는 호위 부대의 보호하에 밤중에 수도를 빠져나왔다. 안녹산은 곧 수도 장안에 의기양양하게 입성하였다. 그러나 황제가 장안을 떠난 지 몇 주가 지나자 황제를 호위하던 군사들은 폭동을 일으켰고 황제에게 양국충과 양귀비를 처형하도록 하였다. 현종은 그러고 나서야 계속 사천 지역으로 갈 수 있었지만, 그는 곧 그의 지위를 후계자인 숙종(재위 756-762)에게 빼앗기게 되었다. 숙종은 관중에서 반란군에 대하여 저항하였고 이로써 당 왕조의 재건을 시작하는 임무를 맡게 되었다.[23]

---

23) Pulley blank, E. G. "The An Lu-shan Rebellion and the Origins of Chronic

당의 군사 시스템

이씨 가문은 자신들이야말로 사라진 한 왕조의 진정한 후계자라고 주장하였지만, 당 왕조는 북위, 북주, 북제 그리고 수나라와 같이 5·6 세기에 중국 북부를 지배하였던 이른바 이민족 혹은 반半이민족 왕조들의 수많은 유산을 계승하였다. 초기 당이라는 국가는 많은 면에서 이 두 세기 동안의 제도사制度史의 총체였다고 할 수 있다. 이러한 경향은 그 군대 체계, 반半세습적인 귀족제, 법전 그리고 상호 연계된 토지제도와 세금제도에서 살펴볼 수 있다. 이러한 모든 제도는 구성원의 지위와 기능에 따라 다양한 세습적인 그룹으로 구분되는 사회에 대한 비전을 공유하고 있었다.[24]

초기에 당 왕조가 이전의 왕조들로부터 물려받은 군사 시스템의 특징은 군호와 이민족 부대들로 구성된 '군사화된 주민들'에 대한 의존이었고, 이들은 농민과는 구분되었다. 이때 군사 시스템에서 가장 잘 알려진 요소는 부병府兵이었지만, 이 군사 시스템에는 수도에 있었던 세습적인 북군北軍(또는 부자군父子軍이라고도 통칭), 귀족 집안의 자제로 구성된 황실 근위대(금군禁軍) 그리고 이민족 유목민 용병 또한 포함되

Militarism in Late T'ang China." In *Essays on T'ang Society: The Interplay of Social and Political and Economic Forces.* Ed. J. C. Perry and Bardwell L. Smith. Leiden: E. J. Brill, 1976. pp.40-54; Twitchett, Denis. "Hsüan-tsung (reign 712-56)." pp.447-461; Graff, David A. *Medieval Chinese Warfare: 300-900.* pp.216-223.

24) 陳寅恪,「隋唐制度淵源略論稿」,『陳寅恪先生論文集』, 台北市:三人行出版社, 1974. 또한 진인각의 「論隋末唐初所謂"山東豪傑"」과 「記唐代之李武韋楊婚姻集團」, 『陳寅恪先生論文集』, 台北市:三人行出版社, 1974. 참조.

었다. 북서부 지역에서 부병 군대는 귀족 집안의 구성원들로 채워졌다. 그것은 북조 왕조들의 통치하에서 그들의 군사적 전통을 적극 수용하고 있었던 이민족 귀족과 야만인화된 중국인 귀족의 연합체에 의해서 도입되었다. 당 왕조가 636년 공식적으로 그 군대를 재건하였을 때, 그 당군은 대략 600여 개의 부병 부대 지휘 본부로 구성되었고, 각각의 본부는 800명에서 1,200명 사이의 군인을 통제하였다. 이러한 부대들은 지방에도 배치되었지만, 수도 주위에 집중되었는데 그 2/3가 장안과 낙양으로부터 270킬로미터 이내에 있었다.

당초에 이러한 군인은 가족 구성원 중 성인 남자 한 명이 군사훈련에만 전념할 수 있도록 지원해 줄 수 있는 크고 부유하고 대규모 토지를 보유한 가문들로부터 선발되었다. 왕조 초기에 부병 구성원은 특별 군적에 등록되고 대체로 세금과 부역을 면제받았다. 각각의 병사는 그 또는 그의 가족과 농노들이 일을 할 수 있는 토지를 할당받았다. 그 병사는 국가가 지급하는 갑옷과 보다 정교한 무기와 더불어 그 자신이 사용하는 기본적인 무기와 식량을 스스로 준비할 것이라 기대되었다. 이러한 방식으로 부병 부대들은 국가에 재정적 부담을 주지 않고서도 전문적인 군대에 근접하는 능력을 갖출 수 있었다. 이들은 지역의 경찰에도 인력을 공급하였고 각각의 부대에서 선발된 인원들은 상당 기간 수도에서 혹은 원정군으로서 복무하기도 하였다. 변방의 군대들도 부병 군인에서 차출하였고 그들은 이민족 용병들과 더불어 복무하였다.

부병 군대 이외에, 당 왕조 군대의 핵심은 수도에 배치된 중앙군이었다. 이 군대는 수도 내의 귀족 집안의 자손 중에서만 거의 제한적으로 선발하였던 황실 근위대와 당고조 이연의 개인 사병부대의 후손들로 구성된 북군으로 이루어졌다. 원정군의 경우에는 부병, 중앙군, 그리고 이민족 동맹군 특히 돌궐군 중에서 선발된 병사들로 이루어졌다. 이들 군대는 한 차례의 전쟁을 위해 소집되었던 잘 훈련받은 병사들로 구성되었다. 이 부대는 특히 당태종이 능했던 것으로 유명한 신속하고 결정적인 승리를 가져다주도록 구성되었다. 다른 한편으로는 신속한 승리를 통해서 전쟁 비용을 줄일 수 있었을 뿐만 아니라 변경에서 장시간 함께하면서 형성되는 사령관과 군사들 사이의 사적인 유대 관계의 형성을 방지할 수도 있었다.[25]

이와 같이, 당 초반에는 왕조의 군대는 높은 사회적 지위를 지닌 세습 군호나 외국인 동맹군 또는 외인 용병으로 이루어졌다. 당대 황실뿐 아니라 당 왕조 초기 두 황제의 재위기 동안과 수대의 조정을 지배하였던 이른바 관중 귀족을 포함한 지배 계층은 군사적 전통을 지닌 가문들에서 나왔다. 게다가 이러한 군사력은 관중 지역에 집중되어 있었고 왕조의 정치적 구조를 재생산하였다. 제국의 나머지는 대체로 당 조정이 신임하지 않았던 동부와 남부의 지역 세력과의 합의를 통해서 통제되었다. 그러나 서부의 티베트, 서남부(운남성)의 남조南詔, 동부의 거란과 발해, 북부의 재건된 돌궐에 의한 점증하는 위협으로 인하여 당의 부병과 중앙의 군대는 점차 쓸모가 없어졌다. 690년대 초반

---

25) 당대 원정 부대의 조직과 지휘를 묘사한 사령관의 기록에 대해서는, Graff, David A. *Medieval Chinese Warfare: 300–900*. pp.192–195 참조.

의 군사적 위협 시기 동안 측천무후는 대규모의 군대를 무기한 변경에 주둔시킬 수밖에 없었고 이는 당 초기의 군사체계에는 적합하지 않은 일이었다.[26] 많은 토지를 소유한 부유한 집안 사람들은 군대 복무를 회피하기 시작하였다. 따라서 부병 군대는 빈천한 집안이나 농민 집안의 남자들을 선발하여 그 인원을 유지하였다. 군대 복무의 권위가 감소하면서, 수도 지역의 엘리트 중앙군과 변경 지역의 외인 용병 부대들이 점차 부병 군대를 대체하였다. 749년에 이르러 부병 군사들은 더 이상 수도나 변경에서의 복무를 위해 차출되지 않았다.[27]

부병 군대가 줄어들면서, 거대한 변경 부대들이 당 왕조의 주요한 군사력으로 부상하였다. 병사들의 순환 교대는 변경 지역에 수비대를 주둔시키는 데 비효율적이라는 것이 증명되었다. 당 조정은 717년에 복무 기간을 자발적으로 연장하는 병사에게 돈을 지불하거나 부유한 가문이나 불교 교단에 의한 대토지 점유로 토지를 상실하게 된 농민을 군인으로 고용하였다. 이처럼 영구적으로 복무하는 병사들을 건아健兒라고 불렀는데, 이 명칭은 원래 이전의 부병 부대의 엘리트 구성원들을 지칭하던 것이었다. 이러한 변화는 737년 각각의 변경 지휘관들이 그들이 필요로 하는 장기 복무 병사의 정원을 스스로 정하도록

---

26) Guisso Richard W. "Reigns of the Empress Wu, Chung-tsung and Jui-tsung (684-712)." pp.313-318.; Twitchett, Denis. "Hsüan-tsung (reign 712-56)." pp.362-365. 이임보 집권 시기 대외적 문제에 대해서는 위의 책 pp. 430-337. 군부대의 지리적 배치에 대해서는 Graff, David A. *Medieval Chinese Warfare: 300-900*. pp.190-191 참조.

27) Graff, David A. *Medieval Chinese Warfare: 300-900*. pp.205-209.; Twitchett, Denis. "Hsüan-tsung (reign 712-56)." pp.415-418.

하는 칙령에서 공식화되었다. 국가는 이러한 장기 복무 병사에게 급료, 세금과 부역의 영구적인 면제, 그리고 그들과 변경에 동행하는 부양 가족을 위한 토지 등을 부상으로 제공하였다. 1년 만에 장기 복무자 할당량이 채워졌고 더 이상의 채용은 중단되었다. 이들과 같이 이제는 종신근무를 하는 전문 군인 이외에도, 변경 사령부 또한 관습적으로 이민족 기병을 군대에 포함시켰다. 안녹산의 반란이 일어나기 10여 년 전에 당의 변경 군사력은 50만 명에 달하였다.

절도사들은 새로운 형태의 장교단을 발전시켰다. 이전 군대의 지휘관은 그들 자신의 지역 출신자로 구성된 부대를 지휘했던 지역 엘리트들로부터 선발되었다. 무과武科를 통해서 전문적인 장교를 선발하려는 측천무후의 시도는 성공적이지 못했고, 8세기 중엽까지 부대의 장교들은 대체로 사병들 사이에서 진급되어 올라온 자들이었다. 과거의 군호들이 군복무를 회피하게 되자, 장교단 또한 그들이 지휘했던 병사들과 마찬가지로 대체로 가난한 한족 중국 가문이나 비한족 병사들이 차지하게 되었다.[28] 당대 말기까지 군 경력은 사회적 신분 상승을 위한 주요한 통로였고, 이는 과거시험 체제가 새로운 인물을 권력 중심부에 도달할 수 있도록 해 주는 것만큼 혹은 그 이상의 역할을 수행하였다.

742년 당 왕조의 군사력은 중국의 영토를 차지하는 것보다 주로 약탈에 더 큰 관심을 기울이던 유적流賊에 대해서 포괄적인 방어를 제공할 수 있다고 인정받았다. 당 왕조는 그들의 부대들을 10곳의 전방 지

---

28) Graff, David A. *Medieval Chinese Warfare: 300-900*. pp.208-210, 212-213.

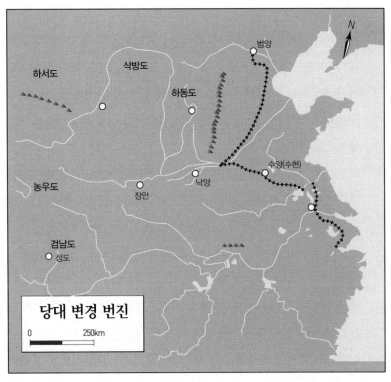

지도 7

휘부에 분산시켰다. 그중 7곳은 둥근 활 모양으로 동쪽의 범양范陽으로부터 서쪽의 검남劍南까지 펼쳐져 있었고(지도7 참조), 나머지 3곳은 훨씬 서쪽 즉 오늘날의 신강과 감숙甘肅 지역에 위치해 있었다. 이러한 지휘부 대부분에서는 한 개의 큰 부대가 지휘관의 사령부에 주둔해 있거나 그 사령부의 직접적인 통제하에 있었다. 이러한 큰 부대는 보통 전체 군 병력의 절반이 조금 못 되는 병력으로 이루어졌고 전체 기병

의 대부분이 포함되었다. 이들을 제외한 나머지 병력은 대체로 보병
으로서 고정된 방어 시설을 형성했던 요새화된 위치에 분산되어 있었
다. 이러한 고정된 병력들은 국경에서 낮은 수준의 적의 습격에 대비
하여 주둔하였고, 반면에 사령부에 있었던 부대들은 전략적인 예비부
대를 이루어서 대규모의 침략군에 대항하거나 변경 너머에서 타격기
동부대로서 전쟁을 수행하였다.[29]

이러한 변경 지역의 지휘권은 절도사에게 맡겨졌다. 이들 절도사는
제국의 또 다른 형태의 지역 장관으로서 수도에 물자를 공급하고 '유
랑민 가구들'을 등록시키는 역할을 책임졌다. 절도사의 직책은 8세기
에 다양한 수비 부대와 군대를 한 지역 내에서 편제하고 지휘할 필요
에 대비하게 되면서 즉흥적으로 생겨나게 되었다. 수십 년이 지나자
몇몇 절도사는 막대한 경제력을 갖추고 조사 위원관이라는 관직을 겸
직하였다. 이 직책은 그들에게 그 지역의 민정 행정에 대한 상당한 권
위를 부여해 주었다. 8세기 중반이 되자 이러한 절도사들은 변경 지역
에서 실질적인 지방 장관이 되었고 중앙정부의 권위를 위협하는 지역
세력의 집중화를 가져왔다. 그러나 변경 수비에 대한 국가적 필요성
은 어떠한 내부 반란에 대한 우려보다도 우위를 차지하였다.[30]

절도사들의 수중에서 집중화되었던 권력 이외에도, 당 조정은 그

---

29) 위의 책, p.210.; Peterson, Charles A. "Court and Province in Mid- and Late
    T'ang." In *Cambridge History of China*. Vol. 3, *Sui and T'ang China, Part I*.
    pp.464-468.

30) Graff, David A. *Medieval Chinese Warfare: 300-900*. p.211; Twitchett,
    Denis. "Hsüan-tsung (reign 712-56)." pp.366-369.

절도사직의 성격을 변화시켰다. 740년대에 이르기까지 대부분의 절도사는 높은 직급의 민정 관직을 겸하였고 군대에서의 경력을 중앙 정부에서 높은 직책을 얻기 위한 수단으로서 여기고 있었다. 안녹산 이전에 동북 지역의 모든 절도사는 적어도 한 번은 수도 장안에서 대신의 직책을 수행하였고 일반적으로 4년이 넘지 않는 상대적으로 짧은 기간만 절도사로 재임하였다. 그들은 일반적으로 그들의 휘하 장교나 사병과 강력한 사적인 유대관계를 발전시키지는 않았다. 유일한 예외는 서부 변경 지역인 중앙아시아와 티베트 국경의 사령부에서 일어났을 뿐이다.

그러나 747년 이임보는 모든 절도사직은 이민족 직업군인 출신으로만 채워야 한다는 칙령을 반포하는 실수를 저질렀다.[31] 이러한 변화는 직업군인이 훨씬 더 효과적인 지휘관이라는 이유로 이루어졌지만, 실제로 조정에서 이임보에 대항하는 라이벌의 등장을 방지하는 데 도움을 주었다. 하지만 그러한 변화의 가장 큰 수혜자로는 북서부 지역에서 군대를 지휘하였던 가서한도 들 수 있었지만 무엇보다도 화북 지역의 안녹산이었다. 북서부 변경에서 군대와 그 지역에 대한 광범위한 민정 행정권을 지닌 채 영구적으로 머무르면서, 그의 오랜 후원자였던 이임보가 사망하고 당 조정과의 유대관계가 끊어지자 안녹산은 곧바로 당 왕조의 권위에 도전할 수 있는 유리한 지위에 놓이게 되었다.

---

31) Graff, David A. *Medieval Chinese Warfare: 300–900*. pp.211-212.;
    Twitchett, Denis. "Hsüan-tsung (reign 712－56)." pp.369-37.

중국 중세의 '귀족'

일찍이 9세기에, 중국의 역사가들은 소규모의 지도적인 가문들이 한대 말기에 발전하여 한 왕조 붕괴 이후 몇 세기에 걸쳐서 강력한 사회적·정치적 지위로 성장하였다고 지적하였다.[32] 상대적으로 적은 숫자의 씨족과 친족이 세습적인 특권으로 관료제의 말단 직책을 자동적으로 취득하는 권리를 갖게 되었다. 그 어떤 가문도 권력의 정점에 두서너 세대 이상 머무를 수는 없었지만, 이 세습적인 그룹의 지위는 그들이 수세기 동안 지역적으로뿐 아니라 제국 전체적으로도 높은 위상을 누릴 수 있도록 해 주었다. 그리고 이들의 위상은 한대에서 당대 사이에 중국에서 명멸한 많은 왕실 가문보다도 더 높았다.

송대에 심괄沈括(1031-1095)이 처음 제시한 바와 같이, 당대의 엘리트는 서로 다른 두 계층으로 구성되었다.[33] 최상위 레벨에는 제국 전체에 높은 명성과 직위 그리고 조정에서 막대한 특권을 누리고 있었던

---

32) Ebrey, Patricia B. *The Aristocratic Families of Early Imperial China: A Case Study of the Po-ling Ts'ui Family*. Cambridge: Cambridge University Press, 1978.; Johnson, David G. *The Medieval Chinese Oligarchy*. Boulder: Westview, 1977. 이러한 주제에 대한 중국과 일본의 중요한 연구들의 참고문헌 목록에 대해서는 Lewis, Mark Edward. *China between Empires: The Northern and Southern Dynasties*. 2장; Twitchett, Denis. "The Composition of the T'ang Ruling Class: New Evidence from Tunhuang." In *Perspectives on the T'ang*. Ed. Arthur F. Wright and Denis Twitchett. New Haven: Yale University Press, 1973. pp.83-85 참조.

33) 심괄의 논의에 대한 번역문은 Twitchett, Denis. "The Composition of the T'ang Ruling Class: New Evidence from Tunhuang.". pp.54-56. 그리고 p.76 참조.

극소수의 친족이 있었다. 가장 높은 위상을 지닌 가문은 당시에 화북이라고 불리던 지역(주로 오늘날의 산동 지역)의 4개의 대가문으로서, 그들은 가장 순수한 중국 문화 전통의 대표자들이라고 여겨졌고 오로지 그들 사이에서만 통혼하였다. 이러한 가문들은 황실의 이씨 가문을 낮춰보아서 그들을 이민족의 혈통과 문화로 크게 더럽혀진 벼락출세한 가문이라고 여겼다.

관중 지역의 대가문들은 그들과 거의 비슷하게 자긍심이 있었고 그들보다 심지어 더 권세가 있었으며 이씨 가문 또한 그들 중 하나였다. (진인각이 관롱집단이라 명명한) 이러한 가문들은 5세기와 6세기에 유목 기반의 정복 왕조들 밑에서 그러한 지위에 올랐고 이민족 가문이나 귀족과 정기적으로 통혼하여 왔다. 그들은 측천무후가 조정을 장악할 때까지 조정에서 가장 높은 관직들을 차지하였다. 현종 치하에서 그들은 꾸준히 그들의 과거의 권력을 되차지하였고 이임보의 독재 시기에는 조정에서 상위 관직에 대한 독점권을 지니고 있었다. 이들보다 다소 낮은 지위를 지닌 가문으로서는 산서 지역의 대가문과 양자강 하구에서 남조 왕조들을 지배했던 귀족 가문을 들 수 있다. 그들은 당대 초기에는 일반적으로 최고위직에서는 배제되었다.

이들 대가문 아래에는 자신들의 영지 내에는 지역에서 높은 위상을 누렸던 수천 개의 친족이 있었지만, 그들은 조정에서 높은 직위에 이를 수 없었다. 그 높은 직위들은 귀족 직위를 지니고 있거나 부친이 그러한 직위를 갖고 있었던 이들을 위해 남겨졌다. 이러한 지역 엘리트들은 당대 역사에서는 중요한 존재들은 아니었지만, 그들 중 많은 이의 이름이 돈황敦煌에서 발견된 족보의 파편들 속에서 보존되었다. 이러한 가문들은 측천무후 치하에서 과거시험 체제와 관직 획득을 위한 다른 대안적인 방식들의 가장 주요한 수혜자들이었다. 그러나 과거시험 체제를 통해 획득된 관직보다 더욱 중요한 것은 새로운 특별 관리들이나 절도사 그리고 후대에는 소금과 철의 전매를 담당하는 자들에게 열려 있었던 정규 관료 체제를 벗어난 관직들이었다.

당 왕조는 공식적으로는 귀족의 존재를 인정하지 않았지만, 특정 가문에 대해서 조정에서 가장 높은 관직을 보장해 주고 그들에게 특별한 법적 특권을 부여해 줌으로써 엘리트의 존재를 실제적으로는 인정해 주었다. 일찍이 638년에 당태종은 293개의 문벌과 1,651개에 달하는 친족에 대해 그들의 사회적 지위의 순서에 따라 열거된 포괄적인 제국 전체의 씨족지氏族志를 공인하였다. 이러한 씨족지는 아주 소수의 황족 엘리트에 국한된 것이 아니라 지역에서 명성이 높았던 수많은 가문도 포함시켰다. 그리고 이것은 과거에 존재했던 족보들에 근거하였기 때문에, 비록 그것은 태종이 황실 가문인 이씨 가문을 가장 최상위로 하고 가장 최상위에 있었던 네 개의 화북 문벌 중 하나를 강등시킬 것을 요구하여 약간의 수정이 가해지기는 하였지만 일반적으로 인정되는 사회적 위계질서로서 제국 전체의 공인을 받기에 이르렀다.

659년에는 이보다도 심지어 더 많은 친족이 포함된 유사한 씨족지가 편찬되었지만, 아마도 문벌귀족의 세력을 축소시키려는 무측천의 시도로 인하여, 이때의 씨족지는 전적으로 당 왕조 치하의 조정에서 획득한 지위와 명성에 근거하여 작성되었다. 측천무후는 문벌귀족 사이의 통혼을 금지하고 관직의 고하에 따라 지참금의 양을 제한하는 조칙도 내렸다. 그러나 8세기 초반 무측천 세력이 타도된 이후에, 개인적으로든 조정의 후원을 통해서든 족보를 편찬하는 열기는 당시 사람들이 당 제국 치하에서 보유하였던 관직보다는 이전과 같이 가문의 명성에 근거한 순위를 다시 중시하도록 만들었다.[34]

안녹산의 반란 이후에 이러한 족보에 대한 열기는 급속하게 냉각되었다. 9세기에 편찬된 주요한 씨족지에서는 더 이상 광범위한 순위들을 제시하지 못하였고, 다만 음운 순서에 따라서 성씨에 동일한 음운을 지닌 그룹별로 묶여진 저명한 가문의 이름들이 순위가 매겨지지 않은 채 길게 나열되어 있을 뿐이다.[35] 당을 계승한 오대 시기에 이르러, 위대한 중세 중국의 대가문은 완전히 소멸되었다.

당대의 법전

중국의 왕조들은 전국 시대부터 법전을 반포해 왔지만, 1970년대에

---

34) Wechsler, Howard J. "T'ai-tsung (reign 626 - 649) the Consolidator." In *Cambridge History of China*. Vol. 3, *Sui and T'ang China, Part I*. pp.212-213.; Twitchett, Denis. "Kao-tsung (reign 649 - 83) and the Empress Wu: The Inheritor and the Usurper." pp.260-261.; Twitchett, Denis. "Hsüan-tsung (reign 712 - 56)." pp.382-383.; Twitchett, Denis. "The Composition of the T'ang Ruling Class: New Evidence from Tunhuang.". pp.62-66, 73.

35) Twitchett, Denis. "The Composition of the T'ang Ruling Class: New Evidence from Tunhuang.". pp.67-68, 73-74.

진대秦代 무덤에서 진나라 법전의 상당 부분이 발견되기 전까지 당 법전은 중국 역대 왕조의 법전 중에서 온전히 보존되어 있는 가장 오래된 것이었다. 그보다 오래된 것은 문헌 사료 또는 죽간竹簡에 남아 있는 그 파편을 통해서만 알려진 것들이었다.[36] 제국 시대의 중국에서 법전은 황제 의지의 성문화된 표현으로서 여겨졌고, 왕조 건설의 한 부분으로서 새로운 법전을 반포하는 행위가 중시되었는데, 이는 그 왕조의 제도적 틀을 완성하는 데 가장 핵심 요소였기 때문이다. 이러한 법전은 주로 형사법과 행정법에 초점이 맞춰져 있었고 상업이나 계약에 관련된 법률에 대해서는 상대적으로 무시하는 경향이 있었다.[37] 한대 이후 수많은 단명한 왕조들은 그들 이전 왕조들의 법전을 채택하였고, 반면에 다른 왕조들은 보다 전반적인 재작업을 시도하였다. 당대의 법전은 그 이전 한대 법전의 많은 특징이 그 사이에 존재하였던 여러 왕조를 통해 전해진 대로 계승하였지만, 그것은 또한 상당한 변형을 가하였다. 당대 법전의 구조는 사회 질서에 대한 지배 가문의 인식을 보여 주고 있지만, 반드시 현실과 일치하는 것은 아니었다.

---

36) 당 법전에 대한 충실한 내용의 서론과 번역문은 Johnson, Wallace, tr. *The T'ang Code*. Vol. 1, *General Principles*. Princeton: Princeton University Press, 1979.; tr. *The T'ang Code*. Vol. 2, *Specific Articles*. Princeton: Princeton University Press, 1997. 당 법전은 고대 일본 국가 법전에 대한 모델을 제공해 왔기 때문에, 일본 학자들은 당률 연구를 특히 활발하게 진행해 왔다. 주요한 일본 학자들의 연구의 목록은 Johnson, Wallace, tr. *The T'ang Code*. Vol. 1, *General Principles* 참조.

37) Hansen, Valerie. *Negotiating Daily Life in Traditional China: How Ordinary People Used Contracts, 600~1400*. New Haven: Yale University Press, 1995. 2장-3장. 또한 Johnson, Wallace, tr. *The T'ang Code*. Vol. 2, *Specific Articles*. pp.464~466 참조.

이연이 당 왕조를 건국하였을 때에, 그는 이전의 수나라 황제의 법전을 거부하였다. 이는 그 수 황제가 저지른 것으로 추정되는 범죄들이 이연이 권력을 쟁취하는 것을 정당화해 주었기 때문이고, 그는 한고조 유방이 시행한 약법삼장約法三章과 같이 극단적으로 간소화된 법전을 공표하였다.[38] 그러나 한고조와 마찬가지로, 이연은 보다 자세하고 정교한 법률적 틀에 대한 필요성을 얼마 지나지 않아 느끼게 되고, 따라서 624년 새로운 법전을 공표하였다. 새로운 법전은 수문제가 반포한 법전에 53개의 추가 조항을 더한 구조로 이루어졌고, 새로운 행정적인 율律과 령令도 포함되었다. 율은 중앙정부를 위한 전반적인 규칙이고, 령은 그 법률의 제한적인 분야들과 관련된 하위의 규칙이었다. 이러한 행정적인 율과 령은 그보다 더 낮은 단계에서는 다양한 상황 속에서 법률의 수정된 적용을 용인하는 규정에 의해서 더 추가·보충되기도 하였다.

637년에 당태종은 처음으로 당 법전의 체계적인 재작업을 선포하였고, 여기에는 고문 사용의 제한, 당시까지 여전히 사용되고 있던 사람을 불구로 만드는 다리 절단형의 폐지, 그리고 사형으로 다스리는 범죄의 숫자 축소 등을 포함하고 있었다.[39] 651년 당고종은 그 법전을

---

38) Wright, Arthur F. "The Sui Dynasty (581 – 617)." In *Cambridge History of China*. Vol. 3, *Sui and T'ang China, Part I*. Ed. Denis Twitchett and John K. Fairbank. Cambridge: Cambridge University Press, 1979. pp.103-106.; Wright, Arthur F. *The Sui Dynasty: The Unification of China*, a.d. 581 – 617. New York: Alfred A. Knopf, 1978. 5장, 특히 pp.116-119.

39) 당대 율 하위의 령令·격格·식式은 오로지 당대 법전을 채택하였던 고대 일본의 법전에만 보존되어 있었다. Twitchett, Denis. "The Fragment of the

개정하였고, 653년에는 법률 관료들에게 재판의 적절한 수행을 교육하기 위해서 그 법전에 해설이 처음으로 추가되었다(『당률소의唐律疏議』의 편찬). 그 이후의 황제와 황후(측천무후) 들은 각각 새로운 법전을 반포하였지만, 단지 여기에 약간의 수정만을 가하였을 뿐이다. 725년 현종은 역사상 가장 포괄적인 당대 법전을 반포하였고, 이것은 14세기까지 중국에서 당시의 현행 법령으로 사용되었다.[40]

이 법전의 기본적인 원칙의 대부분이 한대의 형사법의 근거를 이루는 것들과 유사하였다. 당대 법전은 여전히 인간과 자연세계는 밀접하게 연결되어 있고 자연세계는 범죄 행위들로 인하여 불안해진다는 개념을 지니고 있었다. 처벌은 반항하는 인물들을 겁주기 위한 것이었을 뿐만 아니라, 음과 양 사이의 우주적 균형을 회복시키기 위한 것이기도 하였다. 이러한 균형을 유지하기 위해서, 다른 사람을 무고한

T'ang Ordinances of the Department of Waterways Discovered at Tun-huang." *Asia Major*, n.s., 6:1 (1957): 23 – 79.; Twitchett, Denis. "A Note on the Tunhuang Fragments of the T'ang Regulations (ko)." *Bulletin of the School of Oriental and African Studies* 30:2 (1967): 369 – 381.; Inoue, Mitsusada. "The *RitsuryA* System in Japan." Acta Asiatica 31 (1977): 83 – 112.

40) Wechsler, Howard J. "The Founding of the T'ang Dynasty: Kao-tsu (reign 618 – 26)."; Wechsler, Howard J. "T'ai-tsung (reign 626 – 649) the Consolidator." pp.206-207.; Twitchett, Denis. "Kao-tsung (reign 649 – 83) and the Empress Wu: The Inheritor and the Usurper." pp.273-274.; Twitchett, Denis. "Hsüan-tsung (reign 712 – 56)." pp.354-355, 414-415. 법정에서의 소송 절차를 설명하는 고대 중국 소송 사례들은, Van Gulik, R. H. *T'ang-yin-pi-shih: Parallel Cases from under the Pear-tree: A 13th Century Manual of Jurisprudence and Detection*. E. J. Brill, 1956. 사건 판결의 사례로는 Wallacker, Benjamin E. "The Poet as Jurist: Po Chu-I and a Case of Conjugal Homicide." *Harvard Journal of Asiatic Studies* 41:1 (1981): 507 – 526. 참조.

것으로 밝혀진 사람은 그 무고된 사람에게 부과되었던 것과 동일한 처벌을 받게 되었다. 만약 어떤 사람이 잘못 유배를 갔다면, 국가가 잘못해서 그에게 고통을 준 시기만큼 세금을 면제해 줌으로써 그에게 보상을 해 주었다. 그러나 국가에 의한 부당한 매질에 대해서는 그것이 확실히 사소한 문제라고 여겨질 경우에는 보상하지 않았고, 사형에 대해서도 마찬가지였다. 황제는 모든 사형에 대해서 직접 재가하여야 했고 황제의 실수는 법전에 의해서 인정되지 않았기 때문에, 법률상으로는 부당한 사형이란 결코 존재할 수 없었다. 균형이론의 한 부분으로서, 거듭 자연재해가 발생할 경우에는 모든 범죄에 대한 전반적인 감형 조치가 취해졌고, 알려지지 않은 부당한 처사에 대해 보상하기 위해서 새로운 황제가 즉위하거나 종종 황제의 생일날 혹은 다른 상서로운 사건이 발생한 경우에 전반적인 사면령이 내려지는 것이 관습이었다. 300년이 조금 못 되는 당 왕조의 시기에 제국 전체적으로 볼 때 174회의 사면령이 반포되었다. 한대에도 빈번하게 사면령이 내려졌고, 이러한 관습은 전기 중화 제국 시기를 송대 이후의 세기와 분명하게 구분지어 주었다.[41]

한대의 법전과 마찬가지로 당의 법률도 거듭해서 숫자 5와 그 배수를 언급하고 있었다. 다섯 종류의 형벌로서 태형笞刑·장형杖刑·도형徒刑(징역형)·유형流刑(유배형)·사형死刑(목 졸라 죽이는 교형과 목을 베는 참형이 있음)의 오형五刑 제도, 가족 내의 범죄에서 죄의 경중을 결정하는

---

41) Johnson, Wallace, tr. *The T'ang Code*. Vol. 1, *General Principles*. pp.14-17.;
   McKnight, Brian E. *The Quality of Mercy: Amnesties and Traditional Chinese
   Justice*. Honolulu: University of Hawai'i Press, 1981. 3장.

데 사용되는 다섯 단계의 친족 등급인 참최斬衰·자최齋衰·대공大功·
소공小功·시마緦麻의 다섯 종류의 상복으로 구분하는 오복五服 제도,
다섯 종류의 도형(1년, 1년6개월, 2년, 2년6개월, 3년), 열 가지 가장 혐오스
러운 범죄 즉 가장 심각한 범죄인 모반謀反·모대역謀大逆·모반謀叛·악
역惡逆·부도不道·대불경大不敬·불효不孝·불목不睦·불의不義·내란內亂
의 10악十惡 제도, 법전(『당률소의』) 내의 500개의 조항(실제로는 502개의
조항) 등이 있었다. 또한 한대의 법전과 마찬가지로, 당대 법전 또한 황
제나 황실 가족에 대한 범죄에 대해서 특별히 엄격하게 처리하였다.
반란이나 폭동을 교사한 경우에 당대 법전은 가장 광범위한 집단처벌
을 적용하였다. 죄인의 아버지와 아들을 처형하였을 뿐만 아니라 여
성 친족, 15세 이하의 어린이 그리고 위아래 삼대의 친족을 노비로 삼
았다. 황제에 대한 비판이나 그 관리에 대한 저항은 법률로 처벌받았
고, 심지어 황제에게 부정확하게 조제된 약을 제공하는 경우, 황제가
타는 배나 마차가 부숴지는 경우에는 반란의 행위로 간주되어 처벌받
았다. 일반 대중에 대한 강도 행위에 대한 처벌은 도난당한 물건의 가
치에 따라서 다양하게 나뉘어졌지만, 황제나 황실 가족에 대한 절도
는 비록 사소한 것이라 할지라도 엄혹하게 처벌받았다. 10악의 나머
지 다른 조항과 마찬가지로, 이러한 범죄들은 현금의 납부나 공식적
인 지위의 박탈을 통해서도 용서되거나 상쇄되지 못하였고, 그 기소
된 사람들은 고문을 받을 수 있었다.[42]

---

42) Johnson, Wallace, tr. *The T'ang Code*. Vol. 1, *General Principles*. pp.17-21.;
　　절도죄 관련 법률 조항에 대해서는, Johnson, Wallace, tr. *The T'ang Code*. Vol. 2,
　　Specific Articles. p.6 참조.

당대 법전의 세 가지 특징은 한대의 선례와 구분시켜 주었는데, 귀족적인 지위와 비천한 지위 모두를 포함하는 (사회적) 지위 그룹에 대한 법적 인정, 가족 내 혹은 관료제 내에서의 상대적 지위 고하에 근거한 처벌의 엄격한 단계적 차이, 직제에 관한 세밀한 법적인 관심이 그것이었다. 황실 귀족과 이른바 지방의 귀족 상당수와 같이 높은 세습적 지위에 있는 자들은 3품 이상 관직의 관리의 자손과 마찬가지로 자동적으로 다섯 번째 직위의 관직이 부여되었다. 이들이 누리고 있었던 특권 중에는 고문에 대한 면제, 재판에서 이들에게 유죄판결을 내리기 위해서는 3명의 증인이 필요했던 것, 법적인 처벌을 자신의 지위를 포기하거나 현금을 내는 것으로 상쇄할 수 있었던 권리 등이 있었다. 그리고 3품 이상 관리의 경우에는 모든 처벌이 자동적으로 감형되고 사형의 경우를 제외하고 다른 모든 범죄에 대해서는 특별한 처리 과정을 따라야 했던 권리들이 있었다.

사회적 계층 범위의 또 다른 끝에서, 다양한 종류의 소위 '하층민'은 법적으로 자유로운 평민보다 하층으로 정의되었다. 이러한 비천한 계급들은 국가 소속과 개인 소속으로 나뉘어졌고, 그들 중에는 세습적으로 봉사하는 가구, 음악인, 개인 소유의 하인, (장원 소속의) 농노 그리고 노비가 포함되었다. 평민의 하층민에 대한 범죄는 그들의 유사한 계층의 평민에 대한 범죄에 비해서 덜 가혹하게 처벌되고, 반면에 평민에 대한 하층민의 범죄는 더 가혹하게 처벌받았다. 하층민 계급 내에서도 또 다른 차별이 적용되었다. 예를 들어, 농노가 평민을 대상으로 범죄를 저질렀을 경우에는 노비가 유사한 범죄를 저지르는 경우에 비해서 덜 가혹한 처벌을 받았고, 노비에 대한 다른 계급 사람들의 범죄는 농노에 대한 범죄에 비해서 역시 덜 가혹한 처벌을 받았다.

바꾸어 말하자면, 당대의 법전은 피해자와 범죄자의 사회적 신분에 근거하여 차별적인 처벌을 부과하였고, 그 위계질서상에서 노비는 가장 하층에 있었고 농노는 그들보다 한 단계 위에 존재하였으며, 자유로운 평민은 농노보다도 한 단계 위에 존재하였다. 주인을 해친 농노나 노비는 특히 가혹하게 처벌받았다. 주인을 살해할 모의를 한 경우에 그 모의의 성공 여부와 상관없이 모두 참수형(목을 베는 형벌)으로 처벌받았고, 주인의 친인척에 대한 살해 모의에 대해서도 교수형[43]을 받았다. 한편, 만약 주인이 죄를 저지른 노비를 관아의 허락 없이 죽인 경우에는 다만 태형의 처벌을 받았을 뿐이다. 정당한 이유가 전혀 없는데도 주인이 노비를 죽인 경우에는 1년의 징역형에 처해졌다.[44]

이와 같이 전반적인 법적 신분 집단들의 구분을 두드러지게 한 것 말고도, 당대 법전은 관료제 내에서 그리고 가족 내에서 순위를 강제하기 위한 차별적인 처벌 규정을 두었다. 관료제상의 상위의 관리에 대한 범죄는 더욱 엄격하게 다루었고, 하위의 관리에 대한 상관의 범죄는 보다 경미하게 처리되었다. 가족 내에서는, 오복 제도에 상세하게 명시된 바에 의해서 관계의 정도가 가까울수록 범죄를 저지른 아랫사람에게는 처벌이 더욱 무거웠고 윗사람에게는 상대적으로 가벼웠

---

43) 목을 졸라 죽이는 형벌. 전통시대 중국인은 신체가 분리되는 형벌이 더욱 잔혹하다고 생각하였다.-역주

44) Johnson, Wallace, tr. *The T'ang Code*. Vol. 1, *General Principles*. pp.23-29.

다. 같은 항렬의 친족 사이에서는 나이에 의해 그 경중이 결정되었다. 자신의 아들을 때린 아버지는 범죄로서 처벌받지 않았고 아내를 때린 남편의 경우에도 마찬가지였다. 그러나 그 반대의 경우에는 징역형으로 다스리는 심각한 범죄로 간주되었다. 친족 내의 윗사람에 대한 범죄는 10악의 범죄에 해당되었다.[45]

자녀는 법적으로 그들의 부모나 조부모를 봉양해야 할 의무가 있었고, 이를 저버린 경우에는 징역형에 처해졌다. 조상에 대해 적합한 애도를 표하지 않은 경우에는 유배형에 처해졌다. 고대 공자孔子의 선례를 존중하여, 노비나 개인의 하인뿐만 아니라 가족은 서로의 범죄를 숨겨 줄 수 있었지만, 국가에 대한 범죄는 그것에서 예외였다. 전체적으로 일반민을 다루는 법조문 중 1/5가량이 가족 내에서의 관계와 관련되었고 이 중에는 10악 중에서 6가지가 가족 간의 관계에 대한 것이었다.[46] 개인의 법적인 책임이나 그에게 부과되는 처벌의 엄혹함이 그의 관료적 신분에 절대적으로 의존하였기 때문에, 법전은 그 관료제가 어떻게 조직되고 서로 다른 부서들 각각이 어떠한 품계를 지니게 되는지에 대해서 상당히 자세하게 설명하여야만 했다. 각각의 품계 내에서의 작은 차별뿐만 아니라 비서진과 정식 상근 관료 사이 또는 고위 정책 담당자인 5품 이상의 관직과 주어진 직무를 담당하는 6품 이하의 관직 사이의 더 큰 구별이 결국에는 당대 법전에 규정되어 있었다.[47]

---

45) 법률 간의 계층 체계에 대해서는 Johnson, Wallace, tr. *The T'ang Code*. Vol. 2, *Specific Articles*. pp.9-11 참조.

46) Johnson, Wallace, tr. *The T'ang Code*. Vol. 2, *Specific Articles*. p.4

47) Des Rotours, Robert,tr. *Traite des Fonctionnaires et Traite de l'Armee, tr. de*

토지 소유와 조세

당 왕조 초기, 특히 중국 북부 지역에서, 토지 소유, 조세 그리고 부역은 통합된 집합체로서 성인 남자 가장에 중점을 두고 있다. 이러한 집합체의 근간은 균전제였고, 이는 5세기 중국 북부에서 발전하기 시작하였다. 한대 후반기부터 시작된 중국 농민의 남부 이주는 지속적인 침략과 내전의 압박과 관련되었고 중국 북부 지역의 드넓은 영토를 포기하도록 만들었다. 여러 왕조가 이 지역을 차지하고 농민을 이주시켜 경작하도록 하였다. 486년 북위北魏 효문제孝文帝는 과거 진晉 왕조(265-420)의 정책을 변형하여 도입하였는데, 그 제도상에서 국가는 국가 소유의 대규모의 토지를 가구 규모의 토지로 나누어 농민에게 분배하였고 그 대가로 그들로부터 제국 건설 사업을 위한 조세와 부역을 거두어들였다. 변형을 거듭했지만 이 정책은 이후의 왕조들에서도 지속되었고 당 왕조에까지 계승되었다.[48]

각각의 결혼한 부부는 지정된 토지를 국가로부터 그들이 일생에서 노동에 종사하는 기간 즉 더 정확히 말하자면 그들이 세금을 납부하는

---

la Nouvelle Histoire des T'ang (chap. XLVI-L). Leiden: E. J. Brill, 1947-48.

48) 당대 이전의 토지제도에 대해서는, Crowell, William G. "Government Land Policies and Systems in Early Imperial China." Ph.D. diss., University of Washington, 1979. pp.303-308.; Xiong, Victor Cunrui. *Emperor Yang of the Sui Dynasty: His Life, Times, and Legacy*. pp.180-182.; Wright, Arthur F. *The Sui Dynasty: The Unification of China, a.d. 581-617*. pp.93-96. 당대 토지제도 시스템에 대해서는, Xiong, Victor Cunrui. "The Land-tenure System of Tang China: A Study of the Equal-field System and the Turfan Documents." *T'oung Pao 85* (1999): 328-390 참조.

기간 동안 부여받았다. 만약 집안에 한 명 이상의 성인 남자가 있다면 그 가구에 부여되는 토지는 이론상 2배였다. 노비를 거느린 가구는 성인 남자 노비에 대해서 약간의 토지를 추가적으로 부여받았다. 북서부 지역에서는 가축 사육용으로 토지를 부여받았지만, 이것은 북서부 지역만 해당되는 예외적인 조치로서 다른 지역에서는 실행되지 않았다. 이들 토지는 여전히 국가의 재산이었고, 그 부부가 세금 납부나 부역의 의무에서 벗어나는 나이에 이르면 국가에 반납해야 했다.

견직물(실크) 생산에 필수적인 뽕나무의 경우에는 뽕잎 생산이 시작될 때까지 수십 년간의 지속적인 재배가 필요하였기 때문에, 상전桑田이라고 하는 따로 분리된 '세습 토지'라는 개념이 등장하였다. 이론상으로 이러한 토지는 동일한 집안 내에서 여러 세대 동안 물려받는 것이고 소유한 토지의 전체 면적은 국가의 법적인 제한에 따라야 했다. 그러나 경작 토지가 부족하였던 돈황과 투루판에서 발견된 자료들에 따르면, 실제로 가구들은 그들이 법적으로 부여받은 토지 면적 그대로 자식에게 물려주는 것이 허용되지 않았다. 실크보다는 마포麻布가 주요한 생산품인 지역에서는, 뽕나무 재배를 위해 영구적으로 부여된 토지 대신에 마麻 재배를 위한 마전麻田을 영구적으로 부여해 주었다. 그러나 마는 곡물과 마찬가지로 한해살이 작물이기 때문에, 마를 위한 이러한 예외 조항은 이 제도의 본래 의도를 약화시키고 궁극적으로는 몇몇 지역에서 부유한 가구들이 보다 많은 토지를 마전이라는 명목 하에 축적할 수 있도록 해 주었다. 그 제도가 시행되는 과정에서 다른 지역적인 차이들이 발생하였는데, 예를 들자면 투루판 내에서 이모작

을 하는 지역과 일모작을 하는 지역 사이에는 차이가 있었다.[49]

　사료적 증거가 남아 있었던 지역들에서, 부여받았던 실제 토지는 법에 의해 제공되는 면적보다 한참이 모자랐다. 그럼에도 이 제도의 기본적인 목적이 최대한 많은 황무지를 경작하게끔 하는 것이었기 때문에, 본래 부여된 토지는 상당히 넓어서 19세기 또는 20세기 중국 각 가정에서 평균적으로 보유하였던 농지 면적에 7배 정도에 달하였다. 그 법은 또한 관리나 유력 집안에 의한 대토지의 축적을 제한하기 위한 것이었지만, 이는 한 제국이나 한과 당 사이에 존속하였던 여러 왕조가 시행했던 유사한 정책보다도 더 원활하게 작동하지는 않았다.

　이러한 토지 부여의 대가로서, 가구들은 국가에 세금을 납부하고 부역을 제공할 의무를 지녔다. 세금 납부의 기본 단위는 그 토지 부여의 단위와 일치하였는데 즉 일반적으로 가구의 가장인 개개의 성인 남자였다. 따라서 세금은 고정된 인두세와 그것과 관련된 부역이었고, 개개 가구의 실제 재산이나 수입은 고려되지 않았다. 균전제와 마찬가지로, 조세 구조는 5세기와 6세기에 중국 북부 지역을 지배하였던 왕조들로부터 계승된 것이었다. 그것은 당 왕조가 건국된 619년에 확립되었고 이후의 국가 법전에서도 대체로 변화 없이 유지되었다. 보통 조용조租庸調라고 불리는데, 조租는 곡물로 납부하는 세금이고, 용庸은 부역을 지칭하며, 조調는 비단이나 면포로 납부하는 것을 가리킨다.

---

49) Twitchett, Denis. *Financial Administration under the T'ang Dynasty.* pp.1-11.; Twitchett, Denis. "Introduction." In *Cambridge History of China.* Vol. 3, *Sui and T'ang China, Part I.* pp.24-28.; Twitchett, Denis. "Lands under State Cultivation during the T'ang Dynasty." *Journal of the Economic and Social History of the Orient* 2:2 (1959): 162-203; 2:3 (1959): 335-336.

이러한 제도는 실제로는 대부분의 농민 가구에게 곡물로 납부하는 세금, 비단과 면포로 납부하는 세금, 그리고 2가지 종류의 부역 의무를 포함하는 것이다. 여기서 부역은 매년 1년에 20일에 달하는 정기적인 부역과 잡요라고 하는 지방 정부에서 부과하는 부역을 일컫는다. 이러한 세금 납부의 의무들은 고정적이었고 실질적인 가구들의 상황을 고려하지 않았는데, 이는 이론상 모든 토지 소유는 가구의 크기와 직접적으로 비례한다는 데 따른 것으로, 따라서 가구의 크기에 비례해서 부과되었다.[50]

이와 같이 외견상 엄격해 보이는 조세 제도에도 실제로는 다양한 변화가 있었고, 이는 균전제의 토지 소유 제도에 변화가 있었던 것과 마찬가지였다. 우선, 많은 변경 지역에서는 그 지역에서만 특별하게 생산되는 현물로 징수되었는데, 남부에서는 쌀로, 오늘날 베트남 지역인 안남에서는 특별한 종류의 비단으로, 소금이 생산되는 곳에서는 소금으로, 강도와 같이 경제적으로 발전된 지역에서는 심지어 현금으로 징수되었다. 게다가 수도에서 멀리 떨어진 지역들은 그들의 곡물 납부를 동등한 가격의 비단이나 면포로 징수하게 되었는데, 이는 비단이나 면포는 대량으로 운반하는 데 운임이 훨씬 적게 들기 때문이었다. 이와 유사하게, 해마다의 부역은 거의 변화 없이 세금 납부로 변경되었고, 이와 같이 납부된 금액은 이론상으로는 근로자를 고용하는 데 사용되었다. 이는 짐작컨대 농민이 토지 경작에 더 많은 시간을

---

50) Twitchett, Denis. *Financial Administration under the T'ang Dynasty*. pp.24-26.

할애할 수 있도록 배려한 것이었다. 7세기에 가구들은 가장 부유한 층에서부터 가장 빈곤한 층에 이르기까지 아홉 단계로 등급이 분류되었고, 곡물 대신에 마포로 세금을 징수하는 지역에서는 이러한 등급 규정이 보다 혁신적이어서 가구의 부의 정도에 따라서 징수되었다. 7세기와 8세기에 정부는 가구세와 토지세와 같이 두 차례에 걸쳐 약간의 추가적인 조세들을 도입하였는데 이것들은 어느 정도 가구의 부에 따라 징수되었다.[51] 그러나 이러한 변형은 부분적인 영향만이 있었을 뿐이고, 그 제도의 핵심은 여전히 모든 성인 남자가 동일한 토지를 소유하고 그것을 통해서 동일한 세금을 납부한다는 이상에 근거하고 있었다.

이러한 조세 징수 원칙에서 예외자들이 있었는데, 이 경우는 근거가 부의 정도가 아니라 그들이 특권 사회 계층 그룹에 속했는가의 여부였다. 황실 가문의 모든 친족, 귀족의 칭호를 지닌 집안의 사람, 모든 관리, 정부에서 일하는 많은 사람, 관직을 지닌 자, 그리고 불교와 도교의 승려는 세금과 부역의 의무로부터 면제되었다. 이러한 세금 면제의 특권은 도덕적으로 모범적인 개인 혹은 극심한 재난을 겪은 지역에 대해서 부여되기도 하였다. 요컨대 조세 제도 또한 법전이나 군사 제도와 마찬가지로 사람들을 법적으로 구분되는 신분 그룹들로 구분하는 원칙에 따라서 구성되었다.

세금으로부터 벗어난 마지막 부류는 등록되지 않은 '유망호流亡戶'들이었다. 등록된 거주 지역을 떠난 가족은 정부의 강제징수로부터

---

51) 위의 책 pp.28-34.

벗어나 있었다. 만약 그들이 수도 주변이나 보다 빈번하게는 중국 남부 지역에서 대지주의 소작인으로서 정착할 곳을 찾게 된다면, 비록 세금과는 다른 형태로 그들의 지주들에게 소작료를 바쳐야 했음에도, 그들은 적어도 국가에 부담해야 하는 세금이나 부역의 의무에서는 영구히 벗어날 수 있었다. 불교 사찰에 부속된 대토지도 농민을 위한 피난처가 되었다. [52] 이러한 망실된 가구들을 등록시키려는 정부의 거듭된 시도에도, 상당수의 가구가 과세 대상에서 벗어나 있었고, 이러한 문제는 안녹산의 반란 이후에는 위험한 수준에 도달하였다.

---

52) 위의 책, pp.16-23.

3

| 절도사와 재정관 |

중국 역사에서 되풀이되는 주제는 정치권력의 중앙집권화와 지역 자치 세력 사이의 긴장관계이다. 756년(음력 755년 11월)과 763년 사이의 안녹산의 반란은 당 제국 전기의 제도적인 틀 즉 균전제, 부병제, 조용조 세제의 실패의 결과로서 발생하였고 그것을 완전히 붕괴시켰다. 이러한 변화들은 차례차례로 귀족제적 사회질서를 종결시켰고 후기 중화 제국의 세계를 창조해 내었던 경제 혁명의 시작을 보여 주고 있었다.

안녹산의 세력은 756년에 장안을 장악하면서 그 절정에 도달하였다. 몇 차례의 시도에도, 그의 군대는 서쪽으로 수도 부근 지역 너머로 진격하지 못하였고, 남으로 양자강 지역으로 이동하려는 노력 역시 주요 도시에 주둔하면서 당에 충성하는 저항 세력들에 의해 가로막혀 있었다. 757년 초반에, 더 이상의 진전이 없는 것에 좌절하여 안녹산

무리의 최측근의 부하들은 안녹산을 암살하였고 그의 아들을 안녹산의 자리에 앉혔다. 그러나 이러한 변화는 안녹산의 다른 부하들, 가장 대표적으로는 동북방에서 하북 지역을 장악하는 데 선봉에 섰던 인물인 사사명史思明과 같은 사람들을 멀어지게 만들었다. 이러한 내적인 알력은 반란군의 세력을 약화시켰고 그리하여 숙종(재위 756-763)이 이끌던 당 조정은 757년 가을에 공격을 재개할 수 있었다.

이 점에서 황제 권력의 재확립을 위한 노력은 당 왕조에 장기간의 파급 효과를 가져왔던 두 가지 새로운 정책에 기반하고 있었다. 먼저 당 왕조는 위구르(회흘回紇)와의 동맹관계를 확립하였는데, 이 투르크계 민족은 740년대에 몽골 초원 지역에서 지배적인 세력으로서 동돌궐을 대체하였다. 이 동맹관계는 위구르와 연관된 부족 출신의 당나라 장군이던 복고회은僕固懷恩에 의해서 체결되었다.[1] 위구르는 4,000명 이상의 기병을 당 왕조에 바쳤고, 이들은 베테랑 장군인 곽자의郭子儀(697-781)의 지휘하에 반란군을 궤멸시키고 757년 가을에는 수도 장안을 수복하였다. 그러나 이러한 일시적인 성공은 장기간의 부정적인 결과를 가져왔다. 위구르인은 당의 낙양 수복을 돕는 대가로 추가적인 비용을 요구했다. 동도 낙양이 2주 후 수복된 다음에, 위구르 군대는 당

---

1) Peterson, Charles A. "Court and Province in Mid- and Late T'ang." pp.474-486, 490~491.; Peterson, Charles A. "P'u-ku Huai-en and the T'ang Court: The Limits of Loyalty." *Monumenta Serica* 29 (1970 - 71): 423 - 455.; Dalby, Michael. "Court Politics in Late T'ang Times." In *Cambridge History of China.Vol. 3, Sui and T'ang China,Part I.* pp.561-567, 569-570.; 복고회은의 외교적 역할에 대해서는, Peterson, Charles A. "Court and Province in Mid- and Late T'ang." p.483; Dalby, Michael. "Court Politics in Late T'ang Times." p.567. 참조.

나라 군대가 제대로 된 기병 없이 싸우도록 내버려둔 채 당나라를 떠났다. 762년 반란군에 대한 최후의 대대적인 토벌작전 기간 동안, 반란군이 낙양을 재탈환하게 되자 위구르 군대가 다시 개입하게 되었지만, 이번에는 그 도시를 약탈하도록 허가해 준다는 조건을 전제로 하였다. 그 도시를 탈환하기 직전에, 그들은 그들의 사령관에게 모욕을 주었던 당의 몇몇 조정 관료들을 매질해 죽이기도 하였다. 뒤이은 당 군사와 위구르 군사가 함께 참여한 약탈에서 수만 명의 당나라 백성이 학살당하였고 낙양은 잿더미가 되었다.

한편, 티베트 군사는 장안에 이전보다 훨씬 가까운 거점을 점령하고 북서 지역의 당나라 최고의 목초지들을 차지하게 되어 당 정부는 기병부대를 위한 군마를 생산하지 못하게 되었다. 763년 티베트인은 서도 즉 장안을 공략하여 함락시켰다. 비록 그들은 이후 곧바로 그 도시를 포기하였지만, 티베트의 침공은 이후 13년간 연례행사처럼 반복되었고 당나라 군대는 기병으로 이루어진 티베트의 군대를 막아 내지 못하였다. 이후 수십 년간 위구르는 당이 티베트에게 목초지를 상실한 상황을 이용하여 그들에게 질이 떨어지거나 병약한 말들을 부풀린 가격으로 판매하였다. 그들은 또한 수도와 다른 대도시에 거주하는 위구르와 소그드 상인에게 치외법권에 해당하는 권리를 확립하였다. 이러한 특권의 지속적인 남용 그리고 도시에서 소그드인의 고리대금업 장악은 뿌리 깊은 반감을 야기했고 이것은 9세기에 반외국인 폭동으로 폭발하게 되었다.[2]

---

2) Mackerras, Colin. *The Uighur Empire According to the Tang Dynastic*

위구르와의 동맹관계뿐만 아니라, 당 조정이 동북 지역의 반란군을 밀어붙이고 최종적으로는 격파할 수 있었던 두 번째 결정적 요인이자, 한편으로 반란 진압 이후에 가장 부정적인 결과를 초래하였던 요인은 이전의 변경 지역에만 설치되었던 절도사의 번진藩鎭을 당의 지배하에 있던 내지 전체에까지 설치하였던 사건이다. 장안과 낙양을 재정복하는 데 활약하였던 군대는 9명의 절도사로부터 동원된 것이고, 그중에서 3명만이 반란 이전부터 절도사의 직을 갖고 있었다. 각각의 절도사는 그들 자신만의 군대에 대한 통제권을 유지하였고 절도사 각자는 전적으로 자발적인 기저 위에서 조직화되었다. 게다가 2명의 지도적인 절도사인 곽자의나 이광필李光弼 모두 서로에게 복속되기를 원치 않았다. 이 시기까지 숙종은 당군 지휘관을 의심하여 총사령관직을 두기보다는 총애하는 환관을 파견하여 그 이질적인 부대들의 작전을 통합시키고자 시도하였지만 큰 효과가 없었다.

사사명이 759년에 중원평야에서 당나라의 군대와 맞서게 되었을 때, 갑작스러운 모래폭풍이 양측의 군대를 전장에서 철군하도록 만들었고 9명의 절도사는 각자 자신의 본거지로 철군하였다. 이는 사사명이 마음껏 안녹산의 아들을 제거하고 낙양을 되찾을 수 있게 만들

Histories. Columbia: University of South Carolina Press, 1973. p.215-225, 306-309.; Mackerras, Colin. "The Uighurs." In *The Cambridge History of Early Inner Asia*. Ed. Denis Sinor. Cambridge: Cambridge University Press, 1990.; Peterson, Charles A. "Court and Province in Mid- and Late T'ang." pp.480, 483-484.; Graff, David A. *Medieval Chinese Warfare: 300-900.* pp.221-222, 227-228.; Dalby, Michael. "Court Politics in Late T'ang Times." pp.565, 567-569, 677-678. (당이 목초지를 티베트에 상실하고 위구르와의 말교역에 의존하였던 것에 관해서 참조.)

었다. 결과적으로 그 반란은 이후 4년간 질질 끌게 되었다. 그 반란이 763년에 최종적으로 종결되었을 때에 대략 40개의 번진이 북부 중국 전체에 분포하게 되었고 각 번진의 절도사는 자신의 통제하에 있던 지역의 행정관의 직책을 겸하고 있었다.[3]

중앙 조정과 지역 절도사의 긴장관계

762년 숙종이 사망하자 대종代宗(재위 762-779)이 제위를 계승하였는데 그는 즉각적으로 위구르 군대가 낙양을 약탈하는 것을 허락하였다. 대종이 재위기에 내린 치명적인 결정은 이것만이 아니었다. 반란군 장수들이 대종에게 761년 아버지 사사명을 죽인 아들 사조의史朝義의 아들의 머리를 갖다 바친 이후에 대종은 그 전직 반란군들을 오늘날의 하북과 하남 북부 지역에 걸친 지역을 다스리는 절도사로 임명하였다. 이러한 행동은 북동부 지역의 반란군에게 제도적인 영속성을 준 것이고 조정과 절도사 사이에 당 왕조의 나머지 기간 동안 지속되었던 상호경쟁을 위한 무대를 마련한 셈이었다.[4]

---

3) Pulleyblank, E. G. "The An Lu-shan Rebellion and the Origins of Chronic Militarism in Late T'ang China." pp.45, 55.; Graff, David A. *Medieval Chinese Warfare: 300-900*. p.222, 229.; Dalby, Michael. "Court Politics in Late T'ang Times." pp.566-567.

4) Dalby, Michael. "Court Politics in Late T'ang Times." pp.567-568.; Pulleyblank, E. G. "The An Lu-shan Rebellion and the Origins of Chronic Militarism in Late T'ang China." pp.47-50.; Peterson, Charles A. "Court and

숙종과 특히 대종의 재위기에 당 조정에서는 환관의 세력이 전례 없는 수준으로 성장하였다. 환관은 당 왕조 첫 세기 동안에는 고위 관직을 맡는 것이 금지되었지만, 현종은 자신이 제위에 오르는 것을 도와주었던 환관 고력사高力士에게 높은 직위와 세력을 주었다. 그러나 안녹산의 반란이 시작되자 환관들은 조정에서 고정적인 실권자가 되었다. 숙종에 대한 신하들의 접근을 통제하였던 이보국과 같은 환관들은 조정의 정책 결정에 참여하였으며, 지방 장관의 임명과 심지어는 제위의 계승 문제에까지 개입하였다. 이러한 환관의 성장은 763년 티베트군의 장안 침략의 시기에 영구적이고 제도적인 형태를 띠게 되는데, 이때 처음으로 환관이 중앙군의 지휘관으로 등장하게 된다. 대종은 수도 장안에서 도망쳐 나온 이후에 환관 어조은魚朝恩이 지휘하는 신책군神策軍에 의해 구조되었다. 대종은 장안에 돌아온 후에, 이 신책군을 황궁 근위군에 통합시켰고 이것은 중앙군의 핵심이 되었다. 이후의 수십 년 동안 환관이 정규적으로 지휘하면서 신책군은 환관이 중앙 조정을 장악하는 기반이 되었다.[5]

전문 관리들이 국가의 재정 행정에서 두드러진 역할을 하기 시작한 것 또한 숙종과 대종의 재위기부터였다. 758년에 새로운 염철전운사가 임명되어 소금과 철의 판매를 독점하였고 이를 통한 수입은 중앙

Province in Mid- and Late T'ang." pp.484-485, 493-494.

5) Dalby, Michael. "Court Politics in Late T'ang Times." pp.571-574, 576, 578-579.; Peterson, Charles A. "Court and Province in Mid- and Late T'ang." pp.512-514.; Graff, David A. *Medieval Chinese Warfare: 300-900*. pp.233, 243.

조정의 재정에 충당되었다. 소금 전매를 통한 수익은 북부 지역의 대부분을 상실한 당 왕조에 중요한 수입원이었고 그것을 담당하는 기관은 남부 지역에서 당 후반기의 가장 중요한 재정 기관이 되었다. 사실상 양자강 하류 지역에서 그림자 정부와 같은 행정적인 역할을 담당하고 있었다.[6]

779년 대종이 사망한 이후에, 그의 계승자 덕종德宗(재위 779-805)은 780년에 도입된 대규모 개혁을 통해서 국가의 재정 기반을 재확립시키려는 노력을 계속하였다. 새로운 시스템은 관습적으로 양세법이라 불리는 것으로 농업의 주기에 따라서 1년에 2차례 세금을 거두는 방식이었다. 하지만 이것은 단순히 국가의 세금 징수 계획의 변화라는 의미를 훨씬 넘어서는 것이었다. 가장 중요한 점은 세금 산정 단위로서 전형적으로 설정해 온 성인 남성이라는 개념을 포기한 것이다. 대신 조세 산정을 위한 평가는 재산과 경작 토지를 기반으로 이루어졌다. 안녹산의 반란 기간 동안 조세 징수의 기반이던 균전제가 공식적으로 폐기되고, 보다 많은 국가 수입을 만들어 내기 위해 과거의 시스템 위에 덧붙였던 잡다한 부과세 역시 폐기되었다. 중국 역사상 처음으로 정부는 조세 수익을 개개인의 재화와 재산에 대한 실질적인 측정에 근거하여 거두고자 시도하였다. 새로운 시스템의 두 번째 특징은 서로 다른 지역에 서로 다른 세금 할당량을 부과하였다는 점이다. 이러한

---

6) Dalby, Michael. "Court Politics in Late T'ang Times." pp.574-576.;
Twitchett, Denis. *Financial Administration under the T'ang Dynasty.* 3장, 6장.;
Twitchett, Denis. "The Salt Commissioners after the Rebellion of An Lu-shan." *Asia Major*, n.s. 4 (1954): 60-89.

정책은 처음으로 국가와 주현 사이에 중간 등급의 행정단위로서 지역의 존재를 공식적으로 인정한 것이고 제국의 여러 다른 지역에서 경제적 생산력에 차이가 있었다는 점을 인식하였다는 것이다.[7]

비록 새로운 조세 제도가 소금 전매와 더불어 당 왕조를 부유하게 만들고 중앙 권력의 재건을 위한 기반을 제공하였지만, 절도사들을 중앙 정부에 복종하도록 만든 첫 번째 시도는 실패로 끝났다. 안녹산의 반란의 공식적인 종결 이후의 20여 년간 북동부에서 항복한 반란군 출신의 화북 지역 절도사들과 산동 지역의 평로절도사平盧節度使, 한수 유역의 양양절도사襄陽節度使 그리고 회수 상류의 회서절도사淮西節度使 들은 모두 그들 각각의 영토에서 실질적인 지배자가 되었다. 중앙 조정에 조공과 세금을 바치는 것을 제외하고, 그들은 자신의 지역에 대한 행정을 그들 마음대로 처리할 수 있었다. 그들은 심지어 자신의 후계자를 지명할 권리까지도 주장하였고, 이는 실제로 그들이 세습적인 지도자가 되었음을 의미였다. 절도사들은 공식적으로는 상호간에 동맹을 맺지는 않았고 가끔씩 토지를 놓고 싸우는 정도였다. 그러나 당 조정의 중앙 권력에 대항하여 세력을 유지하는 데에 공통된 관심을 가지고 있던 그들은 중앙 조정이 그들의 내정에, 특히 그들의 지위 계승권과 같은 일들에 개입하고자 시도할 때면 일시적으로 상호 협력하였다.

첫 번째 군사적인 충돌은 781년에 발생하였는데, 이때 덕종은 얼마

---

7) Twitchett, Denis. *Financial Administration under the T'ang Dynasty*. 2장,
특히 pp.34-48, 157-164.; Peterson, Charles A. "Court and Province in Mid-
and Late T'ang." pp.498-500.

전 사망한 동북 지역의 승덕절도사承德節度使가 지명한 후계자를 거부하였던 것이다. 절도사들은 처음에는 그 반란군을 패퇴시켰지만, 이에 대한 조정의 충분치 못한 보상과 패배한 반란군의 세력 근거지를 파괴하기 위한 조정의 시도는 한때 충성스러웠던 절도사들이 이번에는 당 조정에 대해서 반란을 일으키도록 만들었다. 그들 중 한 명이던 회서절도사는 동남부 지역으로부터 수도 장안으로의 곡식 공급을 담당하였던 운하를 단절시켰다. 덕종은 반란군 절도사 중 한 명의 형제 휘하로 당 왕조의 주력군을 보내었지만, 그들에게 제공된 빈약한 보급은 폭동으로 이어졌고 그들의 사령관은 새로운 왕조를 선포하기에 이르렀다. 덕종은 장안에서 도망쳐서 서북 지역으로 피난가게 되었는데 이러한 황제의 피난은 지난 25년간 세 차례나 발생하였고, 덕종은 단지 몇몇 조정 대신과 환관의 지휘를 받는 소규모 군대만을 이끌고 갔을 뿐이었다.

이때 관리 중 한 명의 조언으로 덕종은 반란을 일으킨 절도사들에게 사면령을 내렸고 그리하여 그는 수도에서의 폭도들에 대한 토벌에 집중할 수 있었는데, 그 관리는 바로 그 당시 젊은 학자였던 육지였다. 그는 덕종의 이후 재위기 동안 간의대부諫議大夫와 한림학사의 직을 맡았다. 안녹산의 반란과 마찬가지로, 이러한 충돌은 동북 지역과 몇몇 다른 주요 지역의 실질적인 독립을 인정한다는 786년의 타협으로 종료되었다.[8]

---

8) Dalby, Michael. "Court Politics in Late T'ang Times." pp.582-586.; Peterson, Charles A. "Court and Province in Mid- and Late T'ang." pp.500-507.; Graff, David A. *Medieval Chinese Warfare: 300-900.* pp.235-236. 육지의

지방 세력의 성장을 억제하는 데 실패한 것을 제외하고, 덕종은 당 왕조의 재정 회복을 위해 노력하였고, '중정中庭=내정內廷'의 발전을 더욱 가속화시켰다. 그가 2명의 환관을 지명하여 신책군을 지휘하도록 한 이후에, 당의 군대는 영구적으로 환관의 지휘하에 놓이게 되었다. 환관들은 당 후반기 중앙군의 지휘관이었을 뿐 아니라 당조에 충성하는 절도사들의 참모로 임명되었던 군사 감독관을 배출하는 주요한 원천이기도 하였다. 사실 이러한 절도사들 자체가 대부분 신책군의 지휘관들로부터 선발되었다. 이러한 직위를 얻기 위해서는 누구든 그 환관들의 환심을 사야 했고 그것은 종종 뇌물의 제공을 통해서 이루어졌다.[9]

덕종 또한 점차 일을 결정하고 수행함에 한림학사와 환관에 의지하게 되고, 여기에는 공식적인 관료들이 참여할 수 없었다. 한림학사들과 환관들의 사회적 출신 배경과 추구하는 가치는 서로 극히 대조적이었지만, 이들 두 그룹은 당시 공식적인 관료들을 믿지 못하던 황제가 유일하게 신뢰하는 위치에 있었다는 공통된 특징을 지니고 있었다. 황제의 정규 관료에 대한 적대감은 육지의 경력에서 극명하게 증명되

경력에 대해서는, Chiu-Duke, Josephine. *To Rebuild the Empire: Lu Chih's Confucian Pragmatist Approach to the Mid-T'ang Predicament*.; Twitchett, Denis. "Lu Chih (754–805): Imperial Adviser and Court Official." In *Confucian Personalities*. Ed. Arthur F. Wright and Denis Twitchett. Stanford: Stanford University Press, 1962.; McMullen, David. *State and Scholars in T'ang China*. Cambridge: Cambridge University Press, 1988. pp.239-243.

9) Dalby, Michael. "Court Politics in Late T'ang Times." pp.586-589, 598-599.; Peterson, Charles A. "Court and Province in Mid- and Late T'ang." pp.512-514.

는데, 그는 한림학사로서 덕종의 가장 가까운 측근이자 가장 영향력 있는 막후의 조언자였다. 그러나 한때 육지가 재상에 오르고 그의 모든 충고와 훈계가 겉으로 드러나게 되자, 그는 황제를 완전하게 소외시켰다. 이때에 이르러서 황제는 더더욱 관료가 아닌 외부로부터만 조언을 얻게 되었다.[10]

이러한 중정의 결정과 행동이 자금의 부족으로 저지되는 일이 없도록 확실히 하기 위해서, 덕종은 그의 개인 금고로 불법적이거나 반#합법적인 기부금을 모금하고자 하였다. 그가 찾아낸 기부금의 주요한 출처는 이른바 절도사들의 조공 헌납이었다. 재위 초기에 그는 이러한 절도사들의 조공 헌납을 반대하였고 분명하게 그 자금들을 공공의 국가 금고로 이전하였다. 그러나 그가 절도사들과의 전쟁에서 패배한 이후에, 그는 사실상 뇌물이었던 기부금의 헌납을 공개적으로 권장하는 쪽으로 입장을 바꾸었다. 조공의 헌납은 절도사들에게 부과된 정규적인 세금 할당량을 대신하여 이루어졌기 때문에, 이 조공은 공식적인 관료가 국가의 부를 황제 개인에게 주는 방식으로 변화시켰다. 이러한 관습은 당 말기에 이전보다도 훨씬 더 빈번하게 이루어졌다. 이것은 덕종과 그 반란군 절도사들 사이에 암묵적인 공통의 관심사를 내포했는데, 즉 양측은 모두 공식적인 관료제와 국가의 재정을 충당하던 조세 구조의 약화를 통해 이익을 얻었다.[11] 그러나 이러한 공유된

---

10) Dalby, Michael. "Court Politics in Late T'ang Times." pp.586-589, 594-598.; Chiu-Duke, Josephine. *To Rebuild the Empire: Lu Chih's Confucian Pragmatist Approach to the Mid-T'ang Predicament.* pp.34-61.

11) Dalby, Michael. "Court Politics in Late T'ang Times." pp.593, 594, 600-

관심사는 단지 일시적인 현상이라는 것이 증명되는데, 덕종은 이렇게 축적하였던 자금을 기반으로 군사적인 수단을 사용하여 부분적으로 지역 세력에 대한 조정의 권위를 회복할 수 있었던 것이다.

덕종은 재위기 동안 외국과도 발전적인 관계를 형성하였다. 서쪽으로 덕종은 783년 티베트의 정복지들을 인정하여 매해 반복되는 티베트의 침공을 일시적으로 중단시키고자 하였고 포로의 교환을 허락하는 조약을 협상하였다. 그러나 티베트가 다음 해에 반란군 절도사들을 후원하기로 결정하였을 때에, 이러한 조약은 사문死文이 되었다. 덕종은 다음으로 선물로 비단을 풍성하게 주었을 뿐만 아니라 자신의 딸을 왕비로 보내 위구르와 동맹을 맺었고, 이를 통해서 티베트를 압박하여 다시 조약을 협상하고자 하였다. 그러나 790년대에 티베트는 당과 위구르의 연합군을 패배시켰다. 티베트가 당의 주요한 두 곳의 지역적 요충지를 점령하면서 대략 1,000여 년간 지속되던 중국의 동투르키스탄 지역에 대한 지배를 종식시켰다.

민족적으로 티베트—버마 인의 국가로서 오늘날의 운남 지역에 위치하였던 남조南詔와의 동맹관계를 부활하여 서부 지역에서 중국 세력의 쇠퇴를 막았다. 남조 정부는 원래 자신들이 조공을 바치던 당을 모델로 하였지만, 점차 티베트 쪽에 의존하기 시작하였다. 794년에 사천

601, 633.; Peterson, Charles A. "Court and Province in Mid- and Late T'ang." pp.509, 511-512.; Peterson, Charles A. "The Restoration Completed: Emperor Hsien-tsung and the Provinces." In *Perspectives on the T'ang*. pp.153-154.; Somers, Robert M. "The End of the T'ang." In *Cambridge History of China*. Vol. 3, *Sui and T'ang China, Part I*. Ed. Denis Twitchett and John K. Fairbank. Cambridge: Cambridge University Press, 1979. pp.678, 703, 754.

성 서부 지역의 중국인 절도사였던 위고韋皐는 남조 정부를 설득하여 티베트로부터 벗어나 다시 당에 충성하도록 되돌려 놓았다. 795년에 위고는 오늘날의 쿤밍 근처에서의 전투에서 승리하였고 801년에는 티베트에 대한 침공을 이끌었다. 이 승리는 티베트 왕과 재상의 죽음 바로 직후에 이루어졌고 서부 지역에서 50년간의 전쟁을 종결지었다.[12]

티베트로의 성공적인 침략은 당헌종(재위 805–820)이 동부와 남부 일부에서 조정의 권위를 회복하려는 노력에 기반을 마련해 주었다. 805년 덕종의 죽음은 헌종이 제위에 오르도록 하였고, 806년 사천 지역에서 위고의 죽음은 헌종에게 황제가 다시 절도사의 후계자를 임명할 권리를 갖는 기회를 일찍 제공하였는데, 그러한 결정은 놀라울 정도로 손쉬운 군사적 승리에 의해서 비준되었다. 그다음 해에 신책군은 양자강 하류 지역의 절서절도사浙西節度使에 대하여 칙명을 관철시키는 것에 성공하였다. 북동부 지역에 개입하려는 첫 번째 시도는 809년 승덕절도사와의 승부를 내지 못한 전쟁으로 이어졌다. 그러나 수년간의 휴전 상태 이후에 헌종은 뜻밖의 선물을 받게 되었는데 이때 중국의 동북 지역인 위박魏博에서 새로 등장한 절도사가 조정에 자발적으로 굴복해 온 것이다.

814년에서 819년 사이에 헌종은 반란 절도사들과 연속해서 전쟁을 벌였다. 이때 가장 눈에 띄는 승리는 회서 지역에서 반란 절도사를 타도하고 회수 유역에 있었던 회서번진을 병합한 것이다. 이 전쟁은 814년에서 817년까지 이어졌고, 황제의 금고를 고갈시켰으며, 전쟁이 끝날

---

12) Dalby, Michael. "Court Politics in Late T'ang Times." pp.607–611.

때까지 조정에서 모든 이들의 비난의 표적이 되었다. 다만 헌종이 재상 배도裴度가 이질적인 군대를 직접 맡도록 한 단호한 결정과 장군 이소李愬의 회서 지방의 수도에 대한 대담한 직접 공격은 재앙이 될 뻔한 전쟁에서 결정적인 승리를 이끌어 내었다. 회서번진은 제거되어 하나의 지역 행정단위로 전락하였고, 승덕번진은 자발적으로 복속하였으며, 평로번진에 대한 당 왕조의 최후의 원정은 번진 군대의 폭동을 초래하여 그 번진 또한 복속되었다. 평로번진이 3개의 작은 지역으로 분리되면서, 헌종은 거의 중국 전역에 대해서 적어도 공식적으로는 직접적인 지배권을 성공적으로 회복하였다.[13]

헌종은 번진 세력의 약화를 위해서 새로운 조세 정책과 군사 행정의 양식을 도입하였다. 780년 양세법이 실시되었을 때, 세금은 현금(동전)으로 측정되어 그 조세 납부량을 표준화하고자 하였지만, 현금이 귀했기 때문에 세금은 종종 현물 즉 보통 곡식과 직물로 납부되었다. 780년에 정해진 조세 비율은 안녹산의 반란에 뒤이어 발생한 극심한 인플레이션의 시대를 반영한 것이었다. 그러나 뒤이은 안정기에는, 수확이 풍부해지고 직물 생산량이 증가하면서 이러한 현물의 가격을 하락시켰다. 이러한 디플레이션은 780년에 결정되어 현금으로 표시된 조세 비율을 맞추기 위해서 지역의 농가들이 이전보다 더욱더 많은 양의

---

13) Dalby, Michael. "Court Politics in Late T'ang Times." pp.611-616.; Peterson, Charles A. "Court and Province in Mid- and Late T'ang." pp.522-535.; Graff, David A. *Medieval Chinese Warfare: 300-900.* pp.326-328.; Peterson, Charles A. "Regional Defense against the Central Power: The Huai-hsi Campaign, 815-817." In *Chinese Ways in Warfare.* Ed. Frank A. Kierman, Jr., and John K. Fairbank. Cambridge: Harvard University Press, 1974.

현물을 국가에 바쳐야 한다는 의미였다. 각 지방정부들은 세금 징수에 대한 책임이 있었는데, 당 조정은 단순히 각 번진의 할당량만을 정할 뿐이고, 따라서 번진들은 현물의 현금으로의 환산율을 조작하여 지방 정부의 조세 수익을 극대화하고자 하였다. 반면에 필요다면 정해진 조세량만을 조정에 납부하였다. 헌종은 자신의 새로운 세금 규정을 통해서 번진들의 세입에 제한을 두고 싶었던 것이다.

두 번째로 조세 규정과 관련된 809년의 칙령은 조세 수입의 분담을 변경하였다. 과거의 조세 수입은 조정, 번진 그리고 주현 사이에서 분배되었던 반면에, 새로운 정책하에서는 지방정부가 그 번진의 수도가 위치한 주현으로부터만 조세를 받을 수 있게 되었고, 이 주현은 조정에 대해서는 세금을 납부하지 않았다. 그러나 그 외의 다른 주현은 그들의 조세 수입을 제국 조정과 나누었고 번진에 대해서는 지불하지 않았다. 이러한 정책은 중앙 정부가 직접적으로 주현들로부터 세금을 거두었던 당 전기의 시스템을 복원하고자 하였던 것이고, 지방행정상의 중간 단계로서 번진의 존재를 없애고자 하였던 것이다.[14]

헌종이 819년에 승리한 이후에 도입한 새로운 군사 정책은 조세 제도 개혁과 동일한 패턴을 따랐다. 번진 절도사들은 그들의 수도가 위치한 주현의 군대만을 통솔하였고 여기에는 그들 직속의 중앙군과 휘하의 이민족 부대들이 포함되었다. 그 외의 주현에는 그 주현의 자사 휘하에 이전보다 수적으로 적은 변경 주둔군과 요새만이 남게 되었

---

14) Dalby, Michael. "Court Politics in Late T'ang Times." pp.616-619.;
    Peterson, Charles A. "Court and Province in Mid- and Late T'ang." pp.499,
    526-527.

다. 이것은 남북조 시대 이래로 주현이 처음으로 그들 자신만의 군사력을 갖게 된 것이었다. 이러한 주현의 역할 강화는 절도사들의 지역 수령 임명 권리의 폐기와 더불어 그들의 번진 내에서 군대를 동원하는 능력을 크게 약화시켰다.[15]

이처럼 황제 권위의 재천명과 절도사 세력의 약화의 근저에는 환관 세력의 지속적인 성장이 있었다. 독재적인 황제는 그의 정책을 수행하고 그의 의지를 조정과 지역 관리에게 관철시키기 위해서 점차 환관들에게 의존하게 되었다. 환관들은 황제의 권력 부활에 가장 핵심 역할을 한 신책군을 지휘하였고, 군대의 장수들을 감독하는 군사감독관으로 기용되었다. 신책군은 주현과 번진 수준에서 관리 임용의 일반적인 길이었고, 그리하여 헌종의 지역 정책들을 실행하였던 이들은 대체로 환관들이 선발한 자들이었다. 환관의 세력은 추밀사樞密使라는 직책을 통해서 제도화되었다. 추밀사는 810년에 설치되었고 9세기 내내 환관들이 장악하였다. 추밀사들은 황제와 관료 사이의 의사전달을 조정하는 비공식적인 궁내관宮內官의 역할을 담당하였다. 그러나 훗날 추밀사가 심지어 재상의 직까지 담당하게 되었음에도, 그들은 헌종의 보호 아래서 여전히 건재하였다.[16]

헌종이 820년 사망한 이후에 황제 권력의 부활은 종식되었다. 전하

---

15) Dalby, Michael. "Court Politics in Late T'ang Times." pp.619-620.;
     Peterson, Charles A. "Court and Province in Mid- and Late T'ang." pp.535-537.

16) Dalby, Michael. "Court Politics in Late T'ang Times." pp.623, 633-636.;
     Peterson, Charles A. "Court and Province in Mid- and Late T'ang." pp.535, 544-545.

는 바에 따르면 헌종이 환관들에 의해 독살되었다는 설도 있지만 그보다는 잘못 조제된 도교의 단약 섭취가 원인이라는 것이 더욱 설득력 있다. 헌종 대의 전쟁은 국가 재정을 고갈시켰다. 821년 3곳의 동북 지역 절도사들이 반란을 일으켰을 때, 새 조정은 잠시 동안의 그리고 성공적이지 못했던 군사작전 이후에는 아무런 조치를 취하지 않았다. 정부는 사실상 이들 3곳의 번진을 포기하였다. 당 왕조기 내내 이들 세 번진은 다만 형식적으로만 제국에 붙어 있었다. (절도사직의) 세습은 '화북의 관습'이라고 묘사될 정도로 매우 일상적인 것이 되었지만, 폭동이나 강탈 또한 절도사직을 획득하는 흔한 방법이 되었다. 동북 지역의 절도사들은 여전히 당 조정의 명목상의 종주권을 인정하였지만, 그들의 절도사직의 세습에 대한 당 조정의 거부는 그들에게 폭동이나 반란을 일으킬 구실이 되었다. 그럼에도 불구하고, 황제의 칙령은 무시되었다. 따라서 일본의 구법승 엔닌圓仁이 기록한 바와 같이, 무종 대에 이루어진 불교에 대한 탄압은 동북 지역에서는 이루어지지 않았다. [17)]

---

17) Peterson, Charles A. "Court and Province in Mid- and Late T'ang."
pp.538-541, 547-552.; Dalby, Michael. "Court Politics in Late T'ang Times."
pp.636-638.; Reischauer, Edwin O. *Ennin's Diary*. New York: Ronald Press,
1955. pp.270-271.; Ennin. *Ennin's Diary: The Record of a Pilgrimage to
China in Search of the Law*. Tr. Edwin Reischauer. New York: Ronald Press,
1955.

당쟁

　헌종 이후 약 20년간 3명의 나약한 황제가 등극하였는데, 이들은 모두 환관에 의해서 제위에 올랐고, 헌종 사후에 모든 황제권의 이동에 핵심 역할을 담당하였다. 이러한 3명의 황제는 그들의 정책들을 조정에 강제할 능력이나 의지가 없었고, 사실상 9세기의 대부분이 그러하였지만 특히 이 시기의 정치사는 당쟁의 주제들에 의해서 관습적으로 지배되었다.

　제국 시기 이전에 '당黨'이라는 명칭은 비난의 표적이었다. 관리는 성실하게 통치자에 의해 실현될 공익을 위해 헌신하여야 했고, 따라서 그들 사이의 어떠한 동맹도 조정과 국가 내에서 도덕적 부패를 초래하는 이기적인 목적으로 인식되었다. 관리들은 항상 자신들의 목표와 목적을 위해서 느슨한 정치적 연합체를 형성하였던 반면에, 강력한 통치자는 그들이 만약 너무 공식화되면 그러한 행위들을 처벌하였다. 비록 느슨한 형태의 파벌이나 당파의 존재는 조정의 일반적인 특징이었지만, 그것이 특별히 기록에 남겨지거나 역사의 한 부분이 되었던 것은 단지 조정 내에 강력한 통치자의 부재로 인하여 그들이 정치적 진출을 위한 연합체를 마음껏 추구하거나 공개적으로 논의하게 되었을 때뿐이었다. 당 왕조의 마지막 세기는 바로 그러한 시기였다.[18]

---

18) 당대 후반기에 대한 중국인들의 설명은 거의 모두 당쟁에 관한 것들이었다. Dalby, Michael. "Court Politics in Late T'ang Times." pp.639-654.; Mair, Victor H. "Scroll Presentation in the T'ang Dynasty." *Harvard Journal of Asiatic Studies* 38:1 (1978): 35-60.

가장 유명한 당쟁은 우승유牛僧孺 파벌과 이덕유李德裕 파벌 사이에 벌어진 것으로서 헌종의 사망 직후인 821년 시행한 진사 시험에서 기인하였다. 그해 시험에서 합격한 수험생의 상당수가 조정 세력가의 '아들이나 어린 동생들'이었다. 이덕유를 포함한 몇몇 관료의 항의로 새로운 시험이 치러지고 그 결과 기존 합격자 중에서 한 명을 제외하고는 모두 떨어졌다. 그 원래 합격자들은 망신을 당하였다. 그러나 이 시험이 당대의 다른 시험에 비해서 유독 부패하였다거나 외부의 영향을 더 받은 것은 아니었다. 그 시험들은 순전히 작문 능력으로만 선발한다는 후대 송 왕조의 이상에 따라 시행되었던 것은 아니었다.

일반적으로, 당대의 시험 응시자들은 시험관에게 그들의 성품과 배경을 보증해 줄 5명의 대도시의 관리 명단을 제출하였다. 그다음으로 그 응시자들은 시험관과 사회적 관계를 구축하는데, 그들의 집을 방문하고, 상호 가족 간의 오래된 인연을 언급하며, 그들에게 자신이 상당한 공을 들여 작성한 글쓰기 샘플을 보여 주었다. 따라서 시험관들은 시험 전에 이미 그들에 대해 인지하였고, 심지어는 자신들의 이후의 결정에도 영향을 끼쳤다. 덕행과 올바른 행실은 재능보다 더욱 중요하였기 때문에, 이러한 과거제도를 옹호하는 사람들은 응시자의 배경과 성품에 대한 이해가 시험관들이 훌륭한 인물을 선발할 수 있도록 도왔다고 주장한다. 반면에 오로지 익명의 글쓰기를 바탕으로 인물을 선발하는 것은 글솜씨만 좋은 사람에게 상을 주는 것이나 마찬가지였다고 주장한다. 사실, 821년 이덕유를 비롯해서 주도적으로 시험 부정에 항의했던 자들 또한 그들 자신의 응시생들을 대신하여 시험관에게

합격을 간청하였던 글이 남아 있을 정도였다.[19]

820년대에 우승유 파벌과 이덕유 파벌 사이에 발생했던 원래의 논쟁의 쟁점이 무엇이었든지 간에, 이러한 두 파벌 사이의 분쟁은 이후 40년간 당 조정을 지배하였다. 아마도 당쟁은 조정 관료 중에서 가장 상층부의 인원에 국한되었던 듯하고, 파벌주의는 거의 전적으로 높은 관직을 얻고 좌천을 피하게 해 줄 수 있는 동맹자를 찾고자 하는 욕구에 의해 조정되었다.[20] 그러나 조정의 파벌주의는 또한 시험과 관련된 주요한 의식들과 연결되어 있었다. '보은報恩 의식'에서 시험을 통과한 모든 이들이 수석 심사위원의 자택에서 모이는데, 그곳에서 그들은 자신들의 이름과 가문 배경을 소개하였고 예복과 그릇(큰 술잔)을 받았다. 이 마지막 관습은 덕망이 높은 불교 고승이 자신의 수제자에게 법을 전수하는 의식을 수용한 것으로서, 이 관습과 불교 의식의 유사함은 시험관을 '좌주座主(절의 주지)', 그 응시생을 '문생門生(제자)'이라고 불렀던 것에서 더욱 분명해졌다. 이러한 의식은 정서적 유대관계, 개인적 감사, 그리고 평생의 빚임을 강조하면서 관료 사이에 '후원자-의뢰인'의 관계를 형성하였기 때문에, 많은 사람들은 이러한 관계가 결국 당파로 변질된다고 비판하였다. 그 관습은 이덕유가 당무종 시기 재

---

19) Dalby, Michael. "Court Politics in Late T'ang Times." pp.640-641. 당대 과거시험과 응시자들에 대한 후원에 대해서는, Herbert, P. A. *Examine the Honest, Appraise the Able: Contemporary Assessments of Civil Service Selection in Early Tang China*. Faculty of Asian Studies Monographs, n.s., 10. Canberra: Australia National University Press, 1988. pp.27-31, 91-106.; McMullen, David. *State and Scholars in T'ang China*. pp.61-66.

20) Dalby, Michael. "Court Politics in Late T'ang Times." pp.645-654.

상이 되었을 때에 일시적으로 금지되었지만, 무종이 사망하고 이덕유
가 실각하자마자 부활하였고 당 왕조가 붕괴할 때까지 표준적인 관행
으로서 유지되었다.[21]

파벌주의는 과거시험 제도와의 연관성뿐만 아니라, 환관 권력의 등
장과 밀접한 관련이 있었다. 환관은 제국의 행정에서 보다 더 큰 영향
력을 갖게 되면서, 그들은 단일한 하나의 무리를 형성하지 않고 서로
이해가 충돌되는 여러 무리로 나눠지게 되어 신책군의 사령관, 황제
내탕금의 수장, 추밀원 장관 등을 나누어 맡게 되었다. 환관 세력이 영
구히 조정을 장악하게 될 것이 분명해지자 점점 더 많은 정규 관료들
이 이러한 사실에 스스로를 맞춰 나가기 시작했다. 환관과 관리 사이
의 일상적인 접촉이 크게 증가하고, 권력에 대한 추구는 조정 내외 사
이의 경계를 넘어서 동맹을 발생시켰다.

환관 세력과 당파주의의 서로 얽혀 있는 문제가 절정에 치달은 것
은 835년 감로甘露의 사변 때부터이다. 당문종은 그 직전의 황제였던
경종을 살해한 환관들에 의해서 827년에 17세의 나이로 제위에 올랐
다. 환관들에게 빚을 졌지만, 문종은 그들의 조정 지배에 불만이 있었

---

21) Moore, Oliver. *Rituals of Recruitment in T'ang China: Reading an Annual Programme in the Collected Statements by Wang Dingbao (870–940)*. Leiden: E. J. Brill, 2004. pp.91-100, 141-149, 161-163, 181-182, 198-218.; Moore, Oliver. "The Ceremony of Gratitude." In State and Court Ritual in China. Ed. Joseph P. McDermott. Cambridge: Cambridge University Press, 1999. pp.211-212, 220-236.; Des Rotours, Robert,tr. *Traite des Examens, Traduit de la Nouvelle Histoire des T'ang (chap. XLIV, XLV)*. Paris: E. Leroux, 1932. pp.198-205. 제기와 예복이 지닌 상징성에 대해서는, Kieschnick, John. *The Impact of Buddhism on Chinese Material Culture*. Princeton: Princeton University Press, 2003. pp.103-112 참조.

고 830년에 그는 그 환관들을 억누를 수 있는 방법에 대해 논의하기 시작하였다. 자신이 번갈아가면서 후원했던 우당牛黨과 이당李黨 사이의 당쟁에 염증이 나면서, 문종은 점차 환관의 우두머리들을 암살하려는 계획을 세웠던 그의 주치의와 한림학사들을 후원하기 시작하였다. 그러나 암살 계획이 발각되고 신책군은 조정의 통제권을 강제로 장악하였다. 고문으로 얻어낸 증거에 기반하여 이루어진 뒤이은 숙청은 공모 주도자와 그들의 가족은 물론 수많은 무고한 관료에 대한 참수로 이어졌다. 그 환관들은 공개적으로 정권을 조정하지는 않았는데, 이는 아마도 절도사들의 군사적 개입을 두려워하였기 때문이었다. 그러나 이후 5년 동안 문종은 그 스스로 언급했다고 알려진 바와 같이, 자신의 집안 노비의 노예 신세로 전락하였다.[22]

이후 20년간에는 무종武宗(재위 840-846)과 선종宣宗(재위 846-859) 같은 두 명의 정력적인 황제 치하에서 황제권이 조금 회복되었다. 무종은 몇 년 간격으로 이 당에서 저 당으로 왔다 갔다 하며 우유부단했던 전임 황제와는 달리 이덕유를 재상으로 임명함으로써 당파 간의 분쟁을 일단락시켰다. 이덕유는 적어도 2명의 재상에게 권력을 나누었던 당대의 관습을 한때나마 없애고 몇 가지 중요한 업적을 이루었다.

이덕유는 정무의 운영권을 한림학사로부터 가져와 재상의 책임으로 부활시키는 것부터 시작했다. 그는 또한 자신의 권력을 강화시키고자 조정의 기록물에 간섭하였다. 즉 특정한 정보를 '기밀'이라고 선언함으로써 누구의 간섭도 없이 행동할 수 있었다. 황제의 지지와 가

---

22) Dalby, Michael. "Court Politics in Late T'ang Times." pp.654-659.

장 강력한 힘을 가졌던 환관의 죽음으로 인하여, 이덕유는 점차 환관의 영향력을 줄여 나갈 수 있었다. 외교 정책에서, 그는 키르기즈족이 위구르 제국을 멸망시킨 것을 이용하여 그들의 침략 위험을 제거하고 위구르족이 신봉하던 마니교 신앙을 억누를 수 있었다. 또한 당시 동북 지역과 중국 내 다른 지역 사이의 무역을 장악하고 있었던 상인들(산서 상인)의 고향인 소의昭義 지방(소의절도사의 관할, 오늘날의 산서성 장치현)에 조정의 통제를 강제로 다시 부과하였다. 마지막으로 이덕유는 무종의 불교 탄압(회창폐불會昌廢佛, 845-846) 정책을 지지하였는데, 이 정책은 조상彫像의 형태로 있었던 엄청난 양의 구리와 값비싼 금속뿐만 아니라 거대한 규모의 토지와 곡물 그리고 노비들을 압수함으로써 조정과 국가 경제에 큰 이득을 가져다주었다. 이 불교 탄압은 열렬한 불교 후원자였던 환관들에게도 간접적으로 타격을 주었다.[23]

선종은 앞선 3명의 황제(경종, 문종, 무종)의 숙부였다. 로마 제국 황제 클라우디우스처럼, 그는 정치에 관심 없고 아무런 해가 되지 않을 괴짜 같은 모습을 보임으로써 성인이 될 때까지 살아남았다. 그러나 일단 제위에 오르자, 그는 정력적이고 영민한 황제였음이 드러났는데, 특히 헌신적으로 문학을 후원하였고, 행정, 법률, 그리고 역사 분야에

---

23) Dalby, Michael. "Court Politics in Late T'ang Times." pp.659-669.
   당무종 시기의 불교 탄압에 대해서는, Ch'en, Kenneth K. S. "The Economic
   Background of the Hui-ch'ang Suppression of Buddhism." *Harvard Journal
   of Asiatic Studies* 19 (1956): 67 - 105.; Ch'en, Kenneth K. S. *Buddhism in
   China: A Historical Survey*. Princeton: Princeton University Press, 1964.
   pp.226-233.; Weinstein, Stanley. *Buddhism under the T'ang*. Cambridge:
   Cambridge University Press, 1987. pp.114-136.

대한 대규모의 관찬 사업을 시행하였다. 특히 선종은 과거제도를 통해 관직에 오른 인물들의 의견에 주목하여, 조정 경연에 참가하기 전에 각별한 준비를 하고 조정 관료들을 무자비하게 추궁하는 것으로 유명하였다. 대외 정책에서는, 재위기 동안에 7세기부터 당나라의 가장 강력한 적수였던 토번의 최종적인 분열이 이루어졌고, 그 결과로 북서부 지역 일부의 수복이 이루어졌다.

859년 선종의 죽음 이후에, 당 제국은 최종적인 쇠퇴의 길로 접어들었다. 3명의 당 제국 마지막 황제의 재위기 동안 조정의 힘은 지역 절도사들의 성장과 군도群盜의 발흥으로 점차 쇠약해졌다. 이때까지 안녹산의 반란 이후의 당 제국의 구조적 특질은 중앙 조정과 지역 절도사들 사이의 긴장관계로 정의될 수 있는데, 이 중에서 지역 절도사들은 자신들의 지역에서 독립적으로 행동하고 절도사직의 계승을 스스로 결정할 수 있도록 세력을 확대하고자 노력하였다. 그럼에도 불구하고 절도사들은 당 제국의 존속에 전념하였고 심지어 환관들의 정권 찬탈의 위협이 증가하는 것에 대항하여 당 황실을 후원하였다. 그러나 당 제국 지배의 마지막 50년 동안에 정부에서 사용하는 비용은 대체로 양자강 중하류 지역에 부담 지워졌고, 이는 대규모의 빈곤을 불러일으켜서 군도의 활동, 소금 밀매 그리고 다른 형태의 지역 범죄 및 저항을 더욱 악화시켰다. 856년 이후 당 왕조는 또한 과거에 국가 권력 유지의 토대로서 기능하였던 남부 지역에서 급료의 미지급으로 촉발된 군사 주둔지의 폭동들로 인해 타격을 받았다.

그러나 군도의 발흥과 군사 폭동은 당 제국 멸망의 간접적인 배경에 불과하였다. 최종적으로 왕조를 멸망시킨 결정적인 사회적 요인은 858년부터 남부 지역에서 시작된 일련의 반란이었다. 선주宣州 남부 지역에서 명목상으로는 군도인 강전태康全泰의 주도로 858년에 발생한 반란은 사실 지역 정권과 결탁한 지역 엘리트들이 사주한 것이었다. 이러한 반란에는 상인과 지주도 참여하였는데, 이들은 군 참모의 직책을 돈으로 사들였다. 그중 몇몇은 정부에 저항할 때 동원할 무장단체를 조직하였다. 당 왕조의 토대를 붕괴시켰던 것은 바로 지역 행정부와 연결된 무장한 지역 세력들의 등장이었다. 게다가 그 반란으로 중국 남부에 처음으로 내지 절도사가 설치되고, 중국 북부가 오랫동안 독립을 추구해 온 것처럼 그와 같은 경향이 남부에서도 나타나기 시작하였다. 859년에 항주만 남부 지역에서 시작된 반란 기간에 반란군들은 처음으로 서로서로 연계하여 거대한 규모의 군도들을 통일된 군사 세력으로 발전시켰다. 이를 진압하기 위해서, 정부는 지역 민병대를 대규모로 동원하였다. 따라서 이러한 반란의 과정 중에 국가와 그 반대 세력 모두 대규모의 지역적 군사화의 경향을 더욱 촉진시켰다.[24]

이러한 반란들에 뒤이어 보다 남쪽에서부터 868년 방훈龐勛 휘하의 지역 주둔 수비군들, 874년에서 878년 사이에 중국을 종횡무진하였던 왕선지王仙芝 휘하의 유적들, 그리고 마지막으로 황소黃巢의 유적 군대들이 등장하였다. 878년에서 884년 사이에 황소는 762년에 위구

르 군대가 약탈한 이후 재건되었던 낙양을 점령하고 거듭된 약탈을 통해서 장안을 파괴하였으며, 실질적으로 왕조를 무너뜨렸다.[25] 이때의 군사들은 생활 터전을 잃은 농민, 지역 도적, 그리고 반란에 가담한 군인으로 이루어졌고, 그들의 지도자들은 당대 말 전반적인 사회적 분해 과정 중에 등장한 신엘리트 출신들이었다. 이러한 새로운 엘리트는 무장한 지주, 소금 밀거래에도 종사하였던 상인, 그리고 강력한 지역 지도자 들로 이루어졌고 때때로 단순히 도적 우두머리가 되기도 하고 지역 폭력배들을 무장시키기도 하였다. 그들의 공통점은 그들이 어느 정도의 군사적 전문가들이었다는 점과 '협俠'의 정신 즉 상호 간의 충성, 죽음을 불사한 헌신, 자기 방어라고 하는 미덕에 대해 대단히 헌신적이라는 점이었다. 그들은 건달과 거의 진배없는 자에서부터 후대 대중소설에 등장하는 '협객'과 같은 사람에 이르기까지 다양하였다. 폭력이 일반화된 세상에서 국가는 더 이상 보호해 주지 못하였고, 그 보호의 임무는 그들과 같은 군사 지도자들에게 맡겨졌다. 그 군사 지도자들은 수십 명에서 수백 명에 이르는 건달이나 군인을 모집하여 자신의 성씨를 그들에게 부여하고, 신변의 안전이나 경제적인 부유함

---

25) Somers, Robert M. "The End of the T'ang." pp.695-700, 727-750, 756-762.; Yates, Robin. *Washing Silk: The Life and Selected Poetry of Wei Chuang (834?-910)*. Cambridge: Harvard University Press, 1988. pp.8-17. 황소군에 의한 당대 장안의 약탈을 묘사한 당말 시인 위장의 시에 대해서는 Yates, Robin. *Washing Silk: The Life and Selected Poetry of Wei Chuang (834?-910)*. pp.108-122. 참조. 또한 Graff, David A. *Medieval Chinese Warfare: 300-900*. pp.242-243.; Wang, Gungwu. "The Middle Yangtze in Tang Politics." In *Perspectives on the T'ang*. pp.220-226.

등을 약속하면서 그들과 운명을 같이하였다.[26]

더욱 확대된 유적의 군대들은 어느 한쪽이 성공할 때까지 복잡한 패턴으로 결합과 재결합을 반복하면서 당 후반기의 전반적 상황 속에서 횡행하였던 반면에, 당 조정의 대응은 번번이 실패하였다. 당파주의는 조정을 갈라놓았고, 그리하여 어떠한 전략도 효과적으로 추진되지 못하였다. 전장에서 승리를 거둔 사령관은 곧바로 의혹의 대상이 되었고 잠재적인 경쟁자로서 두려움의 대상이 되었기에, 그들은 결코 보상을 받지 못했다. 결국 주요한 사령관은 조정의 대행자로서의 역할을 그만두는 대신 과거의 절도사들과 같이 지역 지배자로서의 기반을 확립하는 데 자신의 군대를 이용하였다. 따라서 이러한 당 조정의 군대가 몇몇의 전투에서 승리하였음에도, 그들은 그 지역을 항구적인 민간 지배 체제로 전환시키지 않았다. 시간이 흘러감에 따라, 점점 더 적은 수의 군 사령관이나 지역 관리만이 자신들을 배신할 것이 분명한 당 조정을 위해서 자신들의 목숨이나 자리를 희생하고자 할 뿐이었다. 조정과 장안의 지위가 점점 더 불안정해지자, 심지어 조정과 가장 밀접하게 연결되어 있었던 환관들조차도 사천과 같은 보다 안전한 지상낙원에 자신들의 지역기반을 건설하고자 노력하였다. 이것은 종종 그들의 지역 대행자의 역할을 하게 될 아들을 입양하는 것을 수반하였다.[27]

---

26) Somers, Robert M. "The End of the T'ang." pp.720-726.; Peterson, Charles A. "Court and Province in Mid- and Late T'ang." pp.543, 559-560.

27) Somers, Robert M. "The End of the T'ang." pp.702-712, 714-717, 730-741, 744-745, 748-750, 754-755. 당 말기 조정과 절도사들 사이의 의심과 불신에 대해서는 Pulley blank, E. G. "The An Lu-shan Rebellion and the Origins of Chronic Militarism in Late T'ang China." pp.54-60.; Graff, David

당 조정이 지속적이거나 조직화된 방어가 불가능하였기 때문에 그
부담은 지역 절도사들에게 전가되고, 그들은 자신들이 대항하여 싸우
는 상대와 서로 닮은꼴이 되어 갔다. 당 말기까지, 전체 제국은 무장한
지역 자위방어 그룹들, 군사화된 지역들, 그리고 그들 중에서 최상의
단계로서 새로운 왕조를 건설하기 위한 특권을 놓고 서로 싸웠던 지방
군대들로 나뉘어졌다. 무장된 군사력이 없는 유일한 정치적 존재는
당 황실 그 자체뿐이었다. 당 왕조의 수도가 황소의 반란으로 880년에
불타 무너지고 그 마지막 파괴가 883년에 끝났을 때, 희종은 그의 환
관들에 의해 이끌려 사천 지역으로 갔다. 그는 885년 폐허가 된 수도
에 돌아왔지만, 그의 뒤를 이은 2명의 황제와 더불어 그 후 약 20년 동
안 야심만만한 군사 지도자들의 손아귀 속에서 이리저리 옮겨 다니는
신세로 전락하였다. 907년에 이들 중에서도 가장 강력한 군사 지도자
였던 주온朱溫은 소년 황제의 퇴위를 추진할 수 있는 위치에 있었고,
그 어린 황제는 바로 이러한 목적을 이루기 위해 그에 의해서 특별히
수년 전에 제위에 올랐던 것이다. [28]

A. *Medieval Chinese Warfare: 300–900.* pp.233-234.; *Wang, Gungwu. The Structure of Power in North China During the Five Dynasties.* Stanford: Stanford University Press, 1963. pp.17-19.

28) 당말 황제들의 피난 다니는 삶에 대해서는, Somers, Robert M. "The End of the T'ang." pp.748-750, 754-755, 766-781.; Yates, Robin. *Washing Silk: The Life and Selected Poetry of Wei Chuang (834?–910).* pp.17-35.; Graff, David A. *Medieval Chinese Warfare: 300–900.* pp.242-244.

다양한 지역 세력

당 초기 행정의 기본 원칙은 한대와 마찬가지로 행정 단위를 매우 작게 만들어서 어떠한 지역도 그 제국 영역 전체의 평온을 위협할 수 없도록 만드는 것이었다. 행정의 가장 중요한 단위는 주州로서, 평균적으로 환산해서 2만 5,650가구, 즉 14만 6,800명으로 구성되어 있었다. 주 아래 단위는 현縣으로서 평균적으로 대략 3만 명 정도의 인구로 구성되어 있었다. 이러한 행정 단위의 관료들은 그 지역의 행정에 책임을 져야 했고 그들 스스로는 군사를 보유할 수 없었다. 행정 단위들은 그 지역에서 거둬들인 세금을 전부 중앙 정부로 보냈고, 중앙 정부는 그중에서 지역 행정 단위에서 소용되는 만큼의 비용만을 되돌려 보냈다. 지방 관리들은 그들의 출신 주에서 공직 생활을 하는 것이 금지되었는데, 그러한 지역에서는 친족 관계와 개인적인 인맥이 지방 관리들의 조정에 대한 충성심을 가릴 수 있기 때문이었다. 그 지방관들은 새로운 임지에서의 새로운 인적 유대관계가 형성되는 것을 방지하기 위해서 정기적으로 다른 지역으로 전근 조치되었다. 동일한 제한 조치는 그 지방관들 직속의 하위관료에게도 적용되었다. 그들의 궁극적인 충성의 대상은 황제와 황실이었고, 중앙 정부에서 자신들의 자리를 보존하는 것이 그들의 최우선적인 목적이었다. 당대의 대부분의 시기 동안, 수도 밖의 직위들은 심지어 중요한 직책이라고 하더라도 좌천의 형태로 취급되었다.

지역 행정에서의 연속성은 이러한 야심 있는 지방관들에 의존하였던 것이 아니라 결코 그들 자신의 지역을 떠날 수 없었던 보다 하위의 지역 행정부 소속의 관리들에 의존하였다. 이들 하위 관리들은 낮은 직위에도 불구하고, 대부분의 일상적인 지방정부 업무를 다루었고 그들은 지역의 지식, 관습 그리고 그 지역에서의 행정적인 선례에 대한 없어서는 안 될 지식의 보고였다. 당대의 지역사회에서 법률과 그 관례적인 적용의 다양성은 상당하였고 이러한 측면에서 그들은 이루 말할 수 없을 만큼 중요하였다. 많은 지역에서 지방관들은 그가 다스리는 사람들의 방언조차도 이해할 수 없었고, 따라서 그들은 그의 하위 관리들에 절대적으로 의존하였다.[29] 그들의 지역 행정에서 그 하위 관료들이 필수불가결한 만큼, 그들이 그 지역의 이해를 대변한다고는 말할 수 없을 듯하다. 이러한 자리들은 세습되는 경향이 있었는데 이는 그들이 글을 읽고 쓸 줄 아는 능력과 그 지역의 관례들에 대한 지식이 필요하였기 때문이었다. 그리하여 그 자리에 있는 자들은 종종 작은 규모지만 일반 대중과는 구별되는 사회적 지위의 그룹을 형성하였다. 특권과 권력을 주현관에게 의존하고 있었기 때문에, 그들은 자치권을 추구하는 어떠한 지역 정권에도 참여하지 않았다.

더욱 지역 중심적인 관점은 주현의 관청이 있는 성 외부의 농촌 지역에 주로 위치한 강력한 지주 가문 중에서 발견되었다. 하급 관원과는 달리, 이러한 가문은 향촌 사회의 구성에서 핵심적인 부분을 형성했다. 그들의 사회적 네트워크에는 그 지역의 다른 영향력 있는 친족

---

29) Twitchett, Denis. "Varied Patterns of Provincial Autonomy in the T'ang Dynasty." In *Essays on T'ang Society*. pp.91-93.

집단뿐만 아니라 소규모 농민, 소작민 그리고 상인까지도 포괄하였다. 전형적인 주현관의 경우에는 오로지 57명 정도의 관원을 데리고서 1만 4,000명 정도의 주민을 관리하여야 했기 때문에, 그는 이러한 대가문의 영향력에 의존하여 분쟁을 조정하고 향촌 사회에서 질서를 유지할 수 있었다. 이러한 가문이 더욱 분명하게 지역적 이해를 반영하였지만, 그들은 대체로 일반적으로 말하는 것처럼 중앙집권화된 권력에 대해서 적대적이던 것은 아니었다. 조정의 관리들은 그 가문의 자산을 보호하였고 그들의 조세 부담을 그들 주변의 가난한 이웃에게 전가시켜 주었다. 게다가 국가적 처벌의 위협은 일반적으로 이러한 지역 거물들이 주현관에 동조하도록 만들기에 충분하였다.[30]

요컨대, 당의 지역 행정의 전체적인 구조는 국가의 이해와 배치되는 지향점을 지닌 어떠한 세력도 형성하지 못하도록 고안되었다. 당 정부가 계속해서 오랫동안 굳건하게 통제할수록, 이러한 시스템은 고안된 대로 작동하였다. 그러나 안녹산의 반란을 전후한 시기에, 군사 조직상의 변화는 변경 지역에 위치하였던 지역 세력이 중앙 정부의 권위에 도전할 정도로 성장하게 만들었다(지도 8). 그 반란을 진압하기 위해서, 정부는 지역 군사 사령부들을 변경 지역뿐만 아니라 황하 유역 전역에 배치시켰다.[31] 제국은 대략 40여 개 번진으로 분리되었고, 그 지역의 장관은 하위 주현에 대해서 광범위한 권력을 중앙 정부로부터

---

30) Twitchett, Denis. "Varied Patterns of Provincial Autonomy in the T'ang Dynasty." pp.94-95.

31) Pulley blank, E. G. "The An Lu-shan Rebellion and the Origins of Chronic Militarism in Late T'ang China." pp.53-56.

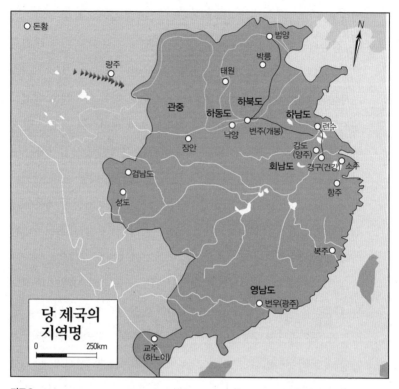

지도 8

부여받았다(지도 9). 번진은 약화된 중앙 정부와 주현 지방행정 단위 사이의 중간 단계의 행정 단위가 되었다. 당 말기에 조정이 모든 군사적 권력을 상실할 때까지, 진정한 권력은 대략 50여 개 번진의 손에 놓여 있었다.[32]

안녹산의 반란 이후 가장 독립적인 절도사들은 하북 지역의 4명의

---

32) Somers, Robert M. "The End of the T'ang." pp.762-781.

지도 9

반란 장수로서, 그들은 항복의 대가로 군사의 지휘권을 유지하였고 광대한 토지를 다스렸다. 775년에 이러한 절도사 중 한 명이 다른 하나를 병합하게 되었고, 유주幽州, 성덕成德, 그리고 위박魏博으로 이루어진 '하북 삼진河北三鎭'이 남게 되었다. 이러한 3명의 반란 지도자는 당 왕조의 작위를 받아들였고 장안에 있는 제국 정부에 대해서 명목상의 충성을 하고 있었지만, 그들은 자신들의 영역을 독립적인 영지로서 다스렸다. 그들은 스스로 관리를 임명하고, 군대를 건설하였으며, 세금을 거둬들이고, 체계적인 통혼을 통해서 가족 왕조를 건설하고자 시도하였다.

그 하북 지역의 지도적인 절도사 중 몇몇은 경쟁자들을 군직에서 배제시키고자 하였던 현종 대의 재상 이임보의 민족 정책의 수혜자로서 비한족 출신이었다. 당 조정은 절도사가 죽거나 빈번한 반란 중 하나로 축출되었을 때에 간헐적으로 개입하였다. 그러나 당 조정이 획득한 가장 큰 소득은 계승자의 지위에 대한 비준의 대가로 조세 수입의 보다 큰 부분을 이들로부터 확보할 수 있다는 데 있었지만, 실제로 당 조정은 결코 그 북동 지역으로부터 상당한 조세 수입을 받아내지는 못하였다. 당헌종이 하남 지역의 독립적인 절도사들을 붕괴시켰던 원화 元和 연간(806-820)의 짧은 시기 동안, 하북의 군대들은 조정의 후계자 임명을 받아들였지만, 당 조정에서 임명한 이들은 곧 폭동에 의해서 제거되었다. 그 상황은 이전의 상태로 되돌아가게 되었고 왕조가 멸망할 때까지 변화 없이 유지되었다.[33]

반독립적인 하북 지역은 단지 몇몇의 가장 강력한 절도사의 문제만이 아니었는데, 만약 그러하였다면 그토록 오랫동안 반독립 상태가 지속될 수 없었기 때문이다. 그러한 현상은 하북 지역 군벌들 내에서 강력하게 견지되고 광범위하게 퍼져 있었던 분리주의적인 정서에 기

---

33) Twitchett, Denis. "Provincial Autonomy and Central Finance in Late T'ang." *Asia Major*, n.s. 11:2 (1965): 211 - 232.; Twitchett, Denis. "Varied Patterns of Provincial Autonomy in the T'ang Dynasty." pp.98-99.; Graff, David A. *Medieval Chinese Warfare: 300-900*. pp.229-230.

반하였고, 아마도 지역의 엘리트들 사이에서도 대체로 같은 현상이었을 것이다. 이러한 정서는 690년대로 거슬러 올라가게 되는데, 이때 그 번진은 거란에 의해서 점거되었고 수년간 괴멸적인 약탈을 당했다. 몇몇 당대 관리는 거란의 성공이 부분적으로 지역민들의 협조(부역) 덕분이고 따라서 그 번진은 그들의 운명에 맡겨야 한다고 주장하였다. 이러한 설명은 당 조정의 배신(자신들을 보호하지 않았던 것)에 대한 지역민들의 강렬한 분노가 오랜 기간 지속되었음을 알려주고 있다.

안녹산이 하북 지역에서 권력을 잡으면서, 그의 정권은 자연스럽게 당 왕조의 통치에 불만을 품은 자들을 끌어들이는 자석이 되었다. 반란군은 당에게 명목상의 항복을 하기까지 7년간 그 지역을 장악하였다. 6세기에 이미 상당히 '야만화'되어 있었던 지역에 거란과 관련 민족들의 정착은 그 지역민의 당 왕조에 대한 충성심도 더욱 감소시켰다. 번진 정권들의 당 조정에 대한 세금의 미납부나 축소된 납부는 오히려 번진 내의 농민들에게는 부과될 부담을 경감시켜 주었고, 그들은 결과적으로 당 왕조의 복원에 대한 어떠한 지지도 하지 않게 되었다.[34]

790년의 티베트의 승리 이후에, 관중 지역은 중국의 서북부 변경과 맞닿게 되었고, 황궁의 이런 저런 군대로부터 충원된 군인들에 의해

---

34) Pulleyblank, E. G. *The Background of the Rebellion of An Lu-Shan*. ch.6.; Pulleyblank, E. G. "The An Lu-shan Rebellion and the Origins of Chronic Militarism in Late T'ang China." pp.50-53.; 陳寅恪, 「論隋末唐初所謂"山東豪傑"」; 史念海, 『唐代歷史地理硏究』, pp.468-495.; 陳寅恪, 「唐代政治史述論稿」, pp.170-172, 178-200.; 陳寅恪, 「論唐代之蕃將與府兵」, 『陳寅恪先生論文集』, pp.671-674.

엄중하게 수비되고 있었다. 북서 지역의 작은 지역들의 통치권은 규칙적으로 군인으로 채워졌고, 비록 수도로부터의 근접성, 생산성 하락, 작은 규모로 인해서 하북처럼 독립적인 지역으로 발전하지는 않았지만, 이들 지역은 자신만의 다양한 형태의 지역적 독립성을 발전시켰다. 9세기 동안, 군 장교들은 대체로 세습 집단화되었다. 이때까지 그 지역에서 수도의 북쪽과 서쪽 지역에 이르기까지 산림 파괴, 토양 침식, 그리고 사막화가 이미 상당할 정도로 많은 경작지를 감소시켰고, 그 결과 그 변경의 군대는 수도 장안의 경우와 마찬가지로 남쪽에서 수송되는 곡식에 의존하게 되었다.

수십 년 동안 절도사들이 지배한 또 다른 지역은 하남 지역과 산동 반도 지역이었다. 후자의 경우는 강력한 평로절도사에 의해 다스려졌고, 이 지역은 820년대 당 조정이 성공적으로 보다 작은 세 지역 단위로 나누었을 때에도 여전히 지역적 군사 지도자가 다스리고 있었다. 하남 지역은 대체로 반란 후 수십 년 동안 반독립적인 절도사로서 지역을 다스렸던 귀순한 반란군이 통치하고 있었다. 하북과 산동 지역은 실질적인 독립 상태였으므로, 하남은 당 조정과 동북 지역의 절도사들 사이에 위치한 절대적으로 중요한 변경 지역이 되었다. 하남 지역은 방어에 용이한 자연 경계 지형이 없고, 수도 지역의 생명줄이던 대운하가 지나가는 지역으로 전략적인 중요성을 띠고 있었다. 따라서 당 조정은 그 지역에 대규모의 수비군을 주둔시킴으로써 하남 지역의 절도사들을 조정의 통제하에 두기 위해서 노력하였지만, 이 병사들은 8세기의 마지막 수십 년 동안 거듭해서 폭동을 일으켰다. 810년대에야 일련의 전쟁의 결과로, 당헌종은 그 지역에 효과적인 행정적 통치를 회복하였다. 그러나 한때 풍요로운 지역이었던 하남은 당시에 인구가 크게 감소하였고, 지역 주민과 수비군 모두 남쪽 지역에 의존하게 되었다.[35]

하북, 산동, 하남 그리고 관중 지역은 당 왕조 통치의 마지막 세기에 절도사들에 의해서 통치되었던 반면에(하동 지역은 덜 군사화된 채로 남아 있었다), 사천(검남)의 경계 지역에서 남서 지역(티베트와 남조와의 접경지대)에 이르기까지의 지역이 그러하듯이, 양자강 유역의 지역들은 전혀 다른 종류의 지역 행정 체계를 유지하고 있었다. 그 지역의 행정을 통제하는 직책의 대부분은 절도사가 아니라 중앙에서 직접 파견한 문관 관리들이었고, 그들이 임의대로 동원할 수 있는 군대는 형식적인 단위의 부대에 불과하였다. 이러한 직책에 임명되었던 자들은 대체로 당시 일시적으로 조정의 총애를 잃었지만 수도 장안으로 돌아갈 것이라는 희망을 잃지 않은 사람들이었다. 그들은 당시 수백만 명의 인민을 다스렸고 적어도 양자강 하류(화남 지역과 그 주변 지역) 지역에서는 막대한 조세 수입을 처리하고 있었다. 비록 관리들은 자신들이 유배지로 보내졌을 때의 관습적인 수사법으로 그러한 직책을 한탄하였지만, 그 자리들은 그 관리들에게 막대한 개인 자산을 축적할 기회를 제공하였다. 9세기 초기에 남쪽 지역의 임지로부터 돌아온 어느 한 관리

---

35) Twitchett, Denis. "Varied Patterns of Provincial Autonomy in the T'ang Dynasty." pp.99-100.; 史念海, 『黃土高原歷史地理硏究』, 黃河水利出版社, 2001, pp.548-579.; Peterson, Charles A. "Court and Province in Mid- and Late T'ang." pp.494-495.

는 수도 장안 전체의 땅을 모두 살 수 있을 만큼의 재산을 지니고 있었을 정도였다.[36]

　비록 고지식할 정도로 정직하다 하더라도, 그 관리들은 강력한 재정적 능력을 발휘하였고, 당 조정은 그들에게 국가의 조세 수입과 생명 유지를 완전히 의존하고 있었다. 남쪽 지역의 관리들은 수도에 대해서 엄청난 경제적 압력을 행사할 수 있는 국가 재정상의 거물이 되었고, 이는 마치 북쪽 지역의 군사 지도자들이 군사적인 압력을 가하는 것과 마찬가지였다. 그러나, 그 북쪽의 절도사들과는 달리, 남쪽 지역 관리들은 자신들의 관직 임용을 중앙 조정에 의존하고 있었고, 궁극적으로는 수도로 돌아갈 것을 희망하고 있었다. 그들의 지역적 세력에도 불구하고, 그들은 중앙 조정의 대리인으로 남아 있었을 뿐이다. 게다가 이 시기에 남부 지역에서는 뿌리 깊고 널리 퍼진 지역적인 충성심, 확고하게 확립된 지역적 정체성, 강력한 애향심, 그리고 북부 지역에서 보이는 긴밀하게 맺어진 지역의 지배적인 엘리트들의 존재를 보여 주는 증거는 발견되지 않는다.

---

36) Twitchett, Denis. "Varied Patterns of Provincial Autonomy in the T'ang Dynasty." pp.100-101. 양자강 중류와 하류 사이의 차이점에 대해서는, Wang, Gungwu. "The Middle Yangtze in Tang Politics." pp.194-195, 203-204, 208-220. 참조.

군사적 지방 분권주의와 새로운 정치적 역할들

절도사들에 대한 2차 사료 중 상당수가 그들과 당 조정 사이의 세력 균형에 초점을 맞추고 있지만, 이는 대체로 세금 수입의 분배와 지역 관리의 임명권을 두고 벌어진 분쟁을 고려한 것이었다. 주현에서 거둬들인 세금 수입은 우선 지역 행정 단위에서 필요한 곳에 사용되고 남은 것은 그 번진 정부로 전달되었다. 절도사는 그 자신이 사용하는 비용 즉 주로 그의 군사들이 입고 먹는 비용을 추려 내고, 그러고 나서도 남는 것이 있다면 중앙 조정으로 보냈다. 덕종과 헌종이 중앙의 권위를 회복하고자 일으킨 전쟁들의 목적은 관리들을 그 번진 단계에 배치시켜서 적합한 분량의 조세 수입을 중앙 조정에 도달할 수 있도록 보장하기 위한 것에 다름 아니었다. 사실 이론적으로는 주현관은 중앙 조정에 직속된 직책들이고 절도사와는 서로 별개의 유사한 행정적인 경로에 위치하고 있었지만 실제로는 독립적인 번진에 있었던 절도사들은 주현을 직접적으로 통제하였다. 심지어 북부 지역의 종속된 번진조차도 종종 그 조정에 대해서 아주 적은 양의 세금만을 보냈는데, 이는 모든 조세 수입이 그들 군대를 유지하는 데 드는 막대한 비용으로 사라지기 때문이었다.[37]

절도사들의 가장 큰 영향력은 이러한 조세 수입의 통제에 대항한 투

---

37) Peterson, Charles A. "Court and Province in Mid- and Late T'ang." pp.497-500, 509-510, 516-521.; Wang, Gungwu. *The Structure of Power in North China During the Five Dynasties*. pp.14-16. 당 왕실에 종속된 번진들의 세금 납부 거부에 대해서는, 布目潮渢, 『中国の歷史4: 隋唐帝国』, 講談社, 1974. 참조.

쟁에서가 아니라 그 군인들이 창조한 지역 권력과 인재 등용의 새로운
패턴에서 발견되었다. 당 왕조 후반기에서 오대 시기를 거쳐 송 왕조
의 초기에 이르기까지, 가장 중요한 발전 중 하나는 군사적 경력이 지
역 행정 체계에서 승진을 위한 가장 주요한 통로가 되었다는 점이다.
따라서 이전에 저명한 지주 가문이 자신들의 지역에서 휘두르던 권력
은 이제 군사적 관료의 수중에 떨어졌다. 그 군대는 또한 점차 그 지식
인의 관습적인 가치들에 대항하여 자신들의 주장을 하는 자의식이 강
한 정치적·사회적 그룹을 형성하였다. 안녹산의 반란의 서곡에 해당
하는 그 수십 년 동안, 절도사들은 그들의 군대를 곧 정규적인 직업군
인이 될 장기 복무자로 충원하였다. 적어도 하북과 산동 지역에서 이
러한 군사직책은 세습직이 되었고, 아들은 아버지를 따라서 군복무를
하게 되었다.

평생 동안 복무하는 세습적인 직업군인제로의 전환은 다음 3가지
요인에 의해서 가능하였다. 첫째로, 내전은 수십만 명의 농민을 그들
의 경작지로부터 내몰았고, 그들은 군대를 위한 준비된 병사가 되었
다. 두 번째로, 오늘날에는 거의 보편적인 관습이 된 중국 북부 평원지
대에서의 2년 3모작에 기반한 향상된 농업생산성은 군인 대비 농민 비
율이 더 줄어들더라도 문제되지 않게 되었다. 마지막으로, 주로 지식
인과 문관 관리가 전통적으로 옹호하였던 부병이라는 고전적인 이상
이 그 제도를 두려워하는 농민과 전문적인 직업군인을 동경하고 농업
에 관심이 없었던 군사 모두에 의해 거부되었다.[38]

---

38) Peterson, Charles A. "Court and Province in Mid- and Late T'ang." pp.514-

이제 뚜렷이 구별되는 직업적인 그룹이 된 이들 새로운 군인은 오래된 제국 엘리트의 문인적인 이상과는 극심하게 배치되는 가치들을 옹호하였다. 군인은 절도사에 비해서 제국 내로 편입되는 것에 더욱 적대적이었는데, 그러한 모습은 수도로 보내는 조세 때문에 자신들의 생활이 위협을 받았을 때나 절도사가 자신의 가족들을 위해 번진 정부 내에서 자리를 마련하고자 하였을 때에 절도사에 대항하여 빈번히 발생하였던 폭동에서 확인될 수 있었다. 안녹산의 반란과 당 왕조의 멸망 사이의 150년간에 군사령관이나 절도사에 대항하여 발생한 폭동 사건이 200여 차례나 기록되었고, 보통 독립적인 절도사직에의 계승은 일반적으로 군부의 지지에 크게 의존하였다. 따라서 중앙 조정과 절도사들 사이의 긴장관계 아래에는 전문 직업군대의 존재라고 하는 새로운 사회적 사실이 놓여 있었던 것이다. 이러한 직업군인들의 이해관계나 야심은 그 시기의 정치적 투쟁에 사회적으로 의미 있는 영향을 보다 깊이 있게 미쳤다. 심지어 당 조정조차도 점차 신책군에 의존하게 되었는데, 그 부대 또한 전문적인 직업군인들로 구성되어 있었고 환관 장교들의 지휘를 받았으며 결국 절도사의 군대와 전혀 다를 바 없는 가치와 행동들을 보여 주었다.[39)]

직접 절도사 밑에서 복무하는 것은 '내군內軍'으로서 그들은 최고의

516, 540-543, 552.; Graff, David A. *Medieval Chinese Warfare: 300-900*. pp.231-233, 238-241, 244.

39) 布目潮渢, 『中国の歴史4: 隋唐帝国』, pp.324-332. 또한 McMullen, David. "The Cult of Ch'i T'ai-kung and T'ang Attitudes to the Military." *T'ang Studies* 7 (1989): 59-103 참조.

정예병으로 구성되었다. 이러한 부대들은 당의 멸망 직후 북부 중국을 다스렸던 오대의 왕조의 정치적 권력의 기반이 되었다. 결국 내군의 직위를 지닌 사람들은 대체로 관습적인 사회의 경계 밖에 거주하였는데, 이 시기에 등장하는 여러 국가의 통치자로서 성장하였고 이 중에는 송 왕조의 건국자 조광윤도 포함되었다. 게다가 중간 계급의 전문적인 직업군인은 오대 시기와 송나라 초기에 정부 관리들을 배출한 주요한 원천이었다. 관리 충원의 이러한 새로운 원천은 당대 조정을 지배하였던 주요한 가문이 정치 무대에서 사라지는 데 중요한 역할을 수행하였다.[40]

그 세습적인 직업군인들로 이루어진 새로운 군대 내에서 발생한 마지막 중요한 발전은 사령관과 그 직속 부하들 사이의 관계를 공고히 하기 위해 가공의 친족적 유대, 즉 양자養子 관계를 활용했다는 점이었다. 이 시기의 모든 절도사와 군 사령관은 소규모의 사병 부대를 거느리고 있었는데, 그들은 경호부대와 같은 역할을 했고, 절도사와 사령관은 공통적으로 이들을 자신의 양자로 삼아서 그들 사이의 사회적 유대관계에 권위와 영속성을 부여하였다. 사령관과 그 부대원 사이의 양자관계는 당대 시기 동안 발전해 온 깊은 문화적 뿌리를 지녔다. 부

---

40) Wang, Gungwu. *The Structure of Power in North China During the Five Dynasties*. pp.51-54, 65-72, 94-97, 101-104, 143-148, 158-164, 169-171, 187-188, 205-207.; Lorge, Peter. *War, Politics and Society in Early Modern China, 900-1795*. London: Routledge, 2005. 1장.; Davis, Richard L. *Court and family in Sung China, 960-1279: bureaucratic success and kinship fortunes for the Shih of Ming-chou*. Duke University Press, 1986. pp.8-9.; Worthy, Edmund H. "The Founding of Sung China, 950 - 1000: Integrative Changes in Military and Political Institutions." Ph.D. diss., Princeton University, 1976.

하를 양자로 입양하는 것은 중앙아시아 국가들에서는 표준적인 관행이었고, 그곳에서부터 오대 시기에 북부의 왕조들로 수입되었다. 그것은 심지어 당대에 더욱 두드러진 현상이 되었고, 그 지배적인 가문은 문화와 유대 관계를 통해 유목 민족과 연결되었다. 조정의 환관들은 그들의 권력을 유지하기 위해서 자신의 양자들과 유사한 의존관계를 발전시켰다. 지역적 권력 기반을 창조하기 위해 혈연 관계뿐만 아니라 결혼이나 입양으로 형성되었던 친족적인 유대 관계에 대한 의존은 일반적인 사회적 움직임의 한 부분이 되었다. 특히 양자 관계는 당대 말기와 오대 시기에 더욱 광범위하게 퍼져 나가고 더 큰 영향력을 발휘하였다.[41]

당 후반기에 군사화된 세력은 절도사 휘하의 직업적인 군인에게만 국한된 현상은 아니었다. 안녹산의 반란 이후에, 많은 절도사들이 치안 업무나 도적 퇴치를 위해 농민을 마을의 의용군으로 고용하였다. 859년 지역 정부에 의한 최초의 마을 의용군의 설립과 876년 조정에 의한 그 의용군 모델의 확대 조치 이후에, 지역적 의용군은 사천에서부터 오늘날의 귀주성 지역을 거쳐 양자강 유역의 다수 지역에 이르기까지 중국 전역에서 설립되었다. 이러한 민병대 부대들은 보통 지역 엘리트들의 개인적인 추종자들로 구성되었는데, 가끔은 대지주가 자신의 소작인이나 가난한 지역 주민을 동원하기도 하였다. 더 대규모의 수비군은 몇몇 상업 도시에서 등장하였고 심지어 더 큰 지역적 군

---

41) 布目潮渢, 『中国の歴史4: 隋唐帝国』, pp.414-422.; Abramson, Marc S.
   Ethnic Identity in Tang China. pp.155, 158.

대가 수비대 주둔 도시에서 나타나기도 하였다. 그들은 종종 보다 상
위의 관리들의 지휘체계 내로 흡수되기도 하였고, 따라서 수비대 주
둔 도시는 하위 단계의 행정 중심지가 되고 그 지휘관은 상위 군대의
장교나 지역 행정가가 맡았다. 이러한 의용군은 지역 세력의 산물로
서 등장하고 있었던 군사 세력들이 지역 사회에 뿌리내리고 야심 있는
인물들이 중앙 조정의 직책으로 부상하게 되는 가장 중요한 메커니즘
의 하나였다. [42]

재정적 지방 분권주의와 새로운 정치적 역할

지방 분권주의에 의해 중대하게 영향을 받은 당대의 제도적인 개혁
의 마지막 측면은 재정 행정의 변화였다. 안녹산의 반란은 중국 북부
지역에서 상당수 농민의 유망이나 사망, 그 군대에 의해 피해를 받은
지역에서의 광범위한 가구와 세금 기록의 상실, 그리고 북부의 상당
한 지역에서 국가 통제력의 상실을 초래하였다. 이는 전대미문의 재
정적 위기를 초래하였다. 국가는 승적僧籍의 판매와 같은 임시방편에
의존하였지만, 반란 이후 수십 년간 새로운 세금의 묶음, 과거 세금의
확대된 버전, 그리고 국가 전매제도 등이 하나로 짜맞춰져 당 조정에
새로운 매출원이 되었고, 그것은 이후 당 왕조 150년간 국가 재정을

42) Peterson, Charles A. "Court and Province in Mid- and Late T'ang."
   pp.515-516.; Dalby, Michael. "Court Politics in Late T'ang Times." p.593.;
   Somers, Robert M. "The End of the T'ang" pp.691, 729, 750-754.

지탱해 주었다. 그 새로운 세금 제도의 기본적인 윤곽은 1368년 명나라의 성립 때까지 큰 변화 없이 유지되었다.

새로운 재정 개혁에서 가장 중요한 제도는 과거의 균전제에 기반을 둔 조세 제도를 대체하기 위해서 덕종 황제가 780년에 반포한 양세법이었다. 이 새로운 조세 제도는 사실 과거의 부의 정도에 따라 가구의 등급을 9단계로 하였던 가구세와 3등급으로 구분된 토지의 구획 단위에서 나오는 표준적인 생산량에 세금을 매기는 곡물세가 혼합된 형태였다. 이러한 2가지 세금은 가구당 성인 남자의 수에 의한 것이 아니라 그 가구의 부의 정도와 소유 토지의 크기와 비옥도에 기반을 둔 단일한 형태의 현금 납부 방식으로 귀결되었다. 이것은 양세법이라 불렸는데, 이는 이것이 2번으로 분할하여 납입하기 때문이었다. 그들은 세금을 한 번은 겨울밀의 수확 이후인 여름에, 다른 한 번은 기장을 수확하고 난 후인 가을에 납부하였다.[43]

이렇게 함으로써 (세금으로) 지불하는 양을 가구의 실제적인 자산에 대응하도록 하고 토지와 자산의 불공평한 배분의 현실을 적극적으로 반영하고자 의도하였으며, 지불의 방식으로는 다모작이 그 시기에 널리 퍼지면서 변화된 새로운 농사 스케줄農曆에 대응하도록 하였다. 이러한 개혁을 시행함으로써, 당 정부는 수세기 동안 지배적이었던 농민의 동질성에 대한 이상과 국가가 모든 가구를 직접 다스린다는 이상을 포기하였다. 그 개혁은 정부의 역할을 단순히 재산에 근거한 세금

---

43) Twitchett, Denis. *Financial Administration under the T'ang Dynasty*. 2장 참조.

을 거두는 징수자로 축소시켰다. 이와 같이 모든 인민의 일상적인 행위들을 직접 지배하려는 어떠한 시도로부터 국가를 철수시켰던 것은 전기 중화 제국에서 후기 중화 제국으로 넘어가는 시기에 있었던 거대한 변화 중 하나로 주목받았다.

과세의 대상이 되는 그 재산의 성격이나 출처에 대한 고려 없이 부과되었던 가구에 대한 세금을 통해서 정부는 처음으로 상인의 재산에 대해서도 세금을 거두고, 이는 점점 더 중요한 수입원이 되었다. 이 세금은 또한 보다 혁신적인 과세 제도의 원칙을 성립시켰는데, 이는 보다 많은 재산을 보유한 사람이 단지 그것에 비례하는 세금만을 지불하는 것이 아니라 그들 재산의 보다 많은 부분을 세금으로 지불하여야 한다는 것이었다. 상인에게 부과되는 다른 세금에는 통행세와 특정한 제품, 특히 찻잎에 대한 세금 등이 포함되었다.[44)

게다가 안녹산의 반란이 종결된 직후에 정부는 염철전운사를 만들어서 이러한 필수품에 대한 전매 제도를 관리하도록 하였고, 이후에 술에 대해서도 전매세를 부과하려고 하였지만 밀주 제조의 용이함으로 인하여 실패하였다. 소금 생산은 분명하게 경계가 구분되는 몇몇 지역에 국한되었기 때문에, 전매 제도를 강요하는 데 어려움이 없었지만, 오늘날의 하북, 사천, 그리고 산서와 같이 독립적인 절도사들의 지배하에 있었던 지역의 염전은 이에 포함되지 않았다. 770년대부터, 이러한 전매제는 당 조정의 가장 중요한 조세 수입의 원천이었다. 사

---

44) Twitchett, Denis. *Financial Administration under the T'ang Dynasty*.
    pp.31-32, 34, 38, 40, 44-45, 52, 58, 62-65, 118, 122.

실, 남부 지역으로부터의 수입은 주로 소금 전매제를 통해서 얻어지고 있었고, 이것이 반란 이후에 북부 지역으로부터 조세를 거둘 수 있는 능력을 상실한 이후에도 당 정부를 존속시켰다.[45]

이와 같은 국가 재정에 관한 새로운 제도들은 중국에서 지역 분권주의의 발전에 주요한 요소가 되었다. 일반적으로 북부 지역에서의 세입은 대체로 호부戶部 탁지낭중度支郎中이 운영하는 양세법을 통해 나오는 것이었던 반면에, 남부에서 올라오는 세입은 염철전운사가 소금 전매제를 통해 거둬들인 것이었다. 8세기 후반에서 9세기 초반 동안, 이러한 두 기관의 행정장관은 제국 전체의 국가 재정상의 지배권을 두고 경쟁하였으며 그들은 자신들의 조세 사무실을 지역적인 권력과 제국 전체에 대한 영향력 확보를 위한 근거지로서 사용하였다. 이윽고 소금 전매제는 그 통제력을 확대하여 화폐 주조, 광산업, 차와 다른 제품에 대한 세금, 그리고 통행세의 부과와 같은 분야에도 진출하였다. 810년의 칙령에서는 정부가 염철전운사를 양자강 유역에서 (기존에 호부가 주관하던) 양세법으로 거둬들이는 세입까지도 책임지는 대리인으로 삼게 되면서 이 두 기관에 의한 국가 재정의 양분화를 인정하게 되었다.[46]

염철전운사는 남부 지역의 국가 행정만을 통제했던 것이 아니라 민

---

45) Twitchett, Denis. *Financial Administration under the T'ang Dynasty*. pp.49-62.

46) Twitchett, Denis. *Financial Administration under the T'ang Dynasty*. 6장 참조, 특히 pp.109-123 참조.; Twitchett, Denis. "The Salt Commissioners after the Rebellion of An Lu-shan."

간 행정까지도 담당할 조짐이 있었다. 이 새로운 조직은 과거의 호부로부터 독립되었고 사실상 다른 어떠한 형태의 조정의 통제도 받지 않았다. 그것은 사실 중앙과 남부 지역에서 국가의 재정을 통제하는 독립된 부서였다. 780년대부터 염철전운사는 이미 국가에서 가장 강력한 재정 담당관이었고 동시에 양자강 하류의 부유하고 풍요로운 지역에 대한 지역적 관할권도 부여받고 있었다. 거대한 재정 재원과 국가 세입의 큰 부분을 차지한 핵심 생산 지역에 대한 관할권을 포괄적으로 장악하는 관리의 등장은 당 왕조에 조세 납부 외에 충성을 바치고 있던 북방의 절도사들보다도 더 위협적인 존재가 되었다. 양자강 하류 유역에서 제국 세입의 대부분에 대한 실질적인 통제권을 지닌 지역 정부 등장의 가능성은 786-787년에 양자강 하류 지역 전체를 관할하였던 한황韓滉(723-787)에게 염철전운사의 직을 겸직하도록 하였을 때에 구체화되었다. 제국의 입장에서 행운이었던 것은 그가 이후 3달 만에 사망하였고, 그리하여 그의 지역은 여러 개의 더 작은 단위로 쪼개어졌다. 그러나 790년대에 민정을 담당하는 지역 담당관들에게 염철전운사를 겸직하도록 하였던 관행이 되살아나면서, 805년에 그들 중 한 명이 절서浙西 지역에서 반란을 일으켰다.[47] 그는 반란을 너무 서투르게 시도하였고, 결국 실패하였다. 그리고 나서야 정부는 재정적인 직위를 민간 행정 직위로부터 조심스럽게 분리시켰다.[48]

---

47) 헌종 즉위 초기에 발생하였던 여러 절도사의 반란 중, 절서 지역의 진해군절도사 이기李錡의 반란을 언급하고 있는 듯한데, 사실 그의 반란은 807년에 발생하였다.-역주

48) Twitchett, Denis. "Varied Patterns of Provincial Autonomy in the T'ang Dynasty." pp.103-105.

지역 자치에서 동남부 지역만의 독특한 방식을 탄생시킨 것 이외에도, 새로운 재정 행정은 정치권력의 몇몇 측면에 중대한 영향을 끼쳤다. 새로운 군대들이 군사 분야에서 전문화를 고취하였던 것과 마찬가지로, 새로운 재정 서비스는 재정에서의 전문화를 낳았다. 염철전운사나 호부 탁지낭중과 같은 재정관을 통제하는 위치에 있었던 모든 정치인은 재정관 직무 수행에서 얻은 경험을 통해서 그들의 직위에 올랐고, 그들은 자신의 후배를 후임 재정관으로 임명하였다. 따라서 국가 재정 행정에서의 전문지식은, 오히려 관습적인 관료 또는 문학적 재능에서의 전문지식보다도 정계에 입문한 신인이 권력과 영향력을 얻을 수 있는 훨씬 더 빠른 지름길이 되었다. 이러한 후원과 전문적인 트레이닝의 방식은 통혼通婚을 통해서 더욱 강화되어 11세기에 송 정부를 지배하게 될 재정 귀족을 탄생시켰다.[49]

이러한 전문화의 경향은 지방 단계에서 한층 두드러졌다. 전문적인 군사 장교뿐만 아니라, 절도사도 재정 전문가들을 자신들의 개인적인 추종자들로 이루어진 정부에 포함시켰다. 염철전운사와 호부 탁지낭중도 지역 사무실을 설치하였는데, 그곳에서는 재정 분야의 전문가가 보다 일반적인 지역 관리들로부터 세입 분야를 담당하였다.[50] 이러한

---

49) Hartwell, Robert M. "Demographic, Political and Social Transformations of China, 750 – 1550." *Harvard Journal of Asiatic Studies* 42:2 (1982): 365 – 442. pp.365-426.; Hartwell, Robert M. "Financial Expertise, Examinations, and the Formulation of Economic Policy in Northern Sung China." *Journal of Asian Studies* 30:2 (1971): 281-314.

50) Twitchett, Denis. *Financial Administration under the T'ang Dynasty*. pp.118-123.

새로운 전문가 중 상당수는 업무상 원래 장부를 다루고 현금을 운용하는 데에서 전문지식을 발전시켜 왔던 상인 중에서 선발되었다. 따라서 비록 서로 다른 형태의 지역 정부가 북부와 남부 지역에서 각각 등장하였지만, 양측은 모두 지역 사회에서 새로운 인물을 선발하였고 그럼으로써 송 왕조의 능력주의 정치에서 절정을 이루게 되는 공직의 새로운 지평을 대규모로 열었다.

새로운 인물들의 등장을 수반했던 당 왕조의 지방 분권주의의 최후의 측면은 환관 임용의 양식이었다. 그 시기의 몇몇 작가들이 언급한 바와 같이, 정부 조정에 있었던 대부분의 환관은 현대의 복건과 광동의 남부 변경 지역에 있었던 가문의 자식들이었다. 그 유명한 고력사를 포함한 그들 중 상당수는 이민족 출신의 후손들이었다고 알려져 있다. 이러한 경향은 9세기 초반에 더욱 두드러졌고, 그때는 남부 지역 원주민 출신에게 대규모 숫자의 환관 차출이 전가되었다. 따라서 808년에 환관의 지배를 공격하는 과거시험 답안에서, "이러한 이민족의 후손이자 불구자들에 대해 말하자면, 멀리 떨어지고 고립된 지역 출신으로 하찮은 직책에 있었던 이러한 무리에게 어떻게 황제의 목숨을 의지하여 맡기고 군대를 지휘하며, 황궁 내부에서 황제의 가장 측근의 조언자가 되고 황궁 밖에서는 황제의 눈과 귀가 될 수 있었는가?"라고 하기도 하였다.[51]

절도사, 재정 대리인, 지역 정부 관료, 심지어 환관이라는 직책들

---

51) Dalby, Michael. "Court Politics in Late T'ang Times." p.571.; Abramson, Marc S. *Ethnic Identity in Tang China*. p.95.; 『文苑英華』권49, p.2500上 참조.

은 전통적인 세습 방식으로는 조정에서 관직을 얻을 수 없었던 인물들에게 승진의 통로를 제공하였다. 조정에서의 귀족적인 지배의 종식을 진정으로 가져온 것은 바로 과거시험 제도가 아니라 이와 같은 새로운 관료 경력의 옵션이었다. 오대 왕조 시기와 송대의 첫 세기 동안 성장했던 이와 같이 극도로 다양화된 엘리트들은 당대 말기에 뿌리를 두었던 새로운 전문가적 정신을 극대화시켰다. 그들은 또한 결혼 동맹, 양자 관계, 그리고 거대한 사유지의 건설을 통한 지역적 권력 기반을 창조하는 관습의 선구자들이었다. 이러한 정신과 관습들은 송대 초기, 특히 12세기에 송대 사대부들이 자신들의 입지를 굳히는 수단들이었다. 따라서 당대 말기에 성장하는 인물들의 경력 양식과 사회적 전략에서, 우리는 아직 미발달 형태이지만 후기 중화 제국 시기에 거대한 신사층 가문이 형성되는 과정을 살펴볼 수 있는 것이다.

4

| 도시 생활 |

당대 도시들의 가장 주요한 특징은 이전의 왕조들로부터 물려받은 것이었다. 그 특징으로 들 수 있는 것들에는 정치, 주거, 그리고 상업 지역 등의 분리, 제국의 수도를 다른 도시와 구분시키기 위한 의례적 구조들, 사원과 정원이 제공하는 준공공적인 공간 등이 포함되었다. 그러나 당대의 도시는 중요한 변화도 겪었으니, 가장 눈에 띄는 것은 상업과 교역이 그 도시들의 물리적 구조를 변모시켰고 그들 사이의 연결을 보다 넓은 네트워크로 확대시켰다는 점일 것이다.

6세기 말에 수 왕조는 새로운 수도인 대흥성을 건설하기 시작하였다. 대흥성은 과거 한漢 왕조의 수도 장안에서 가까운 곳에 건설되었는데, 장안성은 한 왕조 멸망 이후 당시까지 거듭 반복해서 약탈당하고 불타고 재건축되었다. 양견이 수 왕조를 건국할 때까지, 장안성은 비좁고, 황폐하고, 물 공급량이 부족하고 그나마 제공되는 식용수도

염분이 섞인 것으로 고통받고 있었다. 582년 인근의 새로운 장소에 대흥성의 건설을 선포한 칙령은 경전인『주례周禮』「고공기考工記」에 제시된 프로그램에 따라 정확하게 건설할 것을 명하였다.『주례』는 전국시대 후기의 저작으로 여기에는 이상적인 제국의 수도에 대한 설명이 담겨 있었다. 수 왕조 건국자는 한대 수도 장안의 건설에서는 무시되었던 고전적인 설계를 고집하였다. 이러한 그의 의도는 도시를『주역』에서 유래한 풍수학의 초기 형태에 맞춰서 설계하고자 했던 건설 책임자 우문개宇文愷의 관심사보다 더 우선시되었다.[1] 경전에 따른 설계에서한 가지 중요한 변형이 있었는데 이는 황실 가족이 기거하는 황궁의 배치로, 북측 성벽을 따라 위치했다. 이것은 동한대東漢代부터 표준이되었던 것으로서 낙양을 건설할 때 이러한 배치가 처음 적용되었고, 이는「고공기」를 본떠서 건설한 중국 역사상 최초의 수도였다. 황제가 북쪽에 서서 '남쪽을 바라봐야 한다南面'는 원칙은 그가 중앙에 위치해야 한다는 생각보다 더 상위의 원칙이었다.

대흥성(당대에는 이름이 다시 장안성으로 되돌아갔다)의 의식적인 고전주의에 대해서는 논란의 여지가 많았다. 조정을 장안성 내에 두는 것은 황하강과 양자강 하류 유역을 통일하고자 하였던 수 제국에게는 상당히 심각한 문제를 안겨 주었다. 이미 한대에 관중 지역만으로는 수도

---

1) 장안의 건설을 뒷받침하는 원칙들에 대해서, 그리고 경전적 고전주의와 풍수학
    사이의 긴장관계에 대해서는, Xiong, Victor Cunrui. *Sui-Tang Chang'an*. Ann
    Arbor: Center for Chinese Studies, University of Michigan, 2000. chapter 2.
    참조. 한대 장안성이 경전적 기준에 부적합하였던 것에 대해서는, Lewis, Mark
    Edward. *The Early Chinese Empires: Qin and Han*. chapter 2, section 2. 참조.

를 먹여 살리지 못했고 제국의 인구학적, 경제적 그리고 문화적 중심 지역들과 수상교통을 이용한 접근이 어려웠다. 양자강 지역의 증대하는 중요성은 이러한 문제점들을 가중시켰다. 부분적으로, 수 왕조가 관중 지역을 선택한 것은 수 왕조가 위진남북조 시대의 북주北周를 계승하였고 지배 집단들 역시 그 지역을 기반으로 하고 있었기 때문이다. 이와 동등하게 중요한 것은, 장안에 수도를 재건하는 것은 지난 분열의 세기들과의 분명한 단절과 서한西漢을 선례로 하는 통합된 중화 국가의 이상으로의 회귀를 의미했다. 수 왕조가 새로운 수도는 경전에 기반했다는 것을 강조한 이유 또한 최근의 역사를 부인하기 위한 계획의 한 부분이었다. 그리고 그것은 중화 제국의 가장 위대한 성취들을 상징했던 고대의 모델에 호소함으로써 이룰 수 있었다.[2]

수도 건설의 계획적인 의고주의擬古主義는 당의 두 번째 황제인 태종이 장안성을 노래한 10편의 시 중 첫 번째 시에서 잘 표현되었다. 태종은 "고대를 재현한다."는 이상을 선언한 서문에 이어서, 다음과 같이 적고 있다.

---

2) 장안성의 부지와 구조와 관련해서 대체로 상징적이고 이상주의적이었던 계획에 대해서는, Kiang, Heng Chye. *Cities of Aristocrats and Bureaucrats*. Honolulu: University of Hawai'i Press, 1999. pp.2-5. 불만족스러운 현재를 대신할 수단으로서 사라진 과거의 고풍스러움을 부각하였던 것은, 6세기에 시작되었다. 그 당시 남조의 양나라와 북조의 북주는 모두 강력한 국가의 모델을 경전인 『주례』에서 찾고 있었다. 이에 관해서는 Pearce, Scott. "Form and Matter: Archaizing Reform in Sixth-Century China." In *Culture and Power in the Reconstitution of the Chinese Realm, 200-600*. Ed. Scott Pearce, Audrey Spiro, and Patricia Ebrey. Cambridge: Harvard University Press, 2001 참조.

진의 하천 사이에, 강력한 황제가 거주하고,

한의 관문 속에, 웅장한 황실 주거지가 있네.

당의 수도를 진이나 한의 수도에 비유하는 것은 당대 시의 관습적인 표현이었는데, 이는 당을 진이나 한과 같은 통일제국의 재현으로서 보고자 하는 욕구를 보인 것이다. 그 시구 자체는 한대 수도에 대한 고대 시구에서 인용한 상투적인 문구로 이루어졌고, 불행한 운명을 맞이했던 남조南朝의 수도였던 건강에 대한 불우한 회고의 시들을 섞어 놓은 것이다. 당태종이 남조 왕국들로부터 전해 내려온 궁정의 시들을 거부하고자 노력하였지만 그 밖의 다른 창작 방식을 찾지 못했던 것과 마찬가지로, 그는 한대의 수도를 되찾고자 하였지만 지난 세기들의 유산에서 벗어날 수 없었다.[3]

장안과 낙양의 배치

당이 물려받은 장안성은 나침반에 맞춰서 그 방향이 조정되었고 동서 9.7킬로미터, 남북 8.6킬로미터 길이의 약간 직사각형의 외성外城으로 둘러싸여 있었다(지도 10).

그 성벽 자체는 흙을 다져서 만들었고 목재 골조의 문과 문 주위의

---

3) 이 문제에 대한 시구와 언급들에 대해서는, Owen, Stephen, *The Poetry of the Early T'ang*. New Haven: Yale University Press, 1977. pp.54-56.

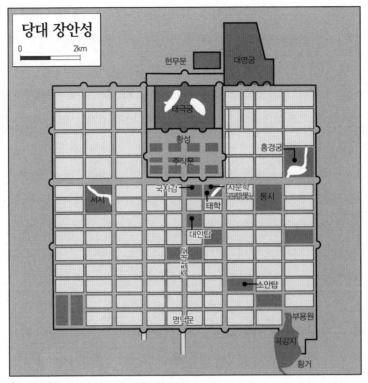

지도 10

성벽만이 벽돌로 이어져 있었다. 12개의 문은 외성으로 열려 있고, 3개
는 북벽의 중심에 위치한 황성皇城으로 열려 있었으며(2개는 황성의 양
측면으로 열려 있었고), 관료의 저택들이 위치한 장안성의 동북부 지구
와 동북 지구의 성벽에 인접해 있던 대명궁大明宮 사이에는 2개의 문이
있었다. 수 왕조의 단명을 고려해 보았을 때, 새롭게 건설한 수도 대흥
성의 많은 지역이 618년 왕조가 무너졌을 때에 비었을 것이고, 주민이

거주하지 않는 지역도 많았다. 8세기 중반에, 주작대로를 따라 이어진 남쪽의 8개 방坊(장안성은 110개의 방으로 구획되어 있었고, 가장 큰 방은 1제곱킬로미터 정도였다)에는 여전히 주택이 없었고 농작물만이 계속 경작되고 있었다. 다른 방들은 황궁에서 쓰여질 약초나 야채를 재배하는 정원으로 부분적으로 사용되었다. 어느 한 방의 절반은 묘지로 사용되기도 하였다.[4]

　그 도시 자체는 네 부분으로 구성되었는데, 그것들은 황궁과 후대에 건조된 2곳의 추가적인 궁궐 구역, 정부 기구 사무실이 위치한 황성, 2곳의 시장(동시와 서시), 그리고 주민 거주 구역으로서 격자 모양의 벽으로 둘러싸여 있었다. 황성은 황궁의 바로 남쪽에 위치하였고 황제가 특정한 의식을 거행하는 넓고 개방된 광장에 의해서 황궁과 분리되었다. 황성에는 문무 관료의 사무실뿐만 아니라 황궁 수비대의 사령부, 황태자의 거주 구역과 집무실, 태묘太廟, 사직단社稷壇 등이 위치하고 있었다.[5] 황궁과 황성은 10미터 높이의 벽과 그보다 더 높은 문들로 일반 대중과 분리되었다(그림 2). 그 누구도 허락 없이 황성으로 들어올 수 없었다. 심지어 높은 곳에 올라가 황성 내부를 바라보는 것만

---

4)　史念海, 『中国古都和文化』, pp.451-453.; Benn, Charles D. *China's Golden Age: Everyday Life in the Tang Dynasty*. Oxford: Oxford University Press, 2002. p.50.; Wright, Arthur F. *The Sui Dynasty: The Unification of China*, a.d. 581 - 617. pp.79-80.

5)　황궁과 황성에 대한 보다 자세한 설명은, Xiong, Victor Cunrui. *Sui-Tang Chang'an*. 3장과 5장 참조.; Thilo, Thomas. *Chang'an: Metropole Ostasiens und Weltstadt des Mittelalters, 583-904*. 2 vols. Wiesbaden: Otto Harrassowitz, 1997-2006. volume1 3장과 4장 참조.

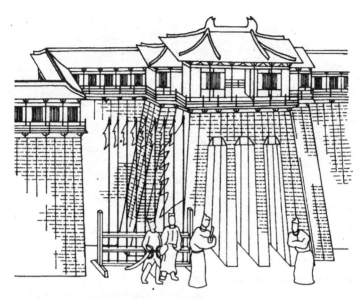

그림 2. 입구를 덮고 있는 지붕과 타워로 이루어진 성문
돈황 172호굴에서 발견된 중당 시대 그림에서 표현된 것이다.

으로도 1년간의 도형에 처해질 수 있었다.[6)]

일반 대중의 거주 구역은 완벽하게 격자형으로 뻗어 있었는데, 이러한 모습은 보다 덜 완벽한 형태로 수세기 동안 중국 주요 도시의 특징을 이루었다. 8세기의 시인 두보는 안녹산의 반란 이후 장안성의 쇠락한 상황을 애통해하면서 시를 썼는데, 그 시에서 "실제로 장안은 장

---

6) Kiang, Heng Chye. *Cities of Aristocrats and Bureaucrats*. Honolulu: University of Hawai'i Press, 1999. p.53n20. 사실 황성의 담벼락을 오르는 것은 3년형에 처해졌다. 관리들과 일반 대중 사이의 엄격한 구분은 9세기 아라비아에서 온 방문객에 의해 기록되었다. Kiang, Heng Chye. *Cities of Aristocrats and Bureaucrats*. p.1.

그림 3. 불교의 극락을 표현한 돈황 85호굴의 벽화
격자 모양의 구역들로 뻗어 있는 불교의 극락을 표현한 것이 당대 수도 장안성의 구획 배치를 암시하고 있다.

기판 같다."라고 설명한다. 이 격자형은 동서로 14개, 남북으로 11개의 도로로 형성되었고 도시를 구획 짓게 된다. 6개의 대로는 성문으로 이어지고 총괄하여 '육로'라고 일컬었다. 이 중에서 가장 중요한 주작대로는 폭이 150미터이고 동서를 반으로 가른다. 이러한 도로들은 다져진 흙으로 만들어졌는데 가운데가 올라와 있고 실질적인 배수로가 줄지어 있었다. 이러한 배수로는 물의 배수뿐만 아니라 그늘을 위해 도로 양쪽에 심은 나무들에게 물을 공급하는 역할도 하였다(그림 3).[7]

---

7) Kiang, Heng Chye. *Cities of Aristocrats and Bureaucrats*. pp.48-50.; Benn,
    Charles D.*China's Golden Age: Everyday Life in the Tang Dynasty*. Oxford:
    Oxford University Press, 2002. pp.48-50.; 史念海, 『中国古都和文化』, pp.454-458.

그 격자형의 각각의 방坊은 위치에 따라서 크기가 다양했다. 가장 큰 것은 황성의 양측에 위치하였는데 대략 가로 1,000미터에 세로 800미터 정도였던 반면에, 가장 작은 것은 주작대로변에 위치하는데 가로 600미터에 세로 500미터 정도에 불과하였다. 각각의 방은 흙을 다져서 만든 대략 3미터 높이의 벽으로 둘러싸여 있었는데 이는 주민들을 특히 야간에 통제하기 위해 고안된 것이었다. 그 사면의 벽은 각각 문으로 외부와 통해 있고, 그 내부의 도로들은 방의 중심에서 합쳐지면서 그 방을 네 구역으로 나누었다. 그 방의 촌장이 문의 열쇠를 맡았고, 그는 밤에 그 문을 잠갔다. 그 벽을 기어오르다가 발각되면 태형 90대의 처벌을 받았다.[8]

636년에 시작된 것으로서, 그 방들의 개폐는 각각의 주요 대로들을 따라 (설치된 고루鼓樓에서) 오랫동안 울리는 북소리를 신호로 하여 이루어졌는데, 이는 사람들에게 해 질 무렵에 그들의 집으로 돌아가거나 아침을 준비하는 데 충분한 시간을 주기 위함이었다. 이러한 수백 개의 북에서 울리는 소리가 일반 대중의 일상생활과 우주 그 자체의 규칙적인 변화를 고정시키는 방식은 당대 시인 이하李賀(791–817)가 「관가고官街鼓」에서 극적으로 묘사하였다.

새벽녘 둥둥둥 해 뜨는 것 재촉하고
저물녘 둥둥둥 달을 불러오네

---

8) Thilo, Thomas. *Chang'an: Metropole Ostasiens und Weltstadt des Mittelalters, 583–904*. volume1, pp.107-112.; Xiong, Victor Cunrui. *Sui-Tang Chang'an*. pp.208-210.; Kiang, Heng Chye. *Cities of Aristocrats and Bureaucrats*. pp.39-40.

오로지 관문서를 몸에 지닌 관리들, 특별한 허가를 받은 결혼 행진, 의사를 만나러 가는 응급 환자 그리고 상喪을 알리러 가는 사람만이 밤 중에 주요 도로를 지나갈 수 있었다. 그 밖의 다른 사람들은 순라巡邏에게 발각되면 활줄을 튕기는 경고음을 듣게 되고, 그래도 방으로 돌아가지 않으면 순라는 경고의 의미로 화살을 쏘고, 최종적으로는 화살을 쏘아 맞춘다. 다만 음력 1월 14일에서 16일 사이에 벌어지는 등절燈節에는 연등을 구경하면서 여러 사원을 두루 자유롭게 다닐 수 있었다.[9]

방 내의 두 도로로 세분된 거주 지역 내부부터는 더 이상 격자형 구조로 이루어지지는 않았다. 구불구불한 골목이 나머지 공간을 차지하였다. 거주 구역 내에서는 시간에 구애 없이 편한 대로 자유롭게 이동할 수 있었다. 방은 더 작은 단위인 리里로 나누어졌는데 이는 세금 징수와 상호 감시를 위함이었고 모든 것은 촌장의 통제하에 있었다. 각 방의 출입문은 상점이 선호하는 위치였는데, 이곳은 많은 사람들이 지나다니는 길목이었기 때문이다. 유명한 소설인 심기제沈旣濟(740-800)의『임씨전任氏傳』에서, 남자 주인공은 여우 혼령과 밤을 보내고 동이 트기 직전에 방의 출입문 앞에 도달한다. 그 문은 여전히 닫혀 있었기 때문에, 그는 문 옆에 있었던 돌궐식 페이스트리를 파는 상점을 이용하여 들어갈 수 있었다.[10]

9) Kiang, Heng Chye. *Cities of Aristocrats and Bureaucrats*. pp.23-25.; Benn, Charles D.*China's Golden Age: Everyday Life in the Tang Dynasty*. p.51.; 史念海,『中国古都和文化』, pp.458-468.

10) Xiong, Victor Cunrui. *Sui-Tang Chang'an*. pp.211-214.; Kiang, Heng Chye.

그림 4. 정원의 풍경을 조각한 도자기

불교와 도교 사원은 3품 이상의 관료의 저택과 마찬가지로 주요 도로로 직접 연결되는 문을 설치하는 것이 허락되었는데, 이는 이러한 건물들이 통금제한에서 벗어나 있었음을 알려준다. 대부분의 귀족과 높은 직위의 관료는 동북 지역의 방에 거주하였는데, 황궁과 황성이 서쪽에, 대명궁이 북쪽에 그리고 흥경궁興慶宮이 동쪽에 삼각형을 이

Cities of Aristocrats and Bureaucrats. pp.25-27.; 史念海, 『中国古都和文化』, pp.468-480.

루어 둘러싸고 있는 곳에 위치하였다. 엘리트들의 거주지는 이 삼각형의 바로 남쪽에서도 발견되는데 이 지역은 동시東市 부근이었다. 동북쪽 성벽을 따라 위치한 한 방은 특히 매력적이었는데, 수대隋代의 저명한 점쟁이가 그곳에서 고결한 기운을 감지하였기 때문이었다. 주작대로를 따라서 남쪽 끝에 위치한 방과 남서쪽 끝 지역은 거주민이 거의 없고 여전히 농작물 경작지를 포함하고 있었다. 동남쪽 끝에 있는 방은 곡강지曲江池 주변에 무리를 이루고 있고, 이 또한 거주민이 거의 없었는데, 이들 방은 부용원芙蓉園과 같은 유명한 정원과 다른 명승지로 이루어져 있었다. 일반 대중은 주로 서쪽 방에서 거주하였다. 서시西市와 서북쪽 문들의 주변 지역에는 이민족으로 붐볐다.[11]

동시의 바로 서쪽에 위치한 방들에는 도시의 주요 교육 기관이 위치하였는데, 그 기관들은 미래의 관료들을 교육하고 나중에는 학생들이 과거시험을 준비하도록 돕는 기능을 하였다. 이러한 학교들은 당대 외교 관계에서도 중요한 역할을 수행하였다. 그 학교의 학생 중에는 이민족 출신의 부모나 조상을 가진 자들도 있었는데, 그들은 경전이나 문학에 대한 학습을 통해서 중국의 문화에 동화되어 갔다. 또한 그들 중 상당수는 외국의 왕족이나 귀족으로서 장안에 인질로서 와 있는 자들이었다. 수년 내지는 수십 년 동안 그 학교에서 중국의 인문 문화를 공부하고, 이후에는 조정의 관직에서 근무한 뒤, 이들 젊은이들은

---

11) Benn, Charles D.*China's Golden Age: Everyday Life in the Tang Dynasty.* pp.51-52, 68-69.; Xiong, Victor Cunrui. *Sui-Tang Chang'an*. pp.217-233, 지도8; Thilo, Thomas. *Chang'an: Metropole Ostasiens und Weltstadt des Mittelalters, 583-904.* pp.130-139, 258-260.

고향으로 돌려보내졌다. 그곳에서 그들은 당나라를 모델로 하는 정부 기관을 구축하고 한자와 중국의 경전을 전파하였다. 많은 외국 학생, 특히 한국과 일본에서 온 학생들 역시 당대 전성기의 문화를 흡수하고 자 자진해서 중국에 왔다. 태학太學 이외에도 많은 불교 사찰은 교육을 통해 수천 명의 외국인 신도를 끌어들였다. 당의 수도에서 장기간을 지낸 이후에 이 학생들은 종교적 교리와 중국과 불교 문화의 여러 요소들을 습득하여 그들의 고국으로 돌아갔다.[12]

그 도시에는 많은 곤궁한 주민과 걸인이 있었고 그들은 농촌에서부터 흘러들어온 사람들이었다. 이러한 사람들의 숫자를 알려주는 증거는 없지만, 그들 중 엘리트 계층의 인물들과 연관된 몇몇은 당시 문학에 한 일화로 등장하였다. 한 이야기는 거리에서 노래를 불러 생계를 이어가는 노인과 그 딸에 관해 전한다. 그녀의 아름다운 목소리에 넋을 잃은 한 장교는 그녀를 자신의 집으로 데려가서 자신만의 예능인이자 첩으로 삼았다. 『이왜전李娃傳』에서 주인공은 무일푼이 되었을 때에 직업적인 문상객이 되어 장례식장에서 기거하였다. 수도 장안의 걸인 문제는 현종의 관심을 끌기에 충분할 정도로 심각하였다. 현종은 734년에 걸인의 거리 출현을 금지하고, 다만 불교 교단이 환자들을 위해 운영하는 특정한 방坊에서만 거주하도록 하였다. 식량 구호는 근처에 새롭게 정착한 농민들이 경작하는 밭에서 하도록 하였다. 그러나 이

---

12) Thilo, Thomas. *Chang'an: Metropole Ostasiens und Weltstadt des Mittelalters, 583-904.* volume1 pp.210-211; volume2 pp.73-75, 80-84, 86-88.; Abramson, Marc S. *Ethnic Identity in Tang China.* pp.175-176.

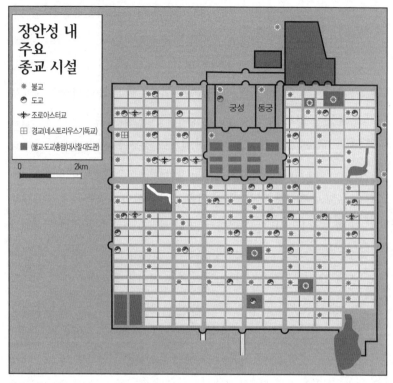

지도 11

복지 프로그램은 안녹산의 반란이 발발하면서 사라졌다.[13]

공공건물 이외에도 거주지, 학교, 농업지대 그리고 풍광이 좋은 정원과 더불어 장안에는 많은 종교 기관이 있었다(지도 11). 이들 중 일부는 조로아스터교 사원, 마니교 사원 그리고 네스토리우스파 기독교 사원과 같이 외국인 거주자의 종교적 요구를 위해 기능하였지만, 대

13) Benn, Charles D.*China's Golden Age: Everyday Life in the Tang Dynasty*. p.52.

부분은 도교 특히 불교 사원이었다. 여러 종교 중에서 도교는 가장 존숭되었는데, 이는 황실이 자신들을 도교에서 가장 높은 신인 노자의 후손이라고 주장하였기 때문이다. 거의 절대 다수의 도교 사원은 상서로운 사건을 축하하고, 황족의 죽음을 기념하며, 선호하는 종교적 전문가나 황실 출신의 종교인을 수용하기 위해서 황실에서 설립하였다. 몇몇은 황실 공주들에 의해 건립되었는데 그들은 스스로 설립한 사원의 여관女冠이자 방장方丈이 되었다.

비록 공식적으로는 도교가 우위에 있었지만, 불교 교단은 그 수에서 (근거로 하는 사료에 따라) 3배에서 5배가량 많았고 보다 폭넓은 후원을 받았다. 일본 구법승 엔닌은 대부분의 방에는 적어도 1개의 불교 사찰이 있었고, 장안에는 300개의 사찰이 있었다고 언급하였다.[14] 아마 그의 표현이 다소 과장되었고, 또 북위 시절 낙양에 있었다는 1,300개보다는 많지 않았을 것이지만, 당시 이들 사찰의 불탑은 장안에서 가장 높은 건축물들이었고, 도시의 주요 경관을 이루고 있었다.

대안탑大雁塔과 소안탑小雁塔은 오늘날까지도 남아 있는 당 수도의

---

14) Xiong, Victor Cunrui. *Sui-Tang Chang'an*. 9장, 지도9.1.; Thilo, Thomas. *Chang'an: Metropole Ostasiens und Weltstadt des Mittelalters, 583–904.* volume 2 pp.305-363.; 史念海, 『中国古都和文化』, pp.480~490.; Benn, Charles D.*China's Golden Age: Everyday Life in the Tang Dynasty*. pp.59-64.; Kohn, Livia. *Monastic Life in Medieval Daoism: A Cross-Cultural Perspective*. Honolulu: University of Hawai'i Press, 2003. pp.66-67. 당나라 공주들 중에서 도교 여관女冠(여자 도사)이 된 경우에 대해서는, Benn, Charles D. *The Cavern-Mystery Transmission: A Taoist Ordination Rite of a.d. 711.* Honolulu: University of Hawai'i Press, 1991 참조.

그림 5. 대안탑

그림 6. 소안탑

유일한 건축물이다(그림 5·6 참조). 그 당시 사람들이 받았던 시각적 인
상은 당대 시인 잠삼岑參(715-770)의 시에서 생생하게 묘사되어 있다.

  탑의 기세 땅 위에서 불쑥 솟은 듯

  혼자서 하늘에 닿을 듯 우뚝 서 있네

  탑 위로 오르니 세상 떠나온 것 같고

  돌계단 따라 오르는 길 하늘 가는 듯하네

  우뚝 솟은 모습이 중원을 누르는 것 같아

  빼어난 그 모습 사람 솜씨 아니로세

네 귀퉁이 하늘의 해를 가리고

칠층이나 되는 높이 하늘 닿을 것 같다[15)16)]

장안에서 중요한 역할을 하고 있었던 다른 종교적 건축물로는 정부의 주요 의례 중심지들을 들 수 있는데 이들은 성 내에 위치하거나 장안성의 인접한 교외에 위치하였다(지도 12). 황성은 천자로서의 지배자이자 천명을 부여받은 황실의 우주론적 역할을 구현하는 대규모 의례 수행을 위한 장소로서 다른 도시들과는 구별되었다.

『대당개원례大唐開元禮』는 당대 예제를 집대성하여 8세기 중반에 완성한 가장 중요한 의례서로 수도와 그 주변에 위치한 몇십 곳의 주요 의례 장소가 열거되어 있다. 그중에는 태묘, 사직단, 선농단先農壇, 선잠단先蠶壇, 명당明堂, 교사단郊祀壇(남교, 북교, 동교, 서교), 원구단圜丘壇 등이 있었다.[17)]

장안에는 2곳의 주요 공인 시장이 있었는데, 주작대로를 기준으로

---

15) Owen, Stephen. *The Great Age of Chinese Poetry: The High T'ang*. New Haven: Yale University Press, 1981. p.178.

16) "塔勢如涌出, 孤高聳川宮, 登臨出世界, 磴道盤虛空, 突兀壓神州, 崢嶸如鬼工, 四角礙白日, 七層摩蒼穹. ……." 岑參, 「如高適薛据登慈恩寺浮圖」 - 역주

17) Xiong, Victor Cunrui. *Sui-Tang Chang'an*. 6장.; Thilo, Thomas. *Chang'an: Metropole Ostasiens und Weltstadt des Mittelalters, 583–904*. volume 2 pp.293–305. 당대 의례에 대한 설명으로는, Wechsler, Howard J. *Offerings of Jade and Silk: Ritual and Symbol in the Legitimation of the T'ang Dynasty*.; McMullen, David. "Bureaucrats and Cosmology: The Ritual Code of Tang China." In *Rituals of Royalty: Power and Ceremonial in Traditional Societies*. Ed. David Cannadine and Simon Price. Cambridge: Cambridge University Press, 1987 참조.

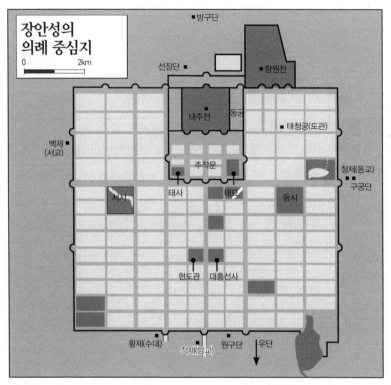

지도 12

동서 양측에 대칭적으로 위치하였다. 이 벽으로 둘러싸인 시장 지역
은 판매중인 상품이 법적인 기준에 부합되고 모든 측정 도구나 유통
되는 화폐가 적합하다는 것을 보증하는 국가 관리에 의해서 통제되었
다. 이들 관리들은 시장에서 이루어지는 거래 내역을 모두 기록하였
고 또한 상인 간의 결탁이나 가격 담합 등을 방지하는 책임을 지고 있
었다. 시장은 정오에 문을 열어서 해 질 녘에 닫았고, 이는 300차례의

북소리로 알렸다. 이전의 왕조들에서처럼, 시장은 공식 처형이 벌어지는 장소였고 처형된 범죄자들의 머리와 시체가 전시되는 곳이기도 하였다.[18]

각각의 시장은 작은 규모의 거주 지역인 방에 비해 2배 정도의 크기였고, 몰리는 인파와 혼잡을 예방하기 위해서 주변 도로는 일반 도로보다 폭이 넓었다. 시장의 벽에는 각 면마다 2개씩의 문이 뚫려 있었고 도로들은 각각의 문을 직선으로 연결해서 시장은 아홉 개의 격자형 공간으로 나뉘어졌다. 그 각각의 공간은 항行으로 다시 세분되어 업종별로 구분하여 배치하였고 이는 진대秦代나 한대漢代의 시장과 동일하였다. 각각의 업종들은 법에 규정된 표식으로 구별되었다. 현존하는 문학 작품들은 여러 업종 중에서도 푸줏간, 약제상, 도끼 판매상, 마구 판매상, 대장장이, 은 세공인, 생선장수, 그리고 의류 제작자 등에 대해 기록하고 있다. 상인들의 지위에 따라서, 그 가게들은 주요 도로나 내부 항을 향해 지어졌다. 몇몇 가게 특히 담보대출과 같은 비즈니스를 하는 가게 중에는 불교 사찰의 소유인 것도 있었다. 창고와 도매 직판점 들은 그 시장의 외부 벽을 따라 형성되었고 유사한 시설물은 근처의 수많은 대규모 여관에서 제공되었다.[19]

---

18) Xiong, Victor Cunrui. *Sui-Tang Chang'an*. 7장.; Thilo, Thomas. *Chang'an: Metropole Ostasiens und Weltstadt des Mittelalters, 583-904*. volume 2 pp.260-280.; Benn, Charles D.*China's Golden Age: Everyday Life in the Tang Dynasty*. pp.53-58.; Kiang, Heng Chye. *Cities of Aristocrats and Bureaucrats*. pp.19-23.

19) 비록 몇몇 현대 학자들은 이러한 항을 후대에 또한 항으로 불렸던 동업조합 또는 길드와 동일하게 보고자 하였지만, 관련 증거들은 그들이 단순히 상점들의

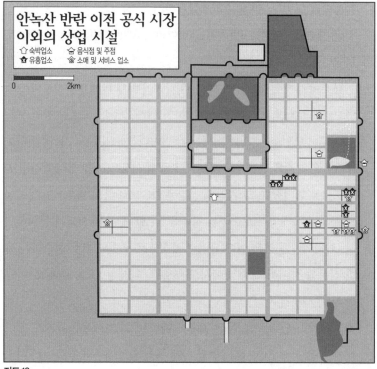

지도 13

　동시와 서시가 당대 장안에서 가장 중요한 상업 중심지였지만, 다른 상업 지역도 존재했다. 남시南市와 중시中市라고 불리는 보다 작은

통제선이었음을 보여 줄 뿐이다. 전기 중화 제국 시기 시장에서의 이러한 상점 통제선의 중요성에 대해서는, Lewis, Mark Edward. *The Early Chinese Empires: Qin and Han*. 3장 참조. 수당 시기 상인들의 사회적 지위에 대해서는, Xiong, Victor Cunrui. *Sui-Tang Chang'an*. pp.174-179.; Katō, Shigeshi (加藤 繁). "On the Hang or Association of Merchants in China." *Memoirs of the TAyA Bunko 8* (1936): 45-83 참조.

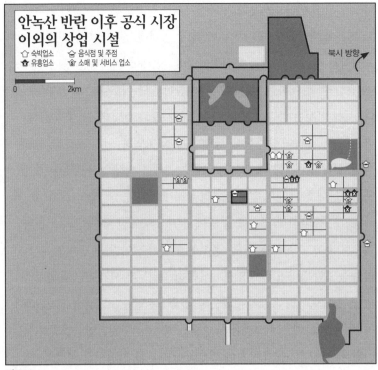

안녹산 반란 이후 공식 시장 이외의 상업 시설

- ⛩ 숙박업소
- ⛩ 음식점 및 주점
- ⛩ 유흥업소
- ⛩ 소매 및 서비스 업소

0　　2km

북시 방향 ↗

지도 14

시장이 7세기와 8세기에 특정 기간 동안 열렸고 장안성 교외에는 북시北市가 있었다. 따라서 어떤 때에는 4곳의 시장이 운영되었다.[20] 그러나 더 중요한 점은 그 시장 밖에서도 상업활동이 행해졌고, 특히 거주지 내에서도 이루어지고 있었다는 것이다(지도 13·14). 여행객을 위

---

20) Xiong, Victor Cunrui. *Sui-Tang Chang'an*. pp.166-168. 특히 p.168에는 시장이 존재하였던 연도를 보여 주는 표가 실려 있다.

한 다양한 호텔과 숙박업소와 마찬가지로 창고로서 기능했던 여관들도 그곳에 위치했다. 보다 흔하게 볼 수 있었던 것은 음식을 판매하는 노점상과 더불어 술집과 음식점이었다. 방 내에 위치하는 빵이나 페이스트리를 판매하는 작은 상점은 시장이 끝난 이후에 주로 운영되었다. 차를 마시는 풍습의 유행으로 주요 시장과 몇몇 거주 지역에서는 다관茶館이 급속히 증가했다. 장례 용품, 양조업자, 악기 제조공, 철물 상인, 불교 경전 필사자 그리고 다른 수공예품 제작 업자와 같은 가게 운영자들이 거주 지역 전체에 널리 산재해 있었다.[21]

장안은 중국의 역대 수도들 중에서 가장 중요한 수도였고, 문헌학적으로나 고고학적으로 가장 풍부한 기록이 남아 있는 곳이었다. 그러나 동도인 낙양 또한 대도시로서 특히 측천무후 시기에 크게 번성하였다. 수도로서의 낙양의 부활은 수양제라는 인물과 밀접하게 연관되어 있는데, 그의 사치스러움은 수 왕조의 멸망의 원인이었다고 이야기된다. 낙양은 6세기 중반에 발생하여 북위를 멸망시킨 내전(육진의 난) 때에 불타 잿더미가 되었다. 수양제는 그 수도를 재건하면서 그곳을 화려한 궁전과 정원 들로 가득 채웠다. 그에 대해 부정적인 기록에 따르면,

매월 황제는 200만 명의 노동자들을 징발한다. 새로운 수도 낙양을 채우기 위해서 그는 낙양성 주위에 있었던 낙주洛州 근교의 주민들과 제국

---

21) Xiong, Victor Cunrui. *Sui-Tang Chang'an*. pp.183-192.; Benn, Charles D.*China's Golden Age: Everyday Life in the Tang Dynasty*. pp.56-57.

의 모든 주현으로부터 수만 호에 달하는 부유한 상인과 대규모 교역업자를 낙양으로 이주시켰다. …… 노동자들의 행렬이 끝없이 이어져서 천 리에 달하였다. 동도로 징발되는 노동자 중에서 열에 네다섯은 행군 와중에 엄청난 압박으로 인하여 쓰러지고 죽어갔다. 매달 한 차례씩 시체들을 동쪽으로는 성고成皐로 북쪽으로는 하양河陽으로 (황하강을 따라서) 운반하는데, 수레들이 도로에서 항상 서로 마주보며 지나다닐 정도였다.[22)]

라고 하였다. 이 비판적인 글에서 설명하는 바와 같이, 낙양은 대운하로 연결되었던 남부의 상업적 부와 밀접하게 관련이 있었다. 이러한 사실은 그 도시가 남부의 문화와 지나치게 밀접한 관련을 맺고 있었다는 보다 일반적인 의혹의 한 부분을 이루었고, 당대에는 세련된 이미지를 부패와 타락의 느낌과 결합시켰다. 그러나 두 번째 수도는 또한 고대 시기부터 중화문명의 정신적인 중심이던 고색창연한 중원의 주周와 깊은 연관을 맺고 있었고, 이러한 이유로 많은 사람들은 낙양을 문화적으로 장안보다 우위에 두기도 하였다.

낙양은 그 구조적 특징에서는 첫 번째 수도인 장안과 공통점이 많았다. 대체로 사각형으로 된 외성, 일반 주민의 거주 지역과 황궁과 황성이 벽으로 차단된 점, 격자형의 방, 몇 개의 정규적인 시장, 그리고 수많은 불교와 도교 사원이 그러하였다(지도 15). 장안에서와 마찬가지로, 주요 정원과 풍광 보존 지역들이 도시의 남동쪽 구석에 위치하였

---

22) Bingham, Woodridge. *The Founding of the T'ang Dynasty: The Fall of the Sui and Rise of the T'ang.* p.14에서 인용함.

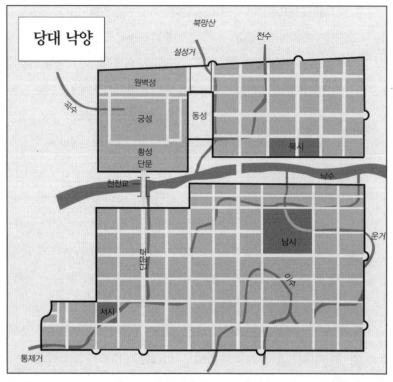

지도 15

다. 황궁과 황성은 장안에서보다도 훨씬 더 분명하게 성의 다른 지역
과 구분되었는데 이는 낙수洛水의 북안에 위치해 있었기 때문이다. 황
제의 정원과 연결시키기 위해서 황궁과 황성은 북서쪽 구석에 위치하
였다. 낙양 주민의 거주 지역은 (장안에 비해서) 훨씬 더 작았다. 이는 주
민에 대한 보다 엄격한 통제가 가능하게 해 주었고 그 도로 또한 더욱

협소하였다.

장안과의 가장 큰 차이점은 동도와 그 시장들이 지역 간의 장거리 교역의 주된 수단이었던 수상 네트워크와 보다 더 밀접하게 연결되어 있었다는 점이다. 낙양은 3곳의 공식 시장을 보유하고 있었고 모두 수상 교통과 연결된 곳에 위치하였다. 북시는 낙수의 북안에 위치하였고, 남시는 낙수로부터 2개의 방 아래에 위치하였지만 운하로 연결되어 있었고, (610년 이후부터) 서시는 낙양의 남서쪽에 위치하였는데 대운하 중에서 황하를 회수와 연결시키는 부분에 해당하는 통제거와 직접 연결되었다. [23] 낙양의 시장과 정부 관청은 대칭과 균형에 대한 고려보다는 실질적인 편의성을 위해서 위치하였다. 동도는 중국에서 보다 생산력이 높은 지역에 있었고 남부 지역으로부터 물자 운송에 보다 편리한 지역에 위치하였다. 뿐만 아니라, 그 도시 자체가 보다 더 상업과 운송의 요구를 반영하여 형태가 만들어졌다. 이와 같이 낙양은 고전적인 도시와 새로운 상업을 기반으로 하는 도시의 혼합이었고 이러한 현상은 당대에 등장하는 대규모의 수상 운송과의 연관성 속에서 등장하였다.

---

23) Kiang, Heng Chye. *Cities of Aristocrats and Bureaucrats*. pp.29-33.; Xiong, Victor Cunrui. *Sui-Tang Chang'an*. 4장.; 史念海, 『中国古都和文化』, pp.493-539. 특히 시장에 있어서 장안과 낙양의 차이에 대해서는, pp.507-509 참조.

장안성의 유흥 지역

술과 성을 대규모로 매매하는 전문적인 유흥 지역은 수·당대의 발명품은 아니지만, 이전 왕조들의 경우에는 해당 지역의 명칭 이외에는 현존하는 정보가 없다.[24] 다행히 당 후반기에 손계孫棨라는 인물이 장안에서 가장 고급의 성매매가 이루어지던 구역의 기녀들의 삶에 대해 자세하게 기술하였다. 손계의 『북리지北里志』에 따르면, 그곳에서 일하는 여성은 정부에 등록된 기생들로서 관리, 부유한 상인, 귀족 그리고 무엇보다도 과거시험 응시생을 상대하였다. 이 여성들은 시구의 창작과 악기의 연주를 훈련받았고 따라서 이들은 저명한 명대의 문학적인 기생과 일본 게이샤의 선조에 해당하였다. 사회 계급상 이들보다 더 낮은 이들로는 보통의 매춘부와 예능인, 그리고 술집 여자가 있었고, 그들은 도시 곳곳에 있는 매음굴과 술집에서 일했지만, 그들에 대해서는 다만 시구와 기담奇談 같은 곳에 분산되어 있는 정보만을 알수 있을 뿐이다.[25]

---

24) 한대 장안과 낙양의 유흥가에 대한 문학 작품 속 언급에 대해서는, Mather, Richard B. *The Poet Shen Yueh (441-513): The Reticent Marquis*. Princeton: Princeton University Press, 1988. p.81 참조.

25) 『북리지』에 대한 번역은 두 종류가 있다: Levy, Howard S. "The Gay Quarters of Chang'an." *Oriens/West* 7 (1962): 93 - 105.; Des Rotours, Robert, tr. *Courtisanes Chinoises a la Fin des T'ang (entre circa 789 et le 8 janvier 881): Pei-li tche (Anecdotes du quartier du Nord)*. Paris: Presses Universitaires de France, 1968. 둘 중 Des Rotours의 번역이 보다 정확하고 충실한 주석이 있다. 그 문헌과 그 문헌이 기록하고 있는 사회에 대한 설명은, Benn, Charles D. *China's Golden Age: Everyday Life in the Tang Dynasty*. pp.64-67.; Rouzer, Paul F. *Articulated Ladies: Gender and the Male Community in Early Chinese*

'북리'(성매매가 이루어지던 지역을 일컫는 문학상의 명칭은 그 기원이 한 대까지 거슬러 올라간다)는 황성과 동시 사이에 있는 방의 동북쪽 사분면에 위치한다(지도 14 참조). 과거 응시생들이 공부하던 국가감國子監과 과거 고시장(황성 내에 위치하였던)이 모두 거리상으로 이 방과 가까웠고, 따라서 과거시험 응시생들은 종종 (북리) 근처의 숙박업소에 묵었다. 그 구역은 동서를 가로지르는 3개의 평행한 길로 이루어졌고 그곳에 기생들이 여자 포주들과 숙박하였다. 장사가 잘되는 집에는 손님을 받기 위한 여러 살롱과 유흥을 위해 돈을 아끼지 않는 사람들을 위한 작은 방이 마련되어 있었다. 만약 장사가 잘 안되면, 손계의 작품에 묘사된 집의 경우처럼, 그 여성들은 약초나 과일을 팔아 소득을 보충하였다.

손계의 작품 곳곳에는 성매매의 경제적 구조에 관한 참고자료가 산재해 있다. 그 기생들은 어릴 때에 여자 포주에게 팔려왔고, 그들은 서로 간에 '엄마'와 '딸'의 관계가 되었다. 기생들은 종종 '언니'와 '여동생'의 관계로 묘사되었다. 몇몇은 가난한 집에서 팔려왔고, 몇몇은 걸인 중에서 선발되었고, 몇몇은 좋은 집안의 딸로서 신부 값을 받고 혼인시켰는데 그 남편이 포주에게서 돈을 받고 부인을 되팔아 버린 경우였다. 여자가 만일 그 직업을 그만두고 싶다면, 그녀는 자신의 거래 가격

Texts. Cambridge: Harvard University Press, 2001. 7장.; Xiong, Victor Cunrui. "Ji-Entertainers in Tang Chang'an." In *Presence and Presentation: Women in the Chinese Literati Tradition*. Ed. Sherry J. Mou. London: MacMillan, 1999. pp.152-160.; Levy, Howard S. "The Gay Quarters of Chang'an.".; Thilo, Thomas. *Chang'an: Metropole Ostasiens und Weltstadt des Mittelalters, 583-904*. volume 2, pp.67-71 참조.

을 지불해야 했고, 종종 누적된 이자까지도 갚아야 했다. 심지어 근처에 불교 사찰을 방문하는 경우처럼 그곳을 단 하루만 떠나더라도 그녀는 그 '엄마' 포주에게 상당한 대가를 지불해야 그곳을 나갈 수 있었다.

기생집에서 연회를 베푸는 데 드는 표준적인 비용은 1,600문 정도였고, 처음 방문한 고객은 그 가격의 2배를 받았다. 그 지역 주변에 거주하는 연주가들이 연회에 주로 불려왔고 그들은 그 고객에게서 비용을 받았다. 술자리의 매 회마다 추가로 1,200문이 지불되었고 처음의 양초가 다 탈 때까지 비용은 2배로 되었다. 따라서 하루 밤의 연회는 엄청난 금액이 들 때도 있었다. 손계는 마담이 손님의 마차를 붙잡거나 심지어 손님의 옷을 붙잡아서 더 많은 돈을 뜯어내는 경우에 주목하였다. 이보다 더한 운명에 맞닥뜨리는 불행한 방문객도 있었다. 손계는 신원 오인으로 인해서 다른 손님 혹은 기생이나 포주에 의해 살해된 남자의 이야기를 해 주고 있다. 좋아하는 기생과 더 오래 지속적으로 관계를 맺고 싶은 남자들은 가끔 (그 기생과) 유사 결혼 관계에 들어갔다. 그 남자들은 종종 일반적인 관례를 희화적으로 전도顚倒시킨 표현으로 '신부'라고 불렸다.

유흥 지역 거주자들의 대부분은 궁극적으로는 그곳에서 벗어나기를 갈망하였다. 그리하여 종종 자신에게 홀딱 반한 후원자를 만들어서 그들의 첩이 되거나 경우에 따라서는 합법적으로 결혼하고 싶어 했다. 신랑이 될 사람은 그녀의 매입 가격을 포주에게 지불함으로써 그녀를 그곳에서 구해 주었다. 이후에 그 높은 신분의 후원자가 새로운 첩에게 싫증을 느끼거나 그녀가 다른 남자와 사통私通하였을 때는 그

4 도시 생활 | 211

녀에게 일정한 돈을 주고 내보내거나 사회 신분상 보다 낮은 계급의
남자와 짝을 지어 주었다. 이론적으로 그는 간통죄로 그녀를 법정에
세울 수 있었지만, 일에 연루되어 입는 창피함 때문에 그러한 행동은
하지 않았다. 몇몇 여성은 이렇게 지급받았던 돈을 모두 탕진하거나
두 번째 결혼 생활의 궁핍함에 불만을 품게 되었을 때에 과거의 직업
으로 되돌아오는 경우도 있었다.

다른 문학 작품은 정부에 허락을 받은 모든 기생이 북리에 살았던
것은 아니었음을 보여 준다. 노래·춤·연회의 접대부로서 대적할 상
대가 없을 정도로 뛰어났던 한 여인은 장안의 동남쪽 성벽을 따라 위
치한 방에 거주하였다. 당시 소문에 따르면 귀족과 관료의 자제들은
그녀의 접대를 받기 위해서 엄청난 재산을 탕진하였다. 그 동남의 방
은 성매매가 이루어지는 두 번째의 유흥가가 되었는데, 이는 아마도
그 방 내에 위치했던 공원들과 풍광 보존 지역들 때문이었다. 유명한
여류시인이었던 어현기魚玄機는 분명 허가를 받은 기생은 아니었지
만, 전문적인 가수이자 무용수로서 북리의 단골이던 동일한 고객들을
접대하였다. 첩으로서의 짧은 시기를 보내고 난 후, 그녀는 장안으로
돌아와서 여관이 되었다. 그러나 어현기는 계속해서 관리들이나 재능
있는 사람들을 접대하였고, 그중에는 유명한 시인이었던 온정균 같은
인물도 있었다. 어현기는 그를 위해 다음과 같은 시를 썼는데, 그 시에
서 그녀는 그를 죽림칠현竹林七賢의 한 명이었던 혜강嵇康이라고 부르
고 있다.

섬돌 계단에는 메뚜기 소리 어지러운데

정원 가지에는 이슬 안개 맑구나

달 가운데는 음악 소리 가깝고

누각 위에는 먼 산이 밝다

귀한 자리에는 찬바람이 이는데

고운 거문고 소리는 삶을 한탄하누나

혜군嵇君은 편지를 게을리 쓰는데

어떤 것이 가을 정을 위로할까나[26) 27)]

『북리지』는 또한 과부를 당대 장안성에서 일상의 중요한 한 측면, 특히 성 거래와 새로운 과거시험 문화 사이의 연결고리로서 설명한다. 한대부터 중국 정부가 조정 내에서 실시하는 특별한 시험들과 지방 도시들에서 개최되는 간헐적인 시험들은 인재를 선발하는 수단이었다. 그러나 수대와 당대에는 시험이 관료를 선발하는 (가장 일반적인 방식은 아니었지만 보다) 정규적인 방법이 되었다. 측천무후가 집권한 시기부터, 과거시험은 고위 관직에 오르는 가장 권위 있는 '출셋길'이 되었다.

---

26) Reed, Carrie E. *A Tang Miscellany: An Introduction to Youyang zazu*. New York: Peter Lang, 2003. p.110. 어현기에 대해서는, Idema, Wilt, and Beata Grant. *The Red Brush: Writing Women of Imperial China*. Cambridge: Harvard University Asia Center, Harvard University Press, 2004. pp.189-195.; Van Gulik, R. H. *Sexual Life in Ancient China*. Leiden: E. J. Brill, 1961; new ed., 2003. pp.172-175. 참조.

27) "階砌亂蛩鳴, 庭柯煙露清, 月中鄰樂響, 樓上遠山明, 珍簟涼風著, 瑤琴寄恨生, 嵇君懶書札, 底物慰秋情." 「寄飛卿」,『당녀랑어현기시(唐女郎魚玄機詩)』-역주

그러나 지방에서는 송대에 등장하는 지역 과거시험이나 과거 응시생을 교육하는 공공 교육기관이 없었다. 과거시험을 준비할 수 있는 유일한 학교는 장안에 있었다. 게다가 자신을 소개하고 그들의 가장 훌륭한 작문 견본을 시험관에게 보여 주는 기나긴 절차를 거쳐야 했다. 결국 십 대 후반에서 이십 대 초반의 응시생들은 오랜 시간을 수도 장안에서 보내야 했고, 그들에게 종종 상당한 액수의 금액을 지급하였던 가족과 떨어져 지내야 했다. 이러한 환경에 놓인 젊은 남자들에게 북리의 허가받은 기생이 제공하는 사회적, 문화적, 그리고 성적인 유흥은 견딜 수 없는 강력한 유혹이었다.

　시험, 성 거래, 그리고 위험한 성년으로의 이행 과정을 보여 주는 유명한 우화가 바로 『이왜전』이다.[28] 과거시험 합격이 집안에 부를 가져다줄 것이라고 믿은 한 아버지가 그의 젊은 아들을 장안으로 보냈다. 그 젊은 서생은 기생 이왜李娃와의 우연한 만남 이후에 그녀와 유사 결혼 관계로 들어가고, 그는 예능인과 기생 사이에서 생활하게 되면서 결국 가진 돈을 모두 써 버렸다. 새로운 '가족'들에게 속고 나중에는 버려지게 된 그는 절망으로 병이 들고 나중에 장례식장에서 일하는 일꾼의 도움으로 목숨을 건진다. 이후 그는 거기서 전문적인 문상객으로 일하게 되었다. 장례식장끼리 경합을 벌이던 차에 그는 노래를 가장 애절하게 부르는 가수로 선발되었다. 이때 그가 부른 노래는 원래

---

28) Dudbridge, Glen. *The Tale of Li Wa: Study and Critical Edition of a Chinese Story from the Ninth Century*. London: Ithaca Press, 1983.; Rouzer, Paul F. *Articulated Ladies: Gender and the Male Community in Early Chinese Texts*. pp.240-247.; Dai Wangshu/Tai Wang-chou (1951): 'Notes sur le Li wa tchouan', Me'langes sinologiques, Centre d'études sinologiques de Pékin.

자신이 갈망하던 시험에서의 합격을 풍자하는 내용이었다. 나이 많은 하인이 그 젊은 서생을 알아보았고 그의 아버지에게 이 사실을 알렸지만, 그는 이미 아버지가 알아보지 못할 정도로 변해 있었다. 격분한 아버지는 아들을 도원桃園으로 데리고 가서 두들겨 팬 후 죽도록 방치해 두었다. 이때 이왜가 거의 죽기 직전인 그녀의 '남편'을 발견하고는 자신의 배신을 후회하면서 포주에게 돈을 지불하고 기방에서 나왔다. 이왜는 어머니처럼 그 서생을 보살펴서 건강을 되찾도록 해주었고 그가 과거시험을 준비할 수 있도록 도왔다. 결국 그는 과거시험에 합격하였으며 아버지와도 화해했고, 이왜와도 동화 같은 결혼으로 결말을 지었다.

이 이야기는 시골에서 올라온 젊은 과거 응시생이 마주하였던 유혹에 대한 이야기 외에도 당대 도시 생활의 여러 측면을 극화시켰다. 한 가지 가장 눈에 띄는 것은 돈이 모든 사회적 유대를 정의하는 방식일 것이다. 서생과 그의 아버지와의 관계는 이왜와 그녀의 '어머니'와의 관계와 정확히 일치하는데, 각 자녀는 부모에게 부의 수단이었다. 마찬가지로, 순전히 금전 거래였던 이왜와의 '첫 번째' 결혼은 엘리트 계층들 사이의 중매결혼을 풍자한 것이다. 서생이 농락당하고 결국 버려졌던 것은 임대 공간의 대여와 양도에서의 짧은 주기를 상징하고 있는데, 이는 일견 견고해 보이는 토지와 건물이 영구적이지 않고 유동적인 도시민의 모습을 감추고 있었던 도시 생활의 특징을 나타내고 있었다. 장례식장에서, 중국 사회에서 인간의 의무 중에서 가장 중요한 것으로 여겨지는, 자신의 사망한 친족을 위해 애도하는 의무조차도 또 다른 현금 거래에 의존하게 되는데 즉 상중의 애도가 고용된 전문가들에 의해 이루어졌던 것이다.

『북리지』에 실린 또 다른 일화는 당대 수도에서 벌어지는 사랑과 우정의 상업화에 대해서 더 자세하게 설명한다. 안령빈顔令賓은 뛰어난 시인으로서 과거 응시생들로부터 시들을 수집하였다. 그녀가 병에 걸려서 곧 죽게 되었을 때, 그녀는 연회를 열어서 그곳에 참석한 사람들에게 자신을 위해 장송곡을 지어 달라고 부탁하였다. 그녀와 같은 위치에 있는 사람은 자신의 장례 비용을 도와달라고 부탁하는 것이 관습이었기 때문에, 그녀가 속해 있던 기방에서는 그녀가 돈 대신에 시를 받은 것에 대해서 매우 화가 났다. 그녀의 '엄마'는 그녀의 손님들이 보낸 모든 장송곡을 던져 버렸지만, 그녀와 낭만적인 관계였던 곱사등이 음악가는 그 버려진 시들을 모아서 거기에 곡을 붙인 다음, 그녀의 장례 행렬 도중에 연주하였다. 그 노래들은 장안 전체에 널리 퍼졌고 이후 수년 동안 수많은 전문적인 문상객에 의해서 불리어졌다. 이 이야기는 유흥가의 경제 속에서 사랑, 시 그리고 돈 사이의 혼란, 곡이 덧붙여지는 시들의 유행, 그리고 다시 당대 장례의식 속에서 전문적인 문상객의 역할에 대해서 자세하게 보여 주고 있다.[29]

그러나 북리는 다른 무엇보다도 젊은 남자들이 서로를 만날 수 있고, 친구 관계를 형성하며, 그들의 시문 창작 능력을 과시하고, 사회적 유대 관계를 형성할 수 있는 장소였다. 그곳에서의 모임들은 과거시

---

29) Rouzer, Paul F. *Articulated Ladies: Gender and the Male Community in Early Chinese Texts.* pp.271-273. 당대에 시문에 곡을 붙이는 관습에 대해서는, Rouzer, Paul F. *Writing Another's Dream: The Poetry of Wen Tingyun.* 2장 참조.

험에 대해 예비적이고 부가적인 성격을 갖고 있었는데, 그 모임은 조정에서 최고의 지위에 오를 수 있는 기회를 제공할 뿐만 아니라, 응시생 동료 그리고 시험관들과 평생 유지되는 관계를 형성하도록 해 주었다. 성공한 응시생을 위한 호화로운 축하연과 실패한 응시생을 위한 위로연은 응시생과 기생을 엮어 주었을 뿐 아니라 기나긴 정치적 경력 기간 내내 유지될 인간관계를 더욱 강화시켜 주었다. 이러한 연회들은 유흥가에서 창부들이 마련한 연회들과 동일한 패턴을 따랐고, 따라서 몇몇 동일한 일화가 왕정보王定保의 과거시험 관련 의례 기록(『당척언』)과 손계의 『북리지』 모두에서 나타난다.[30]

홍등가와 과거시험의 관계는 최윤崔胤(854-904)이 기생의 허벅지에 써 놓은 시에 대한 답가로 어느 무명 시인이 쓴 시에서 분명하게 살펴볼 수 있다.

자은사 아래 회칠한 벽이나

매끄럽고 빛나는 옥이 아님에도

어째서 최윤은 금빛 언덕 같은 (기생의) 허벅지에 구양순의 서체를 뽐내는가[31]

30) Rouzer, Paul F. *Articulated Ladies: Gender and the Male Community in Early Chinese Texts*. pp.243, 263.; Moore, Oliver. *Rituals of Recruitment in T'ang China: Reading an Annual Programme in the Collected Statements by Wang Dingbao (870-940)*. 7장. 도원桃園에 대해서는, pp.254, 259, 263-265. 참조. 왕정보와 손계가 동일한 일화를 공유하였던 것에 대해서는, p.248 참조.

31) Rouzer, Paul F. *Articulated Ladies: Gender and the Male Community in Early Chinese Texts*. p.274에서 인용함.

성공한 과거 응시생이 그의 이름을 자은사慈恩寺의 탑 벽에 새겨 넣는 것은 관습이었고, 그래서 이 시에서 기생의 허벅지는 시험의 승리가 새겨진 벽과 같은 역할을 하고 있다. 이 일화는 기생의 몸을 남성의 경쟁의 장소로 그리고 시험을 색욕의 중심지로 극적으로 표현한 것이다.

「이왜전」에서 극적으로 묘사된 삶의 또 다른 특징은 과거시험에서의 성공과 결혼 사이의 연관 관계였다. 공부하는 사이사이에 기생과 더불어 휴식을 취하고 과거시험의 성공을 유흥가에서의 연회로 축하한 이후에, 과거에 성공한 젊은이들은 학생 시절에 기생과의 일시적인 관계나 유사 결혼 관계를 훌륭한 집안 여자와의 정식 결혼으로 대체하게 된다. 시험 합격증은 당대 사위를 뽑는 데 가장 중요한 기준이었고, 매년 절반 또는 2/3 사이의 학생이 그들의 학문적 성공을 이용하여 저명한 가문의 딸과 조건부의 약혼을 확정하였다. 이러한 약혼은 과거시험 축하연의 공식 순서에 포함되는 미래 사위들에 의한 대규모의 승마 퍼레이드로 기념되었다. 사실 사회적 고위층 집안 여인과의 결혼에 대한 추구는 관직에 대한 추구에 버금갈 정도로 중요한 동기부여가 되었다.[32]

과거시험 합격의 결실이 결혼을 통해 나타나는 것은 당나라 말기의 시인 위장韋莊이 쓴 노래 가사의 클라이맥스 부분에서 극적으로 표현

---

32) Moore, Oliver. *Rituals of Recruitment in T'ang China: Reading an Annual Programme in the Collected Statements by Wang Dingbao (870–940).* pp.252–254.

되고 있다.

> 북소리가 도로를 따라 울리자 궁궐의 문이 열리고
> 손님들은 하늘나라에서 돌아온다
> 황금 명판을 쥔 봉황들은 구름에서 나타나고
> 갑자기 한 차례 우레 소리 들린다
> 지저귀는 새들 사라지고, 용들이 나타나고
> 밤새도록, 마차와 말들이 도성을 가득 채우네
> 아름답게 치장한 사람들이 모든 집의 망루에 올라서서
> 앞 다투어 "학들이 하늘로 날아가는" 모습을 구경한다[33]

이 시에 등장하는 봉황, 용, 그리고 학은 모두 합격한 과거 응시생을 지칭하며, 그들은 황제로부터 방금 '황금 명패'를 수여받았다. 그들의 성공은 이들과 같이 매우 매력적인 새로운 영웅들을 한번 살펴보려고 서로 다투는 부유한 가정의 딸들 무리의 모습에서 절정에 달한다.

과거 응시생과 기생 사이의 연애에 관한 이야기들에서 등장하는 당대 도성 생활, 특히 일반적인 사회 엘리트들의 생활에 관해 살펴볼 마지막 측면은 시와 음악 연주의 성애화性愛化이다. 한의 멸망 이후, 사회적 교류와 지인들 사이의 교양 있는 대화에서 서정시가 주도적인 형태로서 등장하였다. 적어도 6세기부터 이러한 교류는 점차 성적인

---

33) Yates, Robin. *Washing Silk: The Life and Selected Poetry of Wei Chuang (834?–910).* p.235. 과거시험 합격자를 묘사한 유사한 이미지는 같은 책 pp.162-163에 인용된 시에서도 찾아 볼 수 있다.

주제나 남녀 사이의 연애를 언급하는 형태를 취하게 되었다. 사회적인 대화가 성적인 농담으로 변화하는 것은 『북리지』의 가장 중요한 주제 중 하나이다. 특정한 기생들은 능숙하게 그 유흥가에서 열리는 연회를 이끌어 나가고, 손님들 사이의 대화를 주도하며, 연회에서 시문 짓기를 제안하고 또 직접 참여하였다. 그리고 그 자리에서 오가는 언어나 행동이 교양인으로서의 이상적인 기준에 반하는 자들을 꾸짖는 데 탁월한 능력을 보여 주었다. 손계에 의하면, 기생 중에서 비록 외모는 크게 아름답지 못하였지만 수준 높은 대화 능력과 탁월한 시문 짓는 능력으로 열광적인 숭배자들을 보유한 이들도 종종 있었다. 이러한 이야기들은 그 기생 자체의 매력이나 능력만을 찬양하는 것이 아니라, 단순히 육체적 아름다움보다는 언어적인 기술에 더 큰 가치를 두었던 그녀의 숭배자들의 문화적 감성에 대해서도 이야기하고 있다. 따라서 그 기생들의 구역은 지식인 사회의 자아상을 보여 주고 있는데, 그곳에서는 진실한 본성과 시문 구사 능력을 높이 평가함으로써 단순히 권력과 부유함만을 추구하는 사회에 반대하는 작은 사회를 형성하고 있었다.[34]

기생과 과거 응시생이 서로 짝을 짓는 것은 그들이 서로 교환한 서정시나 노래에 분명하게 드러났고, 이는 가장 유명한 당대 시인인 백거이白居易의 「비파행琵琶行」의 중심 주제이기도 하였다. 백거이는 한때 도성에서 유명한 기생이었다가 지금은 객상의 아내가 된 여인과 마

---

34) Rouzer, Paul F. *Articulated Ladies: Gender and the Male Community in Early Chinese Texts*. pp.252-265, 275-281.

그림 7. 비파 타는 여악공

주친 일화를 묘사한다. 그녀의 비파 연주(그림 7)와 그녀의 가슴 미어지는 인생 이야기에서, 백거이는 그것이 자신의 인생 이야기도 될 수 있음을 깨닫는다. 젊은 기생과 백발의 손님을 대비시키는 또 다른 서정시에서, 백거이는 기생의 처지에서 그 자신의 나이 많은 시인으로서의 우울한 운명을 바라보고 있다.

음울한 미인, 젊은 여인 시에

백발의 노신사 추웨이

그는 그녀 가슴에 쌓인 눈을 좋아한다고 허풍을 떨지만

그러나 그 머리 위에 서리는 어찌할 것인가[35]

기생과 시인 겸 관리였던 인물 사이의 관계는 후기 중화 제국 시기 전체에 걸쳐서 중국 사회의 특징을 이루었다.

북리에서 정부의 인가를 받은 기생만이 당대의 유일한 여성 전문 연주가들은 아니었다. 공식 문서들은 '조정의 연예인들'로서 이원梨園이나 다른 정부 기관에서 노래하고, 악기를 연주하며, 춤추는 여자들에 대해서 기록하고 있다. 이 여성들은 분명히 창부는 아니었다. 국가는 또한 '공식 연예인들' 그리고 '군사기지 연예인'으로서 여성들을 고용하여 관리나 군인을 위해 음악을 연주하고, 친구가 되어 주고, 그리고 성적인 접대도 제공하도록 하였다. 많은 곡예사 특히 줄타기 곡예사와 장대 위에서 공중제비들을 하는 사람들도 여성들이었다. 그림과 더불어 운문과 산문 이야기들이 뒤섞인 '변형된 작품들'의 연기자는 대부분 여자였던 것으로 추정된다. 게다가 부유한 남자들은 여성 '가정 연예인들'을 보유하였고, 그들 중 몇몇은 그들 시에 묘사하였다.[36]

---

35) Levy, Howard S., tr. *Translations from the Collected Works of Po Chu-yi*. 2 vols. New York: Paragon Book Reprint, 1971. volume 1, p.130.

36) Xiong, Victor Cunrui. "Ji-Entertainers in Tang Chang'an." pp.150-152. '변형된 작품들'의 여성 연기자들에 대해서는, Mair, Victor H. *T'ang Transformation Texts: A Study of the Buddhist Contribution in the Rise of Vernacular Fiction and Drama in China*. Cambridge: Harvard University

유흥가 이외의 사설 술집이나 유곽에서, 여성들은 업소 주인으로서, 술집 접대부로서, 연예인으로서, 그리고 창부로서 돈을 벌기 위해 일했는데, 이러한 직업들 사이에 명확한 구분은 없었다. 이러한 많은 여성이 무심코 언급이 되거나, 특히 이백과 두목 같은 시인들은 자세하게 묘사하기도 하였다. 한 일화는 시와 노래 그리고 성적 접대가 대중적인 술집에서 어떻게 일어나는지를 설명해 준다. 3명의 유명한 시인, 즉 왕창령王昌齡, 고적高適, 왕지환王之渙이 주막에서 술을 마시고 있는데, 한 그룹의 연주가와 4명의 사랑스러운 여자 가수가 그들 방에 들어왔다. 그 여성들은 당대에 가장 유명한 사언절구 몇 편을 노래로 불렀고, 반면에 시인들은 웃고 소리치면서 그녀들이 누구의 시를 노래하는지 그 횟수를 계산하였다. 그러자 그 음악가들은 그들이 웃은 이유를 물었고, 그들이 자신들이 연주한 시의 시인임을 알게 되자, 그 연주가와 가수 들은 더불어 술을 마시고 어울리게 되었다.[37]

음악이 장안과 다른 도시의 생활에서 더욱 중요해지면서, 개별적인 스타 연예인들이 문학작품에서 등장하였다. 무희와 만담가의 이름 또

Press, 1989. pp.152-156. 곡예사들에 대해서는, Benn, Charles D. *China's Golden Age: Everyday Life in the Tang Dynasty*. pp.159-160.

37) Owen, Stephen. *The Great Age of Chinese Poetry: The High T'ang*. pp.130, 301.; Sun, Yu, tr. Li Po: A New Translation. Hong Kong: Commercial Press, 1982. pp.132, 198, 240-242, 244, 248, 326.; Yates, Robin. *Washing Silk: The Life and Selected Poetry of Wei Chuang (834?-910)*. pp.96, 166-167.; Owen, Stephen, *The Late Tang: Chinese Poetry of the Mid-Ninth Century (827-860)*. pp.241-243(에로틱한 춤에 대한 일련의 시문), 264-266, 269-270, 272-277, 290, 293, 310-311, 313, 321, 528-529, 551-552. 관련 일화들에 대해서는, Owen, Stephen. *The Great Age of Chinese Poetry: The High T'ang*. pp.91-94 참조.

그림 8. 여악공과 무희

한 등장하였지만, 가장 유명한 연예인은 음악가였다(그림 8). 최고의 가로피리 연주가가 현종 황제의 주목을 받게 되었을 때, 그들이 서로 만났던 방식은 시와 소설의 주제가 되었고 이 이야기들은 결국 청대 유명한 연극인 「장생전長生殿」에 흡수되었다. 또 다른 일화에 따르면, 황제의 기우제 행사에서 류트(악기) 시합이 벌어졌는데, 이때 우승자는 황제와의 접견이 허락되었다.

시인 유우석劉禹錫은 특히 유명했던 류트 연주가에 대해서 묘사하였다.

큰 현의 소리는 애절하고, 작은 현의 소리는 청아해서

그림 9. 팬파이프를 연주하는 여악공

사람들은 곧 몰아칠 눈보라를 떠올리네

누구든 일단 조강曹剛의 박미博美 연주를 듣게 되면

남은 생 동안 도성을 떠나고 싶지 않을 것이라[38)39)]

　시인은 이러한 유명한 연주가의 공연이야말로 인생을 바꾸어 놓은 매우 독특한 경험이라고 묘사하고 있고, 이는 중국 최대의 도시에서만 누릴 수 있는 것이었다(그림 9).

모란꽃 열풍

　장안의 유흥가에서 예술과 에로티시즘은 종종 꽃식물에 대한 열풍과 결합되었다. 기생과 노래하는 여인들은 그들의 외모와 거래 수단에 대한 은유로서 꽃의 향기와 아름다움과 일상적으로 연결되었다. 기생과 관련된 첫 번째 시가집은 『화간집花間集(꽃들 사이에서)』이라고 이름 붙여졌고 거기에 실린 대부분의 시는 꽃의 두 가지 은유 모두와 관련되어 있었다.[40)] 그러나 당대 도시에서 꽃의 중요성은 술집이나 유

---

38)　Thilo, Thomas. *Chang'an: Metropole Ostasiens und Weltstadt des Mittelalters, 583–904.* volume 2, pp.506–509.

39)　"大弦嘈嘈小弦清, 噴雪含風意思生. 一聽曹剛彈薄媚, 人生不合出京城.", 「曹剛」 -역주

40)　Goody, Jack. *The Culture of Flowers.* Cambridge: Cambridge University Press, 1993. pp.358–359. 노래 가사 선집에 대해서는, Shields, Anna M. *Crafting a Collection: The Cultural Contexts and Poetic Practice of the Huajian ji.* Cambridge: Harvard University Press, 2006 참조. 중국 전통 속

곽을 훨씬 능가하였다.

꽃은 일반적으로 중국 정원에서 첫째로 꼽히는 주요한 요소는 아니었다. 중국 정원은 암석과 물 그리고 화초의 솜씨 있는 배치에 중점을 두었다. 대신 꽃식물은 집, 사원, 공공 공원 그리고 연못을 장식하는 데 사용되었다. 이때 사용된 꽃 중에서 가장 중요한 것은 모란꽃이었고, 이는 유우석의 시 「상목단賞牡丹」에서 잘 표현되고 있다.

정원의 작약꽃은 황홀하지만 품격이 없고

연못의 연꽃은 깨끗하지만 정감이 없다

모란꽃만이 나라에서 제일가는 아름다움을 지녔고

꽃 피는 시절에는 경성을 진동시킨다[41] [42]

중국의 모란꽃에 대한 열광은 수와 당 황제들로 인해 시작되었고 대도시 사회 전체에 전파되었다. 그것은 불교와 연관된 연꽃과 같은 정신성의 상징이 아니라 그 꽃의 별명인 '부귀화富貴花'에서 드러나는 바와 같이 부귀의 상징이었다. 도성 전체를 휘저어 들썩이게 했다는 이 시의 묘사는 매해 3월 중순에 장안성 주민들이 말이나 수레를 타고 아

꽃의 성애학에 대해서는, Barnhart, Richard M. *Peach Blossom Spring: Gardens and Flowers in Chinese Paintings*. New York: Metropolitan Museum of Art, 1983. pp.84-85 참조.

41) Thilo, Thomas. *Chang'an: Metropole Ostasiens und Weltstadt des Mittelalters, 583-904*. volume 2, p.551.

42) "庭前芍藥妖無格, 池上芙蕖淨少情. 惟有牡丹真國色, 花開時節動京城"
　　「賞牡丹」 -역주

4 도시 생활 | 227

름다움을 뽐내며 지천으로 피어 있는 모란꽃을 감상하는 장소를 방문하던 것을 지칭한 것이다. 특히 유명한 곳은 자은사였는데, 모란의 꽃송이가 풍성하기로 유명하였다. 정원 중 한 곳은 다른 곳보다 2주 먼저 개방하였고, 다른 한 곳은 2주 늦게 개방하였다. 특히 놀라울 정도로 뛰어난 꽃송이들은 '괴이한 현상들의 기록'의 주요 소재가 되었고 신神의 출현에 버금가는 취급을 받았다. 몇몇 집은 화려한 모란꽃을 보유한 것으로 유명하였는데, 그 집주인들은 장안 사회의 정점에 있는 사람들을 초청하여 그 꽃들의 빛깔을 감상하고 그 아름다움에 경의를 표하며 시문을 작성하였다.

모란꽃을 사랑한 상류층 인사로서 가장 유명한 이는 혼감渾瑊 장군이다. 당시 최고의 시인들은 시에서 그의 모란꽃을 칭송하였다. 백거이는 그 꽃들이 도성에서 최고의 향기와 색채를 지니고 있다고 묘사하였다.

　　슬프도다! 섬돌 앞 붉은 모란
　　늦은 밤 되어 두 송이만 남았네
　　내일 아침 바람 불면 사라져 버릴 것을
　　그 붉음 안타까워 불 밝혀 지켜보네[43]

이러한 시문들 속에서 모란의 순위를 매기는 것이 사회적 관습이었

---

43) "惆悵 階前紅牡丹, 晚來唯有兩枝殘. 明朝風起應吹盡, 夜惜衰紅把火看."
　　「惜牧丹花」-역주

음을 알 수 있다. 한번은 당문종도 모란꽃을 노래한 시 중에서 가장 뛰어난 것이 무엇인지를 두고 그 순위를 매기기도 하였다.[44]

모란꽃에 대한 열정은 때때로 당대 도성에서 시기와 범죄를 유발하기도 하였다. 한 승려는 한 무리의 젊은 사람들에게 독특한 붉은색을 띠는 꽃들이 피어난 모란꽃 나무를 보여 주었다. 그들은 넋을 잃었고, 그 가운데 일부가 승려를 유인해 다른 곳의 모란꽃을 보러 가게 한 사이에 그 나무를 훔쳐 버렸다. 그들은 황금과 차를 남겨 두어 절도에 대한 보상을 하였지만 승려는 꽃나무를 되찾지 못했다. 모란꽃 열풍은 그것을 재배하는 사업의 성장으로 이어졌다. 어느 한 글에서는 꽃나무를 사는 데 5,000전을 지불해야 한다고 설명한다. 누가 최상의 꽃나무를 가꿨는지를 겨루는 시합이 벌어졌고 유력 가문들은 최상품으로 판별된 것들을 상당한 금액을 주고 사들였다.[45]

꽃나무에 대한 열풍과 관련된 산업에 관한 증거의 대부분이 장안과 관련이 있었지만, 측천무후의 신성한 도성 즉 신도神都인 낙양은 모란꽃 재배의 중심지였다. 그리고 그 모란꽃에 대한 광풍이 남부 지역으로도 전파되었음을 알려주는 한 가지 일화가 있다. 저명한 학자 관리였던 한유韓愈는 한때 그의 조카를 가망 없는 인간이라 생각해서 의절

---

44) Goody, Jack. *The Culture of Flowers*. pp.368-369. 모란꽃 열풍에 대해서는, Schafer, Edward H. "The Last Years of Ch'ang-an." *Oriens Extremus* 10 (1963): 133 – 179. p.152. 참고. 모란꽃의 별명에 대해서는, Bartholomew, T. T. "Botanical Puns in Chinese Art from the Collection of the Asian Art Museum of San Francisco." *Orientations* 16 (September, 1985): 18 – 24. pp.23-24 참조.

45) Thilo, Thomas. *Chang'an: Metropole Ostasiens und Weltstadt des Mittelalters, 583–904.* volume 1, p.254.; volume 2, p.551-553.

을 선언한 적이 있는데, 그 젊은 조카가 모란꽃 나무의 뿌리에 염료를 뿌려 극도로 다양한 색채를 지닌 모란꽃들을 키워 내는 기술을 개발했을 알게 되었을 때 그에게 또 한 번의 기회를 주기로 결정하였다. 그 조카는 남부 지역에서 성장하였기 때문에, 이 일화는 당대의 모란꽃에 대한 집착이 남부 지역으로까지 스며들었음을 보여 주고 있다. 강도, 항주杭州 그리고 소주蘇州와 같은 남부 지역의 시장에서도 많은 사람들이 꽃을 보러 오고 그중 최상의 품종을 사기 위해서 높은 값을 지불하였던 것 같다.[46]

정원은 또한 도시에서 번성하였다. 제국 조정은 전문적으로 훈련을 받아 과일, 채소, 약초를 생산하는 관리들이 운영하는 정원들을 소유하고 있었다. 최고 정치 권력가와 작가 들은 개인 정원을 건설하였고, 전해지는 일화들은 그들의 창작품과 재배물이 사업이 되었음을 보여 준다. 전문적인 정원사들은 추앙을 받았고 이것은 유종원의 언급에서 증명된다. "탁타橐駝(낙타)라는 사람은 생업으로 나무를 키운다. 도성 내의 모든 명문 가문과 부유한 사람은 정원 조경에 관심이 있든지 아니면 과수 재배에 관심이 있든지 간에 서로 그를 자신의 집으로 경쟁적으로 초빙해서 살도록 하였다."[47]

꽃의 재배와 정원 조경은 그때나 지금이나 주로 도시의 중산층들과

---

46) Goody, Jack. *The Culture of Flowers*. p.386n149.

47) Thilo, Thomas. *Chang'an: Metropole Ostasiens und Weltstadt des Mittelalters, 583–904*. volume 2, p.258.; Chen, Yu-shih. *Images and Ideas in Chinese Classical Prose: Studies of Four Masters*. Stanford: Stanford University Press, 1988. p.99.

관련이 있었다. 당대 도시 거주자들 중에서 무엇보다도 읽거나 쓰는 능력이 있는 사람들은 도시에 없는 '자연'을 갈망하였지만 그들이 갈망하는 자연은 가장 인공적인 형태였다. 도시에 거주하는 엘리트들에게, '자연'은 항상 진정으로 자연스러운 환경 그 이상의 무엇인가를 뜻하였다. 특권을 지닌 지배자, 귀족 그리고 거대한 종교단체 들은 이러한 열망을 거대한 조경을 갖춘 공원을 디자인하는 것으로 표현하였던 반면에, 대단히 부유하지는 않지만 상당히 번성하였던 도시의 가구들은 담으로 둘러싸인 작은 정원을 작은 관목들이나 화분에 심겨진 꽃들로 꾸며 놓았다.[48] 이러한 공간적 제약에 대한 대응으로서 경작자들은 아름다운 꽃이 피는 식물들을 집중 재배하였고, 특이한 모양, 색채 그리고 향기를 가진 다양한 꽃을 키워 내고자 열심히 노력하였다. 이 점에서, 당대의 모란꽃 열풍은 17세기 튤립에 열광하였던 네덜란드인의 모습과 매우 흡사하였다.

당대 도시의 상업화

제국은 초기부터 공식 시장에서 식품, 술 그리고 예능을 제외한 다른 품목의 교역을 금지하였다. 이러한 조치는 야간에 군중들의 집회와 사람들의 이동을 금지하려는 더 큰 정책의 일환이었다.[49] 벽으로

---

48) Goody, Jack. *The Culture of Flowers*. pp.385-386.

49) 공식 시장에서의 상업적 거래와 그 이외의 지역에서의 거래 사이의 차이에

둘러싸인 구역坊의 문은 통금시간에 닫혔고 오로지 고위 관료와 사찰만이 구역 밖으로 통하는 출입구가 있었다. 8세기 중반, 이러한 시스템이 무너지고 있다는 첫 번째 신호 중의 한 가지는 사람들이 도로로 직접 통하는 외벽을 뚫었다는 고발 사건이 등장한 것이었다. 831년에는 도성의 치안 담당 관리들이 도성의 그 누구도 야간 통행금지를 준수하지 않는다고 말할 정도에 이르렀다. 관리 거주지역에 대한 일반인들의 임시 임대가 관청의 허가 없이도 가능해지면서 그들은 구역 밖의 외부 거리로 자유롭게 드나들 수 있게 되었다. 많은 사람 특히 군인은 가게와 가판대 들을 대로변에 세워 작은 도로변에서 음식 노점이 상업 행위를 할 수 있었던 당 전기의 관습을 확대시켰다. 정기 야간 시장 또한 강도, 번우番禺, 그리고 다른 지방 도시들에서도 생겨나고 있었다. 동시와 황성 사이의 구역들은 도성에서 가장 번화한 지역이 되었고 가게와 상업적 기업이 밤낮으로 영업한 탓에 등불이 계속해서 켜져 있었다. [50]

성벽의 개방과 야간 상업의 확대뿐만 아니라, 당대 후반기 도성의 거주민은 방을 나누는 벽 사이의 공간과 대로 위 도로에까지 침범하여 구조물들을 설치하면서 '도로들을 잠식하기' 시작하였다. 이것이 가능하였던 것은 주요 대로의 가장 좁은 구간의 폭이 대략 25미터 정도였던 반면에, 도시 벽을 따라 있는 대로들의 폭은 90미터 정도로 넓었기

대해서는, Xiong, Victor Cunrui. *Sui-Tang Chang'an*. pp.179-192.

50) Twitchett, Denis. "The T'ang Market System." *Asia Major*, n.s. 12:2 (1966): 202-248. pp.230-232.; Kiang, Heng Chye. *Cities of Aristocrats and Bureaucrats*. p.71.

때문이었고, 이는 길 양편에 각각 3미터 정도 하는 배수로가 포함되지 않는 수치이다. 849년에 치안 담당 관리들이 군대 고위 장교가 아홉 칸으로 이루어진 구조물을 거리에 건설했다고 고발한 사건은 이러한 공공 도로 잠식을 제한하기 위한 국가적 대응의 마지막 기록이었다.[51]

동시에 전문 상업 구역이 도시 곳곳에 등장하였다. 서시 근처의 한 구역은 점차 보석과 대장간 전문 구역으로 변화하였고 그들은 이후에 은행의 원형이 되었다. 유흥가인 북리 다음의 한 구역은 악기 시장의 중심지로 떠올랐다. 동일한 지역의 다른 거리들은 보다 관습적인 음식 가판대뿐만 아니라 직물 가게로 특화되었다. 통제되지 않는 상업화를 차단하기 위한 시도로서, 851년에 반포된 황제의 칙령은 과거의 공식 시장의 재건을 추진하고 이전에 가게가 없었던 구역에 생겨난 모든 시장을 불법으로 규정하였다. 그러나 이 시도는 완전한 실패로 끝났고, 이 조치는 불과 2년 만에 폐지되었다.[52] 벽으로 둘러싸인 구역들과 공식적인 시장이라는 상호 관련된 체계가 11세기에 완전히 사라지는 시대에 이르러, 도시 교역은 대체로 대로를 따라 거행되었고, 그 건물들은 상인의 거주지이자 가게로 이용되었다.

상업적인 변화보다 더 중요한 것은 대운하를 따라 운송된 상품들이 대규모로 교역되는 새로운 중심지가 등장하였다는 점이다(그림 10). 이

---

51) Kiang, Heng Chye. *Cities of Aristocrats and Bureaucrats*. p.72.; Benn, Charles D. *China's Golden Age: Everyday Life in the Tang Dynasty*. pp.48~49.

52) Twitchett, Denis. "The T'ang Market System." *Asia Major*, n.s. 12:2 (1966): 202~248. pp.232-233.; Kiang, Heng Chye. *Cities of Aristocrats and Bureaucrats*. pp.71-72.

그림 10. 다리를 건너는 마차 밑으로 배가 지나가고 있는 모습 돈황 벽화

러한 현상은 장거리 교역이 사치품의 공급에서부터 기본적인 필수품의 제공으로 변화하였던 데에 원인이 있었다. 쌀과 목재와 같은 생필품 분야에서 상당한 규모의 지역 간 교역이 이루어지면서 특정 지역의 특화된 생산품들을 한 곳에서 거래하는 전국적 대표 시장을 등장시켰고 더 나아가 중국 사회의 성격을 바꾸었다. 대지주의 지휘에 따르고 있었던 소작농들은 변화된 환경에 적응하였고, 이익을 지향하는 소규모 사업가들이 되었다. 산악 지역에서, 그들은 목재를 재배하고 가공 처리하여 당시 붐이 일던 선박 제조업과 팽창하는 도시의 가옥 건설현장에 공급하였다. 농장에서, 그들은 신선한 야채와 과수를 생산하여 도시의 소비에 충당하였다. 농민들이 짜낸 모든 종류의 기름은 음식

조리, 등불, 그리고 방수처리에 쓰였다. 설탕은 정제되고 결정結晶되었고, 삼베, 모시 그리고 비단 면직물은 수없이 많은 향촌에서 판매를 위해 생산되었다. 인쇄술의 도입으로, 종이 생산은 출판과 정부 문서 그리고 전등 갓, 화장실 휴지, 심지어 의복 생산을 위한 수요에 맞추기 위해서 급증하였다. 보다 교역 지향적인 남부 지역에서, 사람들은 상업 작물 생산에 종사하였고 그들의 일상 식료품 공급은 대규모의 지역 간 거래 시장에 의존하였다. 심지어 양식장을 위한 어란魚卵, 누에를 위한 뽕나무 잎과 같은 농촌 생산품에 쓰이는 원재료들이 수입되어 가공 처리된 이후에 완제품으로 재수출되었다.

이러한 모든 교역은 성장하는 도시 중심지를 거쳤다. 당대에 교역을 기반으로 성장한 가장 중요한 도시는 강도였는데, 이는 양자강과 한구邗溝의 교차점에 위치하였다. 남부 지역에서부터 도성을 향해 가는 모든 재화는 강도를 지나갔다. 중앙 조정이 가장 기본적인 수요들을 거의 전적으로 동남부 지역에 의존하면서, 이 거대한 교역 중심지는 제국 경제의 핵심이 되었다. 강도는 소금, 차, 목재, 보석, 약초와 같은 천연 자원뿐만 아니라 구리 제품, 실크 그리고 양단에서 선박에 이르기까지 다양한 공산품의 주요 환적 중심이었다. 그곳은 안녹산의 반란 이후 소금 전매가 실시되면서 훨씬 더 부유해졌다. 7세기로 넘어가는 시기에 강도의 인구는 대략 4만 명에서 8세기 중반에는 50만 명에 육박하는 수준으로 성장하였다.[53]

53) Kiang, Heng Chye. *Cities of Aristocrats and Bureaucrats*. pp.72-83.; 史念海, 『唐代歷史地理研究』, pp.234-249, 314-318.

이 남부 도시는 북부 지역의 도성보다도 통제와 규율로 단속하기가 훨씬 더 어려웠다. 장안이나 낙양과 같이 건물이 주요 대로에까지 뻗어 있었을 뿐만 아니라, 도심지는 도시의 성벽을 넘어서까지 뻗어나갔다. 새로운 외성은 대운하의 제방을 따라서 중원 평야를 가로질러 퍼져 나가서 구도시의 남부 지역으로 이주해 온 사람들을 수용하기 위해 건설되었다. 최근에 발굴된 묘비석에 새겨진 비문들은 문 밖에, 특히 동쪽에 많은 구역이 위치하였음을 보여 주고, 당대 글들은 동일한 지역에 수많은 불교 사원이 있었음을 증언하고 있다. 838년 강도를 방문한 일본의 구법승인 엔닌은 교외 주민들이 운영하는 수많은 가게들을 묘사하였다.

지역 시장은 날이 어두워진 이후에도 계속 열렸고 운하나 강에는 한밤중에도 화물을 운반하는 배들이 운행하고 있었다. 강도의 야시장과 그 저녁시간 전등 조명에 대한 묘사는 당대 작가의 몇몇 시문이나 수필에 등장한다. 장호張祜(792-852)의 시 한 대목은 주요 동서 대로가 시장과 시장을 연결해 주고 도시를 통과해서 교외로 뻗어나간다고 설명한다. 도시의 남북 도로들은 또한 주요한 상업 거리들이었다. 그중에서도 운하를 따라 뻗은 두 도로는 강도라는 도시의 형성에서 수상 운송의 중요성을 보여 주고 있다. 운하의 협소함으로 인하여 826년 염철 전운사는 그 도시 주위를 따라 지나가는 수로를 건설하였고 그 결과 소금을 운반하는 홀수吃水가 깊은 선박들이 보다 신속하게 북부 지역으로 운항할 수 있었다. 도시 운하들은 당시에 완전히 상업용으로 전환되었고 그 수로를 따라서 보도와 가판대가 이어져 있었으며 상품을

판매하는 소형 선박으로 가득 차 있었다.[54]

양주 이남에도 교역 루트의 네트워크를 따라서 많은 다른 도시들이 팽창하고 부유해졌다. 강도에서 양자강을 건너면 나오는 경구에 대해서 이덕유李德裕는 "960킬로미터 이상의 수향水鄉으로 둘러싸여 있고 1만 척이 넘는 돛단배가 지나다녔다."라고 묘사하였다. '수향' 지대는 태호 주변 지역으로서 당 후반에는 제국에서 가장 생산력 높은 농업지대였고 경구의 부유함의 주요 원천이었다. 8세기 중반에, 작가 위검韋檢은 경구에서 와서 도성에 도착한 상인들의 배는 그 수가 강도 다음으로 많았다고 설명하였다. 경구의 동남쪽으로는 소주와 항주가 있었다. 백거이는 소주가 강도보다 훨씬 더 인구가 많고 장안보다도 더욱 활기찼다고 설명했다. 시인 두순학杜荀鶴은 소주와 항주의 야시장에 대해서 다음과 같이 칭송한다.

다리 주변 야시장의 불빛이 반짝거리고
사찰 밖에서 배들이 봄바람에 쉬어 간다[55]

또 다른 작가는 항주에서 3만 개 이상의 돛대가 운하를 따라서 거의 15킬로미터나 늘어서 있었다고 묘사했다.[56]

---

54) Reischauer, Edwin O. *Ennin's Diary*. pp.16-20, 23. 강도의 시장과 등불에 대한 당시 속 언급들은, Kiang, Heng Chye. *Cities of Aristocrats and Bureaucrats*. p.82. 참조.

55) "夜市橋邊火, 春風寺外船."「送友遊嗚越」-역주

56) 史念海, 『唐代歷史地理研究』, pp.324-326.; Kiang, Heng Chye. *Cities of*

대운하를 따라 가다 보면 황하 바로 남쪽에 위치한 변주汴州(오늘날의 하남성 개봉시)는 교역의 중심지가 되었지만, 남부 도시들과 같이 폭발적으로 확대되지는 못했는데, 그것은 그 지역을 괴롭혔던 군사적 분쟁과 대규모 군대를 지원해야 하는 부담 때문이었다. 그러나 오대시기의 반세기 동안에, 그곳은 두 국가의 수도가 되었고 (개봉이라는 새로운 이름하에) 북송의 수도로 등장하였다. 사천성 성도成都는 강도에 버금가는 부를 지닌 도시로 알려져 있었는데, 대체로 그 지역에서 생산되는 공예품들 때문이었다. 특히 종이와 차가 높은 품질로 유명하였지만, 무엇보다도 직물업의 중심지로서 유명하였다. 성도 남쪽의 금리錦里는 제국 전체에 널리 알려졌고, 이는 위장의 시에서도 잘 표현되어 있다.

> 비단 거리와 양잠 시장에는
> 진주와 비취로 길거리가 가득 찬다
> 수만 명의 붉은 빛 화장을 한 얼굴들과
> 옥으로 만든 매미와 금으로 만든 공작새
> 곱게 땋은 상투머리와 찰랑거리는 꽃다발 머리장식
> 그리고 수를 놓은 옷 길게 늘어뜨린다
> 해가 비스듬해지지만 돌아가는 사람은 보기 힘들고
> 청루靑樓가 멀리 있다[57]

Aristocrats and Bureaucrats. p.82.

57) "錦里, 蠶市. 滿街珠翠, 千紅萬妝. 玉蟬金雀, 寶髻花簇鳴璫, 綉衣長.

그 도시는 또한 남조南詔(지금의 운남성 지역)로부터 수입되는 외국의 진기한 물품들로 넘쳐났다. 그러나 북부 지역으로의 교역은 험준한 산길을 거쳐야 했고, 양자강을 따라 내려가는 수운은 위험한 바위 협곡들을 거쳐야 했다. 결국 동남부 지역에처럼 대규모 거래가 발전할 수는 없었다. [58]

세금과 화폐

도시와 농촌에서의 변화하는 삶뿐만 아니라, 당대 교역의 확대는 국가가 상업으로부터 세금을 거두기 위한 내부 관세 네트워크의 확대를 가능하게 해 주었다. 8세기 후반에 이르러서 주요한 지역 도시들에 배치된 관리들은 상인들의 물품들을 조사하여 2퍼센트 정도의 세금을 매겼다. 9세기에 지역에서 권력을 장악한 군사 지도자들은 도로와 수로를 따라 설치된 당 정부의 통제소들을 세관으로 전환시켰다. 농촌에서 발전한 비공식적인 시장에서, 영향력 있는 지역 지주 또는 상인은 일반적으로 정부를 위해서 세금을 대신 거두어 주는 계약을 맺었고

日斜歸去人難見, 靑樓遠." 韋莊, 「怨王孫」-역주

58) 개봉에 대해서는, Kiang, Heng Chye. *Cities of Aristocrats and Bureaucrats*. pp.87-90.; 史念海, 『唐代歷史地理研究』, pp.319-321. 성도成都와 사천에 대해서는, 史念海, 『唐代歷史地理研究』, pp.330-333.; 嚴耕望, 「唐伍代時期的成都」. 직물업 도시 성도에 관한 시에 대해서는, Yates, Robin. *Washing Silk: The Life and Selected Poetry of Wei Chuang (834?-910)*. p.195. 성도에 대한 다른 시들의 표현은, pp.227, 228 참조.

그 시장의 우두머리가 되었다. 보다 더 큰 농촌 시장 중 몇몇은 결국 세금을 보다 효율적으로 거두기 위해서 정부의 직접적인 통제하에 두었다. 이러한 세금은 군사 지도자들의 재정적 기반이 되었고, 그들의 지역 행정부는 당 제국이 멸망한 이후에 분열되어 다양한 국가로 발전하였다.[59]

지역 간 거래의 성장과 더불어 제국 전체를 포괄하는 금융거래에 대한 필요성이 더욱 커졌다. 결국 당 말과 송대 사이의 시기는 지폐, 약속어음 그리고 다른 형태의 종이로 된 신용거래에서 혁명적 변화가 발생하였고, 이는 현금이라고 알려진 많은 양의 무거운 동전 꾸러미들을 대체하였다. 현금과 물품의 장거리 운송과 교환에 드는 비용은 당대 초반부터 이미 증가하기 시작하였다. 동시에 종이돈은 죽은 이들에게 재물을 전달해 주기 위해 사용되었는데, (장례식에서) 종이로 만든 다른 제품들과 더불어 불에 태워서 사후의 세계로 전달되었다.[60]

살아 있는 사람에게 종이돈의 가장 중요한 초기 형태는 '식권'이었다. 이는 군부대에 소속된 병사들이 고향에서 곡식으로 구입한 영수

59) Twitchett, Denis. *Financial Administration under the T'ang Dynasty*. pp.52-58, 118, 122-123.; Twitchett, Denis. "Merchant, Trade, and Government in Late T'ang." *Asia Major*, n.s. 14:1 (1968): 63-95. pp.78-80.; Twitchett, Denis. "The T'ang Market System." pp.240-242.; Sen, Tansen. *Buddhism, Diplomacy, and Trade: The Realignment of Sino-Indian Relations, 600-1400*. Honolulu: University of Hawai'i Press, 2003. pp.153-154.

60) Hou, Ching-lang. *Monnaies d'offrande et la notion de tresorerie dan la religion chinoise*. Paris: Memoires de l'Institut des Hautes Etudes Chinoises, 1975. pp.3-17.; Dudbridge, Glen. *Religious Experience and Lay Society in T'ang China: A Reading of Tai Fu's Kuang-i chi*. Cambridge: Cambridge University Press, 1995. pp.54-55, 94-97, 99, 101, 106.

증으로서 후에 그들의 복무지에서 그것을 이용해서 음식을 살 수 있도록 한 것이었다. 8세기에 당 정부는 상인들이 도성에서 정부로부터 권리를 구입하는 '날아가는 현금'을 개발했는데, 이것들을 지방 금고에 가져가면 (도성에서 구입한 액수와) 동일한 액수의 현금을 인출할 수 있도록 해 주었다. 따라서 국가와 상인 모두 큰 규모의 동전을 옮기는 위험을 피할 수 있었다. 당 말기에 민간에서는 다양한 종류의 종이로 된 신용 증권을 만들어 내었다. 예치소에서는 현금(동전), 금화, 은화를 수수료를 받고 보관하고 예금자의 예금을 담보로 수표를 발행해 주었다. 이러한 환전상들은 금 세공인이나 은 세공인과 함께 이후 점차 현금과 매우 유사하게 사용되었던 어음을 발행하였다.

10세기에, 중국이 여러 독립국으로 분열된 이후, 지역의 경제적 세분화는 이러한 경쟁자들이 필수적인 품목에 대한 '국제적인(중국 내 분열된 국가 간의)' 교역에서 서로 협력하도록 만들었다. 구리의 부족으로 몇몇 나라는 납, 철, 심지어는 도자기 주화를 만들어서 법정통화로 사용하였다. 그들의 값비싼 구리 수급에서의 고갈을 방지하기 위해서, 다른 국가들은 뒤를 이어 구리의 수출을 금지하였다. 이러한 국가들의 세계에서는 일단 서로 간에 교역과 전쟁을 하게 되면서, 17·18세기 유럽의 중상주의나 금은 통화주의 정책과 유사한 정책들을 만들어 내었다. 그 국가들은 값비싼 금속이나 구리를 전략적인 목적을 위해서 예비물로 비축해 두었고 이것들의 어떠한 순유출도 일어나지 않도록 막았다.

동전을 대신하였던 납, 철, 도자기 화폐는 초기적인 신용지폐로서 그것들은 그 주화가 만들어지는 금속의 내재적 가치보다는 관습과 신용에 기반을 두었다는 공통점을 갖고 있다. 다시 말해서, 그것들은 비귀금속이나 점토로 만들어졌다는 점을 제외하면 지폐와 매우 유사한 기능을 하였다. 따라서 엄밀한 의미의 지폐가 송 정부에 의해서 1024년 사천에서 도입되었던 것은 놀랄 일이 아니었다. 구리는 여전히 화폐의 가장 주요한 형태로 남아 있었지만, 지폐와 신용장이 중화 제국 경제사에서 주요한 역할을 하였다.[61]

중국 사회에서 대규모 교역으로 발생된 또 다른 중요한 변화는 사업 거래의 증가하는 복잡성과 그 결과로서 발생하는 새로운 사업의 등장이었다. 선적 중개인들은 다양한 상품을 적합한 선박에 안배해 주는 역할을 하였는데, 이들은 주요 수로를 따라서 활동하는 핵심적인 존재들이었다. 선박의 선장과 선원은 상인 또는 투자자한테 고용되어 그들의 물자를 운반하였고 대운하를 따라 거주하는 배 타는 사람들은 점차 대규모로 독자적인 공동체를 만들어 자신들만의 종교적 신앙을 발전시켰다. 선적 상품의 보관업이 독립적인 사업이 되면서, 창고 관리인들은 상근의 경비원을 거느리고 사설 창고뿐만 아니라 수위가 너무 낮아서 운반할 수 없는 계절 동안 주로 쌀을 보관하기 위해서 운하를 따라 건설된 거대한 국가 곡식창고의 관리인으로 근무하였다.

국가의 허가를 받은 중개인들은 이전에는 부동산, 가축 그리고 인력의 거래를 중개하고, 기록하고 세금을 부과하는 업무에만 종사하였던 반면에 이제는 시장에서 객상과 소매상의 활동을 조정하는 핵심적

---

61) Elvin, Mark. *The Pattern of the Chinese Past*. 2장.

인 인물이 되었다. 많은 부유한 사업가들은 상근직 관리인을 고용하여 자신들의 폭넓은 재정적인 이해관계를 다루도록 하였는데, 그 관리인들은 때때로 농노와 그 주인 사이의 관계와 거의 유사한 관계를 맺었다. 사업 관리인에 대한 수요가 늘어남에 따라, 그들은 때때로 자신들만의 상당한 재산을 축적할 수 있었다. 대부분의 이러한 상업적 혁신은 송대 치하에서 완전하게 발전하게 되지만, 그 혁신은 당말에 처음 시작되었다. [62]

---

62) Elvin, Mark. *The Pattern of the Chinese Past*. pp.172-174.

5

| 농촌 사회 |

8세기에서 9세기 사이, 중국 사회는 중세 경제 혁명이라고 묘사되기도 하는 중대한 변화를 겪었다. 이것은 송대에 절정을 이루지만, 그 핵심적인 변화는 당대에 시작되었고 오대 시기에 이르러 중국 남녀의 생활을 근본적으로 바꾸어 놓았다. 이러한 경제적 진보는 도시 거주자와 대운하를 따라 종사하는 상인에게 가장 두드러지게 나타났지만, 당대 농촌 사회 역시 수많은 혁신을 이 시기에 겪었다. 토지 소유 양식의 변화, 농업기술의 진보, 농업의 상업화, 지역적 시장 도시의 성장, 원거리 교역을 위한 곡식의 생산 등을 그 대표 사례로 들 수 있다.

토지 소유의 새로운 양식

초기 당 정부는 북주北周와 수隋로부터 계승한 균전제를 시도하였는데, 그 제도는 국가 소유의 토지를 소작농에게 그들의 노동수명기 동안 분배하여 경작하도록 한 것이었다. 당 정부의 정책은 국가에 대해서 세금과 노역을 제공하는 소규모 자작농의 이상을 실천하고자 하였던 것이다. 이는 중국 역대 정부가 대규모의 방치된 자산을 국가 소유로 전환하여 강제 이주된 사람들에게 경작하도록 하였던 일련의 시도들 중에서 최후의 방법이었다. 그러나 균전제는 시작부터 제한적으로 실시되었다.

우선, 균전제는 특정 지역에 한정적으로 시행되었다. 위진남북조 시기에 이전의 북주나 수 정부는 그들이 통치하는 영역인 관중과 북서부 지역에서만 그 제도를 시행하였다. 당 정부는 그 시행을 동북 지역으로 확대하였지만, 그 지역에 대한 미약한 통제력은 그곳에서 균전제가 결코 완전하게 시행되지 않았음을 의미하였다. 안녹산의 반란은 북부 지역에서 그 제도의 시행을 종결시켰다. 균전제는 양자강 지역에서도 시행되지 않았는데, 이는 안녹산의 반란 이후 그 지역에서의 국가 수입이 소금 전매 제도와 상업 활동에 대한 세금 부과로 충당되었고, 소작농가에 대한 세금에서 나온 것이 아니라는 점에서도 이해될 수 있다. 다만 안녹산의 반란은 남부에는 영향을 미치지 않았기 때문에, 기존의 균전제가 북부의 경우처럼 사라질 이유가 없었다.

균전제의 두 번째 중요한 한계는 합법적인 예외들이 균등이라는 그 근본적인 주장을 놀림감으로 만들었다는 점이다. 당대 초반 법률 개혁으로 개개의 소작 가구가 부여받는 토지의 양을 크게 줄였고, 특히 여성, 노비 그리고 가축은 부여하는 토지의 양을 정할 때 고려하지 않았다. 동시에 다른 범주의 주민들은 그 가구 내의 성인 남성의 숫자와 관계없이 거대한 양의 토지를 부여받았다. 불교와 도교 사원은 많은 면적의 토지를 소유하였고, 정부 관리들은 그들의 관등에 준해서 항구적으로 소유할 수 있는 권리를 부여받았으며, 지정된 국유지로부터의 수입은 봉급을 지불하는 데 사용되었다. 당대 관료 체계의 규모를 고려해 볼 때, 특히 측천무후 이후에, 관리나 그들의 봉급으로 상실된 토지의 양은 상당했다. 게다가 국가는 정기적으로 종교 기관과 관리에게 토지를 상으로 내렸다.

　토지를 부여받은 다른 그룹의 사람들은 군인의 가족이었다. 이들 대부분은 이러한 가족은 정부 관리들의 가족처럼 관중 지역에 살았다. 그 결과 정부가 진정으로 '균등한' 제도를 실현할 수 있었던 바로 그곳에서, 소작농 가구에 수여될 수도 있었을 많은 토지 자산이 분배의 순환에서 빠져나가게 되었다. 결국 국가는 관개가 잘되고 생산력이 높은 대규모의 농지를 따로 잡아 군사기지의 군인들에게 분배하였고 지역 정부를 위한 재정 수입으로 제공하였다. 군대의 말을 기르는 데 사용하였던 목초지는 그 토지 순환에서 제외되었다.[1]

　균전제에서 세 번째 중요한 한계는 남북조, 수 그리고 당대 초기에

1) 韓國磐,『隋唐伍代史綱』, 人民出版社, 1979. pp.158-161, 167-169, 291.; 王仲犖,『隋唐伍代史』, 上海人民出版社, 2003. pp.252-254, 270-272.; Elvin, Mark. *The Pattern of the Chinese Past*. pp.61-63.

건설되었던 대규모의 토지 부동산에 대해 당 정부가 용인하였다는 점이었다. 이러한 토지들은 조정 관료의 가족, 지역 지주, 부유한 상인, 주요 불교 사원 그리고 보다 적게는 도교 사원에 소속되어 있었다. 당왕조 초기의 토지 부동산의 규모와 숫자는 가늠할 수 없지만, 여러 역사서에서 (그 폐해에 대해) 자주 언급되는 것을 보면 상당한 규모의 토지, 특히 도성 주위 토지의 상당 부분이 균전제 실시 당시에도 그 토지 부동산에 묶여 있었음을 알려준다.

그 개개인이 표면적으로는 국가 소유인 토지를 사고팔게 되면서 문제는 더욱 악화되었다. 토지 소유의 집중화를 금지하는 황제의 칙령이 거듭 반포되었지만, 그 효과가 매우 의심스러웠다는 점은 안녹산의 반란이 발생하기 10년 전에 작성된 다음의 글에서 분명해지고 있다.

> 귀족, 관료, 지방의 권문세가 들은 자신들의 사유지를 경쟁적으로 넓히니 서로 맞닿아 있을 정도이고, 법 규정의 걱정 없이 자신들이 원하는 대로 농민의 토지를 집어삼킨다. 그들은 '새로운 토지의 개간'을 구실로 숙답熟畓을 빼앗아 가고 가축을 키우는 자들은 구릉과 계곡을 제한 없이 차지한다. 그들은 불법으로 농민의 균전을 사들이고, 몇몇은 호적대장을 고치기도 하고, 그 외의 경우에는 "토지를 담보로 빌리는" 것이라고 표현한다. 그들은 농민에게 살아갈 곳을 남겨 두지 않는다.[2]

이 글의 수사법은 과장되고 관습적이었지만, 그럼에도 이 글은 당

---

2) 韓國磐, 『隋唐伍代史綱』, pp.164-166.; 王仲犖, 『隋唐伍代史』, pp.230, 301.

시 시골의 상황을 짐작하게 해 준다.

토지 개발이 대규모로 이루어지면서 농민 가구들은 국가 기록에서 사라지게 되었고, 이것은 국가 입장에서는 그들이 납부하던 세금과 부역 또한 없어지게 된 것을 의미하였다. 위에서 인용한 글이 알려주듯이, 그들의 재산을 확대시키고 있었던 지주들은 종종 토지의 불법적인 거래를 감추기 위해서 지방의 공식 자료에서 없애고자 하였다. 이러한 '사라진' 농민 가구들은 지주의 압력 때문만이 아니라 세금과 부역을 피하고자 하는 그들 자신의 욕구에 의해서도 발생하였다. 한대 농민의 경우와 마찬가지로, 당대 농민의 입장에서도 부유한 지주의 이름 없는 소작농이 되는 편이 세금을 내야 하는 국가의 백성이 되는 것보다 훨씬 유리하였다. 다른 영세농들도 북부 지역의 농촌에서 사라졌는데, 이들은 새로운 농기구와 역축役畜의 활용으로 보다 적은 인력으로 보다 넓은 지역에 대한 농사가 가능해진 지주들에 의해서 쫓겨나게 되었다. 이들 농민 중 몇몇은 도시로 가서 극빈한 걸인이 되었지만, 많은 이는 남쪽 지역으로 이주해서 당 초기까지 여전히 발전 중이던 그 지역에서 새로운 토지를 개간하였다. 이 사라진 농민 가구의 문제는 매우 심각해서 특별 전담 관리들은 그러한 농민들을 배치하고 그들에게 토지를 부여해 주는 역할을 담당하였다. 또 때로는 임시적으로 세금 경감 조치를 취해 그들이 국가의 (조세 대상) 장부에 다시 들어가도록 해 주었다. 이러한 관리 중에서 가장 널리 알려진 우문융은, 723년에 대규모 관원과 함께 80만 가구를 공식 장부에 복귀시켰는데, 80만 가구라는 숫자는 그 문제의 심각성을 알려준다고 하겠다. 사라

진 가구들을 찾으려는 국가의 추가 조치들이 안녹산의 반란 이전까지 지속적으로 이어졌다.[3]

따라서 왕조 초기부터, 국가 소유 토지에 대한 균전제는 대규모의 개인 소유의 토지와 더불어 존재하였고, 이후부터는 아마도 사유지가 균전제가 적용되는 토지를 능가하였다고 생각된다. 시간이 흐르면서, 관리와 사원에 토지를 수여하는 국가의 관행, 교역과 상업적 농경을 통해 자신들의 부를 축적하였던 가구의 대규모 토지의 구입, 그리고 남부 지역에서의 새로운 토지의 개간은 점차 국가 소유의 토지를 감소시키고 개인의 재산을 증식시켜 주었지만, 과거 호적에서 누락된 가구들에 의해 8세기 초반에 이루어진 새로운 토지의 개간은 증가하는 토지 사유화 현상을 어느 정도 숨겨 주었다. 군 부대가 감소하고 절도사들이 군량 보급을 책임지면서, 이전에 국가 소유의 토지가 수행하던 몇 가지 주요한 역할은 그 중요성이 줄어들었다. 균전제는 안녹산의 난 발발과 더불어 완전히 붕괴하였는데, 이 현상은 국가 (호적·토지) 등록부의 파괴, 반독립적인 절도사들에 의한 북동부 지역의 장악, 그리고 당 왕조에 충성하던 절도사들이 자신들의 모든 조세 수입을 군대에 지불하게 되면서 일어난 황하 중류 지역으로부터의 조세 수입의 상실 등이 그 직접 원인이었다.

균전제의 붕괴와 사전私田의 집중화는 모두 제국에 해로운 것은 아니었다. 대토지의 발전은 궁극적으로는 부의 축적을 통해 정치세력이 되기 위한 출발점이었다. 이는 지역 세력 형성을 통해 영향력을 갖

---

3) Pulleyblank, E. G. *The Background of the Rebellion of An Lu-Shan*. pp.29-32.

고자 하였던 새로운 가문의 성장을 가능하게 해 주었다. 역사서와 문학작품의 일화들은 어떻게 비천한 출신의 인물들이 "서로서로 연결된 수십 명의 사람과 더불어 도성의 남쪽에 비옥한 토지를" 갖게 되었는지 또는 낙양 근처의 벼락부자들이 "도성에 수백만 그리고 수많은 토지"를 갖게 되었는지 이야기해 준다.[4] 이러한 신진 가문들은 무측천과 그 이후의 여러 황제의 권력에서 핵심적인 존재였다.

더욱 중요한 것은, 사유지의 등장과 새로운 농업 기술과 장거리 교역의 성장 사이에는 분명한 연결고리가 있었다는 점이다. 특히 농업 기술과 장거리 교역의 성장과 같은 두 가지 발전은 많은 사람들의 생활수준을 향상시켰고, 이는 국가의 세금 수입을 증가시켰다. 더 큰 부를 필요로 하였던 가장 중요한 기술은 밀가루 제분 방식이었다. 당대에는 제분 제품에 대한 소비가 매우 두드러졌는데, 특히 북쪽 지방의 밀과 남쪽 지방에서는 나는 사고Sago 가루가 유명하였다. 사고는 야자열매 가루로 남쪽 지역에서 나는 하얀 씨로 된 율무와 더불어 유명하였다. 이에 대해서는 위장의 시에서 잘 묘사되고 있다.

곡물 중에 율무가 빠지면 부끄럽게 여기고,

밀가루 중에는 사고 야자열매(가루)가 있으면 크게 기뻐한다.

특히 도성과 북부 다른 지역 도시에서는 길거리 노점상의 터키식 케이크와 페이스트리는 매우 큰 인기를 끌기도 했지만, 국가 전체적으

---

4) 韓國磐, 『隋唐伍代史鋼』, pp.289-291.

로는 밀가루 음식이 널리 퍼졌다.[5]

　이러한 제품들에 대한 수요가 증가할수록, 부유한 지주들은 흉작에도 가족의 생계에 대한 위험 없이 상당한 농지를 도시 시장에서의 판매를 위한 밀 생산을 위해 사용하였다. 상당한 자본을 가진 이들은 판매용 밀가루를 생산하는 자신들만의 수력 제분소를 건설하고 운영할 수 있었다. 남북조 시기에는 새로운 제분 기술이 불교 사원과 몇몇 민간 지주에게만 금전적 도움을 주었지만, 당대에는 수많은 황실 친족, 귀족, 고위 관료, 불교 사원, 도교 사원, 그리고 상인이 이익을 위해서 제분소를 직접 운영하거나 임대해 주었다. 측천무후의 퇴위 후 현종의 즉위 사이에 조정을 지배하였던 태평공주는 수력 제분소의 통제를 두고 불교 사원과 장기간 분쟁을 벌였다.[6]

　제분소에 동력을 제공하기 위해 농업용수를 나누어 쓰게 되면서 관개용수가 그만큼 줄어들었고, 777년에는 장안의 경조윤에게 인근의 모든 제분소를 없애달라는 농민들의 상소가 올라오는데, 그 대상에는 황실 친족과 안녹산의 반란 진압에 큰 공을 세운 곽자의 장군의 제분소도 포함되었다. 때때로 국가는 제분소 해체를 명하기도 했지만, 이

---

5)　布目潮渢, 『中国の歴史4 隋唐帝国』, 栗原益男共著, 講談社, 1974. pp.297-298.; Schafer, Edward H. "T'ang." *In Food in Chinese Culture: Anthropological and Historical Perspectives*. Ed. K. C. Chang. New Haven: Yale University Press, 1977. pp.89-90, 92-93.; Needham, Joseph, and Francesca Bray. *Science and Civilisation in China*. Vol. 6, *Biology and Biological Technology*, Part 2, *Agriculture*. p.461.

6)　Gernet, Jacques. *Buddhism in Chinese Society: An Economic History from the Fifth to the Tenth Centuries*. Tr. Franciscus Verellen. New York: Columbia University Press, 1995. pp.142-150.; Ch'en, Kenneth K. S. *The Chinese Transformation of Buddhism*. Princeton: Princeton University Press, 1973. pp.151-156.

러한 조치는 지속적인 영향을 미치지 못하였다. 밀가루 공급의 감소
는 곧바로 가격의 상승으로 이어졌고, 새로운 제분소의 건설과 운영
은 더욱더 큰 이익을 보았다. 또한 국가 입장에서는 제분소로부터 조
세 수입을 거두어들였기 때문에 이러한 사업들을 오래토록 문 닫게 하
고 싶지 않았다. 결국에는 권세가와 부유한 가문의 이익 추구가 농민
의 생계 보장에 대한 요구보다 상위에 놓이게 되었다.[7]

당대에 부유한 가문과 사원의 대규모 토지 소유는 새로운 스타일
의 토지 자산을 조직하였고, 이는 남조 왕국에서 시작되어 북부 지역
으로 전파되었다. 그 원형은 5세기 초의 공령부孔靈符의 토지 자산에
서 보이는데, "그는 영흥永興(강서성 부근)에 장원莊園을 건설하였다. 그
것은 둘레가 33리에 265만경 넓이의 수륙지水陸地로 이루어졌다. 그
곳에는 2개의 산과 9개의 과수원을 포함하고 있었다."[8] 어떤 점에서
는 한대 대가문의 토지 자산과 유사한 점이 있었지만, 공령부의 토지
자산은 몇 가지 측면에서 한대의 것들과는 중요한 차이가 있었다. 그
한 가지는 풍부한 수자원의 존재였는데 이는 점점 더 많은 토지 자산
이 더 습윤한 남부 지역에 위치해 있었기 때문이다. 또 다른 점은 그들
의 토지 자산 내의 특출한 산들의 존재였는데, 산들의 미적인 가치가
남조 왕조들에서는 보다 높게 인정받았다. 세 번째 차이점은 과수의
풍부함과 다양성이었다. 과수원은 한대 토지 자산의 오랜 특징이었지

---

7) 布目潮渢, 『中国の歴史4: 隋唐帝国』, pp. 298-299.; Gernet, Jacques. *Buddhism
in Chinese Society: An Economic History from the Fifth to the Tenth Centuries*.
pp.145-146.; 韓國磐, 『隋唐伍代史鋼』, pp.159, 164, 304.

8) 韓國磐, 『隋唐伍代史鋼』, p.298.

만, 당대 이전 남북조 시대 동안, 과수들은 주식을 생산하는 농지보다 더 큰 인기를 끌었는데, 이는 과수의 판매를 통해 더 많은 이익을 얻을 수 있었기 때문이다.

당대의 토지 자산(장원)은 이전 세기의 토지 자산과 많은 공통점을 갖고 있었지만, 안녹산의 반란 이후에는 특히 몇 가지 점에서 중요한 차이가 나타났다. 고대의 토지 자산은 일반적으로 단일한 단위의 토지와 그 부속물로 구성되어 있었다. 심지어 몇 세대에 걸쳐 가문의 재산을 여러 사람의 소유로 나누어 놓은 이후에도, 이러한 더 작아진 토지 자산은 여전히 서로 인접해 있었고 이러한 인접성은 친족에 의한 공동 협동 작업을 가능하게 만들었다. 반대로 당대의 장원은 일반적으로 여러 지역에 분산되어 있었고, 장원의 몇몇 대지는 지주의 거주지로부터 50에서 60킬로미터 떨어진 곳에 있는 것도 있었다. 몇몇 극단적인 경우는 가문의 자산이 주현 지역보다도 더 넓은 범위에 걸쳐서 분산되어 있기도 하였다. 그 당대의 문학작품은 "몇십 개의" 혹은 "수도 없이 많은" 토지 자산을 보유한 부자들에 대한 이야기들을 포함하고 있다. 야심 있는 토지 개발업자들은 물론 심지어는 중간 수준의 지주들조차도 기회만 있다면 전답과 과수원을 획득하고자 하였다. 오로지 상대적으로 하위의 지주들이 보유한 작은 토지 자산만이 단일한 단위로 이루어졌을 것이다.

농부이자 은일 시인이었던 육구몽陸龜蒙은 보통의 지주로서 딱 들어맞는 사례이다. 그는 남부 지역인 소주에서 동쪽으로 23킬로미터 떨어진 곳에 2만 평에 조금 못 미치는 작은 농지를 소유하고 있었다. 그러나 그는 또한 목재 생산을 위해 소주에서 11킬로미터 떨어진 곳에 산지를 그리고 수백 킬로미터 떨어진 곳에는 차밭을 소유하고 있었다.[9] 육구 몽의 3곳의 토지 자산은 서로 다른 경제적 용도로 쓰이고 있었다. 차와 목재는 의심의 여지없이 상업적으로 판매되었고 이로써 얻은 이익은 다른 토지 자산에서 얻어질 수 없는 물품과 음식물을 구입하는 데 사용 되었다. 물리적으로 분리된 토지 자산은 그의 금융 거래 계정 속에서만 하나로 합쳐질 수 있었다. 자산의 분산화 경향은 농업의 증가하는 상업 화의 결과이면서 또한 그러한 현상을 촉발시켰다. 단일한 자급자족적 인 장소에서 농장 사업의 모든 다양한 필수품을 직접 생산하기보다는, 당대의 지주들은 몇몇 분산된 장소에서 판매를 위한 다양한 농산품을 생산하였는데, 그 모든 것은 농산물 거래를 위한 시장과 필연적으로 연 결되었다.

종교 사원의 토지 역시 몇 개의 자산으로 나뉘어 있었다. 오늘날의 산서성 지역에 있었던 사찰의 비문에는 목재 생산을 위한 산림 부지와 개간되지 않은 구릉 지대 토지를 비롯해서 "크고 작은 일곱 개의 토지 자산"에 대한 소유권이 명시되어 있었다. 일본의 승려 엔닌은 자신의 여행기에서 산동 지역의 예천사醴泉寺의 과수원에 차를 마시러 들렀던 일에 대해서 설명한다. 그 사원 자체는 과수원에서 1킬로미터 정도 떨 어져 있는데 "낡아 허물어져 있고, 채식주의 식습관이 많지 않았다. 그 신성한 장소들은 점차 무너져 가고 있었고, 그것을 수리하는 이는 아 무도 없었다. 그 사찰의 15개의 토지 자산은 오늘날에도 남아 있다. 그

---

9) 王仲犖, 『隋唐伍代史』, pp.307-310.; Elvin, Mark. *The Pattern of the Chinese Past*. pp.80-82.

곳에는 원래 100여 명의 승려가 있었지만 자신들의 운명에 따라 흘어
져 버렸고, 이제는 다만 30명이 남아 생활하고 있었다." 심각한 쇠퇴
의 상태였음에도, 그 사찰은 여전히 소규모지만 서로 떨어져 있는 재
산을 보유하고 있었다.[10]

시간이 지남에 따라, 장원에서 토지의 각 구획은 그 자체만으로도
토지 자산으로서 알려지게 되었다. 전직 재상이었던 최군崔群의 일화
는 각각의 '토지 자산'이 사업의 개별 단위로 여겨지고 있었음을 보여
준다. "그가 은퇴하였을 때에, 그의 부인 이씨는 그에게 온갖 기회를
이용해서라도 그의 후손에게 물려줄 토지 자산을 만들어 둘 것을 요구
하였다. 그러나 그는 웃으며 말하길, '나는 전국에 널리 퍼져 있는 30개
의 훌륭한 토지 자산이 있는데, 걱정할 것이 무엇이 있는가?'라고 말하
였다. 그의 아내가 대답하길, '나는 당신이 그러한 토지 자산이 있다는
소리를 들은 적이 없다.'라고 하였다. 최군은 이에 '작년에 나는 30명을
과거시험 합격자 명단에 심어 놓았다. 어떻게 이들이 좋은 밭이 아니
라고 할 것인가?'라고 대답하였다."[11]

당대 말기의 장원과 이전의 토지 자산 사이의 중요한 차이점은 소작
인의 법적인 지위였다. 당률은 백성을 3그룹으로 구분하였다. 계급상
가장 높은 위치에 자유민(관료 가족과 일반인을 포함), 가장 낮은 위치에
노비, 그리고 그 중간 위치에 농노인 부곡部曲[12]이 있었다. 부곡은 한

---

10) Reischauer, Edwin O. *Ennin's Diary*. pp.202-203.

11) 王仲犖, 『隋唐伍代史』, p.308.

12) 고려와 조선시대의 경우에 특별한 직종에 종사하는 천민이 거주한 특별
     행정구역을 지칭하였던 부곡과는 약간의 의미의 차이가 있다.-역주

대 말기부터 군인을 지칭하던 표현이었는데, 이후에 주로 가병家兵 집단의 사병을 지칭하게 되었다. 당대 초기가 되면서, 부곡 또는 '농노'는 세력이 있는 가문에 소작인으로서 세습적으로 종속된 '천민'을 지칭하는 법적인 범주였다. 당 말기의 어느 시점에서 부곡이라는 용어는 사라지고, 다양한 범주의 소작인이 등장하였다. 뒤이어 등장한 송대에는 약간의 농민이 부유한 토지 자산에 법적으로 종속된 채로 남아 있었지만, 몇몇 경우 그들은 자산을 보유하고 있었고 심지어 소작인을 거느리기도 하였다. 당대와 이후의 시기에 걸쳐서 소작인과 지주 사이의 관계는 극히 다양하였지만, 천민과 양인 사이에 분명하게 구획된 법적 경계가 사라지는 것은 농민의 분명한 지위의 향상을 의미하는 것이었다.[13]

당대의 토지 자산은 그 이전 세기의 토지 자산과 마찬가지로 부의 근원이었으며 미적 고찰과 문학의 대상이기도 하였다. 남북조 시기 토지 자산에 대해 묘사한 사령운謝靈運과 다른 시인들의 부賦는 토지 자산을 통합된 공간 단위로서 다룬다는 점에서 주로 황제의 사냥터를 묘사한 한대 부의 패턴을 따르고 있다. 8세기 초반에 작성된 대표적인 사례는 『망천집輞川集』으로서, 오언절구 20수로 이루어진 시집이며 왕유와 그의 동료 배적裴迪이 함께 작성하였다. 완전히 새로운 시 형태로서, 이 두 사람은 망천輞川에 있는 왕유의 사유지 중 이름이 붙여진 20곳의 장소들에서 촉발된 감상을 시로 옮겼다.

---

13) 王仲犖, 『隋唐伍代史』, pp.312.

근죽령斤竹嶺

대나무 빈 골짜기에 비치니

푸른 잔물결 넘실대는 것 같아라

어두워 상산의 길에 드니

나무꾼도 어디가 어딘지 몰라라[14]

임호정臨湖亭

빠른 배로 귀한 손님 맞아

한가로이 호수에 돌아오네

창가에서 한 단지 술 마주하니

사방 연못에 연꽃이 피어나네[15]

금설천金屑泉

날마다 금설천(금가루 샘물)을 마시면

젊음을 마땅히 천여 년은 유지한다네

비취 봉황 수레 타고 아름다운 용처럼 날아올라

깃털 부절 잡고서 옥황상제를 조회할 수 있으리라[16]

이러한 일련의 시들은 이전에 왕유가 동일한 소재로 그린 한 폭의

---

14) "檀欒映空曲, 青翠漾漣漪. 暗入商山路, 樵人不可知."『輞川集』4 - 역주

15) "輕舸迎上客, 悠悠湖上來. 當軒對尊酒, 四面芙蓉開."『輞川集』9 - 역주

16) "日飲 金屑泉, 少當千餘歲. 翠鳳翊文螭, 羽節朝玉帝."『輞川集』14 - 역주

유명한 풍경화와 밀접하게 관련이 있었는데, 각각의 새로운 흥미로운 대상을 지목하면서 독자가 지정된 프로그램에 따른 여행을 하도록 안내하였다. 8세기 후반기까지 유사한 주제를 다룬 이후의 여러 오언절구 시에 영감을 주었을 정도로 커다란 예술적인 성공을 가져왔다.[17] 자신이 소유한 사유지나 정원을 시로 표현된 명칭을 붙인 장소들로 쪼개서 일정한 순서에 따라 나열하는 것은 후기 중화 제국 시기 풍경 감상의 일반적인 형태가 되었다.

농업 기술

당대에는 농업 기술의 주목할 만한 발전이 이루어졌는데, 특히 양자강 하류에서 이러한 진화된 기술들은 생산량을 증가시키고 흉작을 줄였다. 첫 번째 발전은 모종과 토지를 준비하는 과정에서 이루어졌다. 한대에 중국인은 미네랄이 충분해지도록 끓여서 졸인 용액에 씨를 담구고 수분을 유지하기 위해서 특별하게 준비된 모판에 뿌리는 관행을 개척하였다. 그때에 이르러, 6세기에 『제민요술齊民要術』이 간행되었고, 그와 같이 종자를 준비하는 관행이 더욱 정교한 과정을 거치게 되었다. 씨를 담군 용액에 추가적인 물질들을 넣어 주었는데, 이는 어린 싹들을 해충이나 질병으로부터 보호해 주었다. 예를 들어 수박씨

---

17) Owen, Stephen. *The Great Age of Chinese Poetry: The High T'ang*. pp.31-32.; Owen, Stephen, ed. and tr. *An Anthology of Chinese Literature: Beginnings to 1911*. pp.392-395.

에는 소금을 추가하고 밀의 씨에는 비소를 첨가하여 살충제의 역할을 하도록 하였다. 당대 후기에 이르러, 남부 중국의 농부들은 동물의 뼈를 고아 만든 용액 속에 볍씨를 담가서 파종을 준비하는데, 때로는 누에의 배설물이나 양의 분뇨와 섞기도 하였다. 그러고 나서 땅을 반복해서 깊이 갈아엎어서 특별하게 준비한 모판에 그 쌀알들을 뿌리게 된다. 다음으로 봄이 시작할 무렵에는 동물이나 사람의 분뇨로 만든 거름과 부패시킨 마의 줄기로 비료를 주기 전에 그 모판들을 나무 재들로 덮고 쟁기로 그것을 여러 차례 갈아엎는다. 농부들은 동일한 주곡 작물들 재배를 해마다 이러한 방식으로 준비함으로써 시간이 지날수록 해충이나 질병에 대한 위협을 줄이고 흙의 비옥도를 향상시키게 된다.[18]

새로운 방식의 모종 준비 이외에도, 당대의 농부들은 새로운 물질들을 비료로 사용하였다. 당말에서 북송에 이르는 기간 동안, 남부 지역에서는 유기농 동물 거름은 가장 중요한 비료가 되었고, 농부들은 이 귀중한 물품을 보관기 위해서 벽돌을 줄지어 쌓아 올린 거름 보관소를 주거지 바로 옆에 짓기 시작하였다. 동물 비료의 유용성은 쟁기질에 역축의 사용이 증가하게 된 것과 밀접한 관련이 있었다. 농부 육구몽은 소축사의 장점에 대해서 설명하면서 많은 소들이 어떻게 축사 속에서 사육되고 그 과정에서 비료를 손쉽게 얻을 수 있는지에 대해서 설명하였다. 육구몽은 소 한 마리당 25평방 야드에 사용될 비료가 나온다고 설명하면서 그 자신은 10여 마리의 소를 보유하였고 필요한 비

---

18) Needham, Joseph, and Francesca Bray. *Science and Civilisation in China*. Vol. 6, *Biology and Biological Technology*, Part 2, *Agriculture*. pp.245-251.

료는 모두 자신의 가축들을 통해 충당할 수 있었다고 설명한다. 필요 이상의 비료를 생산하는 농부들은 그 초과분을 상업 생산품으로써 다른 필요한 사람들에게 팔았다.[19]

인분 거름의 판매는 이 시기에 중요한 사업이었고, 사업가들은 도시에서 사람들의 배설물을 전문적으로 수집하여 농촌 지역에다 팔기 시작하였다. 비료로서 분뇨의 사용은 고대 시기부터 시작되었던 것 같지만 인분과 동물의 분뇨를 구분하는 단어가 없었기 때문에 이 문제는 확실하게 단정할 수 없다. 이러한 관습에 대한 최초의 분명한 기록은 당대 후반기로 한정되었다. 하천 밑바닥에서 떠 올린 영양소가 풍부한 진흙은 특히 남부 지역에 풍부하였는데 당대에 중요한 비료가 되었고, 특정 지역에서는 석회 역시 중요한 비료가 되기도 하였다. 남북조 시대의 농부들은 식물성 거름들을 사용하였는데, 이러한 거름들의 거의 대부분은 질소 고정 작업을 하는 콩들이었다. 이것들은 쟁기질을 하면 흙 속으로 파묻혀 들어가 토질을 향상시키고 작업을 더 편리하게 해 주었다. 이러한 관습은 당대까지 이어졌고, 사용되는 식물의 종류도 점차 다양해졌다. 누에똥, 쌀을 씻거나 조리하고 남은 물, 그리고 다른 유기 액체들도 비료로서 사용되었지만, 보통은 주로 본격적인 재배 이전에 씨앗을 물에 담가 놓기 위한 용도로 사용되었다.[20]

---

19) 李伯重, 『唐代江南农业的发展』, 农业出版社, 1990. p.95.

20) Elvin, Mark. *The Pattern of the Chinese Past*. pp.119-120.; 李伯重, 『唐代江南农业的发展』, 农业出版社, 1990. p.95.; Needham, Joseph, and Francesca Bray. *Science and Civilisation in China*. Vol. 6, *Biology and Biological Technology*, Part 2, *Agriculture*. pp.289-298.

또 다른 주요한 혁신은 보다 효율적인 쟁기와 마구의 광범위한 사용이었다. 2세기가 되면서 중국인들은 서너 마리의 소가 끄는 쟁기를 발전시켰는데, 이 기술로 북부 중국의 메마른 땅을 뒤집어서 깊은 고랑을 만들 수 있었다. 그 기술은 남조에도 소개가 되었지만, 소가 끄는 쟁기는 양자강 유역에서는 아직 거의 찾아 볼 수 없었다. 그 원인으로는 당시까지 개간지가 매우 제한적이었고, 기술상의 보수성 내지는 남부 지역에 정착한 북부 지역 출신 가문들의 경제적 인색함, 잦은 전쟁의 발발, 그리고 구릉성 지형의 어려움 들이 거론된다. 소가 끄는 쟁기가 남부 지역에서 아주 흔한 광경이 되는 것은 8세기에서 9세기에 새로운 스타일의 쟁기가 보급되면서였고, 이러한 사실은 육구몽이나 몇몇 불교 작가에 의해 언급되었다. 이러한 (기술적) 진보는 그 지역을 제국의 식량 생산 중심지이자 경제 중심지로 발전시켰다.[21]

새로운 쟁기의 가장 중요한 특징은 그것이 다양한 종류의 토지에서 사용 가능하다는 점이었다. 이는 쟁기질 하는 농부들이 원하는 대로 고랑의 깊이를 조정할 수 있는 장치 덕분이었다. 땅을 깊게 팔 수 있게 되면서 잡목과 잡초들의 뿌리를 자를 수 있었고, 이것들은 새로운 토지가 개간되기 전에 반드시 필요한 작업이었다. 이것은 양자강 중류와 하류 지역에서 특히 중요하였는데, 그 지역에는 미개간지들이 여전히 남아 있었기 때문이다. 깊이의 조절이 가능하다는 것은 또한 새롭게 배수된 지역이나 논의 진흙, 중점토重粘土와 해안가와 강둑의 모래 토질 모두를 활용하는 데 훨씬 더 효율적이었다. 남부 지역에서 진

---

21) 李伯重, 『唐代江南农业的发展』, 农业出版社, 1990. pp.50-51, 90-93.

흙을 쟁기질하는 것은 딱딱하게 굳은 메마른 흙을 쟁기질 하는 것보다 힘이 훨씬 적게 들었고, 따라서 단지 한 마리의 소나 물소만이 필요하였는데 당시 북부 지역에서는 일반적으로 서너 마리가 필요하였다. 그럼에도 남부 지역에서 가장 일반적인 패턴은 두 마리의 소를 사용하는 것이었다. 이러한 형태의 쟁기질은 후기 중화 제국 전 시기에 걸쳐서 가장 지배적인 형태로 남아 있었다.[22]

쟁기의 효율성을 위해서 새로운 쟁기는 마구를 채우는 방식에서 혁신이 요구되었다. 이전에 쟁기를 멍에에 연결시켰던 길고 곧게 뻗은 막대는 비록 그보다 후대의 것에 비해서는 아니지만 이전에 비해서는 훨씬 더 짧은 것으로 대체되었다. 이 새로운 방식에서 막대는 멍에에 연결된 것이 아니라 소 뒤에서 회전하는 가로대(물추리막대라고 알려진)에 연결되었다. 각각 소의 옆으로 향하는 두 개의 끈이 그 가로대를 멍에에 연결시켰다. 그 멍에 자체는 상당히 크게 휘었고, 개별적으로 각각의 동물들에 맞출 수 있었으며, 목 끈으로 제자리에 안정적으로 고정시켰다. 그 결과로 맞춰진 쟁기는 전체적으로 상당히 중요한 몇 가지의 장점을 갖고 있었다. 우선 첫 번째로, 그것은 토질과 지형에 따라서 몇 마리의 소를 쓰더라도 모두 마구를 채워 연결시킬 수 있었다. 두 번째로 마구는 미끄러져 빠지거나 피부에 상처를 입히거나 소의 목을 움켜잡지 않았기 때문에 소는 어려움 없이 훨씬 더 강하게 쟁기를 끌

22) Needham, Joseph, and Francesca Bray. *Science and Civilisation in China*. Vol. 6, *Biology and Biological Technology*, Part 2, *Agriculture*. pp.171, 180-185.; Elvin, Mark. *The Pattern of the Chinese Past*. pp.118-119.; 李伯重, 『唐代江南农业的发展』, 农业出版社, 1990. pp.88-95.

수 있었다. 세 번째로, 더 짧아진 막대는 그 무게를 상당히 줄여 주었을 뿐만 아니라 소와 쟁기가 회전 시에 훨씬 더 짧은 선회 반지름을 갖도록 해 주었고, 그것은 쟁기를 조작하는 농부에게 어떠한 형태와 크기의 밭에서라도 손쉽게 방향을 전환하고 조작할 수 있도록 해 주었다. 이러한 기동성은 작고 불규칙한 형태의 논이나 한 마리의 소가 쟁기를 끌고 급한 경사를 오르내릴 수 있는 비탈진 밭에서 특히 더욱 중요하였다. 따라서 농업은 더 이상 북부 지역에서 보이는 평평한 평지나 부드러운 토양의 논에서만 가능한 것이 아니었고, 중국 남부 지역 대부분에서 보이는 구릉성 지대 전체에 전파될 수 있었다. 비록 16세기 아메리카 대륙에서 식용작물들이 들어올 때까지 산비탈 지대는 완전하게 개간되지 못했지만, 새로운 쟁기를 이용한 농사법은 몇몇 비탈 지역에서 최초로 체계적인 개간법을 도입할 수 있도록 만들었다.

새로운 쟁기가 가져온 가장 중요한 공헌은 남부 지역에서 벼 모종의 준비 방법을 크게 향상시켰다는 점이다. 물웅덩이가 된 진흙층을 상층부에 그리고 그 밑에는 경토층硬土層을 만들어서 물이 빠지는 것을 예방하고자 하였다. 그러기 위해서는 농부들이 그의 소(더 보편적으로는 물소)를 이끌고 지형에 따라서 불규칙한 형태로 잘려 있었던 밭 전체를 왔다 갔다 할 수 있어야 했다. 소의 발굽은 밑에 있는 경토층을 더 단단하게 다져 줌으로써 토양이 물을 흡수하지 못하게 만들었고, 반면에 쟁기는 상층부의 토양을 끊임없이 분쇄시켜 주었다. 다음으로 롤러는 그 진흙을 부드럽게 만들어서 모내기를 더욱 손쉽게 만들었다. 건조 지대와는 달리, 남부 지역의 논에서 매년 반복되는 쟁기질은 그 토지

의 생산성을 높여 주었다. [23]

쟁기로 메마른 밭을 갈아엎은 다음에 소가 끄는 써레로 남아 있는 흙덩어리를 부수고 땅을 부드럽게 해서 작물을 심을 준비를 한다. 9월에 양자강 델타 지역의 농부들은 기다란 이를 가진 써레를 개발하였는데 이러한 작업에는 이전의 모델보다 훨씬 더 효율적이었다. 징이 박혀 있거나 박혀 있지 않은 나무로 된 롤러가 그러했듯이 돌로 만든 롤러들 또한 메마른 밭에 유용하였다. 북부 지역에서, 구형의 한대의 쟁기는 새로운 형태의 파종기와 결합되어서 파종의 효율성을 크게 향상시켰다. 송대에 이르러, 이러한 기구는 폭이 확대되어 네 개의 고랑을 만들고 그곳에 씨를 심는 것이 동시에 가능해졌다. 이러한 방식으로 북부 지역에서도 그 생산성을 확대시켰지만 남부 지역에서 거두어들인 정도에는 여전히 미치지 못했다. [24] 당대에 상대적으로 노동인구가 부족했던 양자강 지역은 경작과 관련된 많은 일들을 역축을 사용하여 수행하기에 이상적인 환경을 갖고 있었다. 그러나 일단 그 지역에 인구분포가 밀집해지고 인력의 비용이 급감하자, 역축 사용의 경제적 이점이 사라지게 되었다. 명대와 청대에 남부 지역의 농업에서의 소의 사용은 지속적으로 감소하였다. [25]

---

23) Needham, Joseph, and Francesca Bray. *Science and Civilisation in China*. Vol. 6, *Biology and Biological Technology*, Part 2, *Agriculture*. pp.111, 499.

24) Elvin, Mark. *The Pattern of the Chinese Past*. p.119.; Needham, Joseph, and Francesca Bray. *Science and Civilisation in China*. Vol. 6, *Biology and Biological Technology*, Part 2, *Agriculture*. pp.223-229, 234-236.

25) 李伯重, 『唐代江南农业的发展』, 农业出版社, 1990. p.89.

새로운 모종 준비 방식, 비료, 소가 끄는 장비뿐만 아니라, 당대의
또 다른 혁신은 다모작이 가능한 새롭고 다양한 작물의 도입이었다.
송대까지 1년에 한 번 이상의 수확이 가능한 작물은 매우 드물었던 반
면에, 2년 3모작은 당대 중반기까지 중국의 많은 지역에서 매우 일반
적이었다. 북부 지역에서는 여름에 기장을 재배하고, 겨울에 밀, 다시
여름에 기장을 재배하는 대안적인 방식으로 이루어졌다. 남부 지역에
서는 쌀의 3모작으로 이루어졌다. 채소와 콩은 주요 작물들 사이사이
에 심어졌고 이는 사람들의 식단을 다양하게 해 주었을 뿐 아니라 토
양을 기름지게 만들어 주었다.

당대 말기와 송대에는 벼 종자의 종류가 다모작이 가능한 보다 이상
적인 특질을 가진 것들로 확대되었다. 이 새로운 종자들 중에서도 가
장 유명한 것은 베트남 중부 지역을 원산지로 하는 참파 벼로서 중국
에는 10세기에 처음 도입되었고 11세기에 송진종眞宗의 명으로 보다
넓은 지역에서 재배되었다. 진종은 1012년에 남동쪽 끝에 위치한 오
늘날의 복건 지역에서 이 품종을 구해 양자강 하류 지역 전체에 전파
시켰다. 이 쌀은 글루텐 성분이 낮고 특별히 가뭄에 강했으며 과거 중
국의 종자들에 비해 생장 속도가 빨랐고, 글루텐 성분이 높은 쌀에 비
해서 더 척박한 토양에서도 자랄 수 있었다. 단점이라고 한다면 씨앗
하나당 생산량이 적고 식용으로는 식감이 거칠며 보다 쉽게 부패된다
는 점이었다. 당대 농부들은 아마도 처음에는 이 종자를 가뭄에 대비
한 보험용으로 심었던 듯하다. 이때에 양자강 하류 지역의 농부들은
이미 자신들의 쌀을 조생종과 만생종으로 나누었지만, 참파 벼에 의

한 조생종은 당대까지는 분명 정기적으로 사용되지는 않았다.

그러나 수십 년 동안의 선택적 육종을 통해서, 농부들은 이전 품종들의 장점을 결합하고 향상시킨 수많은 새로운 품종의 쌀을 생산하였다. 12세기에 이르러 대부분이 참파 벼에서 나온 수십 가지의 다양한 쌀이 재배 가능해졌고, 당대 중반기 이전에 재배되었던 품종 모두가 사라지게 되었다. 남부 지역은 점차 각각의 지역의 다양한 토양, 기후 조건, 그리고 경제적 환경에 세심하게 적응시킨 복잡하고 다양한 작물 수확 방식들로 뒤덮여졌다. 조생종과 만생종 쌀을 결합함으로써 농업 작업은 심지어 1년 이상의 기간 동안에 길게 분산되었고 이는 계절적인 실업과 악천후로 인한 위험을 줄여 주었다. 만약 작물 수확을 한 번 실패하였더라도 다음 한 번의 기회가 남아 있게 되었던 것이다.[26]

양자강 하류의 농부들은 북부 지역의 작물인 밀, 기장, 보리 등을 남부 지역의 건조한 지역으로 가져와 심음으로써 생산성을 확대시켰다. 밀 재배의 남부 지역으로의 확산은 위진남북조 시대에 시작되었지만 당대가 되어서야 본격화되었다. 송대에 이르러서 그것은 남부 지역의 경제를 변화시켰다. 10세기 후반의 저술에서 양억楊億은 양자강 유역의 한 지역에서 주민들이 쌀 수확이 실패하더라도 봄에 비만 잘 내리면 밀이나 기장으로 풍부한 수확이 가능하였기 때문에 살아남을 수 있었다고 설명한다. 남부의 몇몇 지역에서는 송대의 지주들은 지대

---

26) Elvin, Mark. *The Pattern of the Chinese Past*. pp.121-123.; 李伯重, 『唐代江南农业的发展』, 农业出版社, 1990. pp.95-97.; Needham, Joseph, and Francesca Bray. *Science and Civilisation in China*. Vol. 6, *Biology and Biological Technology*, Part 2, *Agriculture*. pp.426, 465, 491-495.

를 쌀 생산에만 근거하였고 밀 수확은 전적으로 소작인들에게 남겨 두어 그들의 생계를 유지할 수 있도록 하였다. 그러나 동일한 경작지에서 수경인 쌀 재배를 밀 재배로 바꾸는 일은 극도로 노동집약적이었다. 이는 쌀을 재배하던 논에 밀을 심으려면 완전히 배수를 해야 되었기 때문이다. 많은 지주들은 이러한 작물의 교체를 막아보려고 하였는데, 그러한 교체가 그 경작지와 그곳에서 일하는 농부들의 생산성을 하락시키기 때문이었다.[27]

보다 우수한 종자 준비부터 다모작에 이르기까지 농업 기술의 향상이 중국의 중세 경제 혁명의 기저를 이루는 생산성 향상에 필수적인 요소였지만, 당대의 가장 위대한 업적은 관개, 홍수 예방, 그리고 토지 배수를 위한 수리 기술의 향상이었다. 북부 지역에서 토지의 등고선을 따라 건설된 운하는 물을 황하의 지류들로부터 훨씬 더 하류의 농업지대로 옮겨 주었다. 관개 운하들이 미치지 않았던 광범위한 지역들에서, 물은 깊은 우물로부터 뽑아 내었다. 황하 자체는 농업용수가 많이 필요하였던 초여름에 종종 수위가 낮아졌지만, 상당히 많은 수로들은 7월 말에서 8월까지의 불규칙한 폭우로 인한 잠재적인 홍수를 억제하기 위해 필요하였다. 황하의 수로들과 그 지류들의 관개 운하 모두는 국가가 건설하고 관리하였다.

이와 달리 남부 지역에서 수리관개는 주로 부유한 대지주들의 책임이었다. 저습지의 물을 배수해서 농지로 바꾸고 댐이나 수로를 사용해서 산골짜기로부터 물을 얻어 내는 것은 크나큰 도전이었다. 일반적으

---

27) Elvin, Mark. *The Pattern of the Chinese Past.* pp.122-123.

로, 중국 중부의 회하淮河와 사수泗水 유역의 거대한 저수지들은 강을 댐으로 막아 형성되었고 그 물은 수문을 통과해서 물줄기를 논밭으로 향하게 해 주는 수로들로 연결시켜 주었다. 다른 한편으로 양자강 유역에서 토지는 평평한 습지나 구릉지로 이루어졌다. 두 가지 경우 모두 구릉지에서 물줄기의 방향을 바꾸거나 저습지의 물을 배수시킴으로써 인공적인 웅덩이나 물탱크에 농업용수를 공급하였다. 이들 웅덩이나 물탱크는 부유한 가문들이 개별적으로 건설한 것이거나 수십 가구로 이루어진 작은 마을 공동체가 마련한 것이었다. 그러한 물탱크들은 이미 한대부터 사용되고 있었지만, 당대에 널리 전파되었다.[28]

당대에 단일 지역으로 농업 확산이 가장 널리 이루어진 곳은 태호와 동정호 부근의 습지들이었다. 이 지역의 개간을 위한 가장 중요한 기술은 '간척지' 농지였다(양자강 하류 델타 지역의 '우전圩田' 또는 '위전圍田'과 호남성·호북성 지역의 '완전圩田'이 있으나 모두 상호 유사한 형식이다). 제방이 둘러싸고 있는 논밭보다도 더 높이 큰 고리 모양으로 건설되어 물의 범람을 막고, 방벽에는 수문을 설치하여 그 논밭에 관계하기에 적합할 정도로만 물이 흘러들어갈 수 있도록 조정했다. 간척지 농지는 아마도 선진先秦 시기에도 존재했던 것 같지만, 당대에 들어서야 널리 사용되었던 것 같다. 이러한 제방의 사용으로 9세기와 10세기에 호수나 강 유역을 개간한 토지 면적이 크게 증가하였고, 12세기가 되자 양자강 델타 지역 전체가 간척지 농지로 뒤덮였다. 이것들은 기술적인

---

28) Needham, Joseph, and Francesca Bray. *Science and Civilisation in China*.
   Vol. 6, *Biology and Biological Technology*, Part 2, *Agriculture*. pp.109-111.

측면에서 실질적인 진보를 상징하였고, 제방에 설치된 수많은 수문은 정확히 필요한 시점에 정확한 양의 용수를 배수할 수 있었다. 그 제방 중 몇몇은 국가가 건설한 것들로서 둘레가 45킬로미터에 달하는 경우도 있었지만, 대부분은 훨씬 소규모였고 개인 토지 자산에 속하는 것들이었다.

토양이 너무 습지여서 배수할 수 없는 경우에, 농부들은 '가전架田'을 건설하였는데, 그것은 물에 뜨는 나무틀로서 진흙과 수중 식물(주로 줄풀)로 덮여 있었다. 씨들은 나무틀 위의 토양에 심었고 수면의 높이에 따라 올라갔다 내려갔다 하기 때문에 가전의 경우에는 아마도 홍수의 피해를 입지 않았던 것 같다. 곽박郭璞은 4세기 초반에 쓴 시에서 이러한 가전을 묘사하였다.

> 에메랄드 빛 장막으로 덮혀 있고
> 그것들은 부유하는 줄풀에 띄워져서 떠다닌다
> 뒤덮인 곡물들의 씨들은 특별한 기교 없이 흩뿌려지고
> 질 좋은 벼들이 저절로 뚫고 나오게 된다

당대의 몇몇 시는 관개가 이루어지는 제전梯田 같은 계단식 논에 대해서 암시하고 있지만, 계단식 논에 대한 분명한 언급은 송대에 이르러서야 나타난다.[29]

---

29) Needham, Joseph, and Francesca Bray. *Science and Civilisation in China*.
   Vol. 6, *Biology and Biological Technology*, Part 2, *Agriculture*. pp.110-111.

산지가 보다 더 많은 지역에서, 농부들은 흐르는 빗물을 저장하는 탱크를 만들고 개울의 방향을 비스듬하게 바꾸어서 밭에 물을 대었다. 돌로 만든 물을 모아두는 댐들은 당대에 복건 지역의 산간 골짜기에 도입되었고, 그것들은 결과적으로 남부 지역 전체에 걸쳐서 구릉 지역들에 점점이 산재하게 되었다. 이와 같이 둑과 관개의 방법을 모든 유형의 토지에 적용시켰을 뿐만 아니라, 당대의 수리 조절 방식에는 또한 호수나 바닷가를 따라 설치된 보호용 제방들도 포함되었다. 결과적으로 당은 중국 역사상 어떠한 왕조보다도 양자강 하류에서 홍수로 인한 피해를 가장 적게 받았다.[30]

이러한 새로운 기술과 과거 기술의 광범위한 보급의 결과는 남부 전체에서 경작지의 면적과 그 생산성의 대규모 증가였다. 태호와 동정호 주변의 지역들은 완전히 경작지로 바뀌었고, 그리하여 주요한 토지 개간은 훨씬 더 남쪽과 서쪽 지역에서 이루어졌다. 소주 주변 지역은 남조 시기에 거의 경작되지 않았는데 이때에 농업 생산의 중심지가 되었다. 오늘날의 복건 지역의 산골짜기들도 역시 개발되었다. 이러한 관개 작업들은 그 숫자와 분포에서 앞선 시기보다 훨씬 더 많았을 뿐만 아니라 사업의 규모 또한 훨씬 더 컸다.[31]

배수와 관개 모두 물을 옮기는 몇 가지 장치의 도입으로 큰 도움을

113-121.; Elvin, Mark. *The Pattern of the Chinese Past*. p.125.

30) Needham, Joseph, and Francesca Bray. *Science and Civilisation in China*. Vol. 6, *Biology and Biological Technology*, Part 2, *Agriculture*. pp.123-126.; 李伯重, 『唐代江南农业的发展』, 农业出版社 1990. pp.75, 85.

31) 李伯重, 『唐代江南农业的发展』, 农业出版社, 1990. pp.73-86.

받았다. 이러한 장치 중 가장 단순한 것은 평형을 이루는 양동이 또는 두레박이었다. (양동이가 달린) 물방아는 대나무 관이 달린 바퀴로서 회전의 맨 밑에서 물을 가득 채우고 나서 그 물을 회전의 맨 위에 있는 수로에 모두 쏟아 붙는 방식이었다. 이것은 개울물이 그 바퀴를 돌리기에 충분한 속도로 흘러가는 산지가 많은 농촌에서만 유리하였다. 그밖의 다른 지역에서 농부들은 훨씬 더 이동이 용이하고 여러 환경에 적응할 수 있는 발로 밟아 작동하는 펌프에 의존하였는데, 그것은 사람의 노동력을 사용해서 개울이나 연못에서부터 관이나 운반대를 사용하여 물을 수로로 옮겨 준다. 이러한 모든 장치들은 당대에 개발되었지만, 그것들은 10세기가 되어서야 비로소 농업에서 널리 사용되기 시작하였다.[32]

당대에 목판인쇄의 발전은 또한 주요한 농업 혁신에 공헌하였는데, 인쇄된 설명서들은 글을 읽을 수 있는 지주들 사이에 새로운 농업 기술들을 널리 전파시켰다. 당 정부는 농업에 대한 최초의 인쇄된 매뉴얼을 만들었고 송 정부는 『제민요술』과 『사시찬요四時纂要』의 판본 편찬을 후원하였는데, 가장 위대한 이 두 권의 농업 설명서는 모두 당대에 만들어졌다. 더 새로운 교육용 설명서들도 작성되었고 송대에는 그것들에 삽화가 더해졌다. 지역 관리들은 종종 삽화가 덧붙여지기도 한 훨씬 더 간략해진 인쇄본 설명서들을 인근의 농부들에게 배포하여

---

32) Needham, Joseph, and Wang Ling, *Science and Civilisation in China*. Vol. 4, *Physics and Physical Technology*, Part 2, *Mechanical Engineering*. Cambridge: Cambridge University Press, 1965. pp.330-362.; Elvin, Mark. *The Pattern of the Chinese Past*. pp.126-127.

가장 최신의 농업 기술들을 선전하였다. [33)33)]

이러한 설명서들은 주로 글을 읽을 줄 알고 안녹산의 반란 이후 대규모 토지 자산을 지닌 부유한 지주들에게 혜택을 주었다. 이들의 토지에서 이루어진 대규모의 농업은 농업적인 실험을 고무시켰고 자본의 축적을 통해서 새로운 기술을 도입할 수 있도록 해 주었다. 비록 중국 역사 전문가들은 당대 토지 소유의 집중 현상을 부정적인 발전으로서 묘사하는 경향이 있지만, 당대 후반기에 시작되어 송대에 절정을 이룬 농업에서의 극적 변화를 가능하게 해 주었던 것은 아마도 바로 그(토지 소유의) 집중 현상이었을 것이다.

원거리 교역과 상업화

9세기부터 농업 생산품을 판매하는 시장의 확대는 더이상 농민이 자급자족적인 삶을 이상으로 삼지 않도록 만들었다. 그 대신에 특정 지역에서 가장 잘 자라는 특산물들의 재배에 집중함으로써 소출을 최대로 끌어올리는 것을 목표로 삼았다. 더 많은 생산을 위한 탐색은 노동력과 자본의 실질적인 증가를 낳았다. 이러한 현상은 새롭게 등장한 사유지에서 특히 두드러졌다. 그것은 충분한 자산을 배경으로 다양한 지형의 지역에 널리 분산되어 있었다. 이러한 존재 형태는 단지 생존만을 염려해야 하는 개별 농가보다는 상업적인 생산에 더욱 적합

---

33) Elvin, Mark. *The Pattern of the Chinese Past*. pp.113-116.

하였다.[34]

　시장을 위한 특화 재배는 남부 지역에서 가장 발전하였는데, 당대 후반기에 이르면 과일, 차, 사탕수수 같은 비곡식 농작물 재배가 실질적인 경제활동이 되었다. 복건 지역보다도 농업의 특화가 더 이루어진 곳은 없었다. 그 지역은 다른 지역보다도 판매를 위해 더 다양한 농산물을 재배하였을 뿐만 아니라, 해외로 수출하는 리치나 귤 등과 같은 특산물이 상당한 규모의 토지에서 경작되었다. 다른 지역들은 주로 술을 담그는 데 사용되는 글루텐 함유량이 높은 쌀, 사탕수수, 양식 생선, 목재, 종이 그리고 옻 등의 생산에 집중하였다.

　이와 같은 농작물의 지역적 특화는 국내의 다른 지역에서 생산된 식용 곡물의 유입을 통해서 불균형이 상쇄됨으로써 유지될 수 있었다. 12세기가 되자, 복건 해안의 현과 태호 주변의 오렌지 재배지는 모두 양자강 델타 지역으로부터의 쌀의 수입에 의지하게 되었다.[35] 벌크선을 통한 곡물의 운송은 결과적으로 수상 운송 네트워크의 운수 능력이 현격하게 증가한 결과였고, 반면에 육상 도로들 역시 상품의 육상 운송과 국가적 통신을 담당하면서 전체 교통 시스템을 연결해 주는 중요한 부분이었다. 당과 송 정부 모두 국가의 주요한 육상 루트를 유지하고 향상시키기 위해서 분투하였는데, 다진 흙으로 만들어진 도로들은 상업 물동량의 증가로 인하여 심각한 손상으로 고통받았다. 8세기에 광동과 강서를 연결하는 통행 도로에 대한 대대적인 수리는 보다 많은

---

34)　李伯重, 『唐代江南農業的發展』, 农业出版社, 1990. pp.129-141.

35)　Elvin, Mark. *The Pattern of the Chinese Past*. pp.128-129.

상업 물동량의 운반을 가능하게 해 주었다. 당 정부는 사천 지역을 오가는 수송을 담당하는 나무 다리와 잔도棧道를 유지하는 데 큰 노력을 기울였는데, 이는 산림 벌채로 점차 힘들어졌다. 당대에, 주요한 도로의 네트워크는 중국 남부로 확대되었고 복건, 호남, 강서 지역 들은 모두 육로 접근이 매우 편리해졌다. 송대가 되자 이전에는 고립 지역이던 변경 도시들이 교통의 요지가 되었다.[36]

공식적인 도로 체계는 제국의 모든 지역으로부터 날씨 상태, 가뭄, 상대가격 들에 관한 정보를 전달해 주는 역할을 했다. 따라서 그것은 중국 농업의 상업화와 지역 간의 (농산물 재배의) 특화를 더욱 심화시켰다. 상업 정보를 모으기 위해서 전국적 공식 소통 체계를 이용하였던 8세기 후반의 한 관리는 다음과 같이 묘사되었다. "그는 빨리 달리는 자들을 고용하는 데 정기적으로 상당한 돈을 지불하였고, 서로 서로 연결되는 중계국을 세워서, 이들에게 전국 제품의 가격을 관찰하고 보고하는 임무를 맡겼다. 멀리 떨어진 지역에서 중앙에까지 소식이 전해지는 것은 불과 며칠이면 가능하였다. 제품들의 가격을 통제하는 권력은 전적으로 그의 손에 달려 있었다."

안녹산의 반란 이후에 동북 지역의 반독립적인 군사절도사들과 남부 지역의 민정장관들은 수도로 상소를 전달하는 자들을 관리하는 부서를 따로 두었다. 이들은 정보의 양방향 전달 즉 (황제의) 명령과 (지역의) 요청의 전달을 가능하게 하였다. 이러한 업무를 담당하는 관리들은 개인적으로, 관계가 있는 지역들이나 제국 전체에 관련된 중요한

36) Elvin, Mark. *The Pattern of the Chinese Past*. pp.131-133.

정부 문서들을 복사해서 각 지역에 있는 자신들의 직속상관에게 보냈다. 이러한 관습은 점차 송 정부에 의해 발행된 관보 형태로 발전하였으니, 이는 전 세계 최초의 '전국지' 신문이었다. 동일한 통신 루트들은 종이 화폐의 유통을 가능하게 해 주었다.[37]

당대와 그 이후의 시기에서 중국을 진정으로 변화시켰던 것은 바로 대규모의 수상운송의 발전이었다. 종종 3,000척 이상의 선박으로 이루어진 거대한 선단들이 대운하를 따라 이동하면서 수도뿐만 아니라 북서의 변경 지역에까지도 물자를 공급하였다. 7세기 후반에, 한 목격자가 주장하기를 제국의 한쪽 끝에서 다른 쪽 끝에 이르기까지 배가 다닐 수 있는 모든 하천에서 상선을 볼 수 있었다고 하였다. 한 세기 하고도 반이 지난 이후에, 이소李巢는 동남부 지역의 군들은 모두 수상운송로로 연결되었고 제국 내의 교역은 전부 배에 의존하고 있다고 설명한다. 그는 또한 어떻게 장강 협곡과 같은 위험한 지역들에서 지역의 뱃사람들이 여울이나 바위를 피하는 기술들을 발전시켰는지에 대해서 설명한다. 10세기와 11세기에 이러한 발전은 지역 노동자들의 특별한 도움 없이도 위험한 물길을 모두 피할 수 있게 해 주었던 새로운 형태의 운하 수문들의 발명으로 더욱 발전할 수 있었다. 이전에는 통과할 수 없었던 코스들을 항해할 수 있게 된 이러한 능력은 당대 후반기에서 송대 사이에 분리되어 있었던 수로들을 통합 시스템으로 변화시켜 전국적인 시장의 등장을 가능하게 하였다.

뱃길의 특성에 따라 내륙 선박들은 돛, 장대, 끌어당기는 밧줄, 노,

37) Elvin, Mark. *The Pattern of the Chinese Past*. p.134.

또는 크기가 큰 노를 사용하였다. 차륜선車輪船이 항구에서 예인선으로 사용되었다. 대부분의 해상운송은 선상 생활을 하는 가족들이 장악하였는데, 그들은 바로 배를 집 삼아 생활하는 이동 상인들로서 시에 묘사된 바와 유사하였다. 소규모의 배들은 더 큰 배들에 부속되어 정기적인 공동 작업에 참여하였다. 당 후반기에는 장거리 항해를 후원하는 개별 동업이 등장하였고, 송대에는 이러한 동업은 보통의 수많은 개인들이 자금을 모으고 그것으로 관리자를 고용해서 개별 배나 심지어 선단 전체를 후원하는 복합 형태의 투자로 발전되었다. 이러한 선단을 조직하기 위해서 새로운 범주의 전문가가 출현하였다. 동시에 상인 브로커들은 큰 강이나 운하의 도시들에 창고를 건설하였고, 그곳에서 그들은 배로 운반된 제품들을 사들여 그곳에 보관하였다. 그들은 또한 선박들을 운행하는 선장들과 협의해서 그들이 상인들의 제품들을 운반해 주도록 하였는데, 그들의 선적업자들과 선적 운송에 대한 전문적인 지식에 대해서 대가를 지불하였다.[38]

당대에 지역 간의 교역에서 가장 근본적인 토대는 지역 시장 도시들의 네트워크이다. 그 교역 경로를 통해 농부들은 자신의 생산품을 지역 시장에 가져올 수 있었고, 아마도 그곳에서 자신들을 위한 생필품도 구입하였을 것이다. 당대 초기의 규정하에서, 가장 낮은 단위의 행정구역인 진시鎭市의 외부에서는 시장 설치가 금지되었는데, 이는 그러한 작은 도시에는 관리가 배치되지 않아서 세금 징수를 할 수 없고, 도량형의 정확성을 보장할 수 없으며 제품의 질을 확인하고 가격을 통

---

38) Elvin, Mark. *The Pattern of the Chinese Past*. pp.139-144.

제하는 등의 일을 할 수 없었기 때문이었다. 그러나 지역 중심지는 넓게 분산적으로 위치하고 있었기 때문에 대부분의 농민들은 가장 가까운 공식 시장조차도 정기적으로 왕래할 수는 없었다.

결국 당대 초기부터, 정기적으로 열리는 농촌 시장이 등장하는데, 북부에서는 이를 초시草市라고 하고 남부에서는 허시虛市라고 하였다. 이들의 가장 근본적인 특징은 비영구성이었다. 이러한 일시적인 지역적 모임은 농촌 사회의 필요에 의해서 등장하였는데 정부의 통제로부터 독립적이었다. 사람들은 편리한 장소에 모여서, 밀짚으로 막사를 세워 두고, 다른 생산자들과 교역을 하였다. 그리고 난 후에는 그 장소를 비워둔 채 각자 흩어져 사라졌다. 이러한 이유로 그들은 초시 즉 '밀짚 시장' 또는 허시 즉 '비어 있는 시장'이라고 불리게 되었던 것이다. 송대 사료들에 의하면, 시장들이 고정된 스케줄에 따랐고, 이것은 아마도 당대에도 마찬가지였을 것이다. 지역 상인들은 십중팔구 이러한 스케줄에 따라 여행했고, 따라서 그들은 자신들의 제품들을 갖고서 한 임시 시장에서 그다음의 임시 시장으로 이동해서 장사할 수 있었다. 그들은 또한 오락과 여흥의 기회를 제공하였고 그것은 별다른 재미가 없었던 따분했던 소농들의 삶을 흥겹게 만들었다.[39]

이러한 정기 시장들은 점차로 보다 항구적으로 정착된 시장으로 발전되어 갔다. 그러한 시장 중 상당수는 교차로, 다리, 강변 등에서 발생하였다. 다른 시장은 사찰과 사원 주변 또는 대규모 사유지에서도

---

39) Twitchett, Denis. "The T'ang Market System." pp.233-234.; Twitchett, Denis. "Merchant, Trade, and Government in Late T'ang." *Asia Major*,n.s. 14:1 (1968): 63-95. p.77.

열렸는데, 때로 정기 축제와 함께 열리기도 하였다. 그러나 다른 시장은 여관이나 대로변 가게에서 영업을 하였는데 여행 중인 상인들이 주로 이용하였다. 이러한 시장들은 음식과 숙박을 제공할 뿐만 아니라, 제품의 안전한 보관, 가축을 위한 쉼터, 때때로 말이나 노새를 팔기도 하였다. 그들 중 몇몇은 이동 중에 정기적으로 그곳에 와서 머무는 상인들을 위해서 제품을 위탁 판매해 주기도 하였다. 모든 주요한 운송로를 따라 발견되는 이러한 시장들은 이동하는 상인뿐만 아니라 인근에 거주하는 농민들까지도 끌어들였고, 그들은 개별적인 제품들을 교환할 수 있었다.[40]

농촌 시장에서의 상업활동은 송대의 증거를 조심스럽게 당대에 투영함으로써만이 추정할 수 있다. 짐작컨대 지역의 농부들은 곡물, 채소, 가축 들을 가져와서 그 지역 다른 생산자들이 가져온 생선, 땔감 또는 석탄 등과 교역하거나, 상인들이 가져온 소금, 차, 과일 조림, 몇몇 공구들이나 부수입용의 수공업 제품 생산에 사용되는 재료들과 같이 현지에서 얻을 수 없는 것들과 교역하였다. 만약 상인들이 고정된 경로를 따라서 이동한다면, 그들은 다양한 지역 시장들을 서로 연결시켜 주었을 뿐만 아니라 그 지역 시장들을 보다 높은 단계의 상업 중심지들에 종속되도록 만들었고, 그 상업 중심지들은 그 성벽 외부에 주기적인 시장들을 발전시켰다. 따라서 이러한 당대 후반기의 교역 네트워크는 후기 중화 제국 시대의 지리적인 경관을 이루고 있었던 시골 도시, 소도시 그리고 대도시로 이루어진 계층화된 네트워크의 초

---

40) Twitchett, Denis. "The T'ang Market System." pp.234-237.

기적인 모습들을 보여 주고 있었다.[41]

몇몇 지역에서는, 서구 사회의 페어fair(정기시, 바자회)와 대체로 동일한 특수한 시장이 보다 긴 시간적 간격을 두고 벌어졌다. 이러한 시장들은 종종 지역의 사찰과 사원에서 대규모 종교 축제가 열릴 때에 벌어지기 때문에 '사원 시장'이라고 불렸다. 이는 사찰과 사원이 중국 사회에서 새로운 공공의 공간을 제공하는 또 다른 방식을 보여 주고 또한 중국의 연간 의례 일정표 속에 새로운 축제를 도입함으로써 중국인의 일상적인 시간의 구조를 바꾸어 놓았다. 축제와의 결합을 통해서, 이들 사원 시장은 저글링 하는 사람, 이야기꾼, 가수, 곡예사 들과 같은 지역 예능인의 활동 중심지가 되었다. 종교 축제뿐만 아니라, 특산화된 제품들을 전문적으로 판매하는 시장도 존재했다. 이들 시장은 해마다 열렸으며 특히 사천 지역에서 두드러졌다. 예를 들어, 마시馬市는 정부에 의해 조직되어서 승마용 말들을 거래했고, 한편으로는 의약품 시장이나 누에 시장과 같은 전문 시장도 열렸는데, 이들은 사천 지역의 15개 농촌 도시 일대에서 열리는 일련의 지역 축제를 구성하였다.[42]

많은 지역, 특히 북부 지역에서 절도사들은 새로운 시장 도시의 성장을 장려하였는데, 이들은 기존의 지구나 현 수준의 도시와는 달리 당 조정의 행정적인 네트워크 밖에 놓여 있었고 따라서 손쉽게 편입될 수 있었다. 당말, 오대 그리고 송대 초기에 이러한 수많은 도시들은 종종 '군사 주둔지[鎭]'로 불리었는데 교역에 대해 세금을 거둘 수 있는 중요한 시

41) Twitchett, Denis. "The T'ang Market System." pp.235-236.

42) Twitchett, Denis. "The T'ang Market System." pp.238-239.

장의 중심지가 되었다.[43] 결국 시장 도시들은 농촌 사회에서의 상업 활동을 전반적으로 증가시키는 데에 공헌하였을 뿐만 아니라 정부의 재정 재원을 농업에서 상업으로 전환하게 하는 데에도 큰 공헌을 하였다.

차와 설탕

당대에 가장 중요한 상업 곡물은 여전히 쌀이었지만, 그 시대는 또한 비곡물성의 '기호' 식품의 등장으로 유명했다. 이러한 것들은 농민의 생존에는 기여하지 못했지만 증가하는 소비자의 요구에 맞춰서 특히 도시들에서 거래되었다. 그러한 작물들의 재배와 판매는 당시 사람들이 자기 자신의 정체성이나 사회적 신분을 드러내 보이기 위한 새로운 유행 또는 스타일의 소비와 더불어 성장하기 시작하였다.

차는 중국에서 유래한 식용 작물 중에서 유일하게 전 세계에서 애용하는 식품이다. 차나무가 중국에서 최초로 등장하였다는 것은 전반적으로 인정받고 있고, 중국인이 최초로 찻잎을 물에 담가서 음료로 만들었다는 것에 대해서는 이론의 여지가 없다. 그 이상으로 차 음료의 초기 역사는 변화하는 명명법 때문에 파악하기 어렵다. 차나무에 사용되었던 본래의 글자는 또한 쓴맛이 강한 야채 종류들을 명명하는 것이었고, 약효가 있는 차 또한 매우 다양하였다. 청대 학자 고염무顧炎武는 비문에 대한 연구를 통해서 현대적인 글자인 차茶가 9세기까지는 표

---

43) Twitchett, Denis. "The T'ang Market System." pp.240-241.

준적인 명명법이 아니었음을 최초로 밝혀 내었다. 그러나 이용 가능한 자료들은 전국시대(기원전 481–221)부터 차가 사천 지역에서 재배되고 음료로서 만들어졌음을 보여 주고 있다. 한대의 자료에는 한 곳에서 차를 구입해서 다른 곳으로 운송해 간다는 기록도 있다. 한나라가 220년 멸망하자, 차의 재배와 소비는 양자강 하류 지역에까지 전파되었고, 남북조 시대에 차 음료는 남부 지역과 연관되는 것이 되었으며, 이는 북부 지역을 특징짓는 유산균 음료를 마시는 풍습과 대조가 되었다. 당시 약초에 대한 설명을 보면, 차는 의약품으로도 사용되었고, 종종 파나 생강과 더불어 끓여서 마시기도 하였음을 알 수 있다.[44]

그러나 차가 제국 전체에서 보편화된 음료로 발전하는 것은 당대에 이르러서였고, 이때에 이르러 차 마시는 행위는 다양한 문화적 활동과 직접 연관되어 이루어졌다. 북부 지역에서 차 음료의 확산은 많은 이유로 불교 사찰에서의 차의 사용과 밀접한 연관이 있었다. 승려들은 오후에 고체로 된 음식을 섭취할 수 없도록 되어 있었기 때문에 그들은 액체의 음료에 의지하여야 했고, 특히 차는 참선의 지속적인 시간 동안 깨어 있고 정신을 집중할 수 있도록 도와주었다. 차의 대접은 방문객들을 환영하는 기본적인 수단이 되었고, 그 방문객들은 엔닌의

---

44) Needham, Joseph, and H. T. Huang. *Science and Civilisation in China*. Vol. 6, *Biology and Biological Technology*, Part 5, *Fermentations and Food Science*. pp.503–519.; Needham, Joseph, and Francesca Bray. *Science and Civilisation in China*. Vol. 6, *Biology and Biological Technology*, Part 2, *Agriculture*. pp.428–429.; Kieschnick, John. *The Impact of Buddhism on Chinese Material Culture*. pp.262–265.; Needham, Joseph, Christian Daniels, and Nicholas K. Menzies. *Science and Civilisation in China*.Vol. 6, *Biology and Biological Technology*, Part 3, *Agro-Industries: Sugarcane Technology, Agro-Industries and Forestry*. pp.477–478.

일기에서도 증명되는 바와 같이 사찰에 자주 머물렀다. 이런 환대의 표현으로서 차 대접은 점차 일반 대중 사이에서도 널리 전파되었다. 최고급의 차는 많은 사찰이 위치한 구릉지에서 자라기 때문에, 불교 승려들은 직접 차를 생산하였고, 이는 그들의 다양한 경제 활동의 중요한 일부분이 되었다.

차 음료는 곧 불교에서부터 시작되어 중국 사회의 다양한 부분에 모두 전파되었다. 북조 왕조에서 불교의 위상을 고려해 볼 때, 적어도 차를 마시는 사찰의 관습은 이때에 조정에 전달되었고, 조정에서 차는 때때로 의식에서 사용되었던 반면에 즐거움을 위해서 마셨던 것은 아니었다. 더욱 중요한 사실은 차가 승려와 지식인의 사회적 상호작용에서 대단히 중요한 부분이 되었다는 점으로서, 다음과 같이 차에 관한 시에서 분명하게 표현되고 있다.

차. [茶.]

향기로운 잎, 여린 싹. [香葉, 嫩芽.]

시인들이 사모하고, 스님들이 사랑하네[慕詩客, 愛僧家.][45]

원진은 이 시를 어떠한 원칙하에 작성을 하였는데, 첫 행에는 한 글자로 시작해서, 두 번째 행에는 두 글자의 대구를 이루고, 세 번째 행에서는 세 글자가 대구를 이루는 방식으로 이어지도록 이루어졌다.

---

45) "茶. 香葉, 嫩芽. 慕詩客, 愛僧家. 碾雕白玉, 羅織紅紗. 銚煎黃蕊色, 碗轉曲塵花. 夜後邀陪明月, 晨前命對朝霞. 洗盡古今人不倦, 將至醉後豈堪誇." 元稹 -역주

'차'라는 주제에 관한 시들은 너무 다양해서 몇몇 사람은 심지어 하나의 문학 장르로서 '차시茶詩'라고 통칭하기도 하였다.[46]

차에 대한 첫 번째 위대한 작품이자 차의 재배와 제조에 관한 우리들의 일반적인 지식 대부분의 기반은 바로 육우陸羽가 지은 『다경茶經』으로서 760년대에 출판되었다. 어렸을 적에 고아가 된 육우는 사찰에서 성장하였고 사후에는 그의 본래 불교 스승의 사리탑 바로 옆에 묻혔다. 동시대 사람에 의하면, 그의 책은 차구茶具에 대한 열풍을 일으켰고, 당대 말기에 이르러서 그는 당시 도시 유흥의 새로운 장소로서 생겨났던 수많은 찻집에서 신으로서 숭배되기에 이르렀다. 그 책은 차의 명칭과 품질에 대한 논의, 찻잎의 수확과 처리 과정, 관련 조리 도구, 차를 끓이는 기술, 마시는 기술, 역사적 참고자료 그리고 각 지역 최고의 차에 대해서 설명한다.[47]

사실, 차의 지역적인 특성은 그것이 상업 제품으로 발전하는 데에 절대적으로 중요하였다. 남부 지역 전체에 분산되어 있었던 40개 이상의 현에서 실질적으로 차를 생산하고 있었고, 어느 지역의 제품이 최상인가에 대해서는 끊임없는 논쟁이 있었다. 이러한 지역 간의 경쟁은 그들로 하여금 첫 수확품을 황제와 조정에 진상하도록 만들었

---

46) Kieschnick, John. *The Impact of Buddhism on Chinese Material Culture*. pp.262-275.; Needham, Joseph, and H. T. Huang. *Science and Civilisation in China*. Vol. 6, *Biology and Biological Technology*, Part 5, *Fermentations and Food Science*. p.515.

47) Kieschnick, John. *The Impact of Buddhism on Chinese Material Culture*. pp.265-266.; Needham, Joseph, and H. T. Huang. *Science and Civilisation in China*. Vol. 6, *Biology and Biological Technology*, Part 5, *Fermentations and Food Science*. pp.515-517.

고, 조정에서는 봄철 청명절清明節에 열리는 궁정 연회 동안에 소비되었다. 당대에 강소와 절강 사이의 경계 지대에서 생산되는 차는 특별히 유명하였다. 심지어 당대 후반기의 황제들은 특별히 질이 좋은 차를 진상한 관리들을 승진시켜 주기도 하였다. 차를 마시는 놀이가 조정에서 발전하였고, 차는 또한 과거시험에서 수험생들을 위한 음료가 되었다. 차 생산은 그것이 값어치 있는 제품이었던 오늘날의 호북성, 호남성, 강서성, 안휘성, 절강성, 복건성의 지역 경제를 개조하는 데 중요한 역할을 하였다.[48]

선호하는 차 조제법은 그것을 차병茶餠(차떡)의 형태로 만드는 것이었다. 이것은 특별한 도구에서 삶은 찻잎을 절구에서 절구공이로 두드리고, 쇠 주형틀에서 눌러 형태를 만든 다음 화덕에서 말려서 완성하였다. 그 차병은 함께 끈으로 묶어서 보관하거나 운송하게 된다. 그것을 구입한 사람은 불에 볶은 다음 식히고 일부분을 갈아서 가루로 만들고 체로 걸러서 분말로 만든다. 그리고 난 후에 특별한 찻잔에 차가루를 담아 뜨거운 물을 부어 완성하였다. 차에 발생하는 거품은 그 차의 정수라고 여겨졌고, 일본의 다도茶道에서는 여전히 이러한 차가 남아 있다. 보다 드문 경우이지만, 차는 묶지 않은 찻잎들을 솥에 담가 두는 방식으로도 조제될 수 있는데, 묶이지 않은 차는 불에 볶았다. 이

---

48) Kieschnick, John. *The Impact of Buddhism on Chinese Material Culture*. p.265.; Wang, Ling. *Tea and Chinese Culture*. San Francisco: Long River Press, 2005. pp.21-22.; Needham, Joseph, and Francesca Bray. *Science and Civilisation in China*. Vol. 6, *Biology and Biological Technology*, Part 2, *Agriculture*. pp.17-20. 차무역을 전문으로 하는 대단히 많은 수의 상인에 대해서는, Dudbridge, Glen. *Religious Experience and Lay Society in T'ang China: A Reading of Tai Fu's Kuang-i chi*. p.88 참조.

는 유우석劉禹錫(772-842)의 시에서 잘 묘사되어 있다.

나는 부드러운 관목에 기대어 응취鷹嘴를 뽑고

그 찻잎 불에 볶으면, 방안이 차향으로 가득 차네[49]

사탕수수는 상업 작물로서 당대 경제에서 차만큼 중요하지는 않았고, 그 진가를 발휘하는 것도 송대에 이르러서였다.[50] 그것은 기원전 3세기가 되어서야 인도 동부 또는 동남아시아에서부터 중국 남부에 도입되었지만, 6세기에 작성된 농업기술서인 『제민요술』에 기록된 바와 같이 당대 이전에는 남부 지역에 국한된 작물이었다. 그 설탕액과 무정형당無定型糖의 생산은 인도의 불교 사찰들의 주요한 사업이었는데, 그곳에서 설탕액은 오후 음료로 사용되었다. 설탕 제조는 약의 조제와 몇몇 불교 의례에서 주요한 역할을 했다. 다양한 형태의 설탕이 불교 순례자들을 통해서 당 조정의 관심을 받게 되었을 때에, 당태종은 647년 인도에 사절을 보내어 설탕 만드는 기술을 배우도록 하였다.

49) Needham, Joseph, and H. T. Huang. *Science and Civilisation in China*. Vol. 6, *Biology and Biological Technology*, Part 5, Fermentations and Food Science. pp.519-523, 555-557.

50) Needham, Joseph, and Francesca Bray. *Science and Civilisation in China*. Vol. 6, *Biology and Biological Technology*, Part 2, *Agriculture*. pp.426, 601-602.; Mazumdar, Sucheta. *Sugar and Society in China: Peasants, Technology, and the World Market*. Cambridge: Harvard University Press, 1998. 1장. 중국 사탕 생산의 역사와 기술에 대한 완전한 해설은, Needham, Joseph, Christian Daniels, and Nicholas K. Menzies. *Science and Civilisation in China*. Vol. 6, *Biology and Biological Technology*, Part 3, *Agro-Industries: Sugarcane Technology, Agro-Industries and Forestry* 참조.

그 후 당태종은 오늘날의 절강성 지역에 설탕 제조 시설을 설립하였다. 여기서 제조된 무정형당은 조정으로 보내졌고 이렇게 사용된 설탕은 다른 국가 엘리트 구성원들에게로 전파되었다.

당대 후반에는 몇몇 불교 사찰을 포함해서 전국 9개의 현에서 사탕수수나 사탕 제품을 조정에 진상하고 있었다. 사탕수수로 만든 설탕 제조업은 북으로 돈황과 같이 먼 지역에서도 발전하였는데, 그곳에서는 당대 설탕 제조 기술에 대한 유일한 기록이 발견되었다. 그러나 그 기록은 지역적으로 사용하기 위한 것이었을 뿐이다. 사찰과 당 조정을 제외하고, 설탕 제품에 대한 도시 지역에서의 주된 수요는 장안, 낙양, 강도, 번우(현재 광동성 광주시)의 아랍인과 페르시아인 공동체에 국한되어 있었는데, 그들은 설탕 제품들을 소스, 음료 그리고 페이스트리 당과 제품들에 첨가하였다. 도시의 중국인들이 설탕을 소비한다는 것은 이국적인 음식을 즐긴다는 맥락에서만 국한되었다. 심지어는 18세기 후반까지도, 당태종은 사탕수수 줄기 20대를 "진기하고 대단한 상"으로서 하사하고 있었다.[51] 송대가 되어서야 사탕수수로 만든 설탕은 도시 소비자들에게 친숙한 아이템이 되었다. 당대에 그것은 여전히 이국적인 제품이었지만, 사탕수수는 이국적이고 외래적인 것들이 이 당 왕조에서 수행한 중심적인 역할을 상징하는 것이었다.

51) Needham, Joseph, Christian Daniels, and Nicholas K. Menzies. *Science and Civilisation in China*.Vol. 6, *Biology and Biological Technology*, Part 3, *Agro-Industries: Sugarcane Technology, Agro-Industries and Forestry*. pp.20-28, 123-126, 193-194.; Kieschnick, John. *The Impact of Buddhism on Chinese Material Culture*. pp.249-262.

6
| 외부 세계 |

　중국과 그 외부 세계 사이의 관계에서, 한 왕조는 발견, 탐험 그리고 군사적 팽창의 시기였던 반면에, 남북조의 왕조들은 반전의 시기로서 이민족이 대규모로 북부로 이주해 오고 외래 문화적 요소들 즉 무엇보다도 불교가 중국인의 삶을 변화시켰다. 수 왕조와 당 왕조는 외부 세계로 팽창하면서도 동시에 이민족과 그들의 문화들을 대규모로 끌어들이면서 이러한 양식 모두를 결합하였다. 즉 수 왕조와 당 왕조는 중국 역사상 가장 개방적이고 국제적인 시기였다.

　6세기와 7세기 동안 수 왕조와 당 왕조 모두 한 왕조의 계승자가 되기를 희망하면서 잃어버린 한 왕조의 영토를 회복하는 데 많은 시간과 자원을 투입하였다. 그 결과 베트남 북부 지역으로의 확대, 돌궐과의 전쟁, 중앙아시아의 오아시스 왕국들의 병합, 만주 남부와 한반도의 북부에 설치한 한사군의 재건을 위한 원정 등의 사업들이 추진되었다. 한 왕조에 필적하고자 하였던 수양제의 비전은 수 왕조를 멸망의 길로 이끌었던 한반도에 대한 실패한 원정을 낳았고, 당태종도 거의 동일한 운명을 맞이하게 되었다. 그러나 당 왕조가 남북조 시기에 발달한 수많은 제도적 특징을 포함시키지 않을 수 없었던 것과 마찬가지로, 당 황제들의 한대의 세계를 복원하고자 하는 꿈은 새로운 국제적 질서에 적응하여야만 했다.

한 왕조 통치하에 중국인은 문화적으로나 사회정치적 구조 면에서, 그리고 생활 방식에서도 자신들과 전혀 다르고 중국인의 시각으로는 분명히 열등하였던 부족민이 살고 있었던 북방 지역과 접해 있었다. 흉노 연맹체는 중국 영토의 일부를 침략하고 점유하였지만, 그들은 정치적으로 불안정하였고 정주 농경 주민들을 다스릴 능력이 없었으며, 한인의 문화적 우월의식에 대해서도 아무런 이의를 제기하지 않았다. 변경 지역의 유목민과의 체계적인 대조 분석을 통해 중국인을 정의하는 것은 한인들이 문명화를 인식하는 주요한 특징이었다. 그러나 한대 이후 수세기 동안 유목민 출신의 가문들이 중국 북부를 지배하게 되면서, 중국인과 외국인 사이의 구분은 희미해졌다. 수·당대 들어 그 상황은 다시 변화하였고 다수의 국가로 이루어진 유라시아대륙 동부 세계가 만들어졌는데, 그곳에서 중국은 그 중심에 있었을 뿐 더 이상 지배자는 아니었다.

당 왕조 집안과 그들의 가장 가까운 추종자들은 북부와 서부 변경의 스텝 지역의 민족들과 강력한 문화적 유대를 갖고 있었고, 당시에 그 지역은 돌궐이 지배하고 있었다. 이러한 문화적 유사성은 중국—알

타이(돌궐) 체제의 형성을 가능하게 해 주었는데, 그것은 동일한 외교술, 전쟁술, 세습적인 정치 네트워크, 그리고 하늘로부터 승인받은 통치에 대한 이상에 기반하고 있었다. 이러한 체제 내에서 당대 지배자들은 돌궐 제국의 내분을 자신들의 이익을 위해서 교묘히 이용할 수 있었고, 돌궐이나 그보다 소규모의 부족들을 조상 전래의 보호자-피보호자 관계와 외교적인 의례를 통해서 보다 확대된 제국 시스템 속에 끌어들일 수 있었다. 뿐만 아니라 돌궐의 동맹 부족들을 당의 군대로 끌어왔다. 이와 같이 외국인 군대에 대한 전면적인 의존이 7세기에는 사회적 안정을 획득하는 데 도움을 주었지만, 궁극적으로는 안녹산의 반란으로 이어졌다.

당대 중국은 동부, 남부, 남서부 변경 지역에서, 이전의 왕조들과는 달리 외국 민족과 맞서게 되었다. 이들 민족은 비록 규모는 작지만 중국과 같은 방식으로 조직된 새로운 국가를 건설하고 있었다. 그들의 통치자는 중국과 비슷한 이데올로기를 받아들였고 중국의 정부를 구성하는 주요한 요소들을 본떠 제도를 만들었다. 한국, 일본, 베트남 그리고 남조(오늘날의 운남성 지역)의 경우와 같이 이들은 정부 업무를 중국의 법적 절차에 따라 중국의 표기 문자로 처리하였다. 그들은 당에 조공을 바쳤지만, 중국의 통제로부터 독립적이었다. 중국도 그들을 비록 완전히 동등하지는 않지만 존중하는 이웃으로 대우하였다. 심지어 서부 변경의 티베트의 경우에는, 7세기 후반부터 9세기 중반에 이르기까지 중국의 강력한 군사적 라이벌이 되었는데, 사실 중국으로부터 주요한 정치적 특징들을 빌려 왔던 정주적인 국가였다. 불교의 막대한 영향력과 그 결과로서 불교가 유래한 인도와 중앙아시아 국가들의 높아진 위상 또한 중국 변경 지역에서의 이러한 변화들과 결합되었다. 그 결과 송대에 들어 '여러 대등한 국가들 중 하나로서의 중국'이라는 개념의 형성에 영향을 주었던 새로운 형태의 외교관계가 조성되기 시작하였다.

　중앙아시아 지역을 정치적으로 통제하고자 하였던 9세기 동안의 노력을 포기하면서 중국이 이슬람 문명권에 이 지역을 '상실'하게 되는 사건도 당대에 발생하였다. 서부 지역에 대한 중국의 정복 사업은 한대에 시작되었고, 대체로 북조 시기 동안에는 소멸되었다가 당대의 첫 번째 세기에 재개되었다. 티베트의 성장은 신강(오늘날의 신장위구르자치구 지역) 지역을 둘러싼 모든 세력이 참여하는 외교적, 군사적 분쟁을 촉발시켰고, 이러한 투쟁의 맥락 속에서 이슬람 군대는 처음으로 중앙아시아에 입성하였다. 이슬람 세력이 당 군대를 격파하고, 곧이어 안녹산의 난이 터져 중국의 약세화가 이루어지면서 9세기 중반에 티베트 세력이 붕괴된 이후에도 당은 신강 지역에 대한 지배권을 회복하지 못했다. 18세기 만주족의 청 제국이 그 지배권을 되찾을 때까지 중국의 어느 왕조도 그 지역으로 되돌아 갈 수 없었다.

　동시적으로 발생한 동아시아의 중국화와 중앙아시아의 이슬람화는 중국과 외부 세계 사이의 관계에서 지속적인 재균형을 초래하였다. 당의 중앙아시아 및 실크로드에 대한 상실은 남부 지역에서의 중국인 거주지를 확대시키고 한국과 일본 등 중국화를 지향하는 국가들과의 접촉을 증가시켰다. 이와 더불어서 바다를 근간으로 하는 교역의 급속한 확대를 초래하였고 이는 당대 해외 교역의 절대적인 부분이 되었다. 대체로 송대까지는 외국 상인들의 손으로 이루어졌던 이웃 국가들과의 상업 교역은 해양에 기반을 둔 거대한 실크와 도자기 교역으로 발전하였다. 이는 수상 교통을 통해 서로 연결되는 보다 확대된 세계 시스템에서 중국을 가장 중요한 구성요소로 만들었다.

이러한 현상의 원인이자 결과로서, 외국인의 존재 양태와 규모는 당대에 극적으로 변화하였다. 한대에 중국에 있었던 유일한 외국인은 변경 지역을 따라 재정착한 유목민족들이었지만, 당대가 되자 외국과의 교역과 불교의 영향력 강화로 대규모의 상인, 학생, 순례자 들이 중국에 거주하게 되었다. 이러한 새로운 스타일의 외국인은 대체로 주요 도시에 집중 거주하였고, 그곳에서 그들은 사채업이나 술, 유흥, 매춘업이 상호 교역하는 데에 지배적인 역할을 수행하였다. 제국의 세계주의적인 성격은 9세기에 쇠퇴하였지만, 적어도 2세기 동안, 당 제국의 외국인과 외래 문화의 수용은 중국 문명을 결정짓는 요소였다.

천가한으로서의 당 황제

당대 국제질서와 이전 고전적인 한대 모델과는 우선적인 차이가 있었다. 당대 황실 가문과 그들의 가장 가까운 신하들은 관중 지역에서 엘리트 계층을 형성하였는데 이들은 수세기 동안 비한족들과 통혼을 지속해 왔다. 또 이들은 유목민족적인 문화 요소들, 특히 군사적인 기술들을 받아들였다. 당 왕조를 창업한 이씨 가문의 먼 조상에 대해서는 분명하지 않지만, 6세기가 되면 그 가문은 북주와 수 왕조 치하에서 중국 북서부 지역의 지배자였던 한족-선비족-돌궐족 혼혈 귀족으로서 역대로 유명한 군인들을 배출하였다.[1] 당 왕조를 지지하는 사람들은 당 황실을 한대의 유력 가문 출신으로 상정하면서 그들의 출신을 감추려고 하였던 반면에, 초원지대를 재통일했던 돌궐 제국에 대한 외교정책은 북부와 서부의 비한족 유목민과 당 황실 사이의 문화적 유대감에 크게 의존하였다.

이러한 새로운 정책은 두 번째 황제인 태종의 재위기에 등장하였는데, 이때에 당 제국은 돌궐에 비위를 맞추는 태조의 정책을 포기하고, 대신 그들을 정복하기로 했다. 정복, 외교, 그리고 당 문화의 보급이 결합된 형태의 정책을 통해서, 당태종은 중국의 힘을 모든 방향으로 확대하고자 하였다. 그러나 외교정책에서 그의 유일한 성공은 정복과 외교술을 통해서 일시적으로 돌궐을 당에 통합시켰던 것이다. 그런데 그 정책이 성공할 수 있었던 것은 당태종과 그의 정책 고문들이 돌궐의 정치적, 군사적 구조에 대해 잘 알고 있었기에 가능하였다.[2] 당의 정치를 안정화시킨다는 명목으로 해외 진출을 잠시 피한 이후에, 당

---

1) Wechsler, Howard J. "The Founding of the T'ang Dynasty: Kao-tsu (reign 618-26)." In *Cambridge History of China*. Vol. 3, *Sui and T'ang China, Part I*. pp.150-152.; Barfield, Thomas J. *The Perilous Frontier: Nomadic Empires and China*. Cambridge: Basil Blackwell, 1989. pp.139-140, 141-142.; Pan, Yihong. *Son of Heaven and Heavenly Qaghan*. Bellingham: Western Washington University Press, 1997. pp.180-181, 181-182.

2) Pan, Yihong. *Son of Heaven and Heavenly Qaghan*. pp.133-138, 166, 171-176.

태종은 점차 천자라고 하는 전통적인 타이틀에서 구현되는 중국의 지배자라는 것과 천가한天可汗이라는 새로운 타이틀이 의미하는 돌궐에 대한 지배권이 결합된 위대한 이원 군주국을 염두에 두고 있었다.

돌궐은 자신들을 지배하고 있었던 유연柔然족을 패퇴시키면서 그들의 제국을 6세기 중반에 건설하였다. 일련의 신속한 정복에서 창업자 토문土門이 카스피 해에서부터 만주까지 뻗은 유목민족 연맹체를 건설하였다. 그러나 대부분의 유목민족 국가들과 마찬가지로 그 연맹체를 구성하는 부족들은 여전히 그들 자신의 지배자의 통치하에 있었고, 최상위의 군주와는 후원자와 의존자의 관계로 연결되어 있었다. 게다가 돌궐의 영역은 좌현左舷과 우현右舷으로 구분되어 있었고, 양측은 단지 각각의 지도자들의 친족 관계로만 결합되어 있었다. 후계는 형제간에 계승하였고 한 세대에서 다음 세대로 계승될 때에는 잠재적인 계승자들을 제거하는 방식을 사용하였을 뿐 계승 방식을 규제하는 어떠한 체계도 없었다. 따라서 기존의 가한에서 다음 가한으로 계승될 때마다 커다란 긴장감과 잠재적인 폭력의 사용으로 특징지어졌고 세대 간의 계승에서는 일반적으로 내전을 초래하였다.[3]

그러나 돌궐이 처음 등장했을 때는 중국이 분열되어 있었다. 6세기 동안, 중국과 돌궐의 관계는 복잡한 외교전의 양상을 띠기 시작했고, 각 진영은 상대 진영의 분열을 악화시키거나 이용하였다. 따라서 목

---

3) Barfield, Thomas J. *The Perilous Frontier: Nomadic Empires and China.* Cambridge: Basil Blackwell, 1989. pp.132~138.에서는 이러한 최초의 돌궐 제국의 구조를 설명하고, 돌궐 제국을 괴롭혔던 일련의 계승 분쟁들을 추적한다.

간가한木杆可汗(553~572) 치하에서 라이벌 관계에 있었던 북주와 북제
北齊 조정에서는 매년 실크와 같은 호화로운 선물들을 돌궐 조정에 보
내어 그들의 지원을 보장받고자 희망하였다. 중국에서 보내온 실크는
가한 휘하의 부장들에게 나누어지거나 이란이나 비잔티움과 같은 해
외로 수출되었다. 581년 전후에, 수나라가 중국 북부에 건설되면서,
돌궐 제국은 동돌궐과 서돌궐로 분열되고 친족 내부의 경쟁으로 동돌
궐은 더욱더 분열되었다. 동돌궐에서의 내부 권력 다툼은 서돌궐의
가한이 601년 (동돌궐에 대한) 자신의 우위를 주장하게끔 만들었지만,
서돌궐의 동돌궐에 대한 전쟁은 서돌궐에 불만을 갖고 있던 동맹국들
에게 반란을 일으킬 기회를 제공하였다.

  수나라가 618년 멸망하였을 때에, 다시 분열된 중국은 또다시 돌궐
의 교묘한 외교술의 희생양이 되었다. 당시 중국의 주요 군벌 할거세
력들은 사절단과 선물을 동돌궐의 가한에게 보냈고, 그는 그 답례로
그들에게 관직을 수여하고 적은 수의 말을 주었다. 이런 수나라 망명
자 중에 가한과 혼인 관계가 있었던 자들도 돌궐에 보호를 요청하였
다. 당의 창업자 이연은 가한에게 편지를 보내어 돌궐이 자신들과 힘
을 합쳐서 중국 내의 다른 군벌들에게 대항하거나 적어도 그들이 평화
의 조약에 서명하고 그가 보낸 선물을 받을 것을 요청하였다. 당시 돌
궐의 도움을 필요로 하는 천하 통일의 대망을 품은 몇 나라 중 하나에
불과하였던 당 왕조의 이연은 자신의 하위 지위를 인정하는 듯한 자세
로 글을 써 보낸 것이다. 가한은 만약 이연이 스스로 황제가 될 경우에
한해서만 반란의 진압을 도울 것이라고 말했다. 돌궐은 중국인 경쟁

자들이 서로 싸우도록 함으로써 자신의 우월한 지위를 보존하고, 그
들이 보내준 선물들을 거둬들이고, 중국을 약화시켜서 중국에서 누가
세력을 얻더라도 결국 돌궐에게 빚을 지게끔 만들고자 하였다. 이세
민(당태종)이 626년에 쿠데타를 일으켰을 때에, 그는 당시 당의 수도 인
근 지역을 침공하였던 동돌궐에 대하여 그들의 보호에 대한 대가를 치
름으로써 자신의 지위를 보장받고자 하였다.[4]

그러나 바로 그다음 해, 통일과 분열의 시계추가 되돌아왔다. 돌궐
의 가한은 소그디아나 출신의 재상들을 고용해서 세금을 걷도록 했는
데, 이는 그 밑에 종속되어 있던 여러 민족 사이에 상당한 불만을 불러
일으켰다. 재앙적인 기후가 가축들을 죽이고 기근을 초래하였을 때
에, 계속된 세금 징수는 또 다른 경쟁 관계에 있던 가한에 의해 주도된
반란을 초래하였다. 당의 지원으로 돌궐 가한에 종속되어 있었던 설
연타薛延陀라는 투르크 계열의 민족이 돌궐 국가와 단절하였다. 629년
에 당 군대는 설연타 및 철륵鐵勒이라고 알려진 다른 민족과 연합해서
당시 화평을 청하고 있었던 동돌궐 가한에게 기습공격을 감행하여 돌
궐의 군대를 괴멸시키고 동돌궐 한국汗國을 멸망시켰다.[5] 아마도 새롭
게 정복된 민족들의 요청으로 당태종은 천가한이라는 타이틀을 받았
고 그럼으로써 중국과 돌궐 모두에 대한 종주권을 주장할 수 있게 되

---

4) Pan, Yihong. *Son of Heaven and Heavenly Qaghan*. pp.167-170, 172-173,
   176.; Barfield, Thomas J. *The Perilous Frontier: Nomadic Empires and China*.
   pp.139, 140-144.; Graff, David A. *Medieval Chinese Warfare: 300–900*.
   pp.185-186.

5) Graff, David A. *Medieval Chinese Warfare: 300–900*. pp.186-188.

었다.

이때의 태종의 성공은 부분적으로는 초원 문화의 여러 측면에 대한 그의 개인적인 깊은 관심에 기인한 것이기도 하였다. 그가 황자로서 명성을 쌓았던 전투의 모델은 직접적으로 유목민족적 관습을 모방한 것이었다(그림 11). 말타기, 활쏘기, 그리고 검술에 능숙하였던 이세민은 개인적으로 그의 군대를 이끌고 전투에 참여하였고 종종 그 자신이 직접 결정적인 공격의 전면에 나서기도 하였다. 북조 왕조들이나 수나라에서 채택되었던 중무장한 기병들과는 대조적으로 이세민과 그 이후 당나라 장수들이 지휘하던 기병은 보다 이동성이 뛰어나고 유연했다. 일반적으로 당시의 기병은 '경기병輕騎兵'이라고 묘사되었는데, 말에 탄 병사는 갑옷을 입었지만 그 말에는 갑옷을 입히지 않았다. 이는 돌궐의 관습을 채택한 것으로서 변경에서 유목민 군대와 대적하기위한 것이었다. 이세민의 기병 전술들 역시 돌궐의 전술을 모방한 것이었다.[6]

심지어 왕자로서, 이세민은 돌궐의 동료들과 더불어 피를 나눈 형제로서의 개인적인 맹세를 하였고, 그가 일으킨 쿠데타는 돌궐의 의례적 관습에서 직접 가져온 말을 희생으로 바치는 것으로 비준을 받았다. 그는 돌궐의 종교적이고 의례적인 관습들을 차용하였고, 그들과의 유대관계를 확보하기 위해 새롭게 만들어진 비혈연적인 친족관계를 맺었다. 이러한 활동은 전장에서의 뛰어난 수완과 영웅적인 행위

---

6) Graff, David A. *Medieval Chinese Warfare: 300–900*. pp.175-176.; Barfield, Thomas J. *The Perilous Frontier: Nomadic Empires and China*. p.141.

그림 11. 돈황 벽화에 묘사된 전투 장면 당대의 갑옷과 무기를 살펴볼 수 있다.

를 통해 다른 경쟁자들과는 구분되는 카리스마 있는 지도자임을 강조
함으로써 유목 사회에 어필하고자 하였던 여러 다양한 노력들 중 한
부분이었다. 심지어 형제들을 살해하면서 이루어진 이세민의 제위 등
극은 중국의 전통적인 제위 계승 관습보다는 스텝 지역의 계승 관습과
더 많은 공통점을 갖고 있었다.[7] 돌궐 지도자들과 불화를 조장한 뒤 그
불화를 교묘히 이용하여 그 자신의 승리를 확보하는 태종의 기술은 직
접적으로 그의 스텝 문화와의 친밀성에서부터 성장해 나온 것이었다.

천가한이라는 새로운 타이틀은 상징적인 것이기는 했지만 그렇다
고 중요하지 않았던 것은 아니다. 게다가 그것은 중국인과 유목민을
모두 아우르려 했던 태종의 비전을 증명하는 것이었고, 그러한 비전
은 그가 (당 왕조에 대한) 자신만의 특별한 기여라고 여겼던 것이다. 따
라서 그는 오랑캐와 중국인은 공통적인 본성을 공유하고 있기 때문에
그 둘 모두에 황제의 은혜로운 보호가 미쳐야 한다고 설명했다. 그는
또한 "고대부터 중국 황제들은 중국인을 인정했던 반면에 오랑캐에
대해서는 인정하지 않았다. 오직 나만이 그 둘을 동등하게 평가한다.
그것이야말로 왜 그들이 나를 부모로서 존경하는지를 설명해 준다"라
고 이야기했다.[8] 이와 같은 (민족 간) 평등에 대한 이상은 태종의 비한
족 관료의 선발, 그들에 대한 군사적 직위의 부여, 상당수 비한족에 황

---

7) Barfield, Thomas J. *The Perilous Frontier: Nomadic Empires and China*.
    pp.139-144.; Pan, Yihong. *Son of Heaven and Heavenly Qaghan*. p.181.

8) 여기서 인용한 당태종의 언급은, Pan, Yihong. *Son of Heaven and Heavenly
    Qaghan*. p.182 참조.; Pulley blank, E. G. "The An Lu-shan Rebellion and
    the Origins of Chronic Militarism in Late T'ang China." In *Essays on T'ang
    Society: The Interplay of Social and Political and Economic Forces*. pp.37-38.

실의 성인 이씨李氏를 하사한 것과 같은 정책을 통해 실천에 옮겨졌다. 비한족 사령관과 그 군대에 대한 의존은 7세기 후반기와 8세기에 걸쳐서 당나라의 지배적인 군사적 관례가 되었다.

천가한이라는 타이틀은 새롭게 정복된 돌궐과 다른 부속적인 민족들에게 어필하기 위함이었고, 그들은 또한 최고의 통치자는 하늘에 의해 선발된다는 원칙을 옹호하였다. 그들이 기꺼이 당나라를 위해서 싸우고자 하였던 것은 그들 자신의 정치적 전통은 제국의 중요한 한 측면이었다는 그들의 인식과 밀접한 관계가 있었다. 8세기에 당 왕조가 부활한 돌궐군과의 전투에서 그리고 안녹산의 반란군의 진압에서 오아시스 국가들과 위구르족들로부터 받았던 중대한 지원도 부분적으로는 당태종의 새로운 칭호에 의해서 분명해진 (그들과의) 특별한 관계로부터 기인한 것이었다.[9]

유목민족을 군대와 지역 행정의 기능적인 요소로서 포함시켰던 당 왕조의 정책은 종속적인 군사령부와 주현(기미부주羈縻府州, 문자 그대로 "통제가 느슨하게 이루어지는 군사령부와 주현")의 도입에서 잘 드러나 있다. 투항한 이민족들은 (뒤로 갈수록) 점점 확대되는 단위인 구역, 군軍, 주현州縣 그리고 전략적인 요충지에 설치된 군 사령부들과 같은 단위들에 분류되었다. 중앙정부의 직접적인 통제를 받기보다, 이 단위들은 한대漢代에 서부 지역을 관할하던 체제를 본떠 만든 '도호부都護府'의 통제를 받았다. 지역 족장이나 지배자 들은 대체로 그들의 주민을 다스리기 위해서 그 지역에 계속 거주하였다. 그들이 맡은 관직은 기존

---

9) Pan, Yihong. *Son of Heaven and Heavenly Qaghan*. pp.180-181, 287-296.

의 중국식 명칭이었지만, 그 직책은 세습되었다. 8세기 초반에 이르기까지 그 도호부들이 중국의 변경 지역을 따라 설치되었다. 안서도호부安西都護府(서돌궐, 서부 지역, 티베트 관할), 북정도호부北庭都護府(중가리아 지역 퉁구스족 관할), 선우도호부單于都護府(내몽골 지역 동돌궐 통치), 안북도호부安北都護府(외몽골 지역 위구르족과 다른 철륵 유목민족 관할), 안동도호부安東都護府(한반도, 거란, 해족奚族, 말갈족 관할), 그리고 안남도호부安南都護府(베트남 지역의 비한족 관할). 대부분 이민족 병사들로 구성되고 비한족 절도사의 지휘를 받았던 당대 변경 군대들과 더불어, 이러한 도호부들은 당대 변경 방어와 행정의 근간을 이루었다.[10]

돌궐을 당에 병합시키는 정책은 다른 비중국 민족들에 대한 승리를 통해 결실을 맺었다. 대체로 당조에 투항한 돌궐족과 설연타족으로 구성된 원정군대는 639년 고창을 정복하였고, 그럼으로써 중앙아시아에서 최초의 당나라 군현과 보호령이 건설되는 것을 가능하게 해 주었다. 후계 투쟁을 이용하면서 그는 과거 그의 동맹국이었던 설연타를 646년 붕괴시켰고, 그다음 해에는 그들을 변경의 보호령에 정착시켰다. 이후 10여 년 동안 당조의 유목민 동맹 부족들을 서부 지역으로 더욱더 밀어붙여서 서돌궐을 패퇴시키고 648년에는 쿠차국을, 그다음에는 카슈가르를 정복하였다. 649년 태종의 사후, 서돌궐이 다시 반란을 일으켰지만 659년에 그들은 최종적으로 패배하였다. 그 이후 몇 년간 당 왕조는 그 지역에 100여 개 이상의 군 사령부와 주현을 설치하였고 그들의 국경을 멀리 페르시아까지 확대하였다. 이것은 역대 중국 왕조

10) Pan, Yihong. *Son of Heaven and Heavenly Qaghan*. pp.197-202.

중에서도 서쪽으로 가장 멀리 국경을 확대한 경우에 해당되었다.[11]

그러나 이 시기에 당나라에 의해 정복된 많은 다른 민족들과는 달리, 중국의 통제하에 있었고 중국 내지로 재정착한 돌궐은 중국의 제도들과 그 문자 체계를 받아들이지 않았다. 게다가 태종의 죽음과 그의 병약한 후계자 고종의 즉위는 당 왕조와 돌궐 사이의 연계를 약화시켰다. 조정의 총신寵臣과 과거시험을 통해 선발된 관료가 장악한 정부의 등장은 비한족이 정부의 고위직에 진출하는 것을 막았고 무관직의 사회적 지위를 하락시켰다.[12] 660년대, 중국의 군대가 한반도에서의 전쟁에 집착하고 있을 때에 성장하는 티베트 왕조는 토욕혼土谷渾 민족을 오늘날의 청해성青海省 지역에서 토벌하였다. 670년에 그들은 쿠차를 차지함으로써 당 제국을 천산산맥 남부 지역으로부터 축출하였다. 당 왕조의 역공은 코코노르에서 괴멸당하였고 678년에 또 다른 당의 원정군이 참패하였다. 이러한 패배들은 돌궐의 새로운 제국 건설을 가능하게 해 주었고 이후 수십 년간 중국을 군사적으로 위협하게 되었다.[13] 돌궐은 심지어 745년 그들의 제국이 완전히 허물어진 이후에도 중국의 정치 무대에서 여전히 주인공으로 남아 있었고, 당이 10세

---

11) Pan, Yihong. *Son of Heaven and Heavenly Qaghan*. pp.190-197.; Barfield, Thomas J. *The Perilous Frontier: Nomadic Empires and China*. pp.145-146.; Graff, David A. *Medieval Chinese Warfare: 300–900*. p.195.

12) Barfield, Thomas J. *The Perilous Frontier: Nomadic Empires and China*. pp.145-146.

13) Graff, David A. *Medieval Chinese Warfare: 300–900*. pp.205-207.; Barfield, Thomas J. *The Perilous Frontier: Nomadic Empires and China*. pp.147-150.; Pan, Yihong. *Son of Heaven and Heavenly Qaghan*. 8장.

기 초반에 멸망하였을 때에는 중국 북부 지역의 대부분을 돌궐계열의
지도자들이 정복하였다.

동아시아의 등장

당대 중국의 외교 관계는 북부와 북서부의 유목민족에 대한 새로운
정책뿐만 아니라, 중화 문명의 주요한 요소들을 받아들였던 동부와
남부 그리고 남서부의 정주 국가들의 등장에 의해서도 형성되었다.
이러한 국가들 중에서 가장 중요한 이들은 한국, 일본, 남조南詔(운남
성)였고, 오늘날 베트남에 해당되는 지역과도 중요한 교류를 유지하고
있었다.

이러한 국가들의 등장은 정주 국가 형성의 고전적인 사례로서, 즉
그들의 정치체제가 부분적으로는 기존 국가들의 (군사적) 도발 또는 본
보기로서의 침입을 통해 발전한다는 것을 증명해 준다. 중국 주변의
국가들은 종종 선택된 지도자들이 중국 조정에 조공을 통해 임명되는
절차를 통해서 정식으로 인정되었고, 그들은 그 과정을 통해서 왕이
나 제후의 작위를 받고 그 직위에 적합한 인장印綬을 받았다. 반면에
중국 황제들은 이 세상의 지배자라는 지위를 얻고 주변 국가들은 단지
종속국가로서 인정을 받았을 뿐이었다. 그럼에도 주변 국가들은 중화
세계 질서의 한 부분으로서 인정을 받고자 적극적으로 노력하였다.

오늘날 한국에 해당하는 북동부 지역에서는 고대 국가인 고구려

가 기원후 32년에 한나라에 입조하였고 그러고 나서 그 지배자가 왕의 직위를 하사받았다. 한반도의 남부에 위치한 보다 늦게 등장한 백제는 372년 진晉나라와 외교관계를 형성하였고, 386년이 되자 그 통치자는 중국 조정으로부터 장군이자 부왕副王으로서의 직위를 부여받았다. 3세기에, 섬나라 일본의 여성 사제이자 정치 지도자였던 히미코 여왕은 위魏나라 조정에 작위를 요청하였고, 5세기에는 중국 남조로부터 직위를 부여받고 원조를 열망하였던 일본 조정은 십수 차례에 걸쳐 중국에 사신들을 파견하였다. 이러한 직위들은 중화 제국의 화려한 후광을 통해 그들에게 위신과 영향을 부여하였다. 이로써 야심 있는 지역 지도자들은 자신을 다른 경쟁자들과 차별화시켰다.[14] 이러한 외국 지도자들의 굴복은 순전히 형식적이어서 직위를 받은 인물들조차도 종종 적극적으로 중국의 영향력과 군대들에 반대하였지만, 동아시아의 언어와 국가 운영 관습은 중국식의 모델에서 가져온 것이었다.

당 초반기에 한반도는 고구려, 신라, 백제의 삼국으로 갈라져 있었다(지도 5 참조). 이들 중 첫 번째인 고구려에 대한 실패한 원정에 소모된 인원과 비용은 수나라의 멸망을 초래하였지만, 당 왕조가 건국되자 삼국은 모두 새로운 조정에 조공단을 보내왔다. 622년 고구려가 모든 중국인 죄수들을 송환하자, 당고조는 한반도의 국가들을 명목상으로만 종속국가일 뿐 그들의 독립을 인정하였다. 640년에는 한반도 국

---

14) Wang, Zhenping. *Ambassadors from the Islands of Immortals: China-Japan Relations in the Han-Tang Period*. Honolulu: University of Hawai'i Press, 2005. 2장.; Holcombe, Charles. *The Genesis of East Asia, 221 b.c.–a.d. 907*. Honolulu: University of Hawai'i Press, 2001. pp.53-60.

가들의 왕실 귀족들이 고창국(오늘날의 신강 위구르자치구), 일본, 티베트의 귀족과 더불어 모두 장안의 태학에서 유학하였다.

　그러나 642년 고구려 재상(연개소문)은 장안에서 공부한 적이 있었던 왕을 타도하고 그의 시체를 훼손하였으며 그의 동생을 왕으로 옹립하였다. 그것에 대한 대응으로서, 당태종은 645년, 647년, 그리고 648년에 고구려 원정을 이끌었지만, 수나라 당시의 침략과 마찬가지로, 이러한 공격들은 요동 지역의 진흙 길 속에 빠져 버렸고 아무 수확도 없었다. 다음 황제인 고종의 치하에서 당나라는 중국의 글자 체제와 정부 조직을 채택하였던 신라와 동맹을 맺고 백제를 멸망시키고 한반도 내의 새로운 근거지를 이용하여 고구려에 대한 원정에 착수하였다. 666년 고구려 통치자의 죽음은 내부 알력을 초래하였고, 668년에 중국은 최종적으로 고구려를 멸망시키고 20만 명 이상의 포로를 장안으로 데리고 돌아왔다. 670년대에 새롭게 중국화된 신라는 한반도의 대부분을 통일하는 데 성공하였고, 당나라는 티베트로부터의 증가하는 위협에 집중하여 더 이상 한반도의 정복사업을 지속할 수 없게 되었다. 한국은 여전히 명목상 중국의 국가체제를 모방한 당나라의 종속국가로 남아 있게 되었다.[15]

　일본은 630년에 그들의 대표단을 처음 당나라로 파견하였다. 비록 일본은 당 조정의 관심을 끌기에는 너무 멀리 떨어져 있는 나라였음에도, 일본 지도부 중에서 개혁파들은 진정으로 중국을 문화적인 그리

15)　Pan, Yihong. *Son of Heaven and Heavenly Qaghan.* 6장.; Holcombe, Charles. *The Genesis of East Asia, 221 b.c.–a.d. 907.* 7장.

고 정치적인 모델로 받아들이고 있었다. 649년에 일본 조정은 주요한 정치적 개혁에 착수하였는데, 이는 일본을 당제를 모방하여 만들어진 법령, 군사 시스템, 토지 소유제도 그리고 세금 체제를 가진 중앙집권화된 국가로 재창조하는 것이었다. 일본 정부는 또한 중국의 표기 체제를 채택하여 이를 모든 공식 활동이나 문학 활동에 사용하였는데, 중국의 문자를 일본어에 적용하기 위해서는 일정한 변형이 필요하기도 하였다. 의복, 시, 음악과 같은 중국 엘리트 문화의 다른 요소들 또한 일본 헤이안 시대 조정에서 모방의 대상이 되었다. 일본에서 불교가 가장 지배적인 지성적이고 종교적인 세력이 되면서, 당대 중국은 수십만 명의 일본 불교 신자들이 순례하는 성지가 되었다. 그들은 불교 사찰에서 불경을 공부하였고 불상이나 불경의 필사본을 일본으로 갖고 돌아왔다. 이러한 일본의 순례자들과 조공 사신들의 존재는 중국의 많은 도시들에서 낯익은 광경이었다.[16]

한대에 영남 지역으로 알려졌던 광활한 동남부 지역은 264년에 영구적으로 두 지역으로 나눠지게 되는데, 바로 광주廣州와 교주交州였다. 이는 대체로 오늘날의 광동과 베트남 북부에 해당된다. 위진남북조 시기 동안, 홍하강紅河江 유역을 중심으로 하는 교주는 대체로 자치지역과 541년 공식적으로 독립을 선포한 지역으로 나눠지게 되었다. 수나라는 이 지역을 수복하였지만 수나라가 멸망한 후에 다시 독립하

---

16) 가장 구체적인 설명은, Wang, Zhenping. *Ambassadors from the Islands of Immortals: China-Japan Relations in the Han-Tang Period* 참조. 또한 Holcombe, Charles. *The Genesis of East Asia, 221 b.c.–a.d. 907.* pp.79-83, 8장 참조.

였다. 당나라는 현재 베트남의 대부분의 지역을 재정복하였고 679년
에는 안남도호부를 설치하였는데 9세기 말까지 그 지역을 지배하였
다. 당대의 대부분의 시기 동안, 교주는 제국의 지배를 받았지만, 그
수도인 교지交趾(하노이)는 국제 교역 중심지의 지위를 점차 새롭게 떠
오르는 화물 집산지인 번우에 넘겨주었다. 당 제국이 10세기 초반에
무너졌을 때에, 교주는 유혈의 권력투쟁의 장소가 되었고 이는 응오
꾸엔[吳權]이라는 사람이 비로소 베트남이 된 독립국가를 건설할 때에
야 종식되었다. 그러나 이 국가는 당의 문자, 도량형, 화폐제도를 계속
해서 사용하였다. 중국의 것을 모방한 유교 문화는 베트남에서도 번
성하였다.[17]

오늘날 운남성에 해당되는 남서부 지역은 점차 남조南詔라고 알려
진 통일된 국가로 변화되어 가고 있었다. 7세기 중반에 등장했던 이 왕
국은 당나라와 티베트 사이에 전쟁을 붙여서 재미를 보았는데, 각각
의 국가가 남조를 자신들의 동맹국이라고 생각하도록 만들었고, 8세
기 중반에는 티베트를 지원하였다가 8세기 종반부에는 다시 입장을
뒤집어서 당나라와 동맹을 맺었다. 그 왕국의 초기 왕들은 당 조정으
로부터 인장과 관품을 부여받았고, 관료제와 과거시험 제도는 대체로
당나라를 모방하였다. 그러나 남조는 또한 티베트의 정치적 관습의
요소들을 결합하였는데, 예를 들어 호랑이 가죽으로 된 옷을 입는 것

---

17) Holcombe, Charles. *The Genesis of East Asia, 221 b.c.–a.d. 907*. 6장, 특히
pp.156-164 참조.

에 대해서 사치 금지 규정을 적용하여 금지하기도 하였다.[18]

이러한 국가들은 당의 정치와 법률 제도를 모방하였다는 점에서 서로 연결되었을 뿐만 아니라 불교가 그 국가들 내에서 성행한다는 공통점도 갖고 있었다(남조의 경우에는 9세기 후반에서야 공식적으로 불교로 개종하였지만). 게다가 표의문자 체계를 갖고 있었다는 공통점이 있었다. 불교는 인도와 중앙아시아로부터 불교 신자인 상인들과 더불어 중국에 전래되었다. 불교는 중국에서부터 한국, 일본, 베트남 지역으로 전파되었고 따라서 당시에 등장하기 시작한 동아시아 문화권은 공통적으로 대승불교 신앙을 받아들이게 되었다. 이러한 공통된 신앙은 이러한 국가들 내에서 종교적 가르침과 신성한 목적을 추구하는 대중운동을 상당한 규모로 초래하였다.[19] 동아시아 문화권은 중국식 표기체제를 사용한다는 공통점도 있었다. 표의문자는 최초의 중국 제국들이 서로 이해할 수 없는 언어를 사용하였던 민족들을 통합하는 데 도움을 주었고, 동일한 방식으로 중국의 표기체제는 중국인, 일본인, 한국인들이 서로 완전히 다른 방식으로 발음함에도 불구하고 동일한 텍스트를 읽고 동일하게 이해할 수 있도록 해 주는 국제 공통어가 되었다. 더 중요한 점은, 중국의 글자체는 고정된 의미론적 요소들을 전달해 주었기 때문에, 한자의 도입은 그 중국 고유의 어휘와 더불어 관련된 이념까지도 전달하게 되었다. 따라서 동아시아 사회에서 공유된 문자는

---

18) Backus, Charles. *The Nan-chao Kingdom and T'ang China's Southwestern Frontier*. 3장, pp.78-81.

19) Holcombe, Charles. *The Genesis of East Asia, 221 b.c.-a.d. 907.* pp.94-108.

동아시아권 전체에 특정한 근본 개념과 가치의 전파를 촉진시켰다.[20]

중화 제국은 각기 독립적인 국가들이었다가 당 제국으로 통합된 다양한 지역의 인재들을 융합하기 위해서 지역적 다양성을 초월하고 인위적이면서 중앙 조정을 기반으로 하는 문화를 통해서 제국의 정체성을 규정하였다. 문학적 언어와 그 텍스트를 통해 정의되는 바와 같이 이러한 지역 초월적인 문화는 결국 당 왕조 치하에서 문명화된 삶의 모델을 제공하였고 그 가치는 동아시아 전체로 전파되었다. 사회적 행위의 모델로서 의례에 대한 믿음, 가문에 대한 중시, 위계질서에 대한 강조, 성별에 대한 분명한 구분, 경전에 기반을 둔 학문의 중요성과 같은 가치들은 한국, 일본 그리고 동아시아의 다른 새로운 국가들에 중국의 정치적, 법률적 시스템과 문자가 전래되면서 함께 전해졌던 여러 사상 중에 포함되어 있었다.[21] 만약 '(동)아시아적 가치'라고 하는 오늘날의 선전에 관한 어떠한 내용이 있다면, 그것은 이 시기에 전파된 사상들 중에서 기인한 것일 것이다.

국제 교역의 재편성

당나라의 모델이 동방과 남방으로 전파되는 바로 그 순간에, 중국이 중앙아시아 지역을 포기하고 인도로부터 불교가 유입되는 데 주요

---

20) Holcombe, Charles. *The Genesis of East Asia, 221 b.c.–a.d. 907.* pp.60-77.

21) Holcombe, Charles. *The Genesis of East Asia, 221 b.c.–a.d. 907.* pp.38-52.

통로가 되었던 교역 루트의 단절을 초래하게 될 새로운 국면이 시작되고 있었다. 이와 같은 균형의 변화는 756년 안녹산의 반란이 발생하기 이전에 이미 시작되었다. 신라의 한반도 통일은 당나라의 한반도 병합의 의도를 종식시켰고, 동북 지역에서의 거란의 성장은 돌궐의 쇠퇴 이후 소멸되었다고 생각되었던 북방으로부터의 위협을 재현하였다. 곧 돌궐 자신들도 그들의 두 번째 제국을 건설하게 되었고 다시 중국의 변경 지역을 약탈하게 되었다.[22]

그러나 가장 커다란 변화는 서쪽에서 발생하였다. 성장하는 세력이었던 티베트는 630년대에 당나라와 이름뿐인 동맹을 제안하였고 북부와 서부로 계속해서 확대하고 있었다. 토욕혼을 파괴한 이후에 그들은 남서 지역과 북서 지역에서의 당의 지위와 영향력을 위협하기 시작하였는데, 남서 지역에서는 남조가 새롭게 부상하면서 티베트와 동맹 관계를 형성하였고 북서 지역에서는 타림분지에 있었던 안서도호부까지 세력을 확대하였다(지도 6 참조). 티베트의 위협에 대응하기 위해서, 당 조정은 서부 지역으로 군사를 배치하고 서돌궐을 격파하였을 뿐만 아니라 카슈미르, 갠지스 강 유역 그리고 오늘날 아프카니스탄 일부 지역에서 열성적으로 외교 활동을 전개하였다. 유명한 구법승인 현장玄奘(596–664)이 개척한 루트를 따라서, 637년에서 753년 사이에 50차례 이상의 외교 사절단이 인도 북부 지역에 파견되어 교역관계와 더불어 티베트에 대항하는 군사적 동맹관계의 수립을 모색하였다.[23]

22) Pan, Yihong. *Son of Heaven and Heavenly Qaghan*. 6장, 8장.

23) Beckwith, Christopher I. *The Tibetan Empire in Central Asia: A History of*

안녹산의 반란은 당과 외부 세계 사이의 균형이 역전되는 결정적인 순간이었다. 당의 외국인 용병 신하가 우월한 힘을 과시하게 되자, 다른 많은 외국인 장수들 또한 이와 유사하게 자신들의 입지를 확보하게 되었다. 당 황제 현종이 임시 피난처인 사천으로 도주하였을 때에, 이전에 동돌궐의 속국이었던 위구르(회흘)가 당 왕조를 구원하는 데 핵심 역할을 하게 되었다. 그러나 당의 보상이 위구르 지도자의 기대치에 한참 못 미치자, 그는 당에 대한 지지를 철회하였다. 당이 쇠약해진 틈을 타 티베트인들은 763년에 현재의 청해성과 감숙성을 차지하였고 산서성으로 압박해 나가서 장안을 약탈하기에 이르렀다. 곽자의의 지휘하에 당 군대는 그 수도를 재탈환하였지만, 그 결과는 765년에 당 수도를 탈취하게 되는 위구르와 티베트의 연합군과 다시 한 번 대면하게 되었을 뿐이었다. 위구르 사령관의 사망과 그것에 뒤이은 위구르와 티베트 사이의 분열 후에야 비로소 당이 주도권을 쥘 수 있었고, 위구르와 동맹관계를 형성하여 장안을 되찾을 수 있었다.

반세기 이상, 당은 티베트의 정기적인 침입을 방어하는 데에 위구르의 (군사력) 지원에 의존하였고, 이는 중국 내에 살고 있던 위구르 병사와 상인 들이 8세기 후반에서 9세기 초반에 걸쳐서 당 제국의 권위

---

the Struggle for Great Power among Tibetans, Turks, Arabs, and Chinese during the Early Middle Ages. Princeton: Princeton University Press, 1987. 2장.; Pan, Yihong. Son of Heaven and Heavenly Qaghan. 7장; Sen, Tansen. Buddhism, Diplomacy, and Trade: The Realignment of Sino-Indian Relations, 600–1400. pp.16-34. 현장법사의 중앙아시아와 인도 북부지역 여행기의 번역본은 Xuanzang. The Great Tang Dynasty Record of the Western Regions. Tr. Li Rongxi. Berkeley: Numata Center for Buddhist Translation and Research, 1996 참조.

를 무시하도록 만들었다.[24] 다만 이때 위구르 내부에 분열이 발생하자 다른 돌궐계 민족인 키르기즈족이 북서부 지역으로부터 그들을 공격하게 되었다. 이민족의 지배로부터 벗어나고자 당은 키르기즈족과 손잡고 위구르를 공격했고, 키르기즈족은 오늘날의 신장 위구르자치구에 정착하여 조용하고 안정적으로 존재하였다. 자신들의 성공에 고무되어 당은 "피부색이 어두운 이민족"과의 모든 사적인 거래를 금지하는 법안을 공포하였고 이는 북서부 지역에서 위구르인에 의한 사채업 독점 체제를 종식시켰다.[25]

위구르와의 동맹을 유지하기도 하고 파기하기도 하면서 노력했지만 당 왕조는 중앙아시아에서 그들의 권위를 다시 주장할 수는 없었다. 티베트인은 계속해서 현재의 청해와 감숙 지방 대부분을 장악하였고 안서도호부를 파괴하였다. 그러나 서남부 지역에서 티베트가 남조와의 동맹을 유지할 수 없게 되면서, 그들은 대규모의 침공에도 불구하고 사천 지역을 장악할 수 없었다. 802년 당의 대대적인 승리는 티베트의 파괴적인 공격에 종지부를 찍었지만, 821년 당 조정은 현재의 경계선을 인정한다는 내용의 조약을 티베트와 체결하였다. 당 왕

---

24) Beckwith, Christopher I. *The Tibetan Empire in Central Asia: A History of the Struggle for Great Power among Tibetans, Turks, Arabs, and Chinese during the Early Middle Ages*. pp.143-156.; Pan, Yihong. *Son of Heaven and Heavenly Qaghan*. 9장-10장.; Backus, Charles. *The Nan-chao Kingdom and T'ang China's Southwestern Frontier*. pp.77-81.

25) Drompp, Michael R. *Tang China and the Collapse of the Uighur Empire*. Leiden: E. J. Brill, 2005.에서는 위구르 제국의 몰락 원인과 그에 대한 당나라의 반응에 대해서 자세하게 설명하고 있다.

조는 중앙조정의 군사·정치적인 모든 에너지를 동북 지역의 절도사 세력을 견제하는 데 집중하고 있는 상황에서, 티베트와 조약을 체결함으로써 중앙아시아에서의 과거의 지위에 대한 주장을 공식적으로 단념하였다.[26)]

서남부 지역에서 티베트의 야심을 통제한 이후에, 남조 왕국은 829년에 사천 지역을 침공하였고 성도成都의 교외 지역에까지 다다랐다. 남조 왕국은 공식적으로는 북쪽의 당 왕조와 우호적인 관계를 맺고 있었지만, 859년에는 관심을 동쪽으로 옮겨서 귀주를 장악하고 안남도호부를 공격하였다. 거듭된 공격 이후에, 안남도호부의 수도인 오늘날의 하노이는 863년에 함락되었고 15만 명 이상의 당측 포로가 사로잡혔다. 당 왕조가 863년 안남을 수복하였을 때, 남조는 다시 한 번 사천을 침공하였고 성도에 접근하였지만 함락시키는 데에는 실패했다.[27)]

심지어 850년 티베트 왕조가 멸망하고 남조가 9세기 마지막 10여년 동안 영구적인 쇠락에 접어든 이후에도, 당 제국은 여전히 중앙아시아에서 그들의 지위를 회복하지 못하였다. 이 지역은 아시아 전역에 이슬람을 전파하게 되는 팽창하는 아랍 세력의 지배하에 들어가게 되었다. 7세기에 페르시아 사산조 제국을 멸망시키고 수많은 보다 작

---

26) Beckwith, Christopher I. *The Tibetan Empire in Central Asia: A History of the Struggle for Great Power among Tibetans, Turks, Arabs, and Chinese during the Early Middle Ages*. pp.155~158, 163~172.; Pan, Yihong. *Son of Heaven and Heavenly Qaghan*. pp.337~344.; Backus, Charles. *The Nan-chao Kingdom and T'ang China's Southwestern Frontier*. pp.98~100.

27) Backus, Charles. *The Nan-chao Kingdom and T'ang China's Southwestern Frontier*. 6장.

은 도시 왕국을 집어삼키면서, 751년 아랍 군대는 처음으로 중국 세력과 충돌하였다. 결국 탈라스 강 전투에서 아랍 군대는 중국 세력을 격파하였다. 안녹산의 난 발발과 티베트에 의한 북서부 지역의 점령은 아랍 세력이 중앙아시아로 자유롭게 밀고 들어올 수 있는 환경을 만들어 주었다. 이러한 침공의 성공은 18세기에 만주족이 점령할 때까지 중국 왕조들이 돈황을 경계로 그 서쪽 지역에 대해 지배권을 상실하게 되었음을 의미한다. 이러한 사건은 불교 세계의 한 부분이자 중화 문명의 영향이 미치는 부분으로서의 중앙아시아를 영원히 상실하게 되었다는 의미이기도 했다.[28]

타림분지와 준가르분지의 오래된 오아시스 도시들은 티베트인들에게 버림받았다. 그리고 키르기스족으로 인해 자신들의 초원 지역을 상실하면서 밀려온 위구르인들이 이 지역을 점유하였다. 그 지역의 풍요롭고 복잡한 문화는 인도-유럽, 이란(페르시아), 인도 그리고 중국의 영향을 받아 이룩된 혼합물로서 돌궐, 중국, 티베트, 아랍, 위구르의 계속 이어진 맹렬한 공격을 받아 파괴되었다. 이후 수세기 동안, 감숙성의 경계에까지 이르는 전체 지역은 중국의 정치적, 문화적 영향의 전초기지라기보다는 이슬람 세계의 변경 지역이 되었다. 중앙아시아 지역에서 불교가 사라지고 동시기 인도에서 불교가 쇠퇴하였다. 그러자 중국에서는 840년대에 사회에서 급증하고 있었던 배외주의의 표현이었던 불교에 대한 대대적인 탄압 이후에 중국 불교는 더 이

---

28) Beckwith, Christopher I. *The Tibetan Empire in Central Asia: A History of the Struggle for Great Power among Tibetans, Turks, Arabs, and Chinese during the Early Middle Ages.* 3장, 5장. 그리고 pp.87-90, 93-97, 147-148, 152, 157-163.

상 고대 인도로부터 영감의 원천을 기대하지 않게 되었다. 그 대신 선불교나 정토종과 같이 토착의 지성적인 전통들이 지배적인 흐름이 되면서, 불교는 진정한 중국 종교로서 등장하게 되었고 중국 사회에서 일반 대중의 일상생활에서 중요한 연례행사로 자리 잡게 되었다. 한국과 일본에 대한 불교의 전파는 중국을 새롭게 형성된 동아시아 불교 세계의 중심지로 만들어 주었다.[29]

과거의 실크로드뿐만 아니라, 몇몇 다른 육로는 당 지배하의 국제 교역에서 매우 중요한 역할을 수행하였다(지도 16). 만주 지역과 한반도에서 생산된 교역품은 요양遼陽(요녕성 요양시)의 숲과 평야를 지나 발해만의 해안 지역으로 내려가서 명대 만리장성의 동쪽 끝이 되는 바다와 산악 사이의 좁은 통로(산해관)를 통과하여 중국으로 들어오게 된다. 또 다른 육로는 매우 오래되었지만 당대 이전까지는 거의 사용되지 않았는데, 이는 사천 지역의 남부에서부터 남조(운남 지역)를 통과하고, 이후 두 갈래로 나뉘어져서 오늘날의 미얀마에 있는 이라와디 강의 협곡을 통과하여 벵갈 지역까지 연결되었다. 이 루트를 발전시키려는 중국의 노력은 8세기 남조가 성장하면서 좌절되었고, 남조 왕국은 당 왕조에 비해서 티베트에 더욱 우호적인 관계를 맺고 있었다. 불교 순례자들은 때때로 중국에서부터 티베트를 통과하고 네팔을 경유하여 인도로 내려가는 (실크로드와는) 다른 루트를 선택하기도 하였는데, 이 산악 길은 너무 위험하고 시간이 오래 걸려서 교역의 목적으로

---

29) Drompp, Michael R. *Tang China and the Collapse of the Uighur Empire*. 7장.;
　　Sen, Tansen. *Buddhism, Diplomacy, and Trade: The Realignment of Sino-Indian Relations, 600–1400*. 2장-3장.

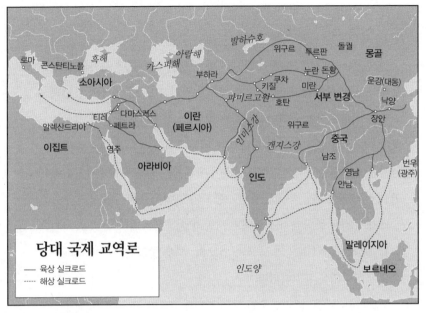

지도 16

는 사용될 수 없었다.[30]

당 왕조의 정책적 지향이 중앙아시아에서 벗어나 동쪽으로 이동한 것은 중국의 불교에 대한 관계와 외부 세계와의 교역 관계 모두를 변화시켰다. 중국 문화와 정치적 영향력이 중앙아시아에서 쇠퇴하고 인도와의 연결이 파괴됨에 따라, 중국은 동아시아에 더욱 깊이 침투하게 되었다. 불교 특히 대승불교는 중국을 그 중심지로 하면서 점차 동아시아의 종교가 되었다. 오직 티베트만이 동아시아의 일원이기보다

---

30) Schafer, Edward H. *The Golden Peaches of Samarkand: A Study of T'ang Exotics. Berkeley:* University of California Press, 1963. pp.13-14.; Sen, Tansen. *Buddhism, Diplomacy, and Trade: The Realignment of Sino-Indian Relations, 600–1400.* pp.212-213.

는 중앙아시아의 일원으로서 그들 불교의 원천으로서 인도에 의지하였다. 특히 그들이 받아들인 인도 불교는 오늘날의 벵갈 지역인 팔라국(750?-1155)에서 인도 불교의 마지막 번영을 이루었던 시기의 불교 형태인 밀교 불교였다. 결국 시간이 흐르면서, 인도와 중국의 상업적 교역은 비불교적인 교역자들의 영역이 되었고 해상 루트는 실크로드보다 더욱 중요해졌으며 국제 교역은 비종교적인 사치품 내지는 대량 생산품에 초점을 두게 되었다. 심지어 이전에는 인도로부터 수입되었던 비전의 의례 용품과 청금석을 포함하여 명백한 불교적인 물건과 물질조차도 결국 중국에서 생산되기 시작하였다.[31] 그러나 당 왕조 시기 동안 불교는 해외 교역과 중국과 인도 및 서부 중앙아시아에 대해서 중요한 영향력을 유지하였다.

소그디안, 파르티안, 인도인 들이 장악하고 있었고 불교 의례에 쓰이는 값비싼 제품을 거래하였던 중국과 연결된 육상 루트는 당대 중반기부터 점차 서서히 쇠퇴의 길로 접어들면서, 무슬림 상인들이 장악하고 있었던 해상 루트의 중요성이 더욱 증가하였다.[32] 225년 사산조 페르시아의 설립에서부터, 페르시아 상인들은 중국, 인도와 페르시아 걸프 해나 홍해 사이의 해상 교역을 장악하기 시작하였다. 결국 페르

---

31) Sen, Tansen. *Buddhism, Diplomacy, and Trade: The Realignment of Sino-Indian Relations, 600–1400*. 당왕조 몰락 후 중국과 인도 사이의 국제 교역의 재편성에 대해서는 4장과 5장에서 설명되어 있음.

32) Liu, Xinru. *Ancient India and Ancient China: Trade and Religious Exchanges, a.d. 1–600*. Delhi: Oxford University Press, 1988.; Sen, Tansen. *Buddhism, Diplomacy, and Trade: The Realignment of Sino-Indian Relations, 600–1400*. pp.37-44, 102-110, 160-165, 169-176, 185-192, 203-211, 237-240.

시아어는 홍해에서 중국 남동부 사이에서 활약하는 해상 상인들 사이
에서 공용어가 되었다. 당대 중국에서는 페르시아 인은 모두 부유한
상인이라고 하는 생각이 확고하게 자리 잡은 고정관념이었기 때문에
"가난한 페르시아인"이라는 문구는 일종의 모순 어법에 해당되었다.
아랍 세력이 7세기에 페르시아를 점령하자, 많은 페르시아 상인들은
이슬람교로 개종하였고 아랍 상인들과 함께하게 되었다. 그러나 이후
아랍 상인들이 동아시아에서 활약하는 비중국 상인들 중에서 지도적
인 위치가 되었던 시기는 오로지 송대에 이르러서야 가능하였다.

당대 상인들은 외국 선박에 의존하였다. 인도 서부 해안에 있는 무
덤들과 동부 해안에서 발견된 동판에 새겨진 칙령들을 보면 교역과 관
련되어서 아랍 상인 공동체들이 인도를 횡단하여 확산되고 있었음을
보여 준다. 아랍의 저술가들은 황소 반란군이 879년 번우를 장악하였
을 때에 수천 명의 아랍 상인이 학살되었음을 지적하였다. 10세기가
되면 무슬림 상인들은 중국의 실크와 도자기를 인도 남부를 통과해서
혹은 주위를 돌아서 페르시아 걸프 만으로 운반하였고 향료나 향신료
를 싣고서 다른 방향을 거쳐서 되돌아갔다.[33]

8세기 중반부터, 아라비아 해, 벵골 만 그리고 남중국해를 거치는
이러한 해상 루트들은 점차 더욱 위험해졌던 육상 루트들보다 더욱 인
기를 끌게 되었다. 이러한 교역은 계절풍의 주기적인 이동에 좌우되
었다. 번우에서 출발한 배들은 북동풍의 계절풍이 오기 전에 늦가을

---

33) Sen, Tansen. *Buddhism, Diplomacy, and Trade: The Realignment of Sino-Indian Relations, 600–1400.* pp.165-167. 페르시아 상인들의 인상적인 부유함에 대해서는, Abramson, Marc S. *Ethnic Identity in Tang China.* p.20.

이나 겨울에 항해를 하였고, 반면에 수천 킬로미터 서쪽에 떨어져 있는 페르시아 걸프 만에서 출발한 선단 역시 동일한 겨울 계절풍을 이용해서 인도양을 횡단하였다. 6월이 되면 그들은 폭풍우를 동반한 남서풍의 계절풍을 이용해서 북쪽으로 말라야에서부터 남중국해를 횡단하여 그들의 목적지인 중국 남부에 도달하였다. 동쪽으로 갈 때나 서쪽으로 갈 때나 모두 그 계절풍의 법칙은 겨울에는 남쪽으로 향하고 여름에는 북쪽으로 향한다는 점이다.

7세기부터 9세기에 걸쳐서, 인도양은 압바스 왕조 칼리프들이 보호하는 안전하고 풍요로운 바다였고, 이는 특히 압바스 왕조가 그 수도를 다마스쿠스에서부터 페르시아 만의 만두灣頭에 가까웠던 바그다드로 이전하면서 더욱 분명해졌다. 페르시아 만에서부터 외부로 향하는 페르시아와 아랍의 상인들은 오만의 무스카트에 들른 후에, 위협을 무릅쓰고 해적들이 출몰하는 신드Sind 지역의 항구로 향해 가거나 혹은 곧장 말라바Malabar로 간 다음 스리랑카로 향해서 그곳에서 값비싼 보석들을 구매하였다. 그리고 나서 그들은 말레이 반도를 향해 항해를 하여 말라카 해협을 통과해서 여름 계절풍을 타고서 북쪽의 교주 또는 번우로 향했다.[34]

이와 같은 해상 교역의 성장은 기술의 발전에 의해 자극을 받았다. 일찍이 8세기에, 중국인 저술가들은 화물을 가득 싣고 수천 명의 인원이 함께 승선하여 바다를 항해하는 거대한 선박을 언급하고 있다. 이

---

34) Schafer, Edward H. *The Golden Peaches of Samarkand: A Study of T'ang Exotics*. pp.11-13.

른바 곤륜선崑崙船(곤륜은 남쪽 국가들에서 온 검은 피부의 사람들과 그들의 나라를 일컫는 명칭이었다)이라는 배의 선체는 코코넛 나무의 껍질로 만들어진 노끈으로 묶어 놓은 나무판자로 만들어졌다. "꿰매어 만든" 선박이라고도 알려진 이러한 배들은 아랍 상인과 남아시아 또는 동남아시아 상인이 이용하였다. 당대에 중국 상인들이 해상 무역에 종사하였다는 증거는 없고, 송대에야 비로소 해상 무역의 기록들이 발견되고 있는데, 당시 바다는 격벽隔壁과 못질을 한 선체로 이루어진 중국 선박들이 장악하고 있었고, 이들 선박은 자기 나침반과 정확한 해도海圖를 갖고서 운항되었다.[35]

거대한 선박은 산적화물散積貨物을 싣고 장거리를 저렴한 비용에 운반할 수 있었기 때문에, 해상 무역의 성장은 중국이 외부 세계에 판매하였던 물품의 성질을 근본적으로 바꾸어 놓았다. 이전 왕조 시기에, 중국은 육로를 통해 실크를 인도에 수출하였고 인도로부터는 불교 예식에 사용되는 값비싼 제품들이나 불교의 의례적 용품들을 구입하였다. 10세기 이후 무슬림인 투르크족이 양잠업과 실크 생산기법을 인도와 중앙아시아에 도입하면서 중국 실크는 수출품으로서는 쇠퇴하였다. 그 이후에는 인도를 통해 환적되는 중국산 물품 중에서 도자기가 가장 중요한 것이 되었다. 인도인들은 분명 그 도자기들을 직접 사용

---

35) Needham, Joseph, Wang Ling, and Lu Gwei-djen. *Science and Civilisation in China*. Vol. 4, Physics and Physical Technology, Part 3, Civil Engineering and Nautics. Cambridge: Cambridge University Press, 1971. pp.458~460.; Hourani, F. George. *Arab Seafaring in the Indian Ocean in Ancient and Early Medieval Times*. Revised and expanded by John Carswell. Princeton: Princeton University Press, 1995. pp.88~95.

하지는 않았지만 페르시아 해협이나 홍해 지역으로 재수출하였고, 지역의 통치자들은 자신들의 금고를 이러한 제품들의 판매에서 거두어지는 세금으로 가득 채웠다.[36] 무겁고 부서지기 쉬운 데다 상대적으로 저렴한 가격으로 판매되었던 이러한 제품들의 장거리 무역은 해상 무역의 등장 이후에야 가능해졌다. 도자기의 생산과 판매는 이후 등장하는 중국 왕조들에서 가장 중요한 전 세계적인 산업이 되었다.

　무역의 중심이 남해로 이동하면서 당의 수입품의 종목에도 큰 변화가 생겼다. 새로운 해상 무역은 귀금속, 준보석, 석탄 그리고 이와 유사한 사치품들을 대신해서 중국이 다양한 향신료와 의약품들 그리고 몇 가지 종류의 목재들을 보다 더 대규모로 동남아시아로부터 수입하는 것을 가능하게 해 주었다. 10세기와 11세기가 되면서, 이밖에도 말, 유황, 상아, 진사辰砂를 비롯한 주요 상품들을 수입하였다. 이러한 제품들의 대규모 공급은 지역 간 통합된 교역 네트워크 덕분에 가능하였다. 이러한 시스템은 대량 수입품을 중국 내 모든 도시로 운반해 주고 또 그 제품의 구매와 운송에 드는 비용의 정확한 회수를 보장해 주었다.[37]

　대규모로 이루어지는 해상 교역과 산적화물로 운반되는 물품들의

---

36) Sen, Tansen. *Buddhism, Diplomacy, and Trade: The Realignment of Sino-Indian Relations, 600–1400*. pp.182-185.

37) Hartwell, Robert M. "Foreign Trade, Monetary Policy and Chinese 'Mercantilism.'" In *Collected Studies on Sung History Dedicated to James T. C. Liu in Celebration of his Seventieth Birthday*. Ed. Kinugawa Tsuyoshi, 453 – 488. Kyoto: Doshosha, 1989. pp.453-488.; Clark, Hugh R. *Community, Trade, and Networks: Southern Fujian from the Third to the Thirteenth Century*. Cambridge: Cambridge University Press, 1991. 5장-6장.

교환은 진정한 의미의 세계 경제를 향한 첫 번째 단계를 완성하였다. 즉 모든 정의된 정치 단위를 초월한 통합된 경제 구조를 갖추게 되었다는 것이다. 국가 간 혹은 문명 간에 단순한 접촉이나 낮은 단계의 교환과는 달리, 세계 경제 시스템은 그것을 구성하는 각각의 국가 혹은 문명의 사회경제적 질서가 전체 시스템에의 참여로 인하여 상당한 수준으로 변화되었을 경우에만 존재한다고 볼 수 있다. 송말이 되면 국제 교역은 세 가지 주요한 (순환)노선을 구성하였으니, 그것은 서부 유럽, 중동, 동아시아를 연결한 것이었다. 이러한 지역들 각각에서는 해외 교역의 스케일이 사회 질서와 경제 질서를 바꾸기에 충분할 정도로 대규모였고, 그리하여 업무의 공통된 분배가 모든 지역을 하나로 묶었다. 이러한 시스템은 오늘날과는 달리 단일한 하나의 중심이 존재하지는 않았지만, 중국은 가장 큰 수출국이자 최종적으로는 귀금속들이 점차로 흘러들어가는 곳이었다. 비록 세 부분으로 구성된 이러한 세계 구조가 당대에는 아직 존재하지 않았지만, 중국이 세계 경제에 참여하는 창구로서 동아시아 해상 교역 노선이 바로 이때에 등장하기 시작했다. 따라서 중국을 유일한 최대 참여자로 하는 전근대 시기 세계 경제는 8·9세기에 당 제국으로 향했던 무슬림 상인들이 개척한 해상 교역의 기초 위에 건설되었다.[38]

---

38) Wallerstein, Immanuel. *The Modern World-System I: Capitalist Agriculture and the Origins of the European World-Economy in the Sixteenth Century.* New York: Academic Press, 1974. pp.15-17. 월러스타인의 이론은 1974년에서 1988년 사이에 발표된 세 권의 연구서를 통해 자세하게 설명되었다. 그 모델은 그의 논문인 "The Rise and Future Demise of the World Capitalist System: Concepts for Comparative Analysis." Reprinted in *The Capitalist World-*

당대 중국 거주 외국인들

당 왕조의 활력을 상징하는 두 가지 핵심 요소로는 절충주의(앞선 시대의 역사를 구성하는 모든 문화적 전통들을 활용하는 능력)와 세계주의(외국인과 그들의 다양한 삶의 방식에 대한 개방성)를 들 수 있다. 외국인과 외국 문화는 당 제국 전체에 걸쳐 지배적인 요소였고 특히 도시에서 그러한 경향이 강하였다. 그리고 당 제국의 문화를 정의하는 데 큰 영향을 미쳤다. 가장 중요한 부류의 외국인으로는 외교 사절, 상인, 예능인, 군인, 종교인을 들 수 있는데, 이는 정치, 상업, 예능, 군사, 종교에 대한 큰 관심을 의미하고 있다.[39]

Economy: Essays by Immanuel Wallerstein. Cambridge: Cambridge University Press, 1979.의 pp.5-6에서 분명하게 설명되고 있다. 또한 Frank, Andre Gunder. *ReOrient: Global Economy in the Asian Age*. Berkeley: University of California Press, 1998.; Frank, Andre Gunder, and Barry K. Gillis. "The 5,000-Year World System." In *The World System: Five Hundred Years or Five Thousand?* London: Routledge, 1993.; Adshead, S. A. M. *T'ang China: The Rise of the East in World History*. Basingstoke: Palgrave MacMillan, 2004. 2장-3장. 가장 유용하게 이 주제를 다루었던 연구로는, Abu-Lughod, Janet L. Before European Hegemony: The World System a.d. 1250 - 1350. Oxford: Oxford University Press, 1989. 중국에 대해서는 10장에서 자세하게 다루었고, 그 시기의 세계 체제와 그 쇠퇴에 대해서는 11장에서 종합적으로 다루어졌다. 세계 체제와 관련되어 중국에 초점을 맞춘 적절한 개괄적인 설명은, Sen, Tansen. *Buddhism, Diplomacy, and Trade: The Realignment of Sino-Indian Relations, 600-1400*. pp.197-202 참조.

39) Wright, Arthur, and Dean Twitchett. "Introduction." In *Perspectives on the T'ang*. New Haven: Yale University Press, 1973. 1장. 중국 거주 외국인들의 거주지에 대한 당대인들의 인식을 보다 정확하고 세밀하게 설명한 것은, Abramson, Marc S. *Ethnic Identity in Tang China*.

외교 사절단은 꾸준히 당나라에 들어왔고, 점점 더 많은 민족이 동아시아의 최대 제국과 외교적 관계를 맺고자 하였다. 이러한 관습은 한대에 중앙아시아 동부 지역 국가들과 외교관계가 맺어지면서 시작되었고, 남북조 시대에 한국·일본 그리고 다른 국가들이 자신들 정권에 대한 중국의 공식적인 승인에 대한 답례로써 사절단과 조공을 보내면서 지속되었다. 당 왕조가 들어서면서 보다 정교해진 외교 의례는 방문의 빈도, 각국으로부터의 방문자들의 상대적인 중요성, 황제에 대한 알현의 행위에 대해서 자세하게 규정하고 있다. 당의 은전恩典이나 후원을 원하는 나라들은 모두 명목상으로 굴복 대가로 중국의 관직이나 휘장을 받았다. 사절들은 정기적으로 당나라 수도 방문이 예정되었고, 그곳에서 특별한 휘장(나무로 만든 물고기를 자른 한쪽 절반)을 받아서 사절단의 대사는 그들의 도착을 조정에 보고하였다. 이러한 대표단들은 공식적으로 조공을 전달하는 자들이었기 때문에, 그들은 민족의상을 입고 입조하고 그들의 나라를 특징짓는 진귀한 물품들을 전달하였다. 당의 수도에 등장한 이러한 이국적인 방문자들의 존재는 당의 통치 집안의 세력이 전 세계를 아우르는 수준이었다는 것을 증명하는 직접적인 증거였다.

7세기와 8세기 초반에, 외국 조공 사절단들은 궁정 화가들의 인기 있는 소재였고 그들은 이러한 미개한 외국인들에 대해서 확실히 업신여기는 듯한 궁금증을 갖고서 묘사하였다. 염입본閻立本·염입덕閻立德 같은 형제 화가들은 주로 조공 사절단들의 특이한 용모와 기이한 옷차림을 그려 내는 능력으로 조정에서 출세할 수 있었다(그림 12). 이들 화

그림 12. 외국인 조공 사절단 모습 당대 화권

가의 작품은 단지 몇 점만이 전해지지만, 우리는 도자기상과 무덤의 벽화들을 통해 당대 외국인의 존재를 알 수 있다. 그 그림들 속에서는 외국 사절단들의 뾰족한 코, 풍성한 수염, 곱슬곱슬한 머리 그리고 토 착의 옷차림들을 강조하여 묘사하는 경우가 일반적이었다(그림 13).[40]

조공 사절단들은 단지 수도로 가는 길에서만 일반 중국 사람들에게 눈에 띄는 존재였을 것이다. 당대 중국에서 단연코 가장 일반적이고 영향력 있었던 외국인들로서 당시 예술작품과 문학작품 속에서 가장 빈번하게 묘사되었던 존재들은 바로 상인들이었다. 이러한 상인들은

---

40) Schafer, Edward H. *The Golden Peaches of Samarkand: A Study of T'ang Exotics.* pp.15-18.

그림 13. 외국 조공 사절단의 의복과 외모 당대 화권

노예, 왜소인, 예능인, 야생 동물, 털가죽, 깃털, 진귀한 식물, 열대 나무, 이국적인 음식, 향수, 의약품, 옷감, 염료, 보석, 금속 그리고 외국의 위치를 알려주는 책과 지도뿐만 아니라 세속적이거나 신성한 다양한 보석 세공품을 갖고 들어왔다. 도시에 거주하는 당나라 사람들은 이러한 외국 문물들을 인지하고 즐길 줄 알았던 반면에 중국의 것들만 알고 있는 자들에 대해서는 시골뜨기라고 여기게 되었다. 따라서 적어도 도시에서는 당의 국제적 질서가 중국을 국제화시켰다.[41]

조공 사절단이 입고 있던 의복과 같이 외국 상인의 독특한 의상과

---

41) Schafer, Edward H. *The Golden Peaches of Samarkand: A Study of T'ang Exotics*. 외국인들에 대한 당대 중국인들의 태도에 대해서는 pp.22~25.에 설명되어 있음.

그림 14. 낙타를 탄 외국인을 묘사한 도자기상

신체적 모습은 당 문명의 다채로운 요소들이었다(그림 14). 아마도 서
역에서 온 자들은 가장 중요한 외국인 교역자들이었을 텐데, 그들은
육체적으로 가장 전형적인 외국인의 특색을 보이고 있었다. 높은 콧
날과 움푹 들어간 눈은 외국인의 얼굴에 대한 가장 전형적인 설명 방
식이었다(그림 15·16). 따라서 두우杜佑가 당의 제도를 정리하여 편찬한
『통전通典』에서 말하길, "고창국 서쪽에 거주하는 사람들은 주로 움푹
들어간 눈과 높은 콧날을 지녔다. 오로지 호탄에서는 사람들이 중앙
아시아인보다는 한족과 유사하게 생겼다."고 하였다. 동일한 이미지

가 비한족의 외모를 지닌 딸에게 바치는 찬사의 시에서 과장된 방식으로 표현되었다.

눈은 상수湘水나 장강長江보다 더 깊고

코는 화산華山이나 오악五嶽보다도 높다[42]

한대와는 달리 당대에 중국 도시들에서 외국인의 존재는 대규모적이고 영구적이었으며, 외국 상인들의 분포는 교역의 패턴과 일치하였다. 동북 지역 해상에서의 항해는 대체로 한국인이 장악하고 있었고, 일본인은 제한적인 역할만을 수행하였다. 이러한 한국인 항해가들은 보통 황해의 북쪽 가장자리를 따라 운항하여 산동성의 항구에 다다랐다. 660년 신라가 고구려와 백제를 정복하고 일본의 선박들의 운항을 통제한 이후에, 나가사키의 일본 상인들은 한국인들의 독점을 피해서 장강 하구 또는 항주만으로 직접 항해하고자 시도하였다. 그러나 그것은 위험한 모험이었고 대부분의 일본 성지 순례자(구법승들), 상인, 외교 사절단은 신라의 선박이나 발해의 선박을 이용했다. 결국 한국 상인들은 장강에서 황해를 연결하는 수로를 따라 위치하는 도시들, 특히 강도에서 중요한 외국인 집단을 형성하였다. 당대 중국에 거주하는 외국인 커뮤니티 중에서도, 그들은 정부의 통제하에 있었던 특별한 구역에서 거주하였지만, 치외법권적인 다양한 특권을 누렸고

---

[42] Abramson, Marc S. *Ethnic Identity in Tang China*. pp.86-87에서 인용함.
『통전通典』에서의 중국과 외부 세계의 인식에 대해서는, McMullen, David.
State and Scholars in T'ang China. pp.203-205 참조.

그림 15. 말을 탄 외국인을 묘사한 도자기상

그림 16. 외국인 마부를 묘사한 도자기상

자국에서 파견된 우두머리에 의해 관리되었다. [43]

중국 남부 지역에서, 외국 상인들 활동의 최고 중심은 광동성 번우였는데, 당시에는 야만인과 야생동물이 거주하는 열대 황무지의 가장자리에 있는 변경 도시였다. 20만 명의 거주민 중에서 대부분이 외국인이었고, 그들은 인도, 페르시아, 아랍, 자바, 말레이에서 온 자들로 구성되어 있었다. 장강 이남의 외국인 구역은 이러한 사람들을 위해 황제가 승인하여 따로 두어졌다. 점차 이러한 곳은 성벽으로 둘러싸인 중국인 거주 지역보다 훨씬 더 넓게 퍼져 나가고 항구적인 외국인 커뮤니티로 발전하였다. 당대 중국의 다른 외국인 거주지처럼 번우의 외국인 구역은 9세기에는 정부가 지명한 원로들이 운영하였는데, 이 자리는 주로 아랍인이 차지하고 있었다. 그 항구는 758년 아랍과 페르시아 해적들이 창고를 약탈하고 도시를 불태워 잿더미로 만들면서 번영이 종식되었다. 이후 반세기 동안에 번우의 번영은 교주에게 빼앗겼고, 9세기 초반에 가서야 겨우 그 명성을 회복할 수 있었다. 이 도시에서는 가장 주요한 교역 형태는 보석, 열대 목재, 의약품 들을 중국의 실크, 도자기, 그리고 자주 납치되어 노예가 된 남동 지역 원주민과 교환하는 것이었다. [44]

아랍과 페르시아의 보다 작은 커뮤니티들은 번우에서 북으로 장강

43) Schafer, Edward H. *The Golden Peaches of Samarkand: A Study of T'ang Exotics.* pp.11-13.

44) Holcombe, Charles. *The Genesis of East Asia, 221 b.c.-a.d. 907.* pp.87-89, 153-154, 158-159.; Schafer, Edward H. *The Golden Peaches of Samarkand: A Study of T'ang Exotics.* pp.14-16.

과 대운하의 교차지점에 있었던 강도로 이어진 루트를 따라 위치한 도시들에서 번성하였다. 운하를 따라 운송되는 물자들의 환적 중심지로서뿐만 아니라 제국 전체에서 차와 소금 교역의 중심지로서 강도는 당 제국 전체의 상업과 금융의 중심지가 되었다. 소금 전매 사업의 책임자(염철전운사)는 강도에 본부를 두고 있었고 8세기 당나라 정부에서 황제 다음으로 가장 강력한 권한을 지닌 인물이었으며, 소금 상인들은 상업계에서 가장 부유한 사업가들이었다. 수천 명의 비중국인 상인은 강도에 점포를 마련하였는데, 760년에 초기적인 배외사상을 표출하였던 반란군은 수만 명에 달하는 강도의 외국인 상인을 학살하였다. 그럼에도 강도는 동아시아 상업 교역의 최대 중심지로서의 지위를 8세기 후반까지 유지하였다.[45]

　북부 지역에서, 외국 상인의 최대 중심지는 두 곳의 수도 즉 장안과 낙양이었는데, 특히 장안은 실크로드와 대운하의 종점이었다. 그곳의 국제적인 주민 구성은 남부 항구들의 경우와 차이가 있었는데, 주로 투르크, 위구르, 소그디아나 인으로 이루어져 있어서 참족, 크메르족, 자바인, 신할라 인이 주로 거주하던 중국 남부 항구인 교주, 번우, 복주福州와 대조를 이루고 있었다. 그러나 남동부 도시들과 마찬가지로 장안에도 많은 아랍, 페르시안, 인도 상인 들이 수도의 서시西市를 중심으로 거주하고 있었다. 이란인(페르시안) 주민이 특히 많아서 당 정부는 장안에 특별 관청을 두어서 그들의 이해관계를 돌봐주었다. 장안

---

45) Schafer, Edward H. *The Golden Peaches of Samarkand: A Study of T'ang Exotics.* pp.17-19.; 史念海,『唐代歷史地理硏究』, pp.234-249.

에서 서쪽으로 계속 이어져 있는 도시들은 모두 대규모의 외국인 커뮤니티를 지니고 있었고, 돈황이나 양주와 같은 감숙 회랑지구河西回廊의 도시는 외국계 주민이 중국계 주민의 수를 훨씬 상회하였다.

9세기가 되자, 장안에서 사채업을 장악한 위구르인들에 대한 평판이 악화되었고, 이러한 외국인들은 일반적으로 오만함과 법률에 대한 무시로 인하여 경멸의 대상이 되었다. 9세기 초반에, 물가가 꾸준히 상승함에 따라 많은 중국인 사업자와 관리들은 위구르인들에게 빚을 지게 되었고 그들은 토지, 가구, 노예, 심지어 성유물聖遺物이나 가보까지도 투르크 채권자들에게 강제로 저당을 잡혔다. 어느 한 위구르인이 중국 상인을 백주 대낮에 살해하였고, 그가 위구르 족장의 도움으로 도망을 가는 동안 중국 정부는 수수방관하고 있었다. 그 상황은 더욱 악화되어서 836년에는 "피부색이 어두운 여러 민족"과의 모든 개인적인 교류가 금지되었다.[46]

사채업 이외에도, 당대 중국의 외국인들은 도시 주민들에게 중요한 몇 가지 다른 교역도 지배하고 있었다. 주점은 가장 보편적으로 소그디아 인 또는 토카라 어를 사용하는 사람들이 운영하였고, 주민들에게 제공되는 예능과 매춘에서는 비중국적 취향이 매우 보편적이었다. 중앙아시아 출신의 여성이 시중을 들거나 예능인인 외국인 소유의 주점과 선술집은 당대 시나 예술의 일반적인 주제였다(그림 17). 중앙아시아 음악은 도시 전체에서 큰 유행이었고 수도에서 그것은 술집과 공

---

46) Benn, Charles D. *China's Golden Age: Everyday Life in the Tang Dynasty* pp.53-56.; Schafer, Edward H. *The Golden Peaches of Samarkand: A Study of T'ang Exotics*. p.20.; Pan, Yihong. *Son of Heaven and Heavenly Qaghan*. pp.296-301.

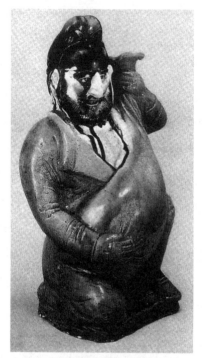

그림 17. 술 담는 가죽부대를 둘러맨 외국인 술장수

식적인 환락지구에서부터 예능과 성을 살 수 있는 모든 지역으로 전파
되었다. 8세기가 되자 중국의 대중음악은 중앙아시아의 오아시스 국
가들의 음악과 거의 구분하기 힘들 정도가 되었다. 이러한 유행은 심
지어 조정에서도 마찬가지여서 현종과 그가 총애하는 후궁인 양귀비
의 애창곡도 중앙아시아 노래의 번안곡이었을 정도였다. 쿠차국의 음
악은 때때로 변경인 서량西凉 지역에서 약간 변형되기도 하였는데, 특
별히 인기가 있었고, 심지어 황제들이 그 연주 방법을 배우기도 하였

다. 동남아시아 국가들과 한국에서 유래된 이국적인 곡조들 또한 큰 인기를 끌었다.

외국인 무용수들은 당대 문화의 주요한 존재들이었고, 당시唐詩는 독특한 토착 의상을 입고서 이국적인 춤을 추는 젊은 남녀 무용수에 대한 언급으로 가득 차 있었다. 타슈켄트에서 온 소년들은 서역에서 건너온 뛰어오르는 춤을 출 때에 뾰족한 모자를 쓰고, 소매를 꽉 조인 셔츠를 입고서, 빙글빙글 돌거나 높이 뛰어오르면 그 끝이 공중에 떠다니게 되는 기다란 벨트를 착용하였다. 타슈켄트 근처에서 유래되어 그 지역의 이름을 따온 샤슈Chāch 춤에서, 젊은 무희는 가볍고 투명한 천으로 된 카프탄caftan을 입고, 은으로 된 거들을 착용했으며 벨이 달린 높고 뾰족한 모자를 쓰고 붉은색 양단으로 된 신을 신었다. 이러한 에로틱한 춤의 끝부분에서, 그 여성들은 자신들의 블라우스를 끌어내려서 어깨를 드러내보였다. 아마도 가장 인상적인 부분은 소그디아나에서 온 소녀들이 보여 주었던 빙글빙글 도는 춤에 대한 설명이었을 것이다. 여성들은 소매가 양단으로 된 진홍색 의상과 녹색 다마스크직 바지를 입고 윗부분을 굴러가는 구슬로 빙 둘러 장식한 붉은색 사슴 가죽 부츠를 신었다. 현종과 양귀비는 이 춤을 가장 좋아하였고, 그 시대의 시 속에서 그 춤의 에로틱하고 이국적인 특성은 제국의 타락의 징조이자 임박한 반란의 조짐으로서 여겨졌다.

빙글빙글 돌며 춤추는 소녀들
마음은 현에서 나오는 소리에 반응하고

손은 북에서 나오는 소리에 반응하고

현과 북에서 소리가 함께 울려퍼질 때

그녀의 손매들은 모두 하늘로 높이 올라가고

그녀가 하늘에서 빙빙 도는 눈처럼 주위를 돌며 움직이니

춤이 마치 바람에 날리는 풀과 같았다

……

안녹산은 빙글빙글 돌며 춤추면서

황제의 눈을 어리둥절하게 만들었다

심지어 군대가 황하를 건넜을 때조차

그가 반란을 일으켰는지 의심스러웠다

양귀비는 빙글빙글 돌며 춤추면서

황제의 마음을 현혹시켰다

그녀가 마외역馬嵬驛에서 죽임을 당하였을 때에

황제는 그녀를 여전히 그리워하였다[47]

이 시에서 지적하는 바와 같이, 당대 중국의 경계 바로 안쪽에서 위협적으로 매달려 있었던 마지막 외국인의 존재는 대규모의 용병 부대들이었다. 부대원으로 고용된 이들은 주로 외국인이었고, 중국인과 중국의 영토를 티베트인, 거란인, 투르크인 들로부터 보호하였다. 이

---

47) Pan, Yihong. *Son of Heaven and Heavenly Qaghan*. pp.50-57.; Owen, Stephen, ed. and tr. *An Anthology of Chinese Literature: Beginnings to 1911*. pp.455-456.; Abramson, Marc S. *Ethnic Identity in Tang China*. pp.20-21. 당대 무용의 유형에 대해서는, Benn, Charles D. *China's Golden Age: Everyday Life in the Tang Dynasty* pp.167-169 참조.

러한 군대의 규모는 꾸준히 확대되었는데, 특히 재상 이임보는 집권 시기에 정적이 군사력을 획득하는 것을 방지하고자 변경 군대들의 지휘권을 외국인 군사 지도자들에게 맡겼다. 그러한 군대 중 하나는 로쿠샨(한자로는 안녹산으로 표기되는)이라는 소그디아나 인이 지휘하였는데, 바로 그 군대가 반란을 일으키자 그것은 당을 거의 멸망 직전까지 몰고 갔고 그 사건은 중국사의 가장 급격한 전환점을 이루게 되었다.

외국에서 온 불교도들

외교 사절단, 상인, 예능인, 군인을 제외하고, 당대 사회에서 규모를 갖춘 또 다른 외국인 집단은 불교를 가르치러 온 스승이거나 불교 성지를 방문하기 위해 들어온 불교 순례자들이었다. 인도와 중앙아시아의 오아시스 도시들은 중국에 탄트라 불교를 비롯한 다른 불교 교리들을 소개했던 학식 있는 승려와 학자를 제공하였는데, 위진남북조 시대 때와 같이 영향력을 지닌 이들은 더 이상 나타나지 않았다. 더욱 중요한 점은, 한국과 일본으로부터 대규모의 불교도가 유명한 중국의 불교 성지들을 방문하고 대사찰에서 공부하기 위해서 모여들었다는 사실이다. 그들의 방랑은 많은 불교 사찰이 위치하였던 농촌 지역이나 외진 산악 지역에서도 외국인을 볼 수 있도록 만들었다. 조로아스터교도, 마니교도, 아후라 마즈다의 숭배자, 네스토리안 기독교도, 유대교도 또한 당대 중국에 상인으로서 그리고 전도사로서 들어와 있었

그림 18. 열반에 든 부처를 묘사한 벽화 부처의 제자들은 외국인으로 묘사되고 있다.

지만, 불교야말로 당시 외국에서 들어온 최대의 종교였다.[48]

한 가지 중요한 것은 당시까지 중국에서 불교가 어느 정도로 '외국' 종교의 이미지가 남아 있었는가 하는 문제일 것이다. 수세기 동안 불

---

48) 중국의 국제관계의 측면에서, 탄트라불교의 중국 도입과 그 전파 범위에 대해서는, Sen, Tansen. *Buddhism, Diplomacy, and Trade: The Realignment of Sino-Indian Relations, 600-1400.* 3장 참조. 당대 외국인 순례자들의 규모와 그들에 대한 규정에 관한 가장 중요한 증거는, Reischauer, Edwin O. *Ennin's Diary.* 참조. 인도로부터 온 순례자들에 대해서는, Sen, Tansen. *Buddhism, Diplomacy, and Trade: The Realignment of Sino-Indian Relations, 600-1400.* pp.79-86. 참조.

교는 중국 문화와 불가분의 요소가 되었고, 중국과 외부 세계의 관계에서 새로운 중국 중심의 동아시아 문명권의 등장을 가능하게 해 주었다. 게다가 당대에 중국 내에서 자체적으로 발전한 신앙의 형태들은 중국 불교의 지배적인 모습이 되었고, 중국 인구의 대다수는 불교 축제와 사자死者에 대한 불교적인 신앙 행위(우란분재盂蘭盆齋)에 적극적으로 참여하였다. 그럼에도 불구하고, 어떤 면에서 생각해 보면, 불교는 여전히 많은 중국인에게 외국 종교로 남아 있었고, 토착적인 도교와 유교적 가르침의 전통과 상당한 대조를 이루었다.[49] 불교의 이국적인 성격은 그 기원에서 뚜렷하였고, 몇몇 불교 예술품은 부처와 그의 제자들을 외국인으로 묘사하였다(그림 18). 반불교적인 논쟁들 또한 부처가 오랑캐라고 주장하였다. 이러한 입장의 가장 극심한 표현은 도교 도사였던 부혁傅奕이 620년대에 불교 탄압을 주청하는 상주문에서 찾아볼 수 있다.

[불교 이전에] 푸른 바다로 둘러싸인 대지 위에 오랑캐 신들은 없었다. 오랑캐인 부처가 없었기 때문에 모든 사람은 공자와 노자의 가르침을 숭배하였다. (불교가 중국에 소개되던) 그 시기부터 지금까지, 그 사악한 오랑캐들은 증식하였고 번영하였으며, 그들 대다수는 한족들과 혼혈을 이루었다. 그 사악한 오랑캐들의 방종한 언어는 심지어 공자를 연구하는 데도 사용되었다. 그것은 개구리 우는 소리처럼 뒤틀려 있고, 그것을 듣게 되면

---

49) 당대 외국 신앙으로서 불교에 대한 심도 있는 논의는, Abramson, Marc S. *Ethnic Identity in Tang China*. 3장 참조.

유가의 근본 뿌리는 상실된다. 부역 노동자들과 숙련된 기술자들은 진흙으로 빚은 오랑캐상(부처상)을 세우기만 한다. 그들은 중국의 종을 치고 기만적인 오랑캐 승려들 무리를 끌어들여서 순진한 군중들의 눈과 귀를 황홀하게 한다. 서역에서 오랑캐들은 진흙에서 태어난다. 따라서 그들은 자연적으로 진흙과 기와로 만든 탑과 조각상들을 숭배한다. 만약 우리가 유가의 가르침을 서역에 전파하고자 한다면, 오랑캐들은 분명히 그것을 배우려 하지 않을 것이다. 부처는 어느 특정한 친족의 가족신이기 때문에 동시에 다른 친족들을 위한 귀신으로서 작용할 수 없다. 어떻게 살아 있는 한족에게 사망한 오랑캐를 숭배하라고 요구할 수 있겠는가?[50]

이러한 비판은 불교 기관들의 적대감과 대부분의 조정 관료의 경멸 그리고 황제의 거절에 직면했다. 그러나 당 왕조의 황실 가문은 노자의 후손이라고 주장하였고 도교를 국교로 삼고 있었기 때문에, 부혁의 과격한 불평에서 조금 완화된 내용을 조정의 정책으로 채택하였다.

이 상소는 이 세상이 유교가 지배적인 교리였던 중국과 불교를 수용하고 중국 성인들의 사상은 전혀 알려지지 않았던 중앙아시아로 양분되어 있었던 시기의 사고를 반영하는 하나의 예이다. 부혁은 중국 종교의 기본적인 범주들에 의존해서 부처가 대체로 신자들로부터 제물을 받는 '신'이 아니라 그 자신의 친족 후손들로부터 적합한 제물만을 받을 수 있는 귀신 내지는 조상에 불과하다고 주장한다. 그는 불교가 인도인의 집안 계보에 적합하였던 반면에 중국인의 후손에게는 받아

---

50) Abramson, Marc S. *Ethnic Identity in Tang China*. pp.59~60.에서 인용함.

들여질 수 없는 것이었다고 주장하면서 중국인에게 적합한 신앙과 오랑캐에게 적합한 신앙을 구분하였다.

몇몇 유교 학자 또한 불교가 오랑캐 나라로부터 들여온 것임을 들어 공격하였다. 가장 널리 알려진 예는 한유의 「논불골표論佛骨表」이다.

불교는 오랑캐의 한 도법일 뿐입니다. 후한대에 중국에 들어왔지만 상고시대에는 존재하지 않았습니다. 무릇 부처란 본시 오랑캐 땅의 사람으로 중국과는 언어가 통하지 않고, 의복의 제도가 다르며 옛 어진 임금들의 어진 말을 한 일이 없고······ 만약 그가 오늘에 이르도록 생존하여 국명을 받들고 우리의 수도에 왔다면 폐하께서는 그를 접견하시되 단지 선정전宣政殿에서 한번 만나 보시고, 예빈원禮賓院에서 한번 연석을 베풀어 대접한 뒤 한 벌의 옷을 하사하시고, 호위를 하여 국경까지 보내주어 그 때문에 우리 민중을 현혹하지 못하게 하셔야 할 것이옵니다.[51]

이 상소에서 한유는 부처를 당시 수도를 가득 채웠던 외국 조공 사절에 빗대어서 부처의 강제적인 축출 즉 당의 수도에서 조정의 비용으로 너무나 오랫동안 머물렀던 외국 대표단들에게 적용되어야 할 조치를 취해야 한다고 분명하게 주장하였다. 비록 한유는 부혁보다는 자제하는 톤으로 불교를 비난하고 있고 완강한 인종적인 적대감을 나타내는 전형적인 수사법을 사용하기보다는 국가 기관에 의해서 입출국이 제한되는 외국인들의 실재적인 이미지를 부처와 동일시하고 있지

---

51) Abramson, Marc S. *Ethnic Identity in Tang China*. pp.65–66.에서 인용함.

만, 그의 주장에서 불교의 정체성이 외국의 교리라는 점은 여전히 중심 문제였다.

몇몇 격렬한 비판이 불교의 외국 기원에 주로 방점을 둔 반면에, 다른 비판들은 그것의 생경한 교리와 관습에 집중하고 있었다. 시각적으로 가장 분명하고 따라서 가장 빈번하게 비난을 받았던 것은 승려들의 삭발 관습이었다. 이것은 자손은 부모에게 물려받은 자신의 신체를 온전히 보전해야 한다는 유교의 주요한 가르침을 위반하는 것이었다. 삭발은 중국인에게 불교를 다른 외국 민족들과 관련되었다는 인식을 심어 주었는데, 특히 투르크족은 그들의 머리 전체 또는 일부를 삭발하였다(이 관습은 후에 만주족의 청 왕조에서 모든 중국인에게 강요되기도 하였다). 이와 유사하게, 팔다리나 손가락을 태우거나 절단하는 것과 같이 불교의 성유물(부처님 사리 등)에 대한 대중적인 숭배에서 주로 나타나는 종교적 열정에 의한 신체의 훼손 행위들은 비한족 오랑캐들의 상례喪禮에서 슬픔을 표현하기 위해 자신의 신체를 훼손하였던 풍습을 상기시킨다.[52]

심지어 불교 수행자들 스스로도 종종 종교의 이국적 특성을 인정하였다. 몇몇은 인도를 세계의 중심에 두고, 중국을 변방의 위치로 격하시켰다. 다른 사람들은 불교와 유교/도교를 서로 다른 문화권 내에서 비슷한 진실을 전달하고 있는 매우 유사한 교리라고 묘사하였다. 이러한 사례들은 불교를 중국의 가르침보다 우위에 있거나 동등하다고

---

52) Benn, James. A. *Burning for the Buddha: Self-Immolation in Chinese Buddhism*. Honolulu: University of Hawai'i, 2007.

평가하였던 반면에, 그들은 모두 불교가 외래의 사상이라는 점을 인정하고 있었다. 주요한 순례자 중에서도 가장 유명한 인물인 당대 초기의 현장과 다소 후대 인물인 의정義淨(635–713) 역시 불교를 외래 종교라고 여겼다. 이러한 승려들은 길고 험난한 여정을 거쳐 인도에 도달하였고, 해외에서 수십 년간을 체류하였는데, 이는 그들이 불교의 궁극적인 진리가 그곳에 있다고 믿었기 때문이었다(그림 19). 당태종이 현장에게 베풀었던 융숭한 접대와 같이 그들의 여행 이야기들은 중국에서 (그 이야기들을 들어줄) 독자를 발견하였는데, 이는 그 승려들이 불교에 대한 정보를 제공해 주었기 때문이라기보다는 외부 세계에 대한 정보를 제공해 주었기 때문이었다. 불교 경전의 구입, 외국 민족과의 관계 수립 그리고 중국의 외교 정책의 수행이 서로 연결되었던 것은 불교의 외래 종교적 성격을 재확인했다.

그러나 불교라는 종교의 외래적 특성을 가장 잘 증명하는 것은 외국인 승려들의 존재였다. 비한족 승려들은 중국 문학에서 상당히 두드러진 존재였는데, 그들은 후기 중화 제국 시기 문학의 주요한 주제가 될 초기적인 사례들을 제공하였다. 가장 흔한 묘사는 외국인 승려를 성범죄자로 표현한 것으로서, 그들은 여성들을 납치하여 팔아 버리거나 수작을 걸어 꼬드기는 데 적극적인 것으로 묘사되었다. 외국인 승려에 대한 또 다른 전형적인 묘사는 그들이 마술을 부리는 능력을 갖고 있다는 것으로서 이는 많은 문화권에서 공통적으로 나타나는 현상이었다. 외국인에 대한 의구심과 먼 나라에서 온 사람들은 독특한 능력을 지니고 있다는 믿음이 혼합된 결과였다. 몇몇 이야기들은 그 승

그림 19.
경전 두루마리를 짊어지고 호랑이와 같이 걸어가는 순례자를 그린 돈황 벽화

려들이 행하는 마술에서 사람들을 현혹시키는 특성을 강조하였는데, 이는 주로 도덕적으로 올바르다고 주장되는 유교 교육을 받은 관료들에 의해서 폭로되고 저지되었다. 다른 한편으로 불교의 성인전 문헌들은 그들 마술의 몇 가지 형태를 종교적 깨우침을 입증하는 증좌라고 표현한다. 당대에 인도로부터 들어온 지 얼마 안 된 탄트라 불교의 불공不空과 금강지金剛智와 같은 몇몇 승려들은 황제와 국가를 위해서 마술을 공연함으로써 조정에서 커다란 영향력을 획득했다. 어떤 이야기들은 다른 외국인들을 종종 지칭하였던 것과 마찬가지로 외국인 승려들을 일종의 사람이 아닌 생명체로 묘사하였다. 그들이 여우의 정령이라는 생각은 외국인을 지칭하는 '호胡'와 여우를 지칭하는 '호狐'의 발음이 유사했던 사실에 의해서도 가능해졌다. 813년의 한 이야기에서는, 내륙 아시아 승려가 낙타로 변하기도 하였다.[53]

이와 같이 글로 표현된 격렬한 비판들은 단지 엘리트 식자층에게만 의미가 있는 것이었다. 대부분의 사람들에게, 승려들의 이국적인 면모는 그들의 낯선 이목구비와 복장에서 드러나고 있었고, 그들은 불교도들의 순례 루트를 따라 위치한 주요한 도시와 마을들에서 발견되

53) Abramson, Marc S. *Ethnic Identity in Tang China*. pp.72-75.; Ch'en, Kenneth K. S. *Buddhism in China: A Historical Survey*. pp.231-232.; Kieschnick, John. *The Eminent Monk: Buddhist Ideals in Medieval Chinese Hagiography*. Kuroda Institute Studies in East Asian Buddhism, No. 10. Honolulu: University of Hawai'i Press, 1997. 2장. 멀리 떨어진 지역들에서 공통적으로 등장하는 주술적 능력의 중요성에 대해서는, Helms, Mary W. *Ulysses' Sail: An Ethnographic Odyssey of Power, Knowledge, and Geographical Distance*. Princeton: Princeton University Press, 1988.; Helms, Mary W. *Craft and the Kingly Ideal: Art, Trade, and Power*. Austin: University of Texas Press, 1993. 참조.

고 있었다. 완전히 중국화된 불교의 등장과 중국이 동아시아 불계 세계의 중심으로 부상하면서 점차 더 많은 외국인 승려가 학생이나 순례자의 신분으로서 신성한 목적지가 되었던 당 제국을 방문하였다. 일반인들에게 불교의 이질성을 전례 없이 분명하게 시각적으로 보여 주었던 것은 역설적이게도 점점 증가하는 불교의 중국적 특성이었다.

7

|친족|

당 왕조 시기는 중국 여성이 상대적으로 자율성과 권력을 가질 수 있었던 황금기로 묘사되곤 한다. 즉 당대의 여성의 지위는 송대 이후 과부의 정절, 과부의 자살, 부계의 강화와 전족의 새로운 유행 등이 강조되는 신유가新儒家의 속박을 받았던 사회와 대조적으로 보인다.[1] 이러한 일반화는 부분적으로만 사실이라고 할 수 있는데, 왜냐하면 당대에도 역시 여성들을 거래하는 상업 시장이 도시 생활의 두드러진 부분이었고 그 시장에서 팔린 여인은 각 가정에 축첩畜妾의 형태로 넘겨졌다. 이러한 발전들 모두 여성의 사회적 지위를 악화시키는 요소들이었다.

당대 친족 관계의 다른 측면들은 보다 더 두드러지게 중국화된 불교

---

1) Ebrey, Patricia B. "Women, Marriage, and the Family." In *Heritage of China: Contemporary Perspectives on Chinese Civilization*. Ed. Paul S. Ropp. Berkeley: University of California Press, 1990. pp.207-210, 216-221.

의 등장은 불교 의례와 축제를 조상들에 대한 숭배와 결합시켰고 산 자와 죽은 자 사이의 관계를 보다 더 확대시켰다는 점이다. 이 시기에 우리는 또한 후대에 중요성을 갖게 되는 관습의 초기 모습을 발견할 수 있다. 즉 당대에 산 자와 귀신 사이 또는 귀신 사이의 결혼을 주선하는 관습이 등장하는데, 이는 불행한 죽음을 맞이한 영혼을 달래기 위함이었다.

그러나 당대 친족 관계에서 가장 중요한 발전은 제국 전체에 존재했던 저명한 가문들로 이루어진 '최고위 엘리트'가 최종적으로 사라졌다는 점일 것이다. 그들은 자신들의 세련된 집안 계보, 선택적인 통혼, 그리고 지속적인 관직 획득의 성공으로 수세기 동안 사회적 명성을 유지하였다. 이들의 소멸은 가장 중요한 한 가지 사건으로서 일반적으로 당대에서 송대로의 변천을 '중세' 문화에서 근현대 또는 후기 중화 제국 문화로의 전환으로 인식하도록 만들었다.

당대 집안의 여성들

당대는 여성이 전대미문의 중요한 역할을 수행한 시기라는 이미지가 있는데, 이는 무측천, 그녀의 딸인 태평공주, 그리고 위황후가 반세기 이상의 기간 동안 제국 전체에 지배력을 발휘하였던 사실에서 큰 영향을 받았다. 그러나 중화 제국에서 이와 같이 여성들의 정치권력 장악의 절정기는 한의 멸망 이후 장기간 동안 축적된 결과였다. 한 멸망 이후 중국 북부 지역을 차지한 유목민 전사들은 유목 사회를 특징지었던 여성과 남성 사이의 평등함을 중국에 가져왔다. 6세기의 인물인 안지추顔之推가 묘사한 것처럼, 북부 지역의 여성들은 법률적 사안을 직접 처리하였고 정치적으로 힘이 있는 사람들과 어울리고, 자신들의 남자 친족을 위해서 정부 청사에 들어가 탄원과 고소를 할 수 있었다. 북위北魏는 조정에서 황태후의 권한을 제약하는 법률을 제정하였지만, 이러한 지시는 5세기 말에서 6세기 초반에 이러한 여성들이 조정을 장악하는 것을 막지 못했다.[2]

황제의 부인들은 종종 그들의 남편에게 정치적 조언자의 역할을 수행하였고, 이러한 패턴은 수나라가 589년에 중국을 재통일한 이후에도 지속되었다. 수를 창업한 수문제의 부인인 독고황후獨孤皇后는 그의 절친한 동료이자 가장 신뢰하는 정치적 조언자였다. 수문제 부부는 '이성二聖'으로 묘사되었다. 황제는 황후가 자신의 가장 총애하는 후궁인 위지씨尉遲氏를 살해하여 황후와의 사이가 틀어졌음에도 정치적 문제에서 황후의 판단을 계속해서 따랐다. 후계자가 결국 황후가 총애하는 둘째 아들인 양광(후일 수양제)으로 정해진 것 역시 황제가 아니라 황후의 결정이었다.[3] 수양제는 그의 부친처럼 평생토록 그의 부인을 신뢰하는 친구로 여겼다. 그녀는 그에게 남부 지역의 문화를 소

---

2) 황태자로 임명된 왕자의 생모를 제거하는 자귀모사子貴母死 제도가 가장 대표적인데, 풍태후馮太后 시기에 이르러 이러한 제도가 폐지되었다.-역주

3) Wright, Arthur F. *The Sui Dynasty: The Unification of China, a.d. 581-617.* pp.59, 64-65, 67, 71-73, 80-81, 89, 157-158.; Xiong, Victor Cunrui. *Emperor Yang of the Sui Dynasty: His Life, Times, and Legacy.* pp.22, 164.; Tung, Jowen R. *Fables for the Patriarchs: Gender Politics in Tang Discourse.* London: Roman and Littlefield, 2000. pp.69, 97-98.

개하고 좋든 싫든 수양제 정책의 남부 지향성을 형성하는 데 중요한 역할을 하였다.[4] 당 왕조의 창업자 당고조는 그의 부인뿐만 아니라 딸인 평양공주平陽公主의 정치적인 도움을 받았는데, 그녀는 정복 전쟁에 참전하여 활약하였다. 당태종도 이와 유사하게 국정 운영에서 장손황후의 도움을 받았다.[5] 따라서 7세기 중반 이후 당대 황후들의 권력은 여성들이 다양한 영역에 적극적으로 참여하였던 북방의 전통이 그대로 유지되었다.

강력한 황후들의 존재뿐만 아니라, 당대는 공주들의 정치 참여가 두드러졌던 점에서도 주목받는다. 당고조를 도왔던 평양공주 이외에도, 태평공주는 조정의 업무를 도왔고 그녀의 어머니 무측천의 자리를 계승하고자 하였다. 안락공주는 705년 이후 조정을 장악하였던 자신의 어머니 위황후를 위해 비슷한 역할을 수행하였다. 사실 8세기 초반 조정의 역사는 대체로 태평공주가 그녀의 두 명의 주요한 적인 위황후 그리고 안락공주와 벌인 투쟁의 역사였다. 이러한 투쟁은 710년에 이륭기李隆基(훗날의 당현종)가 무장 군인들을 이끌고 궁정으로 침입하여 위황후와 그녀의 딸을 살해하였던 유혈 쿠데타로 종지부를 찍었다. 태평공주는 직접 꼭두각시였던 어린 황제(온왕溫王 이중무李重茂)를 자리에서 끌어내리고 그녀의 오빠인 예종睿宗을 황제의 자리에 옹립

4) Wright, Arthur F. _The Sui Dynasty: The Unification of China_, a.d. 581 – 617. pp.158, 163.; Xiong, _Victor Cunrui. Emperor Yang of the Sui Dynasty: His Life, Times, and Legacy_. pp.18-19, 23, 26, 255.

5) Tung, Jowen R. _Fables for the Patriarchs: Gender Politics in Tang Discourse_. London: Roman and Littlefield, 2000. p.59.

하였다. "그녀가 원하는 것은 뭐든지 황제가 허락하였다. 재상에서부터 그 이하의 관리들의 임명과 해직은 모두 그녀로부터 나오는 한마디에 달려 있었다. …… 가장 큰 권력을 쥔 자들이 모두 그녀의 저택 문앞에 모여드니 마치 시장과도 같았다." 다만 태평공주는 부주의하게도 이륭기가 새롭게 획득한 명망을 이용해 당 왕조에 대한 충성파들을 그의 주위에 끌어 모으는 것을 용인하는 실수를 저질렀고, 그러한 실수로 인하여 그녀의 권력은 차츰 약화되기 시작하였다. 수년간의 엎치락뒤치락하는 투쟁을 겪고 난 이후에, 713년 그녀가 시도한 쿠데타는 실패로 돌아갔고, 태평공주는 자결을 강요받았다. 이로써 당나라의 여성 지배는 종지부를 찍었다.[6]

공주들은 또한 외국의 통치자들과 정치적 동맹을 확정짓는 데 유용하였다. 외국의 군주에게 공주를 내어 주어 결혼을 하도록 하는 관습은 한 왕조가 흉노를 회유하고자 사용한 '조화로운 친족 관계' 정책으로까지 거슬러 올라간다. 오랑캐 족장과의 결혼을 강요받았던 왕소군王昭君의 이야기는 중국 문학에서 중요한 소재가 되었다.[7] 한대에 외국에 보내진 많은 여성들은 이름뿐인 공주였던 반면에, 당 왕조에서는 실제 공주들을 시집보냈다. 다만 한 차례 예외가 있는데, 항복한 부족장의 딸에게 당나라 공주의 이름을 내리고 그녀를 투르케스탄으로 시집보냈다. 정치적 통혼의 빈도는 이전 왕조들에 비해 당대에 훨씬 빈

---

6) Guisso Richard W. "Reigns of the Empress Wu, Chung-tsung and Jui-tsung (684-712)." pp.326-328.

7) Rouzer, Paul F. *Articulated Ladies: Gender and the Male Community in Early Chinese Texts.* 5장, 특히 pp.180-200 참조.

번하게 이루어졌다. 특히 당대 초반기의 사례로서 당태종 대에 티베트의 왕(송챈감포松贊干布)에게 시집갔던 문성공주文成公主는 양국 사이의 정치적 동맹이 유지되는 데 중요한 역할을 하였다.

당의 국력이 쇠퇴함에 따라, 외국 조정에서의 당나라 출신 공주들의 영향력도 감소하였다. 실제로 학대를 당하였다는 증거는 없지만, 그들은 종종 읽을 책과 같이 중국인으로서의 생활양식을 유지하는 데 필수적인 것들을 제공받지 못한 채로 남겨지기도 하였다. 가장 처참한 경우로는 태화공주太和公主를 들 수 있는데, 그는 821년 회흘回紇(위구르족)에게 시집갔다가 842년 반란군 지도자에게 납치되었고, 반란군은 그녀에게 당나라에 탄원서를 보내어 자신들에 대한 승인과 지원을 요청하도록 하였다. 당무종은 그녀에게 편지를 보내어 당나라와의 평화를 유지하는 데 실패하고 오랑캐들을 당나라 변경으로 끌고 왔던 것에 대해서 책망하였다. 그녀가 결국 당나라로 돌아왔을 때에, 궁정의 다른 공주들은 그녀에 대한 환대를 거부하였다. 당무종은 그러한 행동을 했던 공주들에게 벌을 내리기도 하였지만, 이 이야기는 공주가 겪을 수 있었던 어려움뿐만 아니라 그들이 궁정에서 누리고 있었던 행동의 자유 또한 보여 주고 있다.[8]

비록 대부분의 당나라 공주는 국내 혹은 국제 정치에 아무런 영향력도 발휘하지 못하였지만, 그들은 그들의 개인적인 자유에 대한 요구

---

8) Tung, Jowen R. *Fables for the Patriarchs: Gender Politics in Tang Discourse*. 2장. Drompp, Michael R. *Tang China and the Collapse of the Uighur Empire*. p.362.에서는 이야기와 문서를 통해 태화공주에 관한 전체 스토리를 복원하였다.

와 성적인 방종으로 인하여 악명이 높았다. 정통 중국 사학자들은 이와 같은 면모를 보통 독립적이거나 강력한 정치적 권력을 지닌 여성의 특징이라고 치부하였다. 공주들은 때때로 도교 여관으로 임명되었는데, 그렇게 함으로써 수도에서 높은 직위를 얻어서 자신들의 관심을 자유롭게 추구할 수 있었다. 그러나 공주—여관조차도 음탕한 행위로 인하여 비난받았는데, 여기서도 이러한 비난은 독립적인 여성들을 묘사하는 관습적인 표현이었다. 중국에서 도교 여관에 대한 성적인 판타지들은 유럽에서 일반인 사이에 공유되고 있었던 신부와 수녀에 관한 음탕한 상상과 다르지 않았다.

많은 공주들은 그들의 남편들을 우습게 보았고 공개적으로 굴욕감을 주거나 바람을 피우기도 하였는데, 이러한 태도는 전대미문의 이혼과 재혼을 낳았다. 결국 유력 관료들은 황제 가문과의 결혼을 피하였는데, 예를 들어 정호鄭顥는 결혼이 파경에 이르게 된 이후에 회유와 협박을 동원하여 자신을 당선종의 딸인 만수공주萬壽公主에게 장가들도록 하였던 백민중白敏中에 대해서 오랫동안 원한을 품기도 하였다. 이러한 사건은 고위 관료들이 저명하고 오래된 집안의 딸과 통혼한 것에 대한 답례로서 후한 약혼 선물을 주는 관습에 대해 황제의 분노를 증폭시켰을 뿐이었다. 이러한(결혼을 통한 집안 간의) 거래에서 사회적 엘리트 집안의 딸은 종종 정치적인 결혼 시장에서 거래 수단이 되었고, 이는 황녀들의 상황에 필적하는 것이었다.[9]

---

9) Tung, Jowen R. *Fables for the Patriarchs: Gender Politics in Tang Discourse*. pp.46-50.

남북조의 대가문들은 점차로 혈통을 보존하기 위해서 그들 사이에서 결혼을 추진하였지만, 때때로 보다 미천한 가문과도 혼인하는 경우도 있었다. 결국 상당한 비용을 지불한다면 미천한 가문도 유력 집안과 혼인하는 것이 가능했음을 알 수 있다. 이런 관습에 대한 안지추의 묘사와 같이, "오늘날에, 혼담이 성사되었을 때, 사람들은 자신들의 딸을 약혼 선물을 받고 팔거나 비단을 지불하고 부인을 사오기도 하였다. 그들은 두 집안의 조상들을 비교하고, 아주 작은 액수까지도 계산하여, 더 많이 요구하고 더 적게 지불하였으니, 시장에서 물건을 거래하는 것과 전혀 다를 바가 없었다."[10] 이러한 관습은 5세기 후반과 6세기에는 너무나 관습화되어서 북제 조정은 약혼 선물의 규모는 신부의 부계 집안의 명망이 아니라 신부 아버지의 정치적 직위에 의해 결정되어야 한다는 칙령을 내리기도 하였지만 큰 성과를 거두지는 못했다.

현직의 직위보다는 가계를 더욱 강조하는 것은 수대에까지 이어졌고, 심지어 조정에서 가장 강력한 권력을 누렸던 관료조차도 "극도로 후한" 약혼 선물을 지불하고서야 그의 아들을 당시 명망이 있었던 최씨 가문에 장가보낼 수 있었다. 당대 전반기 내내, 황제들은 여러 차례 저명한 가문들이, 특히 중국 북동부 지역의 가장 명망 있는 네 대가문이 지나치게 많은 약혼 선물을 요구하고 고위 관료들은 그들이 무엇을 요구하던 모두 지불하고자 하였다고 거듭해서 불만을 제기하였다. 명

---

10) Yen, Chih-t'ui. *Family Instructions for the Yen Clan*. Tr. Teng Ssu-yu.
Leiden: E. J. Brill, 1968. p.20.

망 있는 가문들은 자신들이 장악하였던 혼인 관계에서의 우월적 위치를 이용하여 정치적 야심가 집안으로부터 극히 높은 가격의 약혼 선물을 요구할 수 있었다. 반면에 그 정치적 야심가들은 오랜 기간 사회적 명성을 지닌 가문과의 동맹을 통해서 새로운 정치적 혹은 경제적 힘을 얻고자 하였던 것이다.[11]

비평가들은 이런 가문들을 "딸을 파는" 자들이라고 비판하였지만, 사실 높은 신부 값을 책정하는 관습은 오히려 그 명망 있는 가문들이 자신들이 속해 있는 상류사회 밖의 가문과 통혼하는 것에 대해서 매우 심각한 거부감을 갖고 있었음을 증명하는 것이라고 보는 편이 더욱 정확할 것이다. 그러나 명망 있는 가문들의 이러한 거부감은 그들이 더 이상 경제적인 풍족함을 유지할 수 없다는 현실에 대한 인식으로 인하여 극복되기도 하였다. 이러한 상황하에서 혼인 적령기의 딸은 그들에게 가장 큰 경제 자산이었을 것이다. 중당기의 시인 백거이白居易는 후궁 양귀비의 성장과 정치 권력의 장악은 부모들로 하여금 "더 이상 아들의 출산만을 중시하지 않고 딸의 출산도 중시하도록" 만들었다고 하였다. 그러나 중국에서 가장 저명한 가문들 대부분에서, 이러한 현상은 수세기 동안 있어 왔고, 많은 부분은 약혼 선물 때문이었다.[12]

---

11) Ebrey, Patricia B. "Shifts in Marriage Finance from the Sixth to the Thirteenth Century." In *Marriage and Inequality in Chinese Society*. Ed. Rubie S. Watson and Patricia Buckley Ebrey. Berkeley: University of California Press, 1991. pp.98-102.

12) 백거이, 「장한가」 in Wang, Robin R., ed. *Images of Women in Chinese Thought and Culture: Writing from the Pre-Qin Period through the Song Dynasty*. Indianapolis: Hackett, 2003. p.424.

당 왕조가 몰락하고 대가문의 명성이 소멸됨에 따라, 결혼과 관련된 재물의 흐름은 이전과는 전혀 다른 방향이 되었다. 송대가 되면 상류 가문의 신부 집안과 통혼하는 상대적으로 낮은 계층의 신랑 집안이 그 대가로 막대한 선물을 주었던 관습이 줄어들고, 상대적으로 더 많은 경우에는 딸을 가진 집안에서 자신들의 딸이 결혼할 때 신부 지참금을 가져가기 시작하였다. 이와 같은 변화의 이유는 분명하지는 않지만, 아마도 친족을 확대하고자 하였던 새로운 정책뿐만 아니라 당시 경제가 점차 화폐경제 위주로 변화하였던 현상과 밀접한 관련이 있었다.[13] 그 원인이 무엇이든 간에, 이러한 결혼 재정에서의 변화는 송대 여성들이 더 이상 후한 비용을 요구할 정도로 가치를 갖지는 못하였다는 것을 의미했고, 이것은 친족 간 네트워크를 형성하는 데 그들의 역할의 가치 추락을 동반하였다. 게다가, 이제 딸을 외부로 시집보내는 것은 (그 지참금의 관습으로 인하여) 집안 재산에 심각한 타격을 주기도 하였다. 결국에 이것은 상류 사회에서 여성들 지위를 크게 하락시키는 원인이 되었다.

여성의 정치적인 활동과 신부로서의 가치 이외에, 당대가 여성에게 위대한 시기였다는 개념을 심어 준 또 다른 요인은 무덤 장식에서 주로 발견되는 상류 사회 여성과 궁정의 예능인에 대한 시각적인 표현에서도 찾아볼 수 있다. 이러한 몇몇 이미지에서는 말을 타고, 격구를 즐기고, 활을 쏘는 여성들이 묘사되어 있다(그림 20). 다른 이미지들에서

13) Ebrey, Patricia B. "Shifts in Marriage Finance from the Sixth to the Thirteenth Century." pp.112-123.; Tung, Jowen R. *Fables for the Patriarchs: Gender Politics in Tang Discourse.* pp.14, 220n20.

그림 20. 활쏘는 여성상(활과 화살은 썩어 없어졌다.)

는 그들이 가슴이 깊이 파인 드레스를 입거나 남성용 호복胡服을 입고
있는 경우도 있었다. 한편 다른 이미지들에서 여전히 여성은 한가롭
게 정원을 돌아다니거나, 악기를 연주하고, 바둑과 같은 게임을 즐기
며, 종교단체에 기부금을 내고, 아이들과 놀아주는 모습도 묘사되어
있다. 지체 높은 궁정 여인들과 그들의 시녀들이 행진하는 모습은 많
은 무덤 벽화 장식에서 발견되는데, 태평공주의 무덤에서 특히 두드
러졌다. 비록 여성의 자유나 영향력을 직접적으로 보여 주는 것은 아
니지만, 궁전에서 여흥을 제공하는 여성 무희와 악공을 묘사한 작품

그림 21. 무덤 벽화에 그려진 무희

은 훨씬 더 풍부하게 발견되었다(그림 21).[14] 당대 무덤 예술에 나타난
여성들의 자유로움에 대한 과도한 표현들은 이후 왕조들에서는 쇠퇴

---

14) 이에 대한 유용한 조사는, Karetzky, Patricia Eichenbaum. *Court Art of the Tang*.
　　Lanham, N.Y.: University Press of America, 1996의 삽화, pp.11-14, 26-28, 39, 43,
　　45-46, 70-71, 81, 85, 90, 93, 96-98, 107 참조. 또한 Tung, Jowen R. *Fables for the*
　　Patriarchs: Gender Politics in Tang Discourse. pp.20-21, 27, 74, 85, 128, 142 참조.

하였다.

당대 여성의 상대적인 자유로움은 여성들의 품행에 대한 매뉴얼과 같이 의외의 출처를 통해서도 증명되고 있다. 후한대 여성인 반소班昭 (45-114)에 의해서 시작되었던 글쓰기의 전통은 남편에 대한 여성의 절대적인 복종을 강요하였다. 그것이 되풀이하는 주제들은 남편은 여성의 '하늘'로서 존경과 복종을 필요로 하였고 반면에 여성은 조용하고 눈에 띄는 행동을 하지 말아야 했다. 몇몇 작가들은 『여효경女孝經』, 『여논어女論語』와 같은 작품에서 이러한 전통들을 당대에도 지속하였다. 이러한 책들이 비록 반소의 모델을 따라했지만, 『여논어』는 집안에서 매일의 행위들에 대한 자세한 처방을 제시하고 있다는 특징이 있고 절대로 따라 해서는 안 될 여성에 대해서 설명하고 있다. "혐오스러운 기회들을 쉽게 받아들이고 공경할 만한 노인들 앞에서 비명을 지르거나 소리를 지르는 자들의 행위는 절대로 따라하지 마라. 그러한 여자들은 어렵고 힘든 일들에 대해서 불평하고, 찾으면 오지 않고 다른 사람들의 배고픔과 추위에 대해 전혀 관심을 기울이지 않는다."[15] 이와 동일한 방식으로, 황제의 칙령 역시 이러한 행위들을 금지하고자 했는데, 오히려 이러한 금기들의 존재는 당대 여성들이 일상생활에

---

15) 『여논어』에 대해서는, Wang, Robin R., ed. *Images of Women in Chinese Thought and Culture: Writing from the Pre-Qin Period through the Song Dynasty*. pp.327-340. 인용된 글은, p.333. 반소의 작품에 대해서는, pp.177-188. 『여효경』의 부분적인 번역은, Ebrey, Patricia B., tr. "The Book of Filial Piety for Women Attributed to a Woman Nee Zheng (ca. 730)." In *Under Confucian Eyes: Writings on Gender in Chinese History*. Ed. Susan Mann and Yu-yin Cheng. Berkeley: University of California Press, 2001 참조. 또한 Tung, Jowen R. *Fables for the Patriarchs: Gender Politics in Tang Discourse*. pp.91-94도 참조.

서 남자들과 상당히 대등한 입장에서 행동하고 있었음을 방증하고 있다. 이러한 행동규범집에서 언급한 여성들이 피해야 할 행위들 즉 시댁 식구들을 나무라거나, 바느질을 엉성하게 하거나, 크게 웃거나, 험담하거나, 저녁으로 먹을 것을 미리 먹어 보거나, 연회에서 술을 마시고 취하거나 하는 것들에 대한 묘사는 당대에 많은 여성들이 실제로는 어떻게 행동했는지에 대해서 우리들에게 많은 것을 알려준다.

당대는 엘리트 여성들에게 상대적인 자유와 권력의 기회를 제공하였던 시기였던 반면에, 다른 여성들은 단어 그대로 도시의 시장에서 사고파는 대상인 경제 상품이 되었다. 따라서 기녀들이 연회에서 손님과 나눈 시적 대화 속에서 그리고 사랑의 의식들 속에서 보여 주었던 표면적인 동등함 아래에는, 손님인 애인이 그 기녀가 자신의 생활을 전적으로 의존하고 있었던 돈을 소유하고 있었던 것이다.[16] 현실적으로 말해서 자신의 삶에서 기녀가 바랄 수 있는 최선의 상황은 첩으로 팔려가는 것이었는데, 이러한 방식으로 점점 더 많은 여성이 하나의 상품으로서 당대 가정에 유입되었다.

첩들은 가정의 구성원으로서 남편이자 주인인 그에게 부수적인 성적 상대로서 감각적인 쾌락을 제공하고 필요하다면 후계자까지도 제공하였다. 이러한 여성들은 법적인 지위에서 정실부인의 아래에 있었는데, 고대 시기부터 중국에 존재해 왔지만, 오로지 지위가 높거나 극히 부유한 집안에서만 가능하였다. 송대에는 첩을 소유하는 것이 일

---

16) Owen, Stephen. *The End of the Chinese "Middle Ages": Essays in Mid-Tang Literary Culture*. Stanford: Stanford University Press, 1996. pp.130-138.

반적으로 유복한 집안의 사람들 사이에서도 퍼져 나갔고 이후의 모든 왕조 시기 동안에는 부유한 집안들에서는 관례화되었다.[17] 당대 축첩의 관습이 이후의 왕조에서만큼 흔했던 것은 아니었지만, 그것이 부인들 사이의 관계와 가정 내의 권력 구조에 영향을 끼칠 만큼 충분히 확산되었음을 보여 주는 증거가 있다. 문학작품들에 실려 있는 일화들은 상인이 소유한 첩을 포함해서 당대 첩의 존재를 보여 주고 있고, 몇몇 문헌들의 경우에는 재산이 있는 가구는 많은 첩을 보유했을 것이라고 당연하게 여기고 있다. 『목련변문目連變文』에서는 과장되게 "아내들과 첩들이 산과 강을 가득 채우기에 충분할 정도로 많다"라고 표현하고 있다.[18] 장례에 사용된 명문銘文 중에는 첩들을 언급하는 경우도 있었지만, 상당한 숫자의 명문에는 정실부인 소생 외의 아이들의 이름이 적혀 있었다. 이 경우에는 친모의 이름은 적혀 있지 않는 경우도 있었다. 이와 같이 누적된 증거는 학자 엘리트들 사이에서 첩의 소유가 이미 관습적인 현상이었음을 알려주고 있다.[19]

당률은 첩과 그 주인인 남편과의 관계, 첩과 법률적 정실부인 사이의 법률적 차이, 첩 소생 자녀들의 지위에 대해서 상당한 관심을 기울

---

17) Ebrey, Patricia B. "Concubines in Sung China." Reprinted in *Women and the Family in Chinese History*. London: Routledge, 2003.; Ebrey, Patricia B. *The Inner Quarters: Marriage and the Lives of Chinese Women in the Sung Period*. Berkeley: University of California Press, 1993. 12장.

18) Mair, Victor H. tr. *Tun-huang Popular Narratives*. Cambridge: Cambridge University Press, 1983. pp.96, 97.

19) Tung, Jowen R. *Fables for the Patriarchs: Gender Politics in Tang Discourse*. pp.94-97, 229n22.

이고 있다. 이러한 모든 문제들은 의례 경전들에서 논의되었지만, 당률 속에는 보다 더 명확하게 설명되고 있을 뿐만 아니라 그 내용은 완전한 법적 효력을 지니고 있었다.[20] 그것은 결국 대체로 당률을 계승한 송대의 법전에 옮겨 적혀졌다. 첩들이 부인과 몇 가지 공통점을 갖고 있었지만—예를 들어, 첩들은 주인의 성과 동일해서는 안 되고 다른 남자와의 성관계는 간통으로서 처벌되었다—대부분의 의례와 법률적 제약은 정실부인의 지위를 첩의 지위와 분명하게 구분하는 데 초점이 맞춰져 있었다.

법전에서 규정한 처벌은 가해자와 피해자 사이의 사회적 지위의 격차에 따라서 다양했는데, 첩은 정실부인과 하인 사이에 놓여 있었다. 남편이나 남편의 친족은 집안의 하인을 살해하였을 때보다 첩을 살해하였을 때 더 무거운 처벌을 받았다. 정실부인은 결혼 의식과 예물의 교환이 포함된 과정을 통해서 공식적으로 정혼을 하지만, 첩은 하녀를 사들이는 것과 마찬가지로 단순히 구매를 통해서 얻게 된다. 부인의 친족들은 남편 가족의 친족이 되지만, 첩의 친족들은 그렇지 않았다. 법률상으로 한 명의 남자는 한 번에 한 명의 부인밖에는 얻을 수 없었지만, 그가 감당할 수 있는 한 얼마든지 많은 첩을 구매하는 것은 허락되었다. 첩은 하녀들이 하는 것과 마찬가지로 정실부인을 위해 봉사하였다. 첩의 아들들은 정실부인의 아들과 동일한 재산상속의 권리

---

20) 의례적 제약 및 규제에 대해서는, Ebrey, Patricia B. "Concubines in Sung China." pp.40~44. 당대 법령 속 첩의 지위에 대해서는, pp.44~46. 첩에 관한 모든 법률 조항의 번역문은 Johnson, Wallace, tr. *The T'ang Code*. The T'ang Code. Vol. 2, *Specific Articles*. p.584.

를 가졌지만, 모든 아들은 정실부인을 그들의 법적인 어머니로 대우해야 했다. 정실부인은 첩의 자식에 대해서는 누구든지 그 소유를 주장하고 기를 수 있었고, 만약 주인이 죽으면, 그녀는 그 아들들의 법적인 보호자가 되었다. 과부가 된 정실부인은 가정과 그 자산에 대한 소유권을 주장하였지만, 첩은 단지 집에서 쫓겨났다.[21]

정실부인을 첩과 구분시키는 것은 결혼 제도에서도 중요하였지만, 당대 사회적 위계질서라고 하는 보다 큰 관점에서도 중요한 일이었다. 정실부인을 첩과 혼동하는 것은 주인을 하인과 혼동하는 것과 마찬가지로 엄청난 일이다. 엘리트들 사이에, 정실부인은 좋은 가정 출신이었던 반면에, 첩은 하인과 마찬가지로 하위 계급 출신이었다. 따라서 여러 일화에서 당시 사람들은 관리의 아내나 딸이 첩의 지위로 추락하는 모습에 경악하였고, 그들은 돈을 모아서 그 여성들이 정식으로 결혼할 수 있도록 도와주었다.[22] 따라서 여성의 지위가 쇠퇴하였던 17세기 청대에 들어, 정실부인과 첩 사이의 법적인, 사회적인 구분이 훨씬 덜 엄격해졌던 것은 놀라운 일도 아니다.

당대 관리와 지식인은 부인과 첩 사이의 명확한 법적인 구분을 유지하고자 노력하였다. 하지만 첩의 소유자들이었던 그들은 그러한 제도적 관습이 부인의 지위 또는 부부간의 유대감을 어떤 식으로든 위협하였다는 것을 인지하지 못했다. 의례 전장들은 결혼을 사회적 위계질

---

21) Ebrey, Patricia B. "Concubines in Sung China." Reprinted in *Women and the Family in Chinese History*. pp.52-61.

22) Ebrey, Patricia B. "Concubines in Sung China." Reprinted in *Women and the Family in Chinese History*. pp.45, 60-61.

서를 유지하면서 가족을 재생하는 방법이라고 설명한다. 즉 결혼 당사자들 사이의 감정적이고 육체적인 유대 관계는 전혀 고려 대상이 아니었다. 전형적인 엘리트 가문에서, 부인은 후계자를 생산하고 가정을 관리하는 것으로 기대되었고, 반면 남편은 인간적인 친밀감이나 성적인 즐거움을 기녀들이나 첩들을 통해서 구하는 것이 허용되었다. 또한 만약 부인이 불임일 경우에는 집안을 계승할 아들을 생산해야 한다는 도덕적으로 적법한 명분으로 인하여 첩을 들이는 것이 오히려 요청되기도 하였다. 이러한 사회적 합의는 이론상 정상적으로 작동하는 듯 보였다. 하지만 실상 축첩 제도는 부인 입장에서 남편과 다른 여성들 사이의 육체적인 깊은 유대 관계가 지속되는 것을 눈감아주어야 했다. 그리고 남편 역시 부인 이외의 여성들과의 오래 지속된 사회적 그리고 육체적 친밀함으로 인하여 공적인 행동에 영향을 받는 것은 허용되지 않았다. 특히 축첩 제도로 인해 남자들이 어려움을 겪은 사례는 당 왕조 시기 가장 유명한 두 여인이었던 무측천과 양귀비의 이야기에서 잘 나타나고 있다. 두 명 모두 황제의 후궁이라는 지위를 이용해서 정식 황후의 자리를 차지하였고 황제에게 절대적인 영향력을 행사하여 국가의 정책을 좌지우지할 수 있었다.[23]

남편의 축첩 행위를 용인하라고 부인에게 강요하는 것은 대부분의 경우에 첩이 남편의 애정과 행동을 장악하였던 사실에 비추어 볼 때 부인의 입장에서 공허한 소리로 들렸다. 이러한 명령의 이기적이고 위

---

23) 이러한 여성들은 모두 Tung, Jowen R. *Fables for the Patriarchs: Gender Politics in Tang Discourse.* 3장과 4장에서 다루어지고 있다.

선적인 성격은 한 집안에서 경쟁자와 더불어 평화롭게 살아간다는 것
이 거의 불가능하다는 점은 말할 것도 없이, 당대 작가들이 "질투하
는" 부인들을 소재로 하는 작품들을 만들어 내도록 하였다. 당대에는
남편이 첩을 얻지 못하도록 수단과 방법을 가리지 않는 "성질 더러운
여자"들에 대한 이야기들이 봇물 터지듯 쏟아져 나왔다. 수나라의 창
업주 수문제의 부인 독고황후는 역사 속에서 남편의 후궁에 대한 질투
가 "비이성적으로" 심한 여성이라고 거듭 묘사되고 있고 수문제가 가
장 총애하는 후궁을 살해했다고 알려져 있다.[24] 질투심 많은 여성에 대
한 이와 유사한 이야기들은 선진 시기에도 등장하고 있고 위진남북조
시기 남조와 북조 모두에서 크게 유행하였지만, 당대에 이르면 하나
의 독립된 장르가 되어 한 권의 내용이 모두 이 주제로만 이루어진 책
들이 등장하기 시작하였다.[25]

　하나의 극단적인 사례를 살펴보자면, "옌은 귀양貴陽의 자사刺史인
송루안의 부인으로서 질투심이 극단적으로 강하였다. 송루안이 어느
날 연회에서 손님들과 더불어 몇 명의 가수를 불러 접대하였는데, 옌
은 머리를 헝클인 채로 손과 다리를 걷어붙이고서는 손에는 칼을 들고
연회 자리에 뛰어 들어가 겁에 질린 손님들을 모두 쫓아버렸다. 송루

---

24) Wright, Arthur F. *The Sui Dynasty: The Unification of China*, a.d. 581 - 617. p.157.

25) 중국 문학 속에 등장하는 성질 고약한 여자들에 대해서는, Wu, Yenna. *The Chinese Virago: A Literary Theme*. Cambridge: Harvard University Press, 1995. 참조. 당대의 경우는, pp.30, 33, 41, 43, 57-59, 61, 70-79, 82-86, 89-91. 또한 Tung, Jowen R. *Fables for the Patriarchs: Gender Politics in Tang Discourse*. pp.10, 48, 93-99, 105, 108, 143, 144, 215.; Benn, Charles D. *China's Golden Age: Everyday Life in the Tang Dynasty*. p.248 참조.

안 본인은 침대 밑으로 숨어 들어가서 벌벌 떨었고, 가수들은 모두 도망갔다." 당대 여성들의 질투의 힘은 '질투심 많은 부인의 나룻배'라는 전설을 통해서도 이해될 수 있겠다. 한 남자가 낙하의 여신의 신비로운 아름다움을 칭송하였는데 그의 질투심 많은 부인은 그로 인하여 강에 투신하였고, 이후에 귀신이 되어 강에 나타나서 그녀 자신보다 아름다운 여성들의 목숨을 빼앗게 되었다. 설명할 수 없는 사건들과 강 주변에서의 인명 손실은 귀신이 된 여성의 질투심의 악한 힘에 원인을 돌리고 있었는데, 그것은 계속해서 악순환을 일으켰다.[26] 그러한 이야기들은 당대 가정 내에서 등장하고 있었던 일부다처제 속에 자리잡고 있었던 분노와 불안감을 잘 보여 주고 있다. 권력을 지닌 여성들은 모두 음탕할 것이라는 상투적인 비난과 같이, 질투심 많고 성품이 나쁜 여자에 관한 주제들은 이후 중국 역사 기록학과 문학에서 자주 등장하는 상투적인 문구가 되었지만, 그것은 중국 엘리트 가정의 구조 속에 박혀 있는 근본적인 모순을 임시적으로 땜질해서 덮어 놓은 것이었다.

조상 숭배의 변화

매장과 조상 숭배 방식의 변화 또한 당대의 친족 관계에 영향을 끼

---

26) 이 두 이야기 모두, Tung, Jowen R. *Fables for the Patriarchs: Gender Politics in Tang Discourse*. p.98에서 인용함.

쳤다. 당대 이전에, 가족 저택 밖에서의 조상에 대한 집단적인 숭배에 관한 증거는 없었다. 자식들은 부모나 조부모의 묘지에서 제물을 바쳤지만, 보다 먼 친족 관계의 자손들의 경우에는 일종의 의미 있는 사회 집단을 이룰 정도로 집단적으로 모여 조상 숭배를 행했던 것은 아니었다. 그러나 7세기 후반기 또는 8세기 초반기에 친족의 남성 후손들은 동지에서 105일이 지난 후인 청명절(한식寒食으로도 알려져 있는)에 모여 집단적인 조상 숭배를 행하기 시작하였다. 그날에는 4대나 5대 후손들에 이르기까지 모두 모여서 조상의 묘지를 청소하고 제물을 바쳤다.

청명절에 조상 묘지에서 제물을 바치는 관습이 보이는 가장 오래된 기록은 660년대의 문헌에서 찾아볼 수 있다. 732년이 되자 그 관습은 널리 전파되었고, 같은 해에 반포된 황제의 칙령에서 경전에는 청명절에 조상의 묘지를 방문하라는 말은 없지만 그것은 이미 관습이 되었고 장려되어야만 한다고 언급한 것에서도 잘 살펴 볼 수 있다. "조상의 사묘에서 함께 모여 제물을 바치지 않았던 귀족과 서민이, 어떻게 자신들의 효성스러운 마음을 표현할 수 있을까? 그들이 조상의 묘지를 방문해서 다 함께 절하고 무덤을 청소하는 의례를 행할 수 있도록 허가해야 한다." 유종원柳宗元(773-819)은 유배되었을 때에, 수의사나 농부와 같이 미천한 자들의 조상들까지도 모두 묘지에서 자손의 봉양을 받지 못하는 경우가 없는데, 자신만 홀로 조상의 묘지에 갈 수 없음을 한탄하였다. 당대에 출판된 의례서들에는 심지어 청명절에 조상 묘를 방문하였을 때에 조상에게 바치는 제문祭文의 용례들까지도 실려 있었다.[27]

---

27) Ebrey, Patricia B. "Early Stages in the Development of Descent Group

청명절에 점차 더 먼 조상에까지도 제사 의례를 지내게 되면서 동일한 친족으로서 인정받게 되는 자손들의 숫자 또한 증가하였다. 이러한 관습은 공통된 활동을 위해 모일 수 있고 상호간에 도움을 줄 수 있는 보다 더 확장된 친족 집단이 이루어질 가능성을 높여 주었다. 그러나 당대에 이러한 조상 묘지에서의 자손들의 모임에 촌수가 먼 친족 다수가 참여하였는지를 알 수 있는 증거는 없다. 다만 몇몇 시문과 수필 등에 남아 있는 기록들이 조상의 묘지를 정기적으로 관리하는 것이 개별 가구들의 가장 주요한 의무사항으로 남아 있었음을 알려준다.[28]

당대 사자死者 숭배에서 또 다른 중요한 발전은 매년 정기적으로 행해지는 우란분절盂蘭盆節이었다. 그것은 불교 의례를 차용하여 불행한 죽음을 맞이한 영혼들에게 보다 낮은 환생을 기원하는 것이었다. 우란분절은 부처의 제자인 목련존자木連尊者가 불교 승단의 힘에 호소하여 그의 어머니를 지옥에서의 고통과 아귀餓鬼로 환생하는 것에서 어떻게 구해 주었는지를 설명한 5세기경 불교 경전에서 유래되었다. 그들이 우란분절과 같은 집단적인 숭배를 통해 얻게 되는 장점은 단지 자신들의 어머니만을 구해 내는 것만이 아니었다. 그와 더불어 많은 봉헌된 비문에서 동일하게 나타나는 정형화된 문구인 "일곱 세대에 걸친 친족 조상과 여섯 종류의 친척들을" 구해 낼 수 있었다는 점이었다. 이후에 이 불교 축제는 백중百中의 원형이 되었다. 백중은 음력

Organization," p.21. 당대 연중 의례 일정에 대한 대략적인 설명은, Benn, Charles
D. *China's Golden Age: Everyday Life in the Tang Dynasty*. pp.149-154.

28) Johnson, David G. *The Medieval Chinese Oligarchy*. p.97.

7월 15일에 일반 신도들이 그해 수확의 일부를 불교 사원에 기부함으로써 사망한 친족과 다른 억울하게 죽은 영혼의 위로와 안녕을 기원하는 명절이다. 6세기 중반이 되면, 이 축제는 중국 남부 전역에서 거행되었고, 그 지역에서는 이날 사원을 장식하고 집단적으로 음악을 연주하며 즐겼다. 당대에 이르러서, 그것은 한 해 의례 일정 중에서 가장 중요한 행사 중의 하나가 되었고 많은 역사 기록과 시문들에서 묘사되고 있다. [29]

우란불절의 기원에 대한 이야기는 주인공인 목련존자가 아버지보다는 어머니에 대한 헌신을 강조한다는 점에서 주목할 만하다. 목련존자의 어머니에 대한 강조는 이미 경전에서 설명하는 하나의 특성이었지만, 그것은 800년 즈음부터는 '변문變文'에 실린 드라마틱한 버전의 이야기로서 주목을 받게 되었다. [30] 변문이라고 하는 새로운 장르는 산문과 시문을 결합한 형태로서 주로 전문적인 예능인인 여성 가수들이 노래로 불러 민간 대중들을 즐겁게 하고자 고안되었다. 이와 같이 구두로 이루어지는 설명과 더불어 그것을 표현한 그림들도 공연무대에 함께 오르게 되는데, 공연하는 사람은 그 이야기에 관한 시 구절들을 암송하는 한편으로 그 그림들을 지목하여 사람들의 이해를 도왔다. 이와 같이 시문, 산문, 그림 들의 결합을 '변문'이라고 불렀는데, 이

---

29) Teiser, Stephen F. *The Ghost Festival in Medieval China*. Princeton: Princeton University Press, 1988. pp.48-56. 목련존자 이야기의 신화적 배경에 대해서는, pp.113-139.

30) Teiser, Stephen F. *The Ghost Festival in Medieval China*. pp.87-91. 목련존자 이야기의 완전한 번역으로는, Mair, Victor H. tr. *Tun-huang Popular Narratives*. pp.87-121.

는 그것이 부처, 신, 영웅의 다양한 형태의 현현顯顯을 다루고 있었기 때문이고, 따라서 이것은 (도덕적) 교화와 예능을 접목한 장르라고 할 수 있었다.[31]

목련존자의 이야기는 그의 아버지의 운명에 대해서는 거의 언급하지 않으면서, 그 대신에 어머니와의 강력한 정서적인 유대관계, 그가 어머니에게 빚지고 있었던 무한정의 은혜, 그가 목격한 지옥에서의 어머니의 고통에 대한 충격, 그리고 어머니를 대신하여 자신이 그 고통을 대신하고자 하였던 의지 등에 초점을 맞추고 있다. 수세기에 걸쳐서 그 이야기는 모자간의 유대 관계에 관한 가장 널리 알려진 중국적인 이야기가 되었고, 장례식과 함께 거행되는 의례적인 희곡의 가장 인기 있는 주제 중의 하나였다.[32] 그 이야기는 이전까지 공적인 침

---

31) Mair, Victor H. *T'ang Transformation Texts: A Study of the Buddhist Contribution in the Rise of Vernacular Fiction and Drama in China*에서는 변문의 장르, 기원 그리고 관련 대중공연에 대해서 설명한다.

32) 그 이야기 속 모자간 유대에 대해서는, Teiser, Stephen F. *The Ghost Festival in Medieval China*. pp.130-134. 후대의 변형에 대해서는, Cole, Alan. *Mothers and Sons in Chinese Buddhism*. Stanford: Stanford University Press, 1998.; Lai, Sufen Sophia. "Father in Heaven, Mother in Hell: Gender Politics in the Creation and Transformation of Mulian's Mother." In *Presence and Presentation: Women in the Chinese Literati Tradition*. Ed. Sherry J. Mou. London: MacMillan, 1999. 현재 도교 의례 속 목련존자의 존재에 대해서는, Lagerwey, John. *Taoist Ritual in Chinese Society and History*. New York: MacMillan, 1987. 13장 참조. 그 이야기 속에서 정형화된 지옥여행에 대해서는, Ahern, Emily. The Cult of the Dead in a Chinese Village. Stanford: Stanford University Press, 1973. pp.228-244. 관련된 의례적 연극에 대해서는, Johnson, David G. ed. *Ritual Opera, Operatic Ritual: "Mu-lien Rescues his Mother" in Chinese Popular Culture*. Berkeley: Publications of the Chinese Popular Culture Project, 1989.; Johnson, David G. "Mu-lien in Pao-chuan: The

묵 상태에 남겨져 있었던 중국인들의 가정에 대해서 그 가족 구성원들 사이의 강력하고 끈끈한 유대에 대해서 공식적으로 표현하였다.

우란분절과 그 이야기 형성에 관한 전설은 과거 불교 비문과 이미지에 암시되어 있었던 것을 더욱 극적으로 만들었다. 신자들에게 있어서, 불교는 조상들의 안녕을 보장함으로써 가족을 구성하고 그 구성원들을 보호하고 이익을 확대하는 데 가장 핵심적인 장치가 되었다. 전통적인 조상 숭배는 친족들을 위한 것으로 되었고, 오로지 국가만이 친족이 아닌 경우에도 제물을 바칠 수 있었다. 우란분절이나 그와 관련된 관습들에 의해 정의된 새로운 질서 속에서, 조상에 대한 제사는 효과를 얻기 위해서는 불교 승려들을 통해야만 했다. 이것은 불교 시설을 친족 구성의 필수적인 요소로 만들어 주었다. 이러한 변화는 목련존자 변문의 구절들에서 증명되고 있는데, 지옥에서 고통받는 사람들은 전통적인 조상 숭배가 효과 없음을 한탄하였다.

황천의 입구가 쾅하고 닫히면, 그들은 다시는 그 문을 열 수 없다.

우리들 무덤에 수천 가지의 음식이 놓여 있다고 하더라도,

그 음식들이 어찌 우리들의 허기를 달랠 수 있겠는가?

우리가 아무리 울부짖고 눈물을 흘린다 하더라도 결국은 모두 헛된 일이 될 것이다.

우리들은 일부러 종이를 접어 돈을 만들어 보기도 하였지만 결국 모두

Performance Context and Religious Meaning of the Yu-ming Pao-ch'uan." In *Ritual and Scripture in Chinese Popular Religion: Five Studies*. Ed. David Johnson. Berkeley: Publications of the Chinese Popular Culture Project, 1995.

허사였다.

　집에 있는 아들과 딸들에게 말 좀 전해 주시오.

　"부디 선행을 해서 지긋지긋한 지옥의 고통으로부터 우리를 구해달라고 너희들에게 애원하는 바이다."[33]

　또 다른 구절에서, 지옥에서 고통받고 있는 자들은 목련존자에게 부탁하여 이승에 있는 자손들에게 정교하게 치장된 관이나 음악 연주와 노래를 곁들인 값비싼 장례 의식은 사자死者의 고통을 덜어 줄 수 없고, 그 고통은 오로지 부처의 가르침에 따른 자비를 통해서만 경감될 수 있음을 알려줄 것을 부탁하였다. 목련존자가 결국 그의 어머니를 지옥에서 만났을 때에, 그는 아들에게 말하길 그가 저지른 범죄 중의 하나는 조상들에 대한 제사에 참여한 것으로서 그는 "엄청난 양의 돼지와 염소를 도살하여 (조상) 귀신과 영혼들에게 제물로 바쳤다"라고 하였다. 비록 그러한 주장들은 전통적인 조상 숭배의 전국적인 폐기로까지는 확대되지 못하였지만, 그것들은 사망한 이들이 현세에서 내세로 안전하게 이행하는 것을 보장하는 것으로 제례의 성격에 있어서

33) Mair, Victor H. tr. *Tun-huang Popular Narratives*. p.93. 관습적인 조상 숭배가 효력이 없었음을 주장하는 다른 문장들은, pp.95~96, 109, 110, 111(조상 제사를 위해 희생을 바치는 것이 동물에 대한 살해 범죄라 설명함), 116. p.102에서 인용한 문장에서는 심지어 불교적 선행의 제한적 가치에 대해서 주장하는데, 그 주장에 따르면 많은 승려들이 결집하는 우란분절 이외에서 행해진 선행들의 경우에는 그들을 통하지 않고 행해졌기 때문에 부모를 구원하는 데 효력이 없다는 것이었다.

의 근본적인 변화를 일으켰다.[34] 이러한 생사관과 의례 체계의 기저를 이루고 있는 사상들 중 많은 것들이 불교에서 차용되어 온 것들이었음에도 불구하고, 당 말기 그리고 송대가 되면 그것들은 제도적인 불교, 도교, 그리고 유교 밖에 존재하는 중국의 종교(민간신앙) 속으로 융합되었다.

불교의 영향을 증명하는 가장 분명한 예들 중 하나로는 7세기와 10세기 사이에 유행하였던 가혹한 처벌을 내리는 지옥의 관료들의 정교한 모습들과 그것에 대응하여 정교하게 조직된 의례들의 등장을 들 수 있겠다. 서구에서의 연옥의 발명과 같이 이러한 발전은 사람들이 자신들의 사망한 친족을 구제할 수 있었던 완전히 새로운 도구를 제공하게 되었다. 이 새로운 연옥은 『시왕경十王經』에서 가장 분명하게 묘사되어 있는데 사망한 자들이 반드시 통과해야 하는 10곳의 연속된 법정들로 이루어져 있었다. 각각의 법정은 당대의 재판장을 모델로 묘사된 것으로서 각 법정을 지배하는 왕들(십왕)은 개인의 인생의 기록들을 조사하는 재판관의 역할을 하였고, 만일 필요하다면 죄의 완전한 자백을 받아 내기 위해서 고문을 할 수도 있었다(그림 22). 법정들을 떠난 이후에, 그 사망한 자들은 다음 생에서 환생할 상태가 결정되는데, 선행을 베푼 자들은 보다 나은 상태로 환생하고 악행을 행한 자들은 더 나쁜 상태로 환생한다(그림 23).[35]

---

34) 당대의 장례의례와 사후관념에 대해서는, Benn, Charles D. *China's Golden Age: Everyday Life in the Tang Dynasty*. 12장 참조.

35) Teiser, Stephen F. *The Scripture on the Ten Kings and the Making of Purgatory in Medieval Chinese Buddhism*. Kuroda Institute Studies in East

그림 22. 판결을 통해 죽은 자들을 이승으로 돌려보내는 모습 돈황 두루마리 그림

십왕의 지옥 시스템과 관련하여, 살아 있는 자가 그 자신 또는 친족이 고문과 재판의 영역을 통과할 수 있도록 도울 수 있는 방법은 의례를 통한 것이었다. 이러한 의례들의 요소들은 북조와 남조 왕조들의 문헌들에서 나타났는데, 그러한 문헌기록들은 속죄의 의례가 7일 간격으로 행해져서 최장 49일까지 행해져야 한다는 사상을 확립하였는데 이는 사망한 자가 그 법정을 통과하는 것과 시간상으로 일치시키기 위함이었다. 그러나 『시왕경』은 살아 있는 친족이 사망한 친족들을 위

Asian Buddhism, No. 9. Honolulu: University of Hawai'i Press, 1994. 16장.; Dudbridge, Glen. *Religious Experience and Lay Society in T'ang China: A Reading of Tai Fu's Kuang-i chi.* pp.51~52, 69.

그림 23. 시왕이 죽은 자들을 판결하는 모습 돈황 두루마리 그림

해 행한 노력들이 실패할 경우에 사망한 친족들 앞에 기다리고 있었던 고통들에 대해 보다 정교하게 분석하였다.

사망한 사람은 100일간 보다 많은 괴로움을 받게 된다.

그들의 몸은 손상되고 족쇄가 채워지며 채찍질로 상처를 입게 된다.

만약 아들과 딸들이 훌륭한 가치들을 함양하는 데 노력한다면,

그 사망한 자들은 지하 감옥에 떨어지는 것을 모면하는데,

그곳은 영원한 고통이 기다리는 곳이었다.

『시왕경』은 이전의 문헌들과도 차이가 있었다. 즉 그 의례들은 가족 자체에 의해서 또는 종교적 전문가들에 의해서 거행되는데 반드시 제도적 신앙과 연계될 필요는 없었다. 만약 가족이 십왕에 대해서 제사 지내기를 게을리 한다면, 그들의 사망한 친족은 열등한 상태로 환생 하는 고통을 당하게 될 것이었지만, 만약 그들이 상당한 액수의 종이 돈과 제물을 바친다면 그 친족들은 행복한 결과를 보장받을 수 있었 다. 이러한 (종이돈의) 지불은 유행이 되었는데, 부분적으로는 그것들 이 이전의 의례에서 불교 승려들에게 제물을 바치는 것보다 훨씬 저렴 하였기 때문이기도 하였다. 불교 승려와 도교 도사 모두『시왕경』에 실 린 것과 유사하게 자신들만의 정교한 의례를 발전시켰지만, 중국 사 회의 모든 계급에 걸쳐 급속도로 전파되고 수세기 이후에는 한국과 일 본에까지 전파되었던 것은 바로『시왕경』의 의례였다.[36]

10세기부터 시작된 연옥에 대한『시왕경』모델의 승리는 후기 중화 제국 시대 종교의 발전에서 두 가지 중요한 특징을 제시해 준다. 우 선, 그것은 불교의 중심적 교리가 너무나 유행해서 그것의 명백하게 불교적인 배경과는 상관없이 중국의 가장 보편적인 종교적 교리가 되 었고, 심지어 자신을 불교도라고 생각하지 않는 사람들조차도 신봉하 였던 사실을 강하게 부각시키고 있다. 이것과 연관된 것으로는 뚜렷 하게 '중국적인' 불교의 등장이었다. 두 번째로,『시왕경』의 의례들은

---

36) Teiser, Stephen F. "The Growth of Purgatory." In *Religion and Society in T'ang and Sung China*. Ed. Patricia Buckley Ebrey and Peter N. Gregory. Honolulu: University of Hawai'i Press, 1993. pp.115, 117-118, 121-122, 128-132. 송대와 원대의 사례들을 들어 설명하는 것은, pp.125-128 참조.

상업적인 어조가 뚜렷해진 중국 종교의 전반적인 변화의 일부분이었다. 7세기가 되면서 종이돈이 장례식에서 사용되었고 12세기가 되면 (유통되던) 종이 화폐가 연옥의 관료들에게 바치는 표준적인 제물이 되었다. 후기 중화 제국의 종교적 경제관념에서, 사람은 태어날 때에 빚을 지게 되고 이 빚은 사망하기 전이나 사망할 때에 모두 되갚아야 했다. 연옥의 십왕들은 이러한 영적인 은행의 최고 담당자들이기도 하였다.[37]

마지막으로 당대 친족 유대 관계의 새로운 종교적 측면은 영적인 결혼이었다. 초기 중국 종교에서는 "산 자와 죽은 자는 서로 구분된 운명을 갖고 있다"라고 가르쳤다. 결국 살아 있는 남자와 여자 귀신 사이의 결합(그 반대된 형태는 매우 드물다)은 대개 남자의 죽음을 야기하는 매우 위험한 일이었다. 그와 같은 이야기들에서, 미혼인 상태로 사망한 여성들은 후손들로부터 제사를 받지 못하였기 때문에 매우 강력하고 위험한 영혼이 되는데, 그들의 채워지지 못한 욕구는 남자들을 자신들의 운명 속으로 끌어들이게 된다. 비록 귀신과 관계를 맺는 것에 비해서는 항상 부정적이었던 것만은 아니지만, 여신과 관계를 맺는 것 또한 생명에 위협이 될 수 있었다. 그러나 귀신과는 달리 여신은 일반적으로 적절한 주문으로 물리칠 수 있었다. 때때로 그러한 영적인 결혼

---

37) Hou, Ching-lang. *Monnaies d'offrande et la notion de tresorerie dan la religion chinoise.* pp.5-6, 130. 또한 Brokaw, Cynthia. *The Ledgers of Merit and Demerit: Social Change and Moral Order in Late Imperial China.* Princeton: Princeton University Press, 1991도 참조..

은 적극 추구되기도 하였다.[38]

한대 이후에, 사람들이 죽은 자 사이의 또는 산 자와 죽은 자 사이의 결혼에 관한 이야기들을 만들어 내면서, 이러한 사상들은 변화하기 시작하였다. 그러한 이야기들 속에서 사망한 미성년자 여성은 살아 있는 남자에게 시집보내졌는데, 그것을 통해서 사망한 영혼들은 후손들로부터 제물을 받을 수 있게 되었고 채우지 못한 욕구를 해소하였다. 비록 이러한 영혼 결혼의 기원은 불명확하지만, 그러한 이야기들은 당대에도 유행하였다. 그러나 현존하는 관련 일화들에서 살아 있는 남자와 사망한 여자 사이의 결혼은 남자의 죽음을 야기하였고, 그래서 이러한 영혼 결혼은 산 자와 죽은 자 사이의 치명적이고 불법적인 접촉으로서 정식으로 처벌받는 사건으로서 등장하였다. 따라서 영혼 결혼은 아직 뱀피리즘(흡혈귀의 존재에 대한 믿음)과 완전히 분리되지 못하였음 알 수 있다.[39] 그럼에도 영혼들을 결혼시키려는 가족들에 대한 이야기들은 이것이 경전상으로 처벌받는 것이 아니라 일반적으로 인정된 사회적 관습이 되어가고 있었음을 보여주고 있다.

당대의 귀신과의 결혼에 대한 이야기는 영적 세계와 관련해서 상업

---

38) Dudbridge, Glen. *Religious Experience and Lay Society in T'ang China: A Reading of Tai Fu's Kuang-i chi*. pp.104-116, 154-160.; Van Gulik, R. H. *Sexual Life in Ancient China*. pp.208-210.

39) Dudbridge, Glen. *Religious Experience and Lay Society in T'ang China: A Reading of Tai Fu's Kuang-i chi*. pp.161-173. 또한 pp.165-166의 각주에서는 후기 중화 제국 시기 남자와 여자 귀신 사이의 결합이라는 관습에 대한 기존의 연구들을 나열하고 있다. 또한 Benn, Charles D. *China's Golden Age: Everyday Life in the Tang Dynasty*. p.244. 참조. 그리고 같은 책 pp.243-248에서는 당대의 결혼에 관하여 설명한다.

화의 경향이 점점 증가하였음을 보여 준다. 그와 같은 몇 가지 일화들은 주제 면에서 신에게 중요한 도움을 주었던 어느 한 사람이 막대한 부를 보상으로 받거나 또는 신성한 여성과의 결혼을 통해 부유함과 영생을 보상으로 받았던 이야기들과 공통되는 측면이 많이 발견된다. 이러한 이야기들 중 하나에서는 주인공이 선물로 받은 몇 두루마리의 비단을 갖고서 막대한 부를 획득하기도 하였는데, 그는 선물과 더불어서 어떻게 이것들을 많은 액수의 돈을 받고 팔 수 있을지에 대한 조언도 함께 받았다. 이번에는 비단보다는 말을 이용하지만, 주인공 임씨의 이름을 딴 이야기(『임씨전』)에서는 인간인 연인을 부유하게 만들어 주는 방법이 다른 이야기와 동일하게 여우 요괴인 임씨에 의해서도 사용된다.[40] 인간이 아닌 존재와의 성적인 접촉을 통해서 얻은 엄청나고 종종 불법적인 부는 후기 중화 제국 시대의 주요한 주제가 되었다.

당대의 문벌귀족들

당대 친족의 존재 방식에서 가장 중요한 변화는 대가문들의 소멸이

---

40) 앞선 각주에서 언급한 부분들뿐만 아니라, Dudbridge, Glen. "The Tale of Liu Yi and Its Analogues." In *Paradoxes of Traditional Chinese Literature*. Ed. Eva Hung. Hong Kong: Chinese University of Hong Kong Press, 1994.에서는 두 가지 종류의 이야기들 사이의 연결 관계에 대해서 설명한다. 신에 대한 숭배를 통해 부유함을 획득하는 동일한 방법 또는 여우 요괴와의 정사에 대해서는, 동일한 책 p.65.; Owen, Stephen, ed. and tr. *An Anthology of Chinese Literature: Beginnings to 1911*. pp.523-524 참조.

었다고 할 수 있다. 이들은 당 왕조 초기 그들의 사회적 지위로 정의되고, 또 국가 전체에서 널리 인정받았던 슈퍼 엘리트 계층을 형성하였다. 상대적으로 소수의 집안에 한정해서 그들의 사회적 명망과 지위를 인정하는 전통은 남북조 시대에 크게 발전해 왔고, 당대에 이르러 그들의 높은 지위는 동일한 사회적 지위를 가진 집안들끼리 혹은 부분적으로는 상당한 액수의 신부 지참금을 제공하는 집안들과의 폐쇄적인 결혼 관습을 통해서 유지 및 강화되었다. 이와 같은 그룹들이 존재하였지만 쇠퇴기에 접어들고 있었다는 생각은 당대에 이미 등장하였다. 따라서 803년에 행정 체계에 관한 백과사전인 『당회요唐會要』를 저술한 소면蘇冕은 당 왕조를 건설하고 당 왕조 초기에 고위 재상이 되었던 인물들은 모두 '귀족' 출신이었다고 언급하였다. 그는 또한 중국 역사상 그 이전에 이러한 사회적 그룹이 존재하였던 적은 없었지만, 그 지위는 그의 시기에 이미 약해지고 있었다고 언급하였다.

송대 학자인 심괄 역시 당대의 걸출한 가문들의 존재와 그들이 이후 얼마 지나지 않아 소멸되었던 것에 대해서 언급하였다. 그는 그 현상이 중국 역사상 유일한 케이스였다고 여겼고 그가 제시할 수 있었던 유사한 현상은 인도의 계급 제도가 유일하였다. 청대 전기 사상가인 고염무顧炎武는 바로 앞선 시대인 명대에 전제적 황제권의 등장을 비판하였다. 그는 그것을 교정할 방법으로서 세습적인 지방 관리 제도의 형태로 봉건주의의 부활을 제안하면서 당대의 귀족제를 그 선례로서 언급하기도 하였다. 당대 가문들의 성격과 그들의 역사적 운명은 20세기 현대 중국학계의 주요한 논의 주제 중의 하나가 되었다.

　수대 이전 분열의 세기 동안 특정한 가문들은 한대나 진대에 관료로서의 경력을 통해서 가문의 명망을 크게 높일 수 있었다. 이들의 지위는 정교하게 작성된 문서 기록으로 확인할 수 있는 집안 계보를 통해서 또는 그들의 문학적 또는 문화적 성취에 의해서 공고해졌고, 이러한 모습은 (위진남북조 시기) 명멸했던 여러 왕조의 황제들조차도 모방하고자 하였던 것이었다. 이러한 가문들의 존재에 가장 큰 영향을 끼쳤던 요인은 수나라가 중국을 재통일한 이후 변화하였다. 관리의 숫자를 줄이고, 행정부의 효율성을 높이면서 관료들을 조정에 복종하도록 만들기 위해서, 수의 황제들은 관직에 대한 지역에서의 추천 제도(9품중정제九品中正制)를 폐지하였다. 그 제도는 관직에 들어가 처음 얻게 되는 직급을 세습하는 것을 제도화하였고, 따라서 기존의 명문 가문들의 자제들이 관직을 향해 벌이는 경쟁에서 매우 유리한 위치를 선점할 수 있도록 해 주었다. 수나라는 그 자리에 새로운 관료 선발 과정을 도입하였는데, 이는 한대의 제도로 되돌아간 것이면서 또한 훗날 송대의 과거 제도와 유사한 실력 위주의 제도를 향해 보다 더 나아간 제도였다. 제국의 모든 군현은 할당된 인원을 추천하였는데, 주로 3년에 한 차례 이루어졌고 이들은 조정으로 보내졌다. 조정에서는 추천되어 올라온 인원에 대해서 고위 관료는 면접을 실시하였고 재능과 품성에 따라서 그들의 등급을 결정하였다. 몇몇에게는 바로 관직이 주어졌던 반면에 그 외의 다른 사람들은 추가적인 교육을 제공하여 관료의 직책을 수행할 실력을 쌓도록 하였다. 수대 후반기가 되면, 관리 후보자들에게 유가 경전에 대한 숙달 정도나 그들의 전반적인 문학적 능력을

테스트하는 시험이 수도 장안에서 거행되었다.[41]

　중국의 오래된 가문들에 대한 이러한 수나라 개혁의 충격은 상당하였다. 그들 명망의 궁극적인 기반은 그들의 공직 경력이었고 이는 그 명망 있는 집안들을 단지 지역에서 토지 재산에 기반하고 있었던 부유한 신흥 가문들과 명확하게 구분시켜 주었다. 새로운 규정하에서 모든 중요한 관직은 대부분 수도 장안에 있는 자들이 가문의 가격에 관계없이 차지하였다. 당대 관직으로 가는 루트로서 시험이 중요시되면서 수도 장안에서 특권을 가진 신흥 관료 집단의 위치를 더욱 강화시켜 주었다.

　이에 대응하여, 대가문의 야심 있는 구성원들은 장안에 거주지를 마련하였다. 한편 지역에 남겨진 구성원들은 정치적 명성에 대한 어떠한 요구도 주장할 수 없었고 그들의 사회적 지위를 보장해 주었던 가문의 가계도에서 점차 사라지게 되었다. 그 대가문들의 가계도는 결코 포괄적인 친족 명단이 아니라 성공적인 정치적 경력을 거둔 인물들로서 기념할 만한 가치가 있다고 판단되는 관련 인사들의 선별된 기록들이었다. 대가문의 한 계통으로서 2·3세대 동안 배출하는 데 실패한 집안은 가계도에서부터 제거되었고 더 이상 친족 관계가 유지될 수 없었다. 당대의 대가문들은 (가족 간의 정과 같은 지나친) 감상에 의해서 세속적인 이익에 대한 고려가 방해받지 않도록 했다. 오로지 관직 또는 통혼을 통해서 세상에서 스스로 자신의 길을 만든 사람들만이 진정

---

41) Wright, Arthur F. *The Sui Dynasty: The Unification of China*, a.d.
　581~617. pp.100-104.; Ebrey, Patricia B. *The Aristocratic Families of Early Imperial China: A Case Study of the Po-ling Ts'ui Family*. pp.81-83.

한 엘리트 구성원으로서 인정되었다.

따라서 당대의 친족 체계는 정치적 위계 체계를 사회적 형태로 구성해 내었다. 친족 간의 혈연관계에 의존하는 관직에는 쉽게 접근하지만, 친족 내에서 지속적으로 구성원의 지위를 유지하는 것은 높은 관직을 유지하느냐에 달려 있었다. 비록 높은 명망을 지닌 친족 내의 여러 집안들은 대토지 소유권과 많은 수의 하인들을 거느리면서 상당한 지역적 권력을 유지하고 있었지만, 상대적으로 명망이 낮은 친족들이라 할지라도 당시 사회에서 동일한 권리를 주장할 수 있었다. 모든 적법한 후손들에게 토지를 나누어주는 상속 방식을 고려해 볼 때, 토지 재산은 두 세대 정도 지나면 필연적으로 모두 나누어지게 되고 그 토지 재산은 가문의 명성을 위한 지속적인 토대를 제공할 수 없게 되었다. 오로지 조정 관직과 집안 계보라고 하는 상호 연관된 명망만이 사회적 지위를 보장해 줄 수 있었다. 비록 그들이 완전하게 황제의 지배를 받는 것은 아니었지만, 그 대가문들은 국가 시스템에 얽매여 있었다. 그들의 생존은 그것에 의존하고 있었고 당 왕조가 멸망하였을 때에 그들은 당 왕조와 더불어 몰락하게 되었던 것이다.

당대 대가문들의 조정 관직에 대한 의존과 지역적 기반의 부차적인 중요성은 그들의 변화된 행동의 패턴에서도 드러난다. 4세기에 중국 북부가 경쟁적인 국가들로 분열되었을 때에 산동 지역의 박릉博陵 최씨催氏 집안은 자신들의 지역적 기반, 동북 지역의 대가문들과의 통혼, 주변의 친족들에 대한 상호 부조 그리고 때때로 지역 관직의 보유 등에 의존하였다. 5세기에 북위가 중국 북부를 재통일하자, 최씨 집안은 다시 관직을 추구하기 시작하였고 대다수의 최씨 집안 남자들은 5품이나 그 이상의 관직에 등용되었다. 6세기 중반부터의 분열의 시기에 최씨 집안은 그들이 지지하는 지도자들을 따라 분열되었고, 더 중요하게는 수도에서의 관직 경력에 초점을 맞추거나 아니면 지역적 기반에 초점을 맞추는지에 따라서도 나뉘어졌다. 사실상 당대에 알려지게 된 자들은 모두 6세기 후반기에 관직의 길을 선택하였던 자들의 후손이었다.[42]

수나라와 당나라 초기에 최씨 가문의 후손 중에서 정치적으로 활동 중인 자들은 모두 산동 지역을 떠났고 동북부 지역의 다른 대가문들의 기록에 남아 있는 구성원들 역시 모두 자신들의 지역적 기반을 떠난 자들이었다. 모든 이들이 즉각적으로 수도에 재정착하였던 것은 아니었지만, 그것은 그들의 가장 중요한 목표가 되었다. 다른 대가문들 역시 동일한 패턴을 따랐다. 당대에 박릉 최씨 가문과 정기적으로 통혼을 하였던 주요한 문벌귀족이었던 조군趙郡 이씨李氏는 모든 중요한 지역적 기반을 포기하고 수도에서의 관직 경력 보유에 가문의 운명을 걸었다. 문벌귀족 가문들이 과거의 북동부 지역의 토지 자산을 포기하고 장안으로 이주하는 경향은 아마도 8세기 중반 안녹산의 반란에 의

---

42) Ebrey, Patricia B. *The Aristocratic Families of Early Imperial China: A Case Study of the Po-ling Ts'ui Family*. pp.55-81.; Chen, Jo-shui. *Liu Tsung-yüan and Intellectual Change in T'ang China, 773-819*. Cambridge: Cambridge University Press, 1992. pp.33-40.; Chiu-Duke, Josephine. *To Rebuild the Empire: Lu Chih's Confucian Pragmatist Approach to the Mid-T'ang Predicament*. 1장, 특히 p.20.

한 혼란에 의해서 촉진되었을 것이다.[43]

관직을 보유하는 것 이외에, 문벌귀족 가문들은 그들 무형적인 가문의 명망을 유형적인 정치적·경제적 재원으로 전환시켰다. 6세기부터 자서전과 명문銘文 들은 점차 수세기에 걸친 가문의 명망에 기반하여 개인의 지위를 평가하였다. 한 엘리트 가문의 구성원들은 다른 가문들의 구성원들을 폄하하거나 자신들의 가문만이 칭송할 가치가 있다고 주장하였다. 수와 당이 중국을 재통일하면서, 신분 경쟁의 유형이 변화하였다. 오랜 역사를 지닌 가문들은 가장 고귀한 계층으로 자신들을 구분하였는데, 통혼에 대한 독점, 그리고 통혼하는 상대 가문에게서 매우 후한 약혼 선물을 받아낼 수 있는 능력을 통해 다른 가문과 구별 지었다. 후한 약혼 선물은 상당한 경제적 선물이었을 뿐만 아니라 새롭게 떠오르는 가문들과의 동맹관계를 보장해 주었다.[44]

이와 같이 '오래된' 가문과 이에 대비되는 '떠오르는' 가문에 대한 언급은 당대 엘리트가 여러 계층으로 구성되어 있음을 보여 준다. 최상위 계층들은 극히 소수로, 진정으로 명망 있는 가문으로서 오랫동안 전국적으로 널리 알려져 있고 그 탁월한 지위를 인정받는 이들이었다. 이 가문들은 서로 다른 뿌리를 지닌 네 개의 지역적인 하위그룹으로 나뉜다. 가장 저명한 가문들로는 '산동山東'의 네 문벌귀족으로서

---

43) Johnson, David G. "The Last Years of a Great Clan: The Li Family of Chao chun in Late T'ang and Early Sung." *Harvard Journal of Asiatic Studies* 37:1 (June, 1977): 5–102. pp.18-20, 32-40, 47, 98-100.

44) Ebrey, Patricia B. *The Aristocratic Families of Early Imperial China: A Case Study of the Po-ling Ts'ui Family*. pp.85-88.

박릉 최씨, 조군 이씨, 범양范陽 노씨盧氏, 형양滎陽 정씨鄭氏가 있었다. 당대 전반기에 이들 가문들은 자신들끼리만 폐쇄적으로 통혼하였고 황실마저도 그들보다 하위에 두었다. 그들에 비해서 정치적으로는 강력하지만 가문의 명망은 다소 낮았던 이들이 관중 지역의 문벌귀족들이었다. 이들 가문들은 황실의 이씨 가문을 포함해서 모두 5세기와 6세기의 비한족 왕조 지배하에서 저명한 가문으로 떠올랐다. 그들 중 상당수가 이전 황실 계보와 결혼을 통해 연결되거나 북부 중국의 유목 지도자들의 종족들과 통혼하였고, 그들은 유목민족들의 관습과 가치들을 받아들여 자신들의 것들로 만들었다. 관중 가문들의 북쪽에는 세 번째로 중요한 지역적 무리들로서 대북代北(현재의 산서성 북부 지역)의 대가문들이 있는데, 이들은 유사한 역사와 사회적 지위를 누리고 있었다. 마지막 지역적 그룹은 양자강 유역 즉 강남 지역의 명문 가문들로서 위진남북조 시기 남조 지배하에서 명망을 얻었다.[45]

전국적으로 널리 퍼져 있는 엘리트 가문들의 밑에는 세력 범위가 현이나 지방에 국한되어 있었지만 수적으로는 훨씬 더 많았던 부유한 집안들이 존재하고 있었다. 이러한 집안들은 당 왕조의 역사서에는 등장하지 않지만, 돈황에서 단편적으로 발견된 정부 후원으로 만들어진 전국 집안 가계 대계大系를 통해 그들의 존재 양태가 밝혀지고 있다. 이러한 단편적인 자료들에는 돈황의 명망 있는 씨족들과 전국에 널리 분포하는 현 단위의 명망 있는 가문들의 목록이 포함되어 있다. 790년

45) Twitchett, Denis. "The Composition of the T'ang Ruling Class: New Evidence from Tunhuang." pp.50-51.

보다 조금 앞선 시기에 작성된 한 문서에는 최소한 791개의 가문의 명단이 적혀 있는데 이 중에는 다른 역사 사료에서는 등장하지 않는 여러 희성稀姓들도 포함되어 있다. 비록 그들을 모두 합한다 하더라도 아마도 전체 인구의 1퍼센트 내지 2퍼센트 정도에 불과하지만, 이러한 문헌들은 당대 중국의 지배 엘리트를 구성하였던 보다 광범위한 그룹들에 대해서 알려준다.[46]

따라서 당 왕조의 첫 번째 지배자는 가문 계통의 위계질서에 따른 세상에 직면하게 되었지만, 그 위계질서는 새로운 국가를 염두에 두지 않았다. 이러한 현실을 수정하기 위해서 당태종은 632년에 그 오래된 문벌귀족 가문 출신이 아닌 일단의 관료들에게 명령하여 국가의 주요한 가문들을 나열하고 등급을 매긴 족보의 전집인 씨족지를 편찬하도록 하였다. 첫 번째 초안이 상정되었을 때, 최씨 집안의 한 계파가 황제의 가문보다 우위에 자리매김되었는데, 이는 오래된 가계가 지닌 최상위의 (사회적) 명망이 보편적으로 인정되는 것까지는 아니더라도 그러한 인식이 널리 퍼져 있었음을 알 수 있다. 당태종은 발끈하였다. 당태종은 그 오래된 산동 문벌귀족들은 빈껍데기의 명성에만 의존하고 있고, 그들의 실제 상황은 너무나 몰락하여 심지어 딸들을 돈을 받고 팔기까지 한다고 언급하였다. 그는 신하들에게 교정된 씨족지를 올리도록 명령하였는데, 그것은 당나라 통치하에서 가문의 구성원들이 보유하고 있는 관직에 기반해서 가문의 순위를 작성하였다. 그 교

---

46) Twitchett, Denis. "The Composition of the T'ang Ruling Class: New Evidence from Tunhuang." pp.61-62, 69-76.

정된 작업인 『정관씨족지貞觀氏族志』는 638년에 상정되었다. 황실 가문이 최상위에 두어졌고 당고조와 당태종의 황후들의 외척 가문들이 황실 가문 바로 아래에 두어졌으며 최씨 가문은 제3등급으로 좌천되었다.[47]

황제의 새로운 가문 등급 시스템은 즉각적으로는 아무런 충격도 주지 못했다. 당대 초기 조정의 여러 최고위 관료들은 기존의 가문들 출신이었고 가장 크게 강등되었던 최씨 가문의 수장 또한 그 속에 포함되어 있었다. 다만 혈통과 통혼을 통해 황실 가문에 속하는 자들을 가장 높은 등급에 올려놓았다는 점만이 주요한 변화였을 뿐이고 나머지 가문들에는 대체로 변화가 없었다. 그러나 장기적 측면에서 『정관씨족지』의 충격은 중요하였다. 우선 『정관씨족지』에서는 새롭게 성장한 가문들이 인정받고 있는데 그들 중 다수는 중요한 지역적 기반 또는 군사적 배경이 있었던 자들로서 당 조정에 적극적으로 참여하였던 저명한 인물들이었다. 두 번째로, 그 시스템은 유서 깊은 가문들을 당 왕조와 불가분의 관계로 엮어 놓았다. 등급 시스템의 변화된 원칙이 전체적인 모습을 크게 변화시키지는 못하였지만, 그것은 당 조정에서의 관직의 보유가 가문의 지위를 결정하는 데 필수불가결한 요인이 되었다는 점에서 그 시스템의 형태를 급격하게 변화시켰다. 기존의 가문들이 이러한 이상을 받아들이게 되면서, 그들과 당 왕조는 양자에게

---

47) Twitchett, Denis. "The Composition of the T'ang Ruling Class: New Evidence from Tunhuang." pp.62-63.; Ikeda, On. "The Decline of the T'ang Aristocracy." Unpublished draft chapter for the unpublished Volume 3 of the *Cambridge History of China*. pp.36-38.

이득이 되는 상호 신뢰 속에서 서로 협력하게 되었다. 그러나 동시에 대가문의 생존을 당 왕조의 운명에 절대적으로 의존하게끔 만들었다.

659년 고종 황제는 새로운 전국적인 족보 대계인 『성씨록姓氏錄』을 반포하였는데 그것은 관직에 따라 지위를 결정한다는 원칙을 더욱 엄격하게 적용하였다. 그것에 의하면, 가문의 순위는 관직의 등급에 전적으로 의존하였을 뿐만 아니라 적어도 가문 구성원 중에서 5품 이상의 관직을 지닌 사람이 있는 모든 가문들이 여기에 포함되면서 많은 지역의 관리와 무장武將의 가문들이 이름을 올리게 되었다. 거기에 포함되는 기준을 크게 낮춤으로써, 『성씨록』은 당 왕조의 정치 엘리트들을 가장 일반적인 의미에서 정의하였고 그 모든 정치 엘리트들은 그들이 보유한 관직을 기준으로 순위를 결정하였다.

안녹산의 반란 이후 당헌종이 중앙 권위의 회복의 일환으로서, 812년 전국적인 단위의 보학譜學 연구 서적인 『원화성찬元和姓纂』을 출간하였다. 그러나 이 작업은 가문들의 순위를 정하려는 시도가 없었고 단순히 성씨가 같은 음운을 지닌 가문들을 각각의 지역별로 구분해서 열거하였을 뿐이다. 따라서 당대 후반기가 되면, 가문 순위 결정의 원칙이 적어도 국가의 입장에서는 더 이상 중요한 이슈가 되지 못하였다.[48]

족보는 황실 가문을 포함해서 사회적 지위를 결정하는 데뿐만 아니라 민족성을 밝히는 데에도 중요한 역할을 하였다. 한족 중국인들이 명망 있는 가문의 일원임을 내세워 자신들의 사회적 지위를 주장하는

---

48) Twitchett, Denis. "The Composition of the T'ang Ruling Class: New Evidence from Tunhuang." pp.63~67.; Ikeda, On. "The Decline of the T'ang Aristocracy." pp.40~42.

것처럼, 비한족 개인들과 가문들은 그 자신들을 한족으로, 이왕이면 널리 알려진 조상이나 가계를 지닌 한족으로 만들어 주는 족보를 내세움으로써 자신들의 지위를 사회적으로 상승시킬 수 있었다. 가장 간단하게 족보를 조작하는 방법은 자신의 성과 그 조상들의 성을 변경하는 것으로서, 가장 뻔뻔스러운 사례는 바로 당 왕조의 이씨 황실 가문의 경우였다. 적어도 부인의 집안 또는 아마도 남성 집안의 경우도 마찬가지로 그 가문은 비한족의 후손이었지만, 당 황실은 명망 있는 한족 계보를 만들고 심지어는 노자의 후손임을 주장하기 위해서 무던히 애를 썼다.[49]

정치적 목적으로 인하여 민족적 정체성을 다시 부여하기 위해 성씨를 변경하는 관습은 적어도 한대부터 두드러졌는데, 이 당시에는 비한족으로 중국에 볼모로 들어와 있던 이들과 항복한 흉노족들에게 한족의 성씨가 부여되었을 것이다. 북위의 선비족鮮卑族 탁발부拓跋部 계열의 지배자들은 중국식 성씨인 원씨元氏를 채택하여 그들의 수많은 추종자들에게 선물로서 하사하였다. 북위 효문제孝文帝가 그의 조정을 한화漢化시키는 정책을 시행하였을 때, 그는 탁발부 귀족들로 하여금 중국식의 성씨를 가질 것을 명령하였다. 당 황실 또한 그들의 성씨인 이씨를 복속한 유목민족들에게 하사하였다. 당대에 수많은 비한족 출신의 주요한 친족들은 자신들의 이민족적인 뿌리를 지우고자 노력하였다. 그들은 중국식 성씨를 지니고 관직을 지녔던 조상들만을 기

---

49) 족보를 이용한 인종학 연구에 대해서는, Abramson, Marc S. *Ethnic Identity in Tang China*. pp.150-156.

록한 족보를 만들었고, 따라서 한족 엘리트들이 했던 바와 같이 정치적 원리에 따라서 그들의 혈통을 수정하였다. 그들은 비한족 성씨를 지니고 부족적 관직을 갖고 있었던 그들의 먼 조상들은 삭제하고 가장 가까운 시기의 두서너 세대 조상에서부터 한 왕조 시기에 존재했다고 꾸며낸 조상으로 건너뛰기도 하였다. 비한족으로서 북주를 건설하는 데 공헌하였고 그 집안의 여식들은 북주, 수 그리고 당의 황실에 시집을 갔던 명문 독고씨獨孤氏의 족보는 그들이 한때 유씨劉氏의 성을 갖고 있었음을 언급한다.

북위의 황실 가문의 경우처럼 높은 명성을 지닌 이민족 혈통의 후손임을 주장하는 전략은 조금은 더 솔직해졌지만 그러나 더욱 빈번하게 이용되었다. 관중과 대북 지역 엘리트의 대부분은 이러한 관습을 따랐다. 대표적인 사례로서 당대 전기 재상이었던 장손무기는 자신을 탁발 선비족 왕실 가문 출신이라고 주장했는데, 그의 실제 조상은 선비족 중에서 보다 낮은 가문인 발발씨拔拔氏였다. 이와 밀접하게 연관된 전략으로서, 그들은 자신의 이민족 부족으로서의 뿌리는 인정하면서도 자신을 초원의 지배계층 즉 귀족 가문 출신이라고 주장하기도 하였다. 사회적 지위를 중시하였던 당대 사회에서, 이민족 귀족의 후손이 되는 것은 민족적 한족의 혈통을 얻는 것보다 영예로운 것이었다. 가서한은 비한족 출신의 몇몇 중요한 당대 장군들과 마찬가지로 최고 씨족의 후손임을 주장하고 안녹산과 같은 그의 동료들은 자신보다 낮은 부족 출신임을 지적하였다. 제한적인 자치권을 지닌 외국인 공동체에서 관직을 지니고 있었던 이들도 종종 비한족 귀족 출신임을 강조하였다. 당 조정과 이민족 동맹 부족들 사이에서 중재자로서의 이들의 역할을 고려해 보면, 그들의 비한족적 계보는 분명히 이로운 점이 있을 수 있다.

그러나 계보를 이용하는 전략의 또 다른 모습은 자신 계보의 시조가 이민족 부족에 사로잡혔던 한족이었다거나 어떤 이유로 인하여 서부 지역으로 가서 살게 된 한족이었다고 주장하는 것이었다. 위대한 당대 시인 이백은 거의 확실하게 비한족 출신인 것으로 추정되는데 이러한 계보를 창조해 내었다. 이러한 목적에 부합하기 위해 그들은 자신들의 뿌리를 주로 한대 장군이었고 기원전 99년 흉노에게 사로잡혔던 이릉李陵 장군에서 찾게 된다. 이릉 장군의 후예를 자처하는 경우는 주로 위구르와 키르기즈와 같이 상대적으로 덜 동화된 민족들에게서 발견되며, 이러한 친족적인 관계는 그들이 한족 중국인들과 정치적인 동맹관계를 맺을 때에 유리한 점으로 작용하였다. 따라서 당무종과 동맹관계였던 위구르족 지도자는 그들의 협력관계를 위한 토대로서 이릉 장군을 자신들의 공통 조상으로서 강조하였다. 당나라 작가들은 일반적으로 금발 혹은 붉은색 머리를 지닌 키르기즈족 사이에서 검정 머리가 종종 출현하는 것은 이릉 장군의 병사들과 키르기즈족의 조상 사이에 통혼이 이루어졌던 결과였다고 설명한다.

민족적 구분을 가로질러 이루어진 계보를 이용하는 마지막 전략으로서 자신들의 기원을 한족 중국인들의 시조로 알려진 전설상의 성군인 황제黃帝 또는 주대周代의 왕실로 거슬러 올라가는 경우가 종종 있었다. 그러한 주장은 그들과 당나라를 모두 수혜자로 만들게 되는데,

그들은 자신들의 조상을 추정하는 데 보다 확대된 범위를 주장할 수 있었다. 적어도 중국인들은 전국시대 후반기 또는 한대 초반기에 작성된 것으로 추정되는 신화적인 내용의 지리서 『산해경山海經』에서부터 자신들과 멀리 떨어진 이민족들 사이에 고대의 성군들 중에서 공통의 기원을 주장함으로써 밀접한 유대관계를 설정해 왔다.[50]

대가문(문벌귀족)의 최후

대가문들과 그들의 사회적 지위를 지탱하던 원칙들의 소멸을 설명하기 위해서, 대부분의 학자들은 과거시험 제도의 등장에 주목해 왔다. 이러한 경향은 그 결과가 원인으로 변한 것이라 할 수 있다. 당대 초반, 사회는 가계에 기반을 두어서 순위가 매겨졌고, 반면에 이후 약 400년이 지난 송대 초기에는 정부 관리가 되거나 그것과 관련된 영예는 모두 과거시험을 통해서만이 얻을 수 있었다. 그러나 시험 체계는 당대 대가문의 쇠퇴를 설명하지 못하는데, 거기에는 몇 가지 이유가 있다.

첫째로, 당대 전 시기에 걸쳐서, 과거시험은 관리로 향해 가는 여러 루트들 중에서 단지 하나에 불과하였고, 시험을 통과한 모든 사람이 관직을 얻었던 것도 아니었다. 당대 관리들 중 대략 10퍼센트 정도만이 시험을 통해 선발되었다. 관직으로 가는 가장 중요한 루트는 세습

---

50) Lewis, Mark Edward. *The Construction of Space in Early China*. pp.296-300.

이었다. 황실의 친척들은 4품 또는 5품으로 관료계로 들어갈 자격이 주어졌고, 반면에 5품 이상의 관리의 증손, 손자, 아들은 7품, 8품 또는 9품으로 관료계에 들어갈 자격이 있었다. 이러한 형태의 특권은 모든 관리 선발 중에서 대략 4분의 1을 차지한다.

게다가, 당대 지배자들은 당대 이전에 부여받은 귀족 타이틀을 보유한 세습적인 '귀족 계층'을 형성하였다. 비록 이러한 타이틀은 그 자체로서는 실재적인 권력이나 수익을 부여해 주지는 못했지만, 그것은 관료계에 들어가는 이들에게 최초에 5품, 6품, 또는 7품의 직위를 부여해 주었다. 그에 비해, 대다수의 과거시험을 통과한 관료 후보자들은 가장 낮은 단계인 10품으로 관료계에 들어갔다. 당대에는 또한 국가의례의 수행이나 높은 단계의 정책 결정에 종사하였던 '청직淸職'과 일반 사무직으로 구성된 '탁직濁職' 사이의 엄격한 구별이 존재하였다. 청직은 가장 일반적으로 세습적 특권을 통해 관료계로 들어온 자들에게 돌아갔다. 전국 집안 가계 대계大系의 원리에 따라서 당대 초기의 지배자들은 가문의 사회적 지위의 개념을 존중하였지만, 그 사회적 지위는 황제의 은총에 의존하도록 만들고자 하였다.[51]

무측천의 성장에 반대하였던 기존 가문들의 세력을 무너뜨리기 위한 시도로서, 무측천은 자신의 지지자들을 채워 넣을 수 있고 그 밖에는 매관賣官을 통해 자금을 마련할 여지가 있도록 필요 이상의 직위들을 만들어 냈다. 무측천은 또한 진사를 선발하는 과거시험을 고위 관직에 진출하는 데 있어 특권적인 혜택을 받는 루트로 만들었다. 점차

---

51) Ikeda, On. "The Decline of the T'ang Aristocracy." pp.44-49.

이 어려운 시험은 최고위 관직에 오르기를 열망하는 젊은이들에게 자신의 경력을 시작하는 데 가장 이상적인 길이 되었다. 따라서 당대 후반기에 이르러서는, 심지어 직위를 세습받을 수 있었던 이들조차도 종종 진사 시험에 응시하였다.

그러나 진사 시험의 점차 증가하는 권위에도 불과하고 그 시험이 오래된 귀족 가문의 쇠퇴를 이끌어 냈던 것은 아니었다. 그들은 시험을 통과하는 것에 매우 능숙하였음이 증명되었고, 따라서 진사 시험은 그들 가문에게 장애물이라기보다는 영속적인 지위를 향한 새로운 관문이 되었을 뿐이었다. 당대 진사 시험 합격자의 3분의 1 이상(그리고 절반 이상의 재상 및 고위 관료)이 10개의 저명한 가문 출신들이었다. 이들 명문 가문들에 의한 조정 고위직의 독점 현상은 당 왕조 내내 지속되었고, 통계상으로 9세기 중반에 이르러 정점을 찍었다.[52] 이러한 지속성은 그 명문 가문들과 과거시험 자체의 특징 때문인데, 그 특징들은 오래된 명문 가문들의 진화와 궁극적인 소멸 모두를 설명하는 데 도움이 된다.

오래된 가문들은 과거시험에서 크게 성공적이었다. 이는 그들의 오래 지속된 학문적 전통과 그들의 자식들에게 최고의 교육을 가정에서 제공할 수 있었기 때문이었다. 반대로, 당대에 제한적으로 존재했던 공교육 기회는 당 왕조 초반 1세기가 지난 이후에 오히려 쇠퇴하였다. 가장 뛰어난 교육자들은 장안 세 곳의 대도시 학교들에 집중되어 있

52) Ikeda, On. "The Decline of the T'ang Aristocracy." p.102.; Johnson, David G. *The Medieval Chinese Oligarchy*. pp.134, 136, 138, 139, 140.

었고, 이것은 수도에 거주하는 가문들에게만 해당되었다. 법률에 의해서, 국자학國子學에서의 교육은 관품이 3품 이상인 자의 아들이나 손자들에게만 기회가 주어졌고, 태학에서는 관품이 4품과 5품인 관리의 아들들만이 교육받을 수 있었다. 사문학四門學의 경우에는 6품이나 7품의 관리의 아들이나 손자로 제한되어 있었고, 다만 관직이 없는 자들의 자손들을 위해서도 약간의 자리를 마련해 두었다. 재상부宰相府나 태자궁에 소속되어 있었던 특수학교들은 황실 가문이나 3품 이상의 관리들의 자손 중 선별된 이들을 교육시켰다. 주현에 있었던 학교들은 이러한 수도의 학교들에 비해서 수준이 떨어졌고 대체로 지역 관원들이거나 대지주 가문들의 자손들을 교육하였다.[53] 따라서 장안에 거주하였던 상류 가문들은 다른 경쟁자들에 비해서 훨씬 큰 이점을 지니고 있었던 것이다.

고위 관직 진출에서 상류 가문들의 우세는 시험의 특성에 기인한 결과였다. 왕조 최고의 학교들처럼, 시험 자체도 수도에서만 치러졌다. 시험 응시생들은 수도 이외의 지방 주현에서부터도 모집되었고, 그 지원자들을 수도로 올려 보내는 일은 안녹산의 반란 이후에 지방관의 중요한 업무였다. 그러나 주현 단위는 물론이고 보다 광범위한 지역 단위의 시험 시스템은 송대 이후가 되어서야 시행되기 시작하였다. 결국 당시 최고 수준의 선생들로부터 가르침을 받는 특권을 누렸던 바로 그 고위 관료의 자식들은 시험 장소에 인접한 곳에 거주한다는 장

---

53) 당대 교육에 대해서는, McMullen, David. *State and Scholars in T'ang China.*
  1장을 참조. 수도 장안의 교육적 우월성에 대해서는, 같은 책 pp.35-43 참조.

점 또한 지니고 있었다.[54]

시험관이 응시생들을 인지하지 못하도록 이름이 봉인된 채로 작성된 답안지에만 의지하였던 후대 중국 왕조들의 시험과는 달리, 당대의 과거시험은 장기간에 걸쳐 의례적 절차에 따라 행해지는 시험관과 응시생 사이 그리고 응시생 사이의 상호 교류의 과정이 요구되었다. 정식 시험을 보기 한참 전에, 응시생들은 수도 장안으로 와서 그들이 쓴 글들 중 대표적인 것들을 자신의 잠재적인 후원자, 심지어는 시험관에게 제시하였는데, 때때로 매우 방대한 양을 제출하는 경우도 있었다. 후원자는 그가 선택한 응시생들을 위해 적극적으로 홍보활동을 하였고 몇몇 경우에는 자신의 딸과 결혼시키기도 하였다. 이러한 관습은 매우 일상적이어서 잠재적인 후원자는 자신이 관심을 갖고 읽기를 고려할 만한 주제들을 명시하기도 하였다. 글들은 도용되었고, 전하는 바에 따르면 온정균과 같은 저명한 시인은 후원자들에게 보여 줄 글이 필요했던 사람들에게 자신의 시들을 팔았다고 한다.[55]

742년 과거시험 최고 감독관은 모든 응시생에게 자신들의 시문들을 몇 주 전에 공개적으로 제출할 수 있도록 하였고, 이러한 이유로 그는 공명정대하다고 칭송받았다. 당파와 인맥은 더욱 빈번하게 특정한

---

54) Moore, Oliver. *Rituals of Recruitment in T'ang China: Reading an Annual Programme in the Collected Statements by Wang Dingbao (870–940)*. 3장은 이 점에 대해서 더욱 분명하게 설명하고 있고, 당대 후반기 지역 단위 시험의 첫 번째 발전에 대해 추적한다.

55) "과거시험 사교계"의 형성과 그것을 형성시켰던 의례에 대해서는, Moore, Oliver. *Rituals of Recruitment in T'ang China: Reading an Annual Programme in the Collected Statements by Wang Dingbao (870–940)* 참조.

시험 응시생을 둘러싸고 형성되었고, 사회적 또는 정치적 유대관계가 그들이 원하는 결과를 얻기 위해서 만들어졌다. 심지어 수년 동안 응시생들이 제출할 문장을 완성하기도 전에 선택된 후보자들의 완전한 리스트가 이미 작성되기도 하였다. 응시생들이 제출하는 문장의 분량이 기하급수적으로 증가하면서, 가족 또는 후원자와의 유대관계는 응시생 선발에서 가장 핵심 요소가 되었다.[56] 그 누구도 이러한 상황이 원칙적으로 잘못되었다고 말하지 않았는데, 이는 그 당시에 시험이 어떻게 인식되었는지를 분명하게 보여 주고 있다. 시험 선발 과정에서 이와 같은 강력한 사회적인 요소는 예외 없이 저명한 가문의 자손들, 특히 그중에서도 수도 장안에 거주하는 이들에게 유리하게 작용하였다.

저명한 가문의 성공을 보장해 주었던 과거시험의 특징으로 마지막으로 살펴볼 점은 그 실제 시험 내용이다. 당 초기에 진사 시험은 국정 현안에 대한 대답을 요구하였고 그 대답은 경전에 대한 훈고를 기반으로 해서 작성되어야 했다. 681년 진사 시험은 세 가지 부분들로 구성되도록 재조정되었는데, 그중에는 경전적인 지식, 문학적 글쓰기 그리고 국정 현안에 대한 논문이 포함되었다. 그러나 실제로는 문학적 글쓰기가 당대 내내 가장 중요한 핵심을 형성하였다. 미리 유포되었던 문장들은 미문美文들로 이루어져 있었고, 때때로 단지 서정시에 불과하였다. 당대 초기에 개인 교습은 공공 교육을 대신하였는데, 이는

---

56) Moore, Oliver. *Rituals of Recruitment in T'ang China: Reading an Annual Programme in the Collected Statements by Wang Dingbao (870–940)*. pp.139-152, 160.

수도 장안의 학교들조차도 문학적 작문을 위한 훈련을 제공하지 않았기 때문에 공공 학교교육만으로 학생들은 시험에 대비할 수 없었다. 진사 시험은 문학적 기교에 초점을 맞추고 있다고 거듭해서 비판받았지만, 그러한 빈번한 공격들은 오히려 진사 시험이 문장 작문 실력을 위한 테스트로서 널리 받아들여지고 있었음을 증명한다.[57]

당 제국에서 가장 권위 있는 시험이 시문에 초점을 맞추고 있었다는 점은 설명이 더 필요하다. 특히 관료제라는 것이 분명히 지정된 기능을 가장 효율적이고 효과적으로 수행하기 위해 고안된 합리적인 통치의 한 형태라고 여기는 현대인들에게는 이해하기 힘든 점이 있다. 남북조의 통치하에서, 글을 짓거나 시문을 교환하는 것은 새로운 사회적 엘리트로서의 자격을 규정하였다. 그것은 미적인 재량을 통해 진정한 군자로 인정받는 것인데, 이는 단순한 대토지 지주들과는 구분지어 주는 것이었다. 미적인 감수성과 정치적 권위 사이의 연결은 특히 남조에서 분명하였던 반면에, 남조의 문학예술은 수양제, 당태종 그리고 그 뒤를 이은 황제들의 조정에서 그 권위를 인정받았다. 조정에서 미문이 갖고 있는 결정적인 본질은 대규모의 문학적 오락(즉 진사 시험)에서 발견된다. 즉 주어진 주제에 대해서 100편 이상의 시문이 작성되었고 그중에서 가장 우수한 것에는 상이 주어졌다.[58] 진사 시험은

---

57) Moore, Oliver. *Rituals of Recruitment in T'ang China: Reading an Annual Programme in the Collected Statements by Wang Dingbao (870–940).* pp.13-18, 153.; McMullen, David. *State and Scholars in T'ang China.* pp.39-40, 206-210, 213-217, 229-232, 241-244.

58) 당대 엘리트 사회에서 문학적인 작문의 중추적인 역할에 대해서는, McMullen, David. *State and Scholars in T'ang China.* 6장을 참조. '남조'

엘리트 활동으로서 시문의 작성이 갖고 있었던 중심적인 위치를 공식
화하고 인정해 주었다.

당대 시험들이 가진 사회적, 역사적 역할에 대해서 요약해 보자면,
그 시험은 관직보다는 사회적 지위에 의해서 정의되는 집단으로의 소
속 자격을 부여해 주었다. 그 시험은 보다 광범위한 형태의 사회적 네
트워크와 연합체들에 있어서 단지 하나의 요소에 불과하였다. 작문의
제출과 후견인-피후견인 관계의 형성은 관직의 수여를 통해서 그 끝
맺음을 맺게 된다. 시험을 통과한 합격자들은 시험관과 그 합격자들
사이의, 그리고 하나의 집단으로서 합격자들끼리 평생토록 지속될 유
대관계를 형성해 주는 일련의 의식들에 참여하게 된다. 당 후반기 동
안, 그 의식은 새로운 과거 합격자들을 가장 인기 있는 사위 후보자로
만들어 주었는데, 그들의 인기는 당 전반기에 엘리트 집안의 딸들의
인기에 비견될 만한 것이었다. 그 시험 자체와 그 시험에 앞서 유통되
었던 작문들은 문학적 작문의 기술이 엘리트의 지위를 규정하였던 앞
선 세기들로부터의 전통을 지속시켜 주었다. 단순히 정부의 업무를
처리하는 관원들을 선발하기보다는, 그 시험은 새로운 '특권층'을 형
성하는 데 기여하였다. 그들의 자질과 관습은 고대 귀족 가문들을 정
의하였던 것들을 꼭 닮아 있었고 어떤 경우에는 직접 복제하였다. 따
라서 새로운 사회 구조 속에서 가장 중요한 자리를 차지하고 있었던

모델의 당 조정과 당대 엘리트 사회로의 확산에 대하여 그리고 당대 조정에서의
문학적 축하연의 중요성에 대해서는, 같은 책의 pp.212-217, 223-227 참조.

바로 그 과거의 귀족 가문들을 발견하는 것은 놀라운 일이 아니었다.[59]

그러나 과거 엘리트들이 새로운 집단으로 변신하는 데 성공하였던 것은 그 집단의 붕괴의 씨앗을 가져온 것이기도 하였다. 당 후반기 명문 가문의 영향력은 당시 그 가문들이 처해 있던 상황과 마찬가지로 "단지 관념에 지나지 않았던" 것에 기반을 두었다. 그들을 격상시켜 주었던 가문의 위신과 그들의 신분을 명확하게 밝혀 주었던 선택받은 집안 가계 모두 과거시험에서의 성공과 관직의 획득에 의존하고 있었기 때문에, 당 후반기 엘리트는 국가 체제 밖에서는 존재할 방법이 없는 관료적 귀족이었다. 지역적인 기반이 없이, 그들은 자신들의 가계와 관직을 높이 평가하였던 그들 주변 사람들의 범위에 한해서만 영향력을 행사하였다. 지역적 세력과 국가 관직을 결합하였던 다른 중화 제국의 엘리트들과는 달리, 그들은 왕조 없이는 생존할 수 없었기 때문에 그들이 섬겼던 당 왕조와 더불어 소멸되었다.[60]

당대의 오래된 가문들이 소멸하게 된 것은 사실상 계급 전쟁의 결과였다. 국가 관료제 외부에서 새로운 권력의 기반이 등장하였기 때문이다. 동북 지역과 중원 지역에서 절도사들이 발호하고, 남부 지역에서 소금 전매제가 등장하면서 군사적, 재정적 그리고 행정적 전문가

---

59) Moore, Oliver. *Rituals of Recruitment in T'ang China: Reading an Annual Programme in the Collected Statements by Wang Dingbao (870–940)*. pp.22-23.

60) Johnson, David G. "The Last Years of a Great Clan: The Li Family of Chao chun in Late T'ang and Early Sung." pp.96-101. 엘리트들로 하여금 왕조의 멸망을 견뎌 낼 수 있도록 해 주었던 국가 관직과 지역적 기반의 결합의 중추적인 역할에 대해서는, Lewis, Mark Edward. *Writing and Authority in Early China.* Albany: State University of New York Press, 1999 결론 참조.

로서의 배경을 지닌 인물들이 등장하기 시작하였다. 심지어 당 조정 내에서도 관리들은 군대를 통제하였던 환관들이나 황제의 최측근 조언자로서 활약하였던 학자들에 의해서 하찮은 존재로 전락하였다. 문학적 업적이나 사회적 네트워크에 의해서 규정되었던 당대 엘리트는 점차 군사적인 정부와 재정적인 정부에서 요구되었던 실용적인 기술들을 통해서 권력을 얻었던 새로운 세력들에 의해 증오와 경멸의 대상으로 추락하였다.

왕조를 무너뜨리는 데 일조를 한 사람들 중에는 반란군 수괴였던 황소와 같이 여러 차례 시험에 실패한 뒤에 시험에 기반한 엘리트들에 대한 경멸이 결과적으로 증오로 바뀌었던 인물들이 있었다. 황소의 장수였던 주온이 공식적으로 당나라를 멸망시켰을 때에, 그의 추종자 중 한 명으로서 역시 과거시험에 탈락하였던 인물은 당나라 최고위 관료들의 살해를 강력하게 주장하였다. 이때 살해된 사람들 중에서 30명은 모두 저명한 가문 출신으로서 905년 6월에 살해당하였는데, 그들은 황하에 던져짐으로써 정치적 '청류'가 '탁류'와 합쳐지게 되었다. 과거 엘리트 가문들 중에서는 이러한 폭력적인 대학살에서 살아남을 수 있었다 하더라도, 그 기저에 깔려 있는 사회적 의식의 근본적인 변화 속에서 더 이상 살아남을 수 없었다.

8
| 종교 |

　　당 왕조는 제도 종교인 도교와 불교의 발전이 중국 역사에서 최고
정점을 찍었던 시대로서 그 종교들의 사회적 영향과 지성적인 권위가
최고의 위치에 도달하였다. 도교는 황실의 후원 덕분에 다른 종교와
는 비교할 수 없을 정도로 큰 정치적 영향력을 누렸고, 불교는 이 시기
동안에 진정한 중국인들의 신앙으로 자리매김했다. 조정은 또한 체
계적으로 황실 의례와 매장 관습을 재정비하였다. 결국 당 왕조는 수
많은 지역의 종교적 숭배에 관해서 다른 이전 왕조들보다 훨씬 풍부
한 자료들을 전해주고 있다. 그밖에 다른 종교들 특히 성황신城隍神이
크게 성행하였고 이는 후기 중화 제국 시기 핵심적인 종교 신앙이 되
었다.

당대 도교

국가나 지식인의 도교와의 유대 관계는 남북조 분열의 시기에 남과 북 모두에서 등장한다. 수와 당이 중국을 재통일하면서, 남과 북의 지역적 전통이 공통적이고 보편적인 도교로 뒤섞여 들어갔고, 이는 조정과 중요 가문들의 후원을 두고 불교와 경쟁할 정도로 성장하였다. 이와 같이 새롭게 구축된 지성 체계는 도의 가르침 즉 도교道敎라고 불렸고, 불교나 유교와 동등한 위치에 놓이게 되었다. 도교의 교리들은 5세기 육수정陸修靜이 취합한 최초의 도교 경전에서 채택되었고 6세기가 되어 널리 전파되었다.[1] 육수정이 체계화한 영보파靈寶派는 다양한 도교 전통들을 종합하기 위한 기본 틀을 제공하였다. 영보파는 불교의 주요한 요소들을 도교의 교리나 의식 속에 포함시켰고, 그럼으로써 당 조정이나 주요한 관료 가문뿐 아니라 향촌 공동체의 농민들에 이르기까지 모든 계층의 마음을 사로잡을 수 있었다.[2]

당대는 도교의 후원 면에서 주요한 변화가 이루어졌던 시기였다. 도교와 당 황실 사이의 유대관계는 당 왕조가 성립되기 이전부터 구축되었다. 수양제는 상청파上淸派 도사인 왕원지王遠知(528~635)를 '황제

---

1) Yamada, Toshiaki. "The Lingbao School." In *Daoism Handbook*. Ed. Livia Kohn. Leiden: E. J. Brill, 2000. pp.230-238.; Kohn, Livia. "The Northern Celestial Masters." In *Daoism Handbook*. Ed. Livia Kohn. Leiden: E. J. Brill, 2000. p.297.

2) Kirkland, Russell. *Taoism: The Enduring Tradition*. New York: Routledge, 2004. pp.92-93.; Robinet, Isabelle. *Taoism: Growth of a Religion*. Tr. Phyllis Brooks. Stanford: Stanford University Press, 1997. pp.194-211.

와 제후왕들'의 스승으로서 존중하였다. 그러나 수양제가 수도를 양자강의 강도로 옮기는 것에 반대하였던 왕원지의 조언을 무시하였을 때, 왕원지는 높은 영적 지위를 나타내는 도교 '명부'를 은밀하게 당 왕조의 창업자인 이연에게로 전하였다. 이러한 행위는 이연에게 그가 후에 건설하는 새로운 왕조에 대한 도교 신도들의 지지를 보장해 주었다. 그의 아들 이세민(당태종) 또한 뒤를 이어 칙령을 통해 왕원지에게 작위를 내리고 영보파 경전에서 발췌하여 작성한 서예 작품에 대해서 주요한 조정 관리들을 통해 후원하였다.[3]

　이와 같은 도교에 대한 후원을 배경으로 하여 당 초기 황제들은 왕원지의 제안에 따라서 노자를 황실의 시조로 삼았다. 노자는 『도덕경』의 저자로 추정되는데, 한대부터는 국가 제사를 받는 신으로 인정되었다. 당대 황제들이 신격화된 노자에 주목하게 된 것은 617년과 618년에 노자가 이 세상에 나타나서 예언하기를 당이 제국을 지배할 것이라고 선포하였던 것에서부터 시작되었다. 620년에 고조는 노자가 당 황실의 '성인聖人 조상'이라고 선언하고 수도 장안 남쪽에 위치하여 역사적으로 노자 숭배의 중심 사원인 누관대樓觀臺에 사액賜額하였다. 노자 이래로 황실의 계보는 태종 황제 시기에 확고해졌고, 도교는 625년과

3)　당 왕조 건설과 도교도 사이의 관계에 대해서는, Bokenkamp, Stephen. "Time After Time: Taoist Apocalyptic History and the Founding of the T'ang Dynasty."; Kirkland, Russell. *Taoism: The Enduring Tradition.* pp.152-153.; Kohn, Livia, and Russell Kirkland. "Daoism in the Tang (618 - 907)." In *Daoism Handbook.* Ed. Livia Kohn. Leiden: E. J. Brill, 2000. pp.340-342.; Reiter, Florian. *The Aspirations and Standards of Taoist Priests in the Early T'ang Period.* Wiesbaden: Harrassowitz, 1988. part1.

627년 두 차례에 걸쳐 당 왕조의 최고 종교로서 공식 인정되었다. 과거 남북조 시기 지배자들이 도교 도사들로부터 통치의 정당성을 찾고자 하였다면, 당대 지배자들은 그 이상을 추구하였다. 즉 혈연적 계보를 내세움으로써 그들의 양도할 수 없는 타고난 권리로서 노자와 도교로부터 신령한 후원을 기대하였다.[4]

당 왕조의 도교 후원은 고종과 무측천의 시기에도 지속되었다. 666년에 고종은 노자에게 황제보다도 더 높은 작위를 주었고 국가가 후원하는 사원들을 전체 제국에 걸쳐 300여 곳이 넘는 주현에 건설하였다. 이러한 사원들은 초재醮齋와 같은 의식을 1년 내내 주요한 국가 축제 또는 도교 축제 시기 동안에 거행하였다. 고종은 도교 도사에 대한 규정을 담은 법령을 만들어서 그들을 불교 승려들과 마찬가지로 국가의 보호하에 두었다. 675년 고종은 도교 경전을 편찬하려는 최초의 황제 칙령을 내렸고, 678년에는 『도덕경』을 과거시험의 필수 교재로 지정하였다.

당 조정은 주요한 도교 학자들과 마술사들 특히 반사정潘師正(585-682)과 섭법선葉法善(631-720) 같은 유명한 도사들을 불러들여 황제에게 조언하고 마력이 있는 부적을 선사하였으며, 황제 앞에서 초재의

4) Kohn, Livia, and Russell Kirkland. "Daoism in the Tang (618 - 907)."
   pp.341-342.; Kirkland, Russell. "Dimensions of Tang Taoism: The State of the
   Field at the End of the Millennium." *T'ang Studies* 15 - 16 (1998): 79 - 123.
   pp.86-88.; Kirkland, Russell. *Taoism: The Enduring Tradition*. pp.153-154.;
   Kohn, Livia. *God of the Dao: Lord Lao in History and Myth*. Ann Arbor:
   Center for Chinese Studies, University of Michigan, 1998. pp.22-23, 311-
   328.

의식과 신과의 소통을 행하였다.[5] 섭법선은 적어도 5명 이상의 황제를 섬겼는데, 현종은 그가 조언과 마술적인 능력으로 당 왕조를 섬겼다 는 내용이 적힌 비문을 내려 그를 칭송하였다. 황제는 심지어 그가 보 여 준 능력이 인간의 영역 너머에서 온 것임을 지적하였다.

> 우회적으로 그리고 교묘한 방법으로
> 신비로운 변화를 일으키고 신령한 조화를 이루어낸다
> ……
> 역리逆理로 토벌하고 순리順理로 도우니
> 공을 이루고 시국을 돕는다[6]

도교에 대한 황제의 후원은 현종 대에 정점에 달하였는데, 현종은 당 왕조 유지에 종교를 충분히 동원하였다. 그는 자신과 노자의 서로 대칭되는 조각상들을 국가가 후원하는 모든 도관道觀에 설치하였고, 장안과 낙양의 태묘를 도교 숭배에 바쳤으며, 도사들로 하여금 국가 가 후원하는 기관들에서 황제를 위하여 종교 의식을 수행하도록 명령

---

5) Barrett, Timothy. *Taoism under the T'ang*. London: Wellsweep Press, 1996. pp.29-45.; Kohn, Livia, and Russell Kirkland. "Daoism in the Tang (618 - 907)." pp.342-345.; Ch'en, Kenneth K. S. *The Chinese Transformation of Buddhism*. pp.95-102.

6) Kirkland, Russell. *Taoism: The Enduring Tradition*. pp.158-159.; Kohn, Livia, and Russell Kirkland. "Daoism in the Tang (618 - 907)." pp.342-343.; Kirkland, Russell. "Tales of Thaumaturgy: T'ang Accounts of the Wonder-Worker Yeh Fashan." *Monumenta Serica* 40 (1992): 47 - 86.

하였다. 743년에 현종은 모든 도사들을 황제 가문을 관리하는 종정시 밑에 둠으로써 그들을 공식적으로 친족으로 삼았다.

현종은 반사정의 수제자인 사마승정司馬承禎(647~735)을 조정으로 불러들였다. 그는 진晉 왕조(265~420) 사마씨司馬氏 황실 가문의 후손으로서 21세에 도교에 입문하기 전까지는 관리가 되고자 공부하였던 인물이고 중국 역사에서 가장 유명한 서예가 중 한 명이기도 하였다. 721년 현종은 사마승정을 시켜 세 가지 다른 필법으로『도덕경』을 바위에 새겨 넣도록 하였다. 같은 해에 사마승정은 현종에게 수계受戒를 내리고 그 뒤에 보검寶劍과 보경寶鏡을 바쳤다. 현종도 그에게 중세 도교 의식 중에서 가장 중요한 금록재金籙齋 의식을 행하도록 하였는데, 이 의식은 모든 자연재해를 예방하고, 국가의 안위를 보장하고, 황제의 무병장수를 기원하는 의식이었다. 마지막으로 731년 현종은 전통적인 오악에 대한 제사를 그 산들에 기거한다고 알려진 다섯 진군眞君에게 바치는 도교 의식으로 전환시켰다.[7] 태묘 제사 의식의 변화와 더

---

7) 현종의 도교 정책에 대해서는, Benn, Charles D. "Taoism as Ideology in the
    Reign of Emperor Hsuan-tsung." Ph.D. diss., University of Michigan, 1977.;
    "Religious Aspects of Emperor Hsuan-tsung's Taoist Ideology." In *Buddhist
    and Taoist Practice in Medieval Chinese Society*. Ed. David W. Chappell.
    Honolulu: University of Hawai'i Press, 1987. 또한 Kohn, Livia, and Russell
    Kirkland. "Daoism in the Tang (618-907)." pp.345-348, 369-370.; Kirkland,
    Russell. *Taoism: The Enduring Tradition*. pp.156-158 참조. 사마승정의
    사상에 대해서는, Kohn, Livia. *Seven Steps to the Tao: Sima Chengzhen's
    "Zuowang Lun."* Nettetal: Steyler Verlag, 1987. 성당 시기 조정에서의
    도사들에 대해서, Kirkland, Russell. "Taoists of the High T'ang: An Inquiry
    into the Perceived Significance of Eminent Taoists in Medieval Chinese
    Society." Ph.D. diss., Indiana University, 1986. 금록재 의식에 대해서는, Benn,
    Charles D. "Daoist Ordinations and Zhai Rituals in Medieval China." In

불어서 국가 의례 중에서 가장 중요한 성격의 의례에 대한 이러한 개혁은 당 정부의 도교에 대한 존숭 정도를 분명하게 보여 주고 있다.

안녹산의 반란 이후, 도교에 대한 황실의 후원은 다소 축소되었다. 그러나 지역 정권들의 등장과 관련해서, 몇몇 지역 도교 중심지들은 명성을 얻었다. 가장 중요한 곳은 사천성 성도成都의 청양궁靑羊宮으로서 서쪽으로 떠나는 노자가 그의 제자 윤희尹喜를 만나『도덕경』을 전해준 곳으로 추정되는 곳이었다. 883년 청양궁에서 제사를 담당하던 도사는 두드리면 신비한 소리가 나고 노자가 세상에 평화를 가져다줄 것이라고 쓰인 고대의 전각문篆刻文이 새겨져 있는 신기한 벽돌을 발견하였다. 이 발견 이후에, 그 사원은 상당한 액수의 후원금을 받게 되었다.[8]

도교는 문인 엘리트들에게도 상당한 충격을 주었다. 당대 시문들은 도교에서의 별들에 대한 숭배와 신성화神聖化, 선인들과의 성적性的인 만남, 도교에서 말하는 천상을 방문하거나 거대한 산맥들을 통과하는 여행 이야기들, 그리고 도교의 근본 목적인 영생과 속세의 인연으로부터의 해방과 관련된 내용들로 가득 차 있었다. 이백과 이상은李商隱을 비롯한 여러 유명 시인은 도교 신자였고 영생을 목적으로 하는 명상, 복식, 식이요법, 방중술과 같은 여러 다양한 도교 수련법을 수련하

Daoism Handbook. Ed. Livia Kohn. Leiden: E. J. Brill, 2000. pp.310-311, 320-321 참조.

8) Kohn, Livia, and Russell Kirkland. "Daoism in the Tang (618 - 907)." p.349.; 陳垣 編纂,『道家金石略』, 文物出版社, 1988. pp.186-192. 노자와 관련된 검은 양의 상징성과 윤희의 신화에 대해서는, Kohn, Livia. *God of the Dao: Lord Lao in History and Myth*. pp.255-289 참조.

였던 것 같다. 조당曹唐과 같이 비교적 덜 알려진 시인들의 작품은 대체로 도교적 주제를 다루고 있다. 또한 수많은 지식인들은 수도 장안 근교 또는 모산茅山(오늘날의 남경 일대)의 도관들을 방문하였다.[9]

당대 후반기에 도교 도사는 일반 대중 포교 활동에 점차 관심을 보였다. 그들은 밀교의 영향을 받아 주문과 부적을 사용하는 기술들을 제공하여 집을 짓는 데 있어서 행운을 보장해 주었다. 돈황에서 발견된 도교 경전들은 또한 풍수지리의 초기적인 형태를 보여 준다. 도사들은 일반 대중과 관련된 놀라운 이야기들을 수집하였고 구고천존救苦天尊과 같이 현실의 고통으로부터 일반 대중들을 구제한다고 알려진 일련의 신들을 새롭게 도입하였다. 이러한 신들은 수대隋代에 처음 등장하였는데 당대에는 보다 분명하게 도교적인 이름을 갖고서 재등장하였다. 이들은 시방十方 세계의 부처를 본떠 만든 것으로서 종종 지옥의 십왕十王과 혼용되기도 하는데, 조상의 구원을 기원하는 의식에서 중심적인 역할을 담당하였다.[10]

---

9) 당대 중국의 도교 시문들에 대해서는 Edward H. Schafer의 여러 연구들을 참조. Schafer, Edward H. *Mirages on the Sea of Time: The Taoist Poetry of Ts'ao T'ang*. Berkeley: University of California Press, 1985.; "The Capeline Cantos: Verses on the Divine Loves of Taoist Priestesses." *Asiatische Studien* 32 (1978): 5–65.; "Wu Yun's 'Cantos on Pacing the Void.'" *Harvard Journal of Asiatic Studies* 41 (1981): 377–415.; "Wu Yun's Stanzas on 'Saunters in Sylphdom.'" *Monumenta Serica* 33 (1981–83): 1–37.; *Mao Shan in T'ang Times*. Monograph No. 1. Boulder, Co.: Society for the Study of Chinese Religions, 1980.

10) Kohn, Livia, and Russell Kirkland. "Daoism in the Tang (618–907)." pp.348-351, 373-375. 도사들의 놀라운 이야기 수집에 대해서는, Verellen, Franciscus. "Evidential Miracles in Support of Taoism: The Inversion of a

당말 도교의 이러한 발전은 두광정杜光庭(850-933)의 경력에서 분명하게 나타난다. 과거시험에서 실패하고 천태산天太山에서 도교를 수행한 뒤에 희종 대인 875년에 조정에 들어가 인덕전문장응제麟德殿文章應制에 임명되고 최종적으로는 호부시랑戸部侍郞에까지 올랐다. 881년 황소 반란군이 장안을 점령하자, 두광정은 당 조정을 따라서 사천 지역으로 피난 갔고 885년에 장안으로 돌아왔다. 그러나 그다음 해에 다시 사천 지역으로 피난하였다. 901년 당 왕조의 사천 지역 절도사였던 왕건王建이 전촉前蜀이라고 하는 자신의 왕국을 건설하고 두광정을 금자광록대부金紫光祿大夫·간의대부諫議大夫에 임명하자 그 직책을 받아들였다. 전촉 조정에서 돌아온 이후에, 그는 자신의 남은 인생을 도교 경전의 편찬에 헌신하여 전례 없이 많은 숫자의 도교 경전들을 남겼다.

도교가 위기에 처하였을 시기에 작성된 이러한 작업들은 사실상 도교 전통의 거의 모든 측면들에 대한 자세하고 체계적인 설명들을 제공한다. 그 저작들은 보통 사람들의 기적과 같은 놀라운 이야기, 도교 성인전, 의례와 예배의식, 신성한 지리학, 비문, 도교 경전에 대한 주해서, 공식 문서 그리고 시문에 이르기까지 엄청난 범위의 주제들을 포괄하고 있다. 이러한 수많은 저작 중에는 오로지 도교에서 여성의 활동에 대해서만 충실하게 언급하는 작품도 존재하였다.[11]

Buddhist Apologetic Tradition." *T'oung Pao* 78 (1992): 217-263. 지역 향촌 사회에서 도사들의 마술의 중요해지는 역할에 대해서는, Dudbridge, Glen. *Religious Experience and Lay Society in T'ang China: A Reading of Tai Fu's Kuang-i chi.* pp.72-75.

11) Verellen, Franciscus. Du Guangting (850-933): *Taoiste de cour à la fin de la Chine médiévale.* Paris: Collège de France, Institut des Hautes Études

여관과 여성 사제

사회의 다른 여러 측면에서와 마찬가지로, 도교에서도 당대는 이전 왕조와는 비교할 수 없을 정도로 많은 기회가 주어지고 성취를 이룰 수 있었던 시기였다. 특히 엘리트 여성들에게 더욱 그러하였다. 두광정에 따르면, 그의 가장 중요한 목적은 다른 사료들에서 무시되었던 여성 신선들을 기록함으로써 여러 다양한 종교적 혈통(무엇보다도 그 자신의 상청파 전통)에 끼친 그들의 공헌을 밝히고 도道에 도달하는 방식의 다양성을 설명하기 위함이었다. 지역 신앙들(종종 여성신을 숭배하는)을 도교에 통합시키고 불교에 대한 도교의 우위를 더욱 강조하고자 하였던 그의 욕구는 그 여성들의 삶에 대한 그의 기록에서 노골적으로는 아니지만 분명하게 드러났다.

두광정의 전기에서 가장 여성적인 특징이 두드러진 측면은 종교적 수행으로 이끌어진 어린 시절에 대한 설명에서 나타났다. 그는 어린 시절 겪었던 효도와 나이에 걸맞지 않은 종교적 소명 사이의 긴장관계에 대해 설명하는데 그 이야기들은 때때로 신비한 능력이나 숨겨진 선행의 수행을 그 특징으로 한다. 중심 주제는 결혼으로 초래되는 위기였는데 혼인에 대한 의무감은 종교적 헌신을 통한 자아의 완성에 대한 열망과 상충되는 것이었다. 몇몇 여성들은 은둔 생활이나 떠돌아다니

Chinoises, 1989. 영어권 연구로는, Barrett, Timothy. *Taoism under the T'ang.* pp.94-98.; Cahill, Suzanne E. *Divine Traces of the Daoist Sisterhood: "Records of the Assembled Transcendents of the Fortified Walled City"by Du Guangting (850–933).* Magdalena, N.M.: Three Pines Press, 2006. pp.12-14.

는 생활을 선택함으로써 결혼을 회피하였지만, 다른 사람들은 여관이 됨으로써 해결하였다. 사망한 황제의 후궁이나 사망한 귀족의 첩들이 종종 강제로 여관이 되기도 하였고, 가난한 어린 여자아이들이 질병이나 기근으로부터 보호받기 위해서 부모들에 의해서 도관에 보내졌다. 많은 여성 도교 신자들에게 있어서, 도관에 들어가는 것은 교육과 문학적 경력을 추구할 수 있는 길이기도 하였다.[12]

원치 않는 결혼을 모면하거나 집안을 벗어난 경력을 제공받기 위해 여관이 되는 것은 당나라 황실 여성들 사이에서 대단히 중요한 부분이 되었다. 태평공주는 투루판의 왕에게로 강제로 시집가는 것을 피하기 위하여 임시로 여관이 된 경우였지만, 여관이 된 다른 공주들의 경우는 훨씬 더 종교적인 측면을 지니고 있었다. 가장 유명한 예는 711년 예종의 두 딸이 여관이 된 사건이었다. 이들이 정식으로 여관이 되는 행사는 국가에서 엄청난 비용을 들였고 공주는 각기 자신을 위한 새로운 사원을 제공받았는데 황궁에 출입하기에 매우 용이한 곳에 있었다. 전체적으로 대략 12명의 당나라 공주가 여관이 되었고 그들은 조정을 벗어나 있었지만 정치에는 계속해서 참여할 수 있도록 허가받았다. 그들은 광범위한 지역을 여행했고, 문학과 예술에 헌신하였다. 적

---

12) Cahill, Suzanne E. *Divine Traces of the Daoist Sisterhood: "Records of the Assembled Transcendents of the Fortified Walled City" by Du Guangting* (850-933). pp.12-20. 당대 신선들의 전기에 대한 주해는, pp.103-193 참조. 또한 Despeux, Catherine, and Livia Kohn. *Women in Daoism. Magdalena*, N.M.: Three Pines Press, 2003. pp.118-133.; Baptandier, Brigitte. *The Lady of Linshui: A Chinese Female Cult*. Tr. Kristin Ingrid Fryklund. Stanford: Stanford University Press, 2008 참조.

대적인 유가들의 기록에 따르면 그들은 성적으로 자유롭고 방탕한 생활을 하였다고 알려져 있다. 여관이 되는 것은 또한 이전의 황실 결혼의 오점을 제거하는 역할도 하였는데, 양귀비의 경우에는 여관이 되었던 것이 왕자와의 결혼을 청산하고 황제의 첩으로 들어가는 중간 단계에 해당하였다. 양귀비는 사망한 이후에 백거이의 유명한 시 「장한가長恨歌」에서 신선들의 섬의 여관으로 등장하기도 하였다.[13]

몇몇 비문들 또한 엘리트 여성들의 여관으로서의 경력에 대해서 묘사한다. 그중 한 비문에서는 8세에 비구니가 되었던 여성이 845년 회창폐불會昌廢佛의 탄압을 피해서 강제로 여관이 되었다는 기록이 있다. 비구니나 여성 주지의 몇몇 현존하는 비문에서는 그들의 종교적 소명이 자신들이 태어난 대가문들이 몇 세기 동안 축적한 공로와 선행의 결과였다고 설명한다.[14]

위대한 여관들 중에는 지역 신앙의 창시자로서 숭배되기도 하였는

---

13) Despeux, Catherine, and Livia Kohn. *Women in Daoism*. pp.388-390. 당대 두 공주의 여관 서품식에 대해서는, Benn, Charles D. *The Cavern-Mystery Transmission: A Taoist Ordination Rite of a.d. 711*. 그 공주들에게 헌정된 시들은, Cahill, Suzanne E. *Transcendence and Divine Passion: The Queen Mother of the West in Medieval China*. Stanford: Stanford University Press, 1993. pp.216-218. 황실 공주들의 자유로운 삶에 대한 설명으로는, Tung, Jowen R. *Fables for the Patriarchs: Gender Politics in Tang Discourse*. London: Roman and Littlefield, 2000. 2장. 참조. 양귀비를 사후 여관으로서 묘사한 백거이의 시에 대해서는, Wang, Robin R., ed. *Images of Women in Chinese Thought and Culture: Writing from the Pre-Qin Period through the Song Dynasty*. Indianapolis: Hackett, 2003. p.428.

14) Wang, Robin R., ed. *Images of Women in Chinese Thought and Culture: Writing from the Pre-Qin Period through the Song Dynasty*. pp.308-315에서 번역된 사례들을 참조.

데, 이런 일은 특히 남동 지역과 해안 지역에서 빈번하였다. 화고花姑라는 이름으로 널리 알려졌던 황령미黃靈微(640-721)는 다른 여관처럼 8세에 도관에 들어왔다. 그녀는 양희楊羲에게 경전을 전해줌으로써 상청파의 개조開祖가 되었던 위화존魏華存(252-334)의 잊혀진 성지의 위치를 찾는 데 자신의 일생을 바쳤다. 황령미는 그 성지를 부활시켰고 그곳에서 초재를 거행하였으며 수십 년간 계속해서 여관 제자들을 모집했다. 보다 후대의 여관인 설현동薛玄同은 그 지역 지방관이 그의 죽음을 성대히 기념하기도 하였는데, 그것은 882년 그 지방관이 황제에게 올린 상주문으로 알려졌다. 그것에 대한 대답으로 황제는 칙령에서 설현동의 업적을 위화존이나 황령미의 업적과 비교하면서 그가 자신의 지역민과 황제에게 가르침을 베풀었다고 명시하였다. 아마도 여관 중에서 가장 큰 영향력을 지닌 인물은 조서祖舒(활동 기간 889-904)였을 것이다. 몇몇 도교 교파에서 여관이 된 이후에, 조서는 도교의 신을 만나 퇴마술과 뇌법雷法을 전수받았고 이는 송대 도교에 큰 영향을 미쳤다. 이러한 능력으로 조서는 청미파清微派 뇌법의 개조로 인정받았다.[15]

---

15) Kirkland, Russell. *Taoism: The Enduring Tradition*. pp.139-143.; Cahill, Suzanne E. *Divine Traces of the Daoist Sisterhood: "Records of the Assembled Transcendents of the Fortified Walled City" by Du Guangting (850-933)*. pp.119-126, 186-193.; Despeux, Catherine, and Livia Kohn. *Women in Daoism*. pp.387-388, 390-391.; Boltz, Judith M. *A Survey of Taoist Literature: Tenth to Seventeenth Centuries*. Berkeley: Institute of East Asian Studies, Center for Chinese Studies, University of California, 1987. pp.38-41, 47, 69-70, 71-73, 81-83, 96-97, 118-119.; Boltz, Judith M. "Not by the Seal of Office Alone: New Weapons in Battles with the Supernatural." In *Religion and Society in T'ang and Sung China*. Ed. Patricia Buckley Ebrey and Peter N. Gregory. Honolulu: University of Hawai'i Press, 1993.

수많은 여성들이 여관으로 활약하였지만 그들에 대해서는 사료의 부재로 알려지지 않았다. 그러나 현종 대에 남성 도사들을 위한 1,137개소의 도관이 있었고 여관을 위한 도관이 550개소가 있었다는 사실에서 그들의 숫자를 짐작할 수 있다. 그리고 당시唐詩의 관습적인 표현을 통해서 그들 활동의 일단을 이해할 수 있다. 시인들은 자신들의 지인으로서 주로 조정에서 직책을 지니고 있었다가 속세를 떠나 도관에 들어가 여관이 되었던 여성들에 대한 시를 남겼다. 이러한 시들은 일반적으로 그들이 자신의 머리카락을 자르고, 화장을 지우고, 화려한 궁중 복장을 벗고 도관의 복장으로 환복하는 과정에 대한 묘사에 초점을 맞추고 있었다.

> 더부룩한 귀밑털 빗질을 멈추고 볼연지를 지우고
> 머리에 연꽃 쓰고 미앙궁을 나가네
> 제자들은 그녀가 부르던 노래를 부르고 또 부르고
> 궁전의 여인들은 그녀의 춤복을 나누어 가지네[16]

그 시들은 종종 새로 여관이 된 여성이 하늘로 날아올라 공중을 날아다니는 환상에 대한 묘사로 끝맺음된다. 또 다른 시들은 그 새로 여관이 된 이들의 생각을 언급하는데, 종종 그들을 "지상에 내려온 신선"으로 묘사하면서, 그들은 곧 얻게 될 능력을 사용하여 지상의 모든

---

16) "休梳叢鬢洗紅妝, 頭戴芙蓉出未央. 弟子抄將歌遍疊, 宮人分散舞衣裳."
   「送宮人入道」-역주

생명을 살리고자 하였다고 설명한다.[17]

일반적으로 많은 시가 남성 도사에게도 동일하게 적용될 수 있는 설명 방식으로 여성 도사를 묘사한다. 다만 남성 도사와 그의 제자 사이의 성적인 끌림의 내용을 암시하는 시들의 경우는 예외였다. 대부분의 시가 여성이면서 "고귀한 도사들"에 대해서 묘사한다. 시에서 그들은 카리스마가 있는 인물들로 도관에서 행정적인 일은 아무것도 하지 않는다. 다만 그들의 존재가 그곳에 상당한 명성을 가져다주었다. 그 시들은 여관들의 고령의 나이나 영적인 수양을 통한 달성, 그들이 날아 올라갈 수 있었던 천상의 세계에 대해서 묘사하였다. 산속에서 은둔자가 되었던 저명한 여성 도사들에 대해서 이야기하는 시도 있는데, 그 시인들은 그들을 찾아내고자 그 산으로 직접 찾아가기도 하였다. 그것들은 그 여관의 금욕적인 수련을 묘사하는데, 예를 들자면 금식과 같은 것으로서 그것은 그 몸을 가볍게 하면서 비전을 얻기 위한 수련법이었다.[18]

마지막으로, 여성 '도사'에 대한 많은 시는 시인들이 연인이나 벗으로 묘사했던 인물들로서 종교 기관과의 관계가 명확하지 않은 인물들에게 바치는 것이었다. 많은 여성이 종교적인 목적을 추구하여 독신을 유지하였던 반면에, 두광정은 신선이 되는 하나의 길로서 결혼을 인정하였다. 현세의 인간과 여신 사이의 영적인 결혼은 상청파 도교

---

17) Cahill, Suzanne E. *Transcendence and Divine Passion: The Queen Mother of the West in Medieval China*. pp.218-223.

18) Cahill, Suzanne E. *Transcendence and Divine Passion: The Queen Mother of the West in Medieval China*. pp.223-230.

에서 중대한 의식으로서 그리고 경전적經典的 계시의 한 측면으로서 중요하게 여겨졌다. 연인으로서 여성 도사에 대한 몇몇 시들은 그들과의 연애를 우주를 가로지르는 여행으로서 묘사하였다. 이 사행시에서 이상은은 여관이었던 자매에 대해서 언급한다.

> 천상의 복숭아를 훔치고 천상의 단약을 가로채는 일은 겸하기 어렵고
> 12겹의 성벽 속에 오색의 (달)두꺼비를 가두어 두었다
> 마땅히 이 세 가지 정영精英과 하룻밤에 먹어야 하니
> 옥루玉樓는 사라져도 수정장막은 남았네[19]

그는 여자 자매들과 천상의 복숭아와 단약을 나누어 먹으면서, 자신의 침소를 천상의 세계로 바꾸어 놓았다.

결국 도교 여신에 대한 이미지들은 주로 종교와는 무관한 여성의 미모를 찬양하는 것에 사용되고 있었다. 매력적인 인물들에 대한 '여신들'이라는 표현은 전국시대의 초사楚辭 문집들에까지 거슬러 올라간다. 전형적인 도교 신인 서왕모는 한무제와의 관계에 관한 이야기에서 성적인 매력이 넘치는 인물로 묘사되었다. 당대에 이 문학적 전통은 기생이나 무희 들에 의해 작성되었고 그들을 주제로 하였던 시문의 작성 관습과 융합되었다. 가장 눈에 띄는 사례는 훗날 유명한 기생이자 음악가가 되는 세 명의 고아 자매와 서왕모 사이의 동성 간의 사랑

---

19) Cahill, Suzanne E. *Transcendence and Divine Passion: The Queen Mother of the West in Medieval China*. pp.230-234.

에 관한 시의 등장이었다. 그 시는 그 자신이 유명한 기생이자, 여관이었고 또한 시인이었던 어현기魚玄機(844-868)가 지었다. 어현기는 고전적 미인인 서시西施, 도교의 천국, 서왕모 등에 이르기까지 참조할 만한 다양한 내용을 인용하여 그 3명의 미인을 찬양하였다. 다른 시들은 그 동일한 이미지를 써서 무희와 창부를 묘사하였다. 이런 공통된 표현들이 특정한 성적 관습과 영생을 얻기 위한 기술들 사이에서 발전하였다. 사원의 세계와 홍등가 사이의 이와 같은 오버랩은 당대 도시들의 유흥가를 채우고 있었던 창부와 여성 음악가의 수호신으로 등장한 서왕모에 대한 묘사에서 찾아볼 수 있었다.[20]

중국 불교의 등장

당대에 공식적으로 도교가 최상위의 종교였지만, 불교는 가장 인기 있고 영향력이 있는 신앙이었다. 도교와 더불어서 불교 또한 정치 질서와 경제의 필수적인 부분이었고 국가의 후원과 통제를 받았다. 중국 사회 내에 확고하게 뿌리내린 당대 불교는 중국화의 길을 걷게 되는데, 이는 중국이 중앙아시아나 인도와 분리되고 중국 불교가 그 자신만의 불교적 성지를 조성하고 중국 자체에서 새로운 토착적인 지

---

20) 성적인 이미지가 강조된 여신들에 대한 문학사에 대해서는, Rouzer, Paul F. *Articulated Ladies: Gender and the Male Community in Early Chinese Texts.* 2장. 기생들과 예인들에 관한 "도교적" 시들에 대해서는, Cahill, Suzanne E. *Transcendence and Divine Passion: The Queen Mother of the West in Medieval China.* pp.234-238.

적, 의례적 불교 전통이 출현하면서 이루어졌다.[21]

사회 최상층부에서 시작된 불교는 국가의 영적인 무기였다. 그것
의 가장 중요한 수단들은 전국의 각 군현에 설치된 황립의 사찰과 황
실 가문이 황제의 공간 내에 설치한 궁궐 사찰들이었다. 황립의 사찰
은 학승學僧들이 거주하고 황실의 금고에서 지원을 받았다. 이러한 사
찰들은 황제의 생신 축하나 독실한 불교 신자였던 과거 황제와 황후
를 위한 제사와 같은 국가의 안녕을 위한 의식을 거행하였다. 일반 신
자들은 사찰에서 거행되는 대규모의 채식 만찬에 초대되었고, 경우에
따라서는 한 번에 수만 명의 사람에게 음식이 제공되기도 하였다고 한

---

21) 당대 불교의 주요 종파들에 대해서는, Ch'en, Kenneth K. S. *Buddhism in China:
A Historical Survey*. 11장-12장. 송대에 당대 불교 종파들의 탄생에 대해서는, Faure,
Bernard. *The Will to Orthodoxy: A Critical Genealogy of Northern Chan Buddhism*.
Stanford: Stanford University Press, 1997. 서론.; Faure, Bernard. "One-Practice
SamÀdhi in Early Ch'an." In *Traditions of Meditation in Chinese Buddhism*. Ed.
Peter N. Gregory. Kuroda Institute Studies in East Asian Buddhism, No. 4. Honolulu:
University of Hawai'i Press, 1986. pp.118-125.; Getz, Daniel Aaron, Jr. "Siming Zhili
and Tiantai Pure Land in the Song Dynasty." Ph.D. diss., Yale University, 1994.;
Getz, Daniel Aaron, Jr. "T'ien-t'ai Pure Land Societies and the Creation of the
Pure Land Patriarchate." In *Buddhism in the Sung*. Ed. Peter N. Gregory and Daniel
A. Getz, Jr. Kuroda Institute Studies in East Asian Buddhism, No. 13. Honolulu:
University of Hawai'i Press, 1999.; Gimello, Robert M. "Màrga and Culture:
Learning, Letters and Liberation in Northern Song Ch'an." In *Paths to Liberation:
The MÀrga and Its Transformations in Buddhist Thought*. Ed. Robert Buswell,
Jr., and Robert Gimello. Kuroda Institute Studies in East Asian Buddhism, No. 7.
Honolulu: University of Hawai'i Press, 1992.; Gregory, Peter N. *Tsung-mi and the
Sinification of Buddhism*. Princeton: Princeton University Press, 1991.; McRae, John R.
The Northern School and the Formation of Early Ch'an Buddhism. Kuroda Institute
Studies in East Asian Buddhism, No. 3. Honolulu: University of Hawai'i Press, 1986.
서론, 4장.; McRae, John R. *Seeing Through Zen: Encounter, Transformation, and
Genealogy in Chan Buddhism*. Berkeley: University of California Press, 2003. 1장.

다. 사찰은 또한 당대 전투에서 전사한 수천 명의 군인을 위한 성대한 집단 장례식과 추모 의례를 거행하였다. 845년 당무종이 불교 탄압과 재산의 압수를 시도하다 미수에 그친 1년을 제외하고는 당대 황제 누구도 당 제국 내에서 불교의 위상을 의심한 적은 없었다.[22]

국가와 황실을 위한 의식을 수행하는 것 이외에도, 불교 교단은 국가 방어에도 공헌하였다. 외국의 침략 위협이 발생하면 불교를 신봉하는 황제들은 황립 사찰과 황궁 사찰에서 『인왕경仁王經』을 암송하도록 하였다. 『인왕경』은 대략 5세기 후반에 음병과 영적인 힘을 동원하여 국가를 보호하기 위해서 작성되었고, 경이로운 능력으로 침략자들을 막아낼 수 있다고 믿어져 왔다. 부처와 보살의 불상을 단상에 올려놓고 깃발과 꽃으로 씌워 두었고, 황제가 직접 암송회에 참석하기도 하였다. 765년 토번(티베트)과 회흘(위구르)의 연합군이 수도 장안을 위협하였다가 회흘 지도자의 갑작스런 죽음으로 동맹이 무너지면서 스스로 물러나게 되었다. 하지만 이때에도 불교도들은 이것이 영적인 개입의 결과라고 주장하였다.[23]

국가를 위해 봉사하였던 또 다른 사찰은 오대산의 사찰들이었는데,

---

22) Ch'en, Kenneth K. S. *Buddhism in China: A Historical Survey*. pp.275-278.; Ch'en, Kenneth K. S. *The Chinese Transformation of Buddhism*. pp.105-112.; Reischauer, Edwin O. *Ennin's Travels in T'ang China*. New York: Ronald Press, 1955. pp.168-170. 당 황제들의 태도와 정책에 대해서는, Weinstein, Stanley. *Buddhism under the T'ang* 참조.

23) Orzech, Charles D. *Politics and Transcendent Wisdom: The Scripture for Humane Kings in the Creation of Chinese Buddhism*. University Park: Pennsylvania State University Press, 1998. pp.77-78, 142-143, 191-203.; Weinstein, Stanley. *Buddhism under the T'ang*. p.78.

이들은 문수보살 신앙과 관련이 있었다(그림 24). 특이한 향기, 하늘의
빛, 난데없이 나타난 색채 구름 등 문수보살의 출현과 관련된 여러 징
조는 왕조에 상서로운 것이었다. 이러한 현상이 나타나면 즉각 조정
에 보고되었고 조정에서는 그 사찰들에 시주하였다. 일본 구법승 엔
닌은 당 왕조가 재정이 약화되고 황제가 불교를 매우 적대시하였던
840년대에조차도 사찰에 대한 시주가 엄청났음을 알려준다.[24] 오대산
에는 도교의 여성 신선의 공동체가 있다고도 여겨졌는데 이는 도연명
의 5세기 작품인「도화원기桃花源記」에서 묘사한 유토피아 공동체의 여
성 버전이었다.[25]

　국가에 대한 종교적 봉사 이외에도 사찰은 국가의 후원과 보호하
에 여행자들에게 쉼터와 숙소를 제공하였다. 가장 전형적인 방문객들
은 사찰에서 사찰로 이동하면서 성지를 향해 가는 불교 순례자들이었
고, 이 밖에도 여행을 해야 했던 승려들이었다. 국가의 후원을 받는 사
찰들은 임지로 부임하거나 다른 정부 업무를 위해 여행하는 관리들을
위한 숙소를 제공하였고 때로는 과거시험을 보러 수도 장안으로 가는
응시생에게 숙소를 제공하였다. 많은 사찰은 방을 제공하고 돈을 벌
기도 하였는데, 엔닌의 기록에 따르면 몇몇 순례자들은 모든 방이 유
료 숙박객으로 가득 차서 방을 구할 수 없었다고 한다. 언덕이나 산 위

---

24)　Edwin O. *Ennin's Travels in T'ang China*. 6장.; Dudbridge, Glen. *Religious Experience and Lay Society in T'ang China: A Reading of Tai Fu's Kuang-i chi*. pp.77, 81-84.; Birnbaum, Raoul. *Studies on the Mystery of Manjuśri*. Boulder: Society for the Study of Chinese Religions, Monograph 2, 1983.

25)　Dudbridge, Glen. *Religious Experience and Lay Society in T'ang China: A Reading of Tai Fu's Kuang-i chi*. pp.76-79.

그림 24. 오대산의 사찰들

에서 좋은 풍광을 볼 수 있었기 때문에, 많은 사찰은 관리나 다른 지식인 계층이 정신적 에너지를 회복하기 위해 피신하는 칩거의 장소가 되었다. 불교 사찰에 머무르기 위해 산으로 여행을 가는 것은 당시唐詩의 보편적인 주제가 되었다.[26]

불교에 적대적인 관료들에 따르면, 공식적인 불교 사찰은 신자들의 자선 기부 덕분에 당대에 전국에서 가장 큰 지주이기도 하였다. 이러한 지위는 다른 지주들과 전혀 다른 점이 없었다. 그들은 사찰 노비들을 소유하였고, 종종 사형수들로 충당되었던 사찰에 예속된 가정들을 동원하여 그 땅에서 경작을 하거나 토지를 작은 부분으로 나누어 소작

---

26) Ch'en, Kenneth K. S. *The Chinese Transformation of Buddhism.* pp.171-177.

농들에게 임대를 하였다. 불교 재산의 실제 규모는 추정하기 어렵다. 많은 부유한 가문들이 사망한 가족을 사찰 내에 안장하거나 그곳에 불당을 세우고 나서 그에 대한 제사가 유지될 수 있도록 토지를 '기부하고' 있었다. 이 토지의 실소유자는 기부자였지만, 사찰의 재산으로 등록되어 세금이 면제되었다. 불교 사찰들은 수력으로 운행되는 방앗간이나 착유기 등을 소유하였고, 이것들을 사찰을 위해서 밀가루나 기름을 생산하는 집안에 임대해 주었다.[27]

불교 사찰들에게 정치적이고 경제적인 활동보다 더 중요한 것은 그들의 종교적이고 교육적인 역할이었다. 유사시에 사찰에 의지하는 것 이외에, 사찰에서는 대규모의 축제가 열렸는데 이는 일반 대중의 일상생활에서 중요한 날이었다. 왜냐하면 농촌사회에서 불교 사찰의 축제는 전시장이자 비정기 시장으로 기능하였고, 또 대중은 이를 통해 정기적으로 불교를 접했다. 한 해의 첫 번째 행사는 원소절元宵節로서 음력 1월 14일에서 16일 사이에 거행되었다. 이는 정월대보름으로 등절이라 불리던 것이다. 수도 장안의 방坊의 출입문들은 밤에는 일반적으로 잠겨 있었지만 이 행사 동안에는 열어 두었다. 이날 도성의 주민들은 사찰에서 사찰로 이동하면서 화려하게 장식된 등燈과 도상圖像을 구경하였다.

다음으로 맞이하는 불교 행사는 부처의 탄신일인 4월 초파일이었고, 사람들은 불상을 목욕시키거나 들고서 거리를 행진하였다. 특정

---

27) Gernet, Jacques. *Buddhism in Chinese Society: An Economic History from the Fifth to the Tenth Centuries.* 보다 함축적으로 정리된 설명으로는, Ch'en, Kenneth K. S. *The Chinese Transformation of Buddhism.* 4장 참조.

한 해에는 부처의 가장 존귀한 성유물, 특히 가장 널리 알려진 것은 부처의 손가락뼈로서 (그것은 오늘날 장안 근교의 법문사의 지하궁전에서 발견되었다) 이것이 수도 장안을 통과하였는데, 뒤에 따른 행렬들 중에는 집단적인 광기를 촉발시켜 머리나 팔에 불을 질러 희생으로 바치는 이들이 있기도 하였다. 873년에 한 병사는 그 자신의 팔을 잘라서 다른 손으로 그것을 쥐고서 행렬을 뒤따르기도 하였다. 한 해의 마지막을 장식하는 불교 행사는 우란분절로서 음력 7월 15일에 거행되어 목련존자가 그의 어머니를 지옥에서 구출하였던 것을 기념하였다.[28]

불교 사찰은 대중 강연을 통해 대도시에서부터 작은 마을에 이르기까지 당대인의 삶에 영향을 미쳤다. 강담講談, 일화, 우화 들로 이루어진 대중 강연은 대중을 즐겁게 하면서 계몽시켰다. 이러한 행사들이 불교에 우호적인 사람이든 배타적인 사람이든 수많은 관중을 끌어들였고 많은 대중에게 깊은 영향을 끼쳤다. 이러한 대중 강연과는 전혀 다르지만 같은 수준으로 대중에게 인기가 있었던 것은 운문이나 산문의 형태로 이루어진 대중적인 불교 이야기의 암송으로서 종종 그림을 같이 보여 주면서 이루어졌다. 이러한 이야기들이 결국 '변문變文'이 되었는데 이는 토착 소설의 등장에 중요한 공헌을 하였다.[29] 당대 농촌

---

28) Ch'en, Kenneth K. S. *Buddhism in China: A Historical Survey.* pp.278-285. 법문사의 성유물 숭배에 대한 설명과 그곳에서의 최근의 고고학적 발견에 대해서는, Sen, Tansen. *Buddhism, Diplomacy, and Trade: The Realignment of Sino-Indian Relations, 600-1400.* pp.64-74.

29) Mair, Victor H. *T'ang Transformation Texts: A Study of the Buddhist Contribution in the Rise of Vernacular Fiction and Drama in China.*; Mair, Victor H. *Painting and Performance: Chinese Picture Recitation and Its*

지역에서 중대한 경제적 역할을 하였던 사찰 축제들은 연극 공연의 기회가 되기도 하였다. 이러한 연극에서 선보이는 불교적 이야기와 교리는 농민의 정신적 경험 세계의 중요한 부분이 되었다.

불동佛洞에 봉헌된 비문들은 돈황에서 발견된 문서들과 더불어 사찰의 후원하에 형성된 민간 불교 단체들이 당 사회에 끼친 영향에 대한 증거를 제공한다. 그들은 불상을 조성하고 불경을 필사하고 사찰의 식사를 준비하고 불경의 암송을 위해 신도를 모으고 그 신도 단체의 회원을 위한 장례 의식을 제공하였다. 종종 이러한 신도 단체들과 협력해서 사찰들은 병자들을 위한 진료소나 병원, 배고픈 자들을 위한 식당, 버려진 아이들을 위한 고아원, 노인을 위한 안식처 그리고 자선 활동을 제공하였다. 요컨대, 사찰과 민간 신도의 관련 단체들은 가난한 이들을 돌보는 자선 단체의 역할을 하였고, 명청대에 이르러서는 부유한 가문이나 상업 길드 단체가 이러한 사회적 역할을 수행하였다. 게다가 그들은 도로를 닦고 교량을 건설하고 선박의 운항을 위해 하도河道를 확장하기도 하였다.[30]

불교는 떠돌아다니는 승려들의 형태로 등장하기도 하는데, 이들은

Indian Genesis. Honolulu: University of Hawai'i Press, 1988.; Mair, Victor H. tr. *Tun-huang Popular Narratives*. Cambridge: Cambridge University Press, 1983.; Ch'en, Kenneth K. S. *Buddhism in China: A Historical Survey*. pp.285-289.

30) Gernet, Jacques. *Buddhism in Chinese Society: An Economic History from the Fifth to the Tenth Centuries*. pp.217-228, 259-277.; Ch'en, Kenneth K. S. *The Chinese Transformation of Buddhism*. pp.281-303.; Ch'en, Kenneth K. S. *Buddhism in China: A Historical Survey*. pp.290-296.

종종 국가 권력에 의해 탄압을 당하기도 하였지만 지역 주민들과 섞여서 농촌 사회에서 불교를 전파하는 데 큰 공헌을 하였다. 그들 중 상당수는 마을의 퇴마사, 주술사 또는 영매로 활동하였다. 불교에 적대적인 당대의 한 상주문은 떠돌아다니는 승려가 병을 치료할 수 있다고 주장하는 한 우물에 대해서 언급하는데, 그 우물물을 담아 마시려는 사람은 육류와 자극적인 향의 채소를 삼가야 했다. 따라서 그 '마법의' 우물은 그 마을 주민들에게 불교의 원칙적인 식습관을 가르치는 데 사용되고 있었다.

때때로 농부들, 그중에서도 주로 아이들이 처음 들어보는 불경을 암송하거나 나중에 산스크리트 또는 중앙아시아 문자로 밝혀지는 특이한 글씨로 글을 쓰는 등의 빙의 현상을 경험하는 경우가 있었다. 이러한 경험을 한 사람들과 그들이 쓴 글들은 지역 신자들의 집중적인 숭배 대상이 되었고 작은 규모의 종교적 움직임으로 발전하기도 하였다. 불교 기관에서는 그들에 대해 의심하였고, 따라서 고승전高僧傳 등에서는 명성이 높은 승려들이 이러한 사람들을 영적으로 지배하고 있었던 악령을 어떠한 방법으로 몰아내었는지에 대해서 기술하고 있다.[31] 그러나 공식 사찰들의 반대가 이러한 다양한 형태의 '불교'들이 중국의 민간 신앙과 밀접하게 관련을 맺게 되는 것을 막지는 못했다.

당대 민간 신앙의 한 가지 중요한 형태는 삼계교三階敎에서 후원하는 무진장행無盡藏行의 법규였다. 이 교파는 수대에 설립되어 덧없는

---

31) Kieschnick, John. *The Eminent Monk: Buddhist Ideals in Medieval Chinese Hagiography*. p.102.

세상에서 불법의 필연적인 소멸로 인하여 모든 종교적 구분 즉 승려와 일반 신도 사이의 구분과 같은 것들은 무의미하다고 설교한다. 이들 신자들은 특정한 사찰의 특별한 구역에서 다른 승려들과는 분리된 채로 거주하였고 관습적이고 제도적인 불교와는 달리 그들은 모든 중생이 갖고 있는 불성佛性에 대한 보편적인 존경을 주장하였다. 그들은 고전적인 자선에 대한 의무를 그들의 가장 높은 덕으로 만들었고 무진장행의 법규를 만들어서 많은 지방에 사무소들을 만들었다. 정월 초하룻날의 축제와 우란분절에서 사람들은 돈과 재산 중에서 동산動産을 가져다가 무진장행의 지역 사무소들에 보시하였고, 지역 사무소들은 이러한 자산들을 이자를 받고 대출해 주었다. 그리고 그 이익금을 불사와 불상 보수 및 개축, 가난한 사람 구휼에 사용하였다. 이러한 기관들은 현종이 8세기 중반에 그 삼계교가 제도권의 불교 종파들을 공격하였던 것을 이유로 폐지시키기 전까지 전국적인 자선 시스템으로서 등장하였다.[32]

변화하는 국제질서 또한 중국 불교의 등장에 중요한 요인이 되었다. 불교는 인도에서 기원하여 주로 중앙아시아를 거쳐 중국으로 들어왔기 때문에, 중앙아시아의 학자들은 수세기 동안 중국에서 불교의

---

32) 무진장행에 대해서는 Gernet, Jacques. *Buddhism in Chinese Society: An Economic History from the Fifth to the Tenth Centuries*. pp.210~217. 삼계교에 대해서는, Hubbard, Jamie. *Absolute Delusion, Perfect Buddhahood: The Rise and Fall of a Chinese Heresy*. Honolulu: University of Hawai'i Press, 2001. 참고. 삼계교에 대한 탄압에 대해서는, Lewis, Mark Edward. "The Suppression of the Three Stages Sect: Apocrypha as a Political Issue." In *Chinese Buddhist Apocrypha*. Ed. Robert E. Buswell, Jr. Honolulu: University of Hawai'i Press, 1990 참조.

지적인 스승으로서 존경받았다. 불교의 세계관에서, 인도는 세계의 중심으로서의 위치를 자부하였고, 반면에 중국은 변방의 위치에 불과하였다. 이러한 인식은 인도로 여행하여 경전을 찾아 중국으로 갖고 돌아온 구법승들의 기록에서 분명하게 찾아볼 수 있다.

따라서, 초기 구법승 법현法顯은 인도의 마디데사Madhydesa국을 '중국中國'이라고 번역하였고 그들의 의복과 음식이 중국의 것과 본질적으로 동일하다고 주장하였다. 이러한 발언은 역도원酈道元이 저술한 『수경주水經注』에 포함되었고 실증적인 관찰이 아니라 종교의 중심지인 부처의 고향을 중국의 '중심' 지역과 동등히 해야 한다는 주장이었다. 이러한 주장은 불교가 오랑캐의 교리로서 진정한 중국인이라면 공경해서는 안 된다는 비난으로부터 불교를 보호하였다. 비록 법현은 인도를 중심으로 삼는 것이 중국을 주변부로 만드는 것이라는 것을 인식하지 못하였지만, 이러한 점은 중국을 중앙아시아의 민족들과 같은 수준에서 외국인 또는 오랑캐라고 정의하였던 브라만 사제 계급과 불교 작품들에서도 분명하게 확인할 수 있다.[33]

이러한 이슈는 위대한 당대 구법승 현장의 저작들에서 분명하게 나

---

33) 불교 세계에서 중국의 위치에 대해서는, Sen, Tansen. *Buddhism, Diplomacy, and Trade: The Realignment of Sino-Indian Relations, 600–1400*. pp.6-12.; Abramson, Marc S. *Ethnic Identity in Tang China*. pp.75-76 참조. 법현에 대해서는, Ch'en, Kenneth K. S. *Buddhism in China: A Historical Survey*. pp.89-93. 『수경주水經注』의 구절들은, Petech, Luciano. *Northern India According to Shui-ching-chu*. Serie oriental Roma, 2. Rome: Istituto Italiano per il Medio ed Estremo Oriente, 1950 참조. 법현의 설명의 구절들은, Legge, James, tr. *A Record of Buddhistic Kingdoms: Being an Account of the Chinese Monk Fa-hien of his Travels in India and China (a.d. 399–414) in Search of the Buddhist Books of Discipline*. New York: Dover, 1965. pp.42-43 참조.

타난다. 그는 인도를 불교 경전들이 발견되는 곳으로서만이 아니라
부처가 말하고 행한 것들과 더불어 무엇보다도 부처가 있었던 것을 말
해 주는 흔적과 이야기들로 가득 차 있는 풍광으로서 경험하였다. 현
재 인도의 상태에 대한 간략한 언급은 종종 불법의 임박한 소멸의 징
조들에 초점을 맞추고 있고, 그 장소에서 일어났던 부처의 삶과 관련
된 사건들에 대한 상세한 설명으로 이어진다. 따라서 인도는 부처의
진실을 파악하기 위한 가장 직접적이고 분명한 수단으로서 등장하였
고, 현장에게 그것은 가장 고귀한 진실이었다. 부처의 일생과 깨달음
의 공간으로서 그것은 세계의 중심일 뿐만 아니라 우주의 중심이기도
하였다.

　나란다那爛陀사의 승려가 현장에게 부처가 선택하지 않았던 오랑
캐의 땅인 중국으로 돌아가는 대신 인도에 머무르라고 강요하였을 때
에, 현장은 부처가 "아직 깨달음을 얻지 못한 사람들을 잊지 않으실
것입니다"라고 주장할 수밖에 없었다. 중국 황제들의 미덕들을 열거
한 후에, 그는 "어떻게 스승께서는 중요하지 않다는 이유로 부처가 중
국으로 가지 않았다라고 말할 수 있겠습니까?"라고 하소연하듯이 말
을 끝맺었다. 거의 같은 시기에 승려 도현은 인도는 사바 세계의 중심
이라고 추정하였고 인도 문명은 여러 가지 중에서도 자모로 구성된
글자 체계를 갖고 있기 때문에 다른 문명에 비해 우월하다고 주장했
다.[34]

34) Eckel, Malcolm David. *To See the Buddha: A Philosopher's Quest for the Meaning of Emptiness*. Princeton: Princeton University Press, 1992. pp.51-65.; Strong, John S. *The Legend of King Asoka: A Study and Translation*

그러나 8세기에 국제무대가 변화함에 따라 중국은 그 스스로 성스러운 불교의 성지이자 불교의 가르침과 경전을 동아시아 전체로 전파시키는 중심지로 등장하였다. 수나라와 당나라는 부처의 신체적 유해 [眞身舍利]와 다른 불교적 신성성을 보유했다고 주장함으로써 종교적으로 중요한 영역이 되었다. 성스러운 유물에 대한 숭배는 불교 역사에서 초창기에 등장하였고 마우리아왕조의 아소카 왕의 전설과 밀접한 관련이 있었다. 이상적인 불교 왕조로서, 아소카 왕은 8만 4,000개소의 사리탑을 그의 영역 전체에 세웠고 각각의 사리탑에는 부처의 사리들이 담겨져 있었다. 5세기 후반기에 이르러 이러한 이야기가 중국에 널리 알려졌다. 초기 중국 불교도들은 아소카 왕이 대륙 전체를 지배하고 있고 중국은 한 부분을 차지하고 있는데, 이글거리는 불빛과 같은 마법적인 표징의 도움을 받아 부지런히 수색한다면 중국 내에서도 부처의 사리를 받을 수 있을 것이라고 주장하였다. 그러한 발견과 관련한 가장 초창기 이야기는 5세기로 거슬러 올라가고, 여러 사료들

of the Asokāvadāna. Princeton: Princeton University Press, 1983. p.8. 우주 중심의 움직일 수 없는 장소로서의 금강좌金剛座에 대해서는, Xuanzang. *The Great Tang Dynasty Record of the Western Regions*. pp.244-245. 세계 속에서 중국의 위치에 대한 현장법사의 대화에 대해서는, Forte, Antonino. "Hui-chih (fr. 676 – 703 a.d.), a Brahmin Born in China." *Estratto da Annali dell'Istituto Universitario Orientale* 45 (1985): 106 – 134. p.125.; Needham, Joseph. *Science and Civilisation in China*. Vol. 1, Introductory Orientations. Cambridge: Cambridge University Press, 1965. pp.209-210. 조셉 니담의 설명에 따르면, 현장법사는 중국의 천문학과 우주학에서의 성취를 예로 들면서 중국 문명을 옹호하였다고 하였다. 도현의 주장에 대해서는, Sen, Tansen. *Buddhism, Diplomacy, and Trade: The Realignment of Sino-Indian Relations, 600–1400*. p.9 참조.

은 4세기와 5세기에 19개의 부처 사리가 더 발견되었다고 기록하고 있다. 이러한 발견들은 중국 남부에서 6세기에도 이루어지고 있었다.[35]

단지 아소카 왕의 성물의 발견에 의해서 여전히 암시되고 있었던 중국의 변경적 위치는 수나라 시기에 변화하기 시작하였다. 수문제는 601년 환갑을 맞이하여 국가 전체에 걸쳐서 부처 사리의 분배를 명령하였고 이러한 조치는 602년과 604년에도 거듭 이루어졌다. 수대의 자료에 따르면, 인도에서부터 중국으로 와서 이러한 의식을 목격하였던 승려들은 이후에 다시 사리탑을 보기 위해 중국으로 순례 여행을 오게 되었다. 한 인도 승려는 수문제가 인도에 부처 사리탑을 건설할 것이라고 예언하는 비문을 발견했다고 보고하였다. 더 나아가 수문제는 자신의 이러한 행동들을 기록한 것들을 산스크리트어로 번역하도록 명하였고, 그렇게 함으로써 상징적으로 불경의 번역이 이루어졌던 방향을 거꾸로 뒤바꾸어 놓았다. 한반도의 세 나라는 수나라 조정에 조공을 오면서 그 사리의 일부분을 나누어 줄 것을 요청하였는데, 그러나 사실 이것은 수 조정에서 미리 그 사신들을 시켜 그러한 요청을 하도록 조치를 취해 놓았을 수도 있었다.[36] 이와 같이 수문제는 자신의

35) Zurcher, Erik. *The Buddhist Conquest of China*. 2 vols. Leiden: E. J. Brill, 1959. pp.277-280. 아소카 왕의 전설과 부처의 성유물에 대해서는, Strong, John S. *The Legend of King Asoka: A Study and Translation of the Asokāvadāna*. pp.109-119.; Strong, John S. *Relics of the Buddha*. Princeton: Princeton University Press, 2004. 5장 참조.

36) 수문제의 불교 정책에 대해서는, Wright, Arthur F. "The Sui Dynasty (581 - 617)." pp.126-138.; Chen, Jinhua. *Monks and Monarchs, Kinship and Kingship: Tanqian in Sui Buddhism and Politics*. Kyoto: Scuolo Italiana di Studi sull'Asia Orientale, 2002. 참고. 수문제의 불탑 건설 운동과 그 국제적인

위상을 이상적인 불교 왕조의 군주에 비유하였고, 그렇게 함으로써 수나라를 이상적인 불교 왕국과 동일시하였다. 이는 중국을 한국인과 심지어 인도인조차도 부처의 신성한 장소를 찾아서 오는 불교의 중심지로서 만들었다.

중국인들은 중국 내에서 다른 불교 신들의 영역을 발견하였는데, 가장 널리 알려진 곳은 오대산의 문수보살 거주지였다. 이 보살은 가장 높은 학문적 지식을 갖췄고 중생들에게 가장 자비로운 존재로 널리 숭배되었다. 또한 이 보살은 중생들을 지옥에서 구해 주거나 모든 지각 있는 존재들을 불교로 전향시켰다. 그는 만년설로 뒤덮인 산 정상에서 거주한다고 알려져 있었고 그의 본래 인도 이름이 다섯 봉우리를 의미하였기 때문에, 중국 주석가들은 그가 오늘날 중국 북동부 산서성 지역의 '다섯 봉우리'를 뜻하는 오대산에 거주한다고 주장하게 되었다. 도현은 664년경에 작성된 보고문에서 경전상의 증거들을 들어 이것이 진실이라고 주장하였다. 따라서 오대산은 당대에 최초의 불교 순례지가 되었고, 중국의 독실한 불교 신자들은 인도로 구법 여행을 갈 필요 없이 문수보살의 신성한 자취로 가득 찬 풍광과 마주할 수 있었던 것이다.

7세기와 8세기 중앙아시아와 인도 승려들의 오대산 방문과 그들의 인정과 지지하는 글들은 비록 대부분은 무측천의 후원을 받은 것이지

파문에 대해서는, Wright, Arthur F. "The Sui Dynasty (581 - 617)." pp.134-138.; Chen, Jinhua. *Monks and Monarchs, Kinship and Kingship: Tanqian in Sui Buddhism and Politics.* 2장.; Sen, Tansen. *Buddhism, Diplomacy, and Trade: The Realignment of Sino-Indian Relations, 600–1400.* pp.62-64. 참조.

만, 불교 성지로서 오대산의 명성을 더욱 강화시켰다. 당태조 이연은 오대산이 위치한 산서 지역을 기반으로 당나라를 건설하는 전쟁을 개시하였기 때문에, 중국에 밀교를 전파하였던 스리랑카 승려 불공不空은 문수보살이야말로 당나라의 특별한 수호자라고 주장하였다. 이러한 관계로 황실에서는 어떠한 상서로운 징조가 나타날 때마다 오대산에 선물을 보내었다. 엔닌의 일기는 오대산으로 순례를 오는 많은 일본인과 다른 승려에 대해 묘사하면서 그 상서로운 징조의 목격담도 기록한다. 게다가 네팔에서 온 도상圖像과 스리랑카, 티베트 그리고 코탄에서 온 불교 제문祭文은 11세기에 이르러서 오대산과 문수보살 사이의 연관 관계가 중앙아시아와 남아시아 등지에서 널리 확산되었음을 보여 주고 있다.[37)]

중국이 불교 세계의 새로운 중심지라는 당대인의 주장은 부처의 가르침의 종말이 임박했다는 교리로 인해 더욱 설득력을 얻었다. 불교에서는 사바 세계와 마찬가지로 부처의 가르침 역시 부패하고 사라지게 될 운명에 있다고 가르친다. 중국에서 이러한 사상은 도교의 천년지복설(천년왕국설)과 446년과 574년에 시도된 불교 탄압의 영향하에서 보다 정교해졌다. 5세기와 6세기가 되자, 사람들은 기존의 불교가 소멸에 가까워지고 있다고 믿었다. 그러나 수대와 당대에 불교 사찰의 부활은 이러한 교리에 대한 재해석을 낳았고, 인도에서 불교의 신

37) Sen, Tansen. *Buddhism, Diplomacy, and Trade: The Realignment of Sino-Indian Relations, 600–1400*. pp.79–86.; Cartelli, Mary Anne. "The Poetry of Mt. Wutai: Chinese Buddhist Verse from Dunhuang." Ph.D. diss., Columbia University, 1999.

앙이 소멸 직전에 이르렀다는 예언이 유행하였다. 이러한 시각은 중국을 불교 세계의 중심으로 만들었다.[38]

이러한 예언의 다른 버전은 무측천 시기에 이루어졌는데 그는 이를 통해 자신의 통치를 정당화하고자 하였다. 무측천은 출처가 불분명한 불경을 인용하였는데, 그 경전에는 미래불로서 진정한 불법이 사라진 이후에 그것을 부활시킨다고 알려진 미륵보살이 그의 천상세계로부터 거대한 성벽과 탑으로 이루어진 '신비로운 성시城市'에 강림할 것이라는 내용이 실려 있었다. 이는 그가 건설하는 낙양의 명당 모델이 되었고, 그 건물에는 거대한 미륵불상이 조영되었다. 그는 또한 『대운경大雲經』의 주해를 지원하였다. 그 경전은 부처의 여성 제자가 이 세상 전체의 신앙심 깊은 통치자로 이 세상에 다시 태어날 것이라는 예언, 즉 그것은 분명히 무측천이다라는 예언이 내용의 핵심을 이룬다. 그 새로운 주해서가 조정에 공개되었을 때, 그 경전의 저자 중 한 명이 무측천을 미륵보살의 환생이라고 묘사하였다. 690년 『대운경大雲經』은 전국의 모든 사찰에 배치되었고 두 달 후 무측천은 그 자신의 왕조를 선포하였다. 5년 후 그는 미륵이라는 이름을 자신의 존호에 덧붙였다.[39]

---

38) Sen, Tansen. *Buddhism, Diplomacy, and Trade: The Realignment of Sino-Indian Relations, 600–1400*. pp.86-101.

39) 무측천에 의한 불경의 편찬과 사찰의 건립 운동에 대해서는, Forte, Antonino. *Political Propaganda and Ideology in China at the End of the Seventh Century: Inquiry into the Nature, Authors and Function of the Tunhuang Document S.6502 Followed by an Annotated Translation*. Naples: Istituto Universitario Orientale, 1976.; Forte, Antonino. *The Mingtang and Buddhist Utopias in the History of the Astronomical Clock: The Tower, Statue, and Armillary Sphere Constructed by Empress Wu*. Paris: Ecole Francaise

인도에서 불교가 쇠퇴되었다고 추정하는 것은 사실 9세기에 불교가 갠지스 강 유역의 그 오래된 중심지에서 사라지고 중앙아시아에서는 무슬림의 정복 이후에 사라졌다는 사실에 근거하고 있다. 그러나 불교는 비하르, 벵갈, 오리사에서 12세기 내내 지속적으로 번성하였다. 이 시기는 또한 불교 내에서 상당한 지성적인 생명력을 보여 주고 있었는데, 예를 들자면 이 시기에 밀교의 발전과 더불어 밀교가 핵심적인 종교가 되는 티베트로의 전파가 이루어졌다.[40] 그러나 북송 왕조가 밀교 경전을 번역하고 전파시키는 대규모 사업을 후원하였을 때에, 중국 불교 교단은 그 사업과 출판을 무시하였다. 이것은 당대에 중국이 불교 세계의 중심으로 등장하였던 마지막 측면을 잘 보여 주고 있는데, 당시에 이미 토착의 지성 전통이 지배적인 위치로 올라서게 되었던 것이다.

서구 학자들은 불교의 중국화에 대해서 대체로 3단계 과정을 제시해 왔다. 400년경에, 중국 철학자들은 불교를 그 자신들의 지성적인 전통의 측면에서 설명하고자 하였다. 무엇보다 위진 시대의 현학玄學이 대표적이었다. 현학은『장자』,『노자』,『주역』을 재해석하여 도덕적이고 정치적인 권위를 위해 새로운 형이상학적 토대를 제공하고자 하였던 학문이다. 첫 번째 단계에서 불교는 기존의 중국의 범주에 들어맞게끔 만들어졌다. 두 번째 단계는 중앙아시아 학자들이 주도하였

---

d'Extreme-Orient, 1988 참조.

40) Sen, Tansen. *Buddhism, Diplomacy, and Trade: The Realignment of Sino-Indian Relations, 600-1400*. 3장.

고, 불교 경전을 토착적인 중국의 철학적 전통을 떠나서 그들의 언어로 이해하고자 하는 것에 목적이 있었다. 구마라습이 401년 장안에 도착하는 것을 계기로 시작된 이 시기는 불교 경전의 번역과 주해가 필요했던 인도와 중앙아시아의 해석적 전통을 익히는 것을 위주로 하였다. 6세기 말, 그 세 번째 단계에서는 중국 불교도들이 외국의 해석과 주해의 전통을 거부하고 인도 불교에서는 분명한 선례가 없는 지성적 전통을 만들어 내기 시작하였다. 많은 학자들이 이러한 도식(스키마)을 여러 가지 이유로 비판했던 반면에, 그것은 당대 이전의 시기를 다루는 데 있어서 유일한 종합적인 판단의 틀이었다.[41]

---

41) 시기적으로는 차이가 있지만, 불교의 3단계 중국화 과정에 대해서는, Wright, Arthur F. *Buddhism in Chinese History*. Stanford: Stanford University Press, 1959. 2장-4장. 3단계론의 보다 최근의 정형화는, Buswell, Robert E., Jr. *The Formation of Ch'an Ideology in China and Korea: The VajrasamAmadhi-SAtra, a Buddhist Apocryphon*. Princeton: Princeton University Press, 1989. pp.15-16.; Gregory, Peter N. *Tsung-mi and the Sinification of Buddhism*. pp.3-5, 110-111.; Gregory, Peter N. *Inquiry into the Origins of Humanity: An Annotated Translation of Tsung-mi's Yuan jen lun with a Modern Commentary*. Honolulu: University of Hawai'i Press, 1995. pp.25-28 참조. 이러한 3단계론에 대한 비판으로는, Scharf, Robert H. *Coming to Terms with Chinese Buddhism: A Reading of the Treasure Store Treatise*. Kuroda Institute Studies in East Asian Buddhism, No. 14. Honolulu: University of Hawai'i Press, 2002. pp.4-25.; Gimello, Robert M. "Random Reflections on the 'Sinicization' of Buddhism." *Society for the Study of Chinese Religions Bulletin* 5 (1978): 52-89. 그 3단계 모델은 '인도 불교'와 '중국 문화'와 같은 존재들을 구체적인 존재로 취급하였다고 비판받고 있는데, 즉 종파 간의 분쟁을 지성사와 혼동하였고 당대 이후의 범주들을 이전 시기로 잘못 해석하였다. 그것은 이후에 중국 불교와 일본 불교에서 순차적으로 발생하였던 종파 간 분쟁을 액면 그대로 받아들인 결과였다. 따라서 5세기와 6세기의 역경자들은 그 이전 역경자들의 해석을 왜곡된 것으로 여겨 묵살하였고, 그 결과 당대 불교인들로부터 경전에 묶여 있는 현학자들이라고 공격받았다. 그리고 그들은 이후에 송대 불교 문헌

불교화된 중국의 토착적인 지적 전통은 이러한 배경에서 등장하였다. 앞선 두 세기의 번역과 주해는 당대 학자들에게 그들 자신의 불교 이해에 대한 자신감을 심어 주었다. 그러나 인도 경전의 압도적인 분량은 수세기에 걸쳐서 쓰였고 따라서 수많은 모순이 내재되어 있었기 때문에 그 성스러운 문헌 속에서 한 가지의 메시지를 얻고자 하였던 불교도들 사이에 위기를 조성하였다. 게다가 불법의 쇠퇴라는 교리는 보다 이전의 문헌들 속에 있었던 많은 자세한 교리들과 규범들이 더 이상 현실에 적용될 수 없다는 믿음을 갖도록 만들었다. 새로운 시대는 새로운 사상과 새로운 수련 방식이 필요하였던 것이다.

그 결과로 수·당 시기에 등장하였던 불교는 네 가지 학파로 구현되었다. 천태종, 화엄종, 선종, 정토종. 이들 새로운 학파들은 몇 가지 공통된 특징을 지니고 있었는데, 스승–제자의 '계보'에서 종지宗旨를 계승·전달하는 중국인 '조사祖師'의 존재, 학문적 교육보다는 실천적 수련에 대한 중시, 이승에서의 득도와 개오開悟의 가능성에 대한 주장, 그리고 저자의 본래의 의미를 되살리는 것보다는 오히려 개인적인 종교적 경험을 바탕으로 하는 경전 해석의 자유 등이 그 특징을 이루었다. 이러한 특징들은 불교의 진리와 궁극적인 목적을 외국 땅의 문헌적 유산을 통해서가 아니라 개인적인 경험 또는 같은 중국인의 경험을 통해 발견하고자 하는 새로운 의지의 표현이었다. 이러한 새로운 독립적인 경향은 중국에서 작성되거나 중국인들의 관심사를 고

저술가들이나 일본의 종파적 분쟁에 의해서 형성된 종파의 계보 속에 놓이게 되었다.

려해서 만들어진 출처가 불분명한 경전들에 대한 의존을 더욱 증가시 켰다.[42)]

'교리적 분류'의 가르침은 카리스마 있는 불교 스승의 등장과 그들 의 자유로운 경전 해석의 근본적인 원인이었다. 이것은 잘못된 사상들 을 해석하면서 부처가 불교 교리를 그의 신자들의 요구에 맞추거나 중 생들이 깨달음으로 나아갈 수 있도록 몇 가지 단계별로 다르게 가르쳤 다고 주장함으로써 경전들 사이의 모순을 설명한다. 마찬가지로, 5세 기부터, 중국 불교도들은 서로 다른 경전들은 부처 생애의 다양한 시 점에서 보이는 부처의 가르침들의 차이를 나타낸다고 주장하였다. 이 러한 두 가지 사상을 결합하면서 당대 불교도들은 불경들을 (초기부터 후기까지) 시기별로 그리고 (단순한 것에서부터 가장 심오한 것에 이르기까지) 가르침별로 구분하였다. 이러한 접근법의 가장 완전한 형태들은 천태 종과 화엄종에서 발견되었지만, 사실상 모든 당대 불교도들은 이러 한 접근법을 어느 정도 채택하였고 각각의 종파는 자신들이 가장 중시 하는 경전이야말로 최고의 가르침을 담고 있다고 주장하였다. 이러한 불경들 사이의 계층화 이외에 수행 방식 사이에 계층화가 등장하여 참 선, 시각화, 기도, 그리고 다른 형태의 깨우침들 사이에 서로 간에 순

---

42) Weinstein, Stanley. "Imperial Patronage in the Formation of T'ang Buddhism." In *Perspectives on the T'ang*. Ed. Arthur F. Wright and Denis Twitchett. New Haven: Yale University Press, 1973. pp.272-273. 출처가 불분명한 경전들에 대해서는, Buswell, Robert E., Jr. *The Formation of Ch'an Ideology in China and Korea: The VajrasamAmadhi-SAtra, a Buddhist Apocryphon*. 1장.; Buswell, Robert E. Jr. ed. *Chinese Buddhist Apocrypha*. Honolulu: University of Hawai'i Press, 1990.

위가 정해지고 내부적으로 그 우수성의 단계가 구분되어 있었다. [43]

수행 방식에 대한 강조 즉 불경 문헌들보다는 불교적 수행으로부터 철학적 깨달음을 얻으려는 것에 대한 강조는 화엄종의 초기 역사에서 분명하게 보인다. 화엄종의 제1조祖로 추정되는 두순杜順(557-640)은 일반 대중들 사이에 거주하면서 참선을 통해 얻은 힘으로 악령을 쫓아 내고 질병을 치료하였다. 추론에 근거한 주장보다는 명상을 통한 '식견'에 기반해서, 그는 고전적인 불교 교리인 '공空'을 '현상[事]'과 구분할 수 없는 '구성원리[理]'로 재해석하였다. 이것은 현상적인 세계에 대한 긍정을 향한 중대한 변화를 보여 주었다. 화엄종의 제2조인 지엄智儼은 불교의 추론적 사고에 관한 모든 주요한 작업들을 연구하였지만 단지 그들의 다양한 주장과 그 모순점들로 인하여 절망에 빠졌을 뿐이었다. 심지어 『화엄경華嚴經』을 주요 경전으로 결정한 이후에도 그는

---

43) 중국에서의 교리적 분류와 화엄종 속에서 그 분류적 접근법의 등장에
  대해서는, Gregory, Peter N. *Tsung-mi and the Sinification of Buddhism*.
  3장-4장, 특히 pp.104-115.; Gregory, Peter N. *Inquiry into the Origins
  of Humanity: An Annotated Translation of Tsung-mi's Yuan jen lun with
  a Modern Commentary*. pp.4-8. 참고. 천태종 속에서 그 분류적 접근법
  역할에 대해서는, Chappell, David. ed. *T'ien-t'ai Buddhism: An Outline
  of the Fourfold Teachings*. Tokyo: Daiichi ShobA, 1983. 특히 pp.21-42.;
  Chen, Jinhua. *Making and Remaking History: A Study of Tiantai Sectarian
  Historiography*. Tokyo: International Institute for Buddhist Studies,
  International College for Advanced Buddhist Studies, 1999. pp.14-18, 127-
  132, 154. 참고. 불경들 사이의 계층화를 본 뜬 수행방식의 계층화에 대해서는,
  Chappell, David. "From Dispute to Dual Cultivation: Pure Land Responses to
  Ch'an Critics." In *Traditions of Meditation in Chinese Buddhism*. Ed. Peter N.
  Gregory. Kuroda Institute Studies in East Asian Buddhism, No. 4. Honolulu:
  University of Hawai'i Press, 1986. pp.184-194.

자신 앞에 마법처럼 나타났다가 사라졌던 승려의 지시에 따라 다만 두 달 동안의 참선만으로도 진리를 깨달았다.[44]

화엄종과 마찬가지로 다른 새로운 불교 종파들도 조사의 '계통'을 발전시켰다. 이러한 관습은 천태종에서 시작되었던 것으로서 그 교리의 근원을 추적하여 조사에서 조사로 거슬러 올라가 최종적으로 부처에까지 연결시켰다.[45] 그러나 사제 간의 전승을 그들 종교적 관습의 기반으로 삼았던 것은 선불교였다. 선불교의 조사 간의 전승에 대한 강조는 불교계의 주변부적인 그룹이 정통이 되고자 하였던 시도에 의해 시작되었다. 『속고승전續高僧傳』에 따르면, 다섯 가지의 참선 전통이 수 황실의 후원 아래 수도인 장안에 전해졌다. 후대에 선불교로 발전하게 될 몇몇 지역 그룹들은 보리달마에서 부처에 이르는 계통을 창조하였고, 그 계통에 따라서 경전과는 크게 구분되는 비전秘傳상 교리들이 조사에서 제자에게로 전승되었던 것이다.[46]

---

44) Gregory, Peter N. *Tsung-mi and the Sinification of Buddhism*. pp.5-12. 화엄종 제3조에 있어서 철학적 깨달음과 수행방식 사이의 연결 관계에 대해서는, Chen, Jinhua. *Philosopher, Practitioner, Politician: The Many Lives of Fazang 643-712*. Leiden: E. J. Brill, 2007. 화엄종 후대에 있어서 교리와 수행방식 사이의 연결관계에 대해서는, Gimello, Robert M. "Li T'ung-hsuan and the Practical Dimensions of Hua-yen." In *Studies in Ch'an and Hua-yen*. Ed. Robert M. Gimello and Peter N. Gregory. Kuroda Institute Studies in East Asian Buddhism, No. 1. Honolulu: University of Hawai'i Press, 1983. 종파들 사이의 통합에 대해서는, Cook, Francis H. *Hua-yen Buddhism: The Jewel Net of Indra*. University Park: Pennsylvania State University Press, 1977.

45) Jia, Jinhua. *The Hongzhou School of Chan Buddhism in Eighth- through Tenth-Century China*. Albany: State University of New York Press, 2006. p.2.

46) Faure, Bernard. *The Rhetoric of Immediacy: A Cultural Critique of Chan/Zen Buddhism*. Stanford: Stanford University Press, 1991. p.111.; Faure,

이러한 계보를 통해서 (다른 조사 계통의) 대체 전통에 대항하여 (자신들의) 권위를 획득하려는 시도는 떠오르는 선불교 자체 내에서의 내적인 투쟁으로 변화하였고, 다양한 전통들은 각기 자신들이 진정한 계승자임을 주장하였다. 가장 널리 알려진 사례는 남선종과 북선종 사이의 분열로서 그들은 신수神秀와 혜능慧能 중에서 누가 정통성 있는 '제6조'인지를 두고 분열하였다. 이러한 경쟁의식 때문에, 조사와 제자 간의 전승 계보의 편찬이 고정된 역사가 되는 데에는 수세기의 시간이 걸렸다.[47]

선불교는 카리스마 있는 조사들을 통해서 마음에서 마음으로 전달

Bernard. *The Will to Orthodoxy: A Critical Genealogy of Northern Chan Buddhism*. p.9.; Jia, Jinhua. *The Hongzhou School of Chan Buddhism in Eighth- through Tenth-Century China*. p.9.; Chen, Jinhua. "An Alternative View of the Meditation Tradition in China: Meditation in the Life and Works of Daoxuan (596 – 667)." *T'oung Pao* 88:4 – 5 (2002): 332 – 395. pp.345 – 367, 384 – 385.

47) 선불교 계보 형성에서의 논쟁에 대해서는, McRae, John R. "The Ox-head School of Chinese Ch'an Buddhism: From Early Ch'an to the Golden Age." In *Studies in Ch'an and Hua-yen*. Ed. Robert M. Gimello and Peter N. Gregory. Kuroda Institute Studies in East Asian Buddhism, No. 1. Honolulu: University of Hawai'i Press, 1983.; McRae, John R. "Shen-hui and the Teaching of Sudden Enlightenment in Early Ch'an Buddhism." In *Sudden and Gradual: Approaches to Enlightenment in Chinese Thought*. Ed. Peter N. Gregory. Kuroda Institute Studies in East Asian Buddhism, No. 5. Honolulu: University of Hawai'i Press, 1987.; Adamek, Wendi L. *The Mystique of Transmission: On an Early Chan History and Its Contents*. New York: Columbia University Press, 2007.; Yampolsky, Philip B. *The Platform Sutra of the Sixth Patriarch*. New York: Columbia University Press, 1967.; Powell, William F., tr. *The Record of Tung-shan*. Honolulu: University of Hawai'i Press, 1986 참조.

되는 경전 외적인 전승이라는 개념을 통해서 자신들의 독창성을 주장
하였다. 이것은 "경전을 불태워라" 또는 "부처를 죽여라"와 같은 수사
적인 주장을 가능하게 해 주었고, "비제도적인 제도" 그리고 "비경전
적인 경전 전통"의 과정 속에서 선불교가 성공적으로 주변부에서 중
국 불교 사상의 중심으로 성장할 수 있도록 해 주었다. 따라서 선불교
계통의 발명은 개인적 경험의 중심성과 이승에서의 계몽의 가능성에
극적으로 어필할 수 있었고 이러한 것들은 당대 불교를 정의하는 것이
었다. [48]

국가 신앙과 지역 신앙에서의 유교식 의례

당대의 3대 종교 중 마지막으로 언급할 종교는 유교로서 국가 신앙
과 지역 민간 신앙에서 그리고 진화하는 국가 경전 문헌들을 통해서
그 모습을 확인할 수 있다. 이러한 분야들에서의 발전은 9세기 유교의
철학적 부활과 더불어 신유가가 명청 시기에 지식인 사회를 지배하게
될 정도로 성장하는 것을 설명하는 데 도움을 준다.

당 왕조는 새로운 국가 의례를 도입하지 않았고, 대신에 한대부터
존속되어 왔던 일반적으로 인정되는 의례 관련 고전문헌들을 경전으
로서 취급하고 있었다. 732년 국가 의례의 최후의 편찬인 『개원례開元

---

48) Faure, Bernard. *The Rhetoric of Immediacy: A Cultural Critique of Chan/
Zen Buddhism*. 1장. 인용된 구절들은 p.18.

禮儀는 한대 이후 수세기에 걸쳐서 황실과 국가 조정의 후원하에 등장했던 도교와 불교에서 유래한 관습들을 배제하였다. 이러한 의례서는 이전 왕조들의 의례만을 포함시켰다. 그 대표적인 예로는 즉위 의례, 남교원구제천南郊圜丘祭天 의례, 태묘 의례 및 전왕조(후주와 수 왕조) 종묘 의례, 봉선封禪 의례, 순행巡幸 의례, 명당明堂 의례, 그리고 책력冊曆 등이 포함되었다. 그러나 이러한 관습들의 상대적 중요성과 그것들에서 기인한 의미들은 상당히 달라졌다.[49]

그 주요한 변화로 생물학적 혈통의 구성체로서의 왕조에 대한 중시에서 그 공적이면서 보편적인 특성에 대한 강조로의 전환을 들 수 있겠다. 왕조 권력의 원천은 황제의 생물학적 선조의 강력한 미덕이라기보다는 모든 것을 포괄하는 천天과 그 아들天子인 황제의 정치적 미덕이라는 인식이 더욱 강화되었다. 당대 황제 의례는 "천하의 모든 것은 황실의 일이다"라는 개념에서부터 "천하의 모든 것은 공적인 일이다"라는 생각으로 그 중심을 변화시켰다. 제국은 지배 가문의 영역이라기보다는 공익의 영역으로 여겨졌고, 그것은 가족간 유대의 편협성을 초월하거나 무력화시키는 것이었다. 천자로서의 황제에 대한 강조는 한대에 창조되어 지역적 문화와 가문의 이익을 초월하는 영역을 확대하고 신성화시켰다.

태묘에서의 가족적 유대 관계는 이전보다 덜 중시되었다. 한대에

---

49) Wechsler, Howard J. *Offerings of Jade and Silk: Ritual and Symbol in the Legitimation of the T'ang Dynasty*. 또한 McMullen, David. "Bureaucrats and Cosmology: The Ritual Code of Tang China."; McMullen, David. *State and Scholars in T'ang China*. 4장 참조.

황태자는 황위 계승자로 취임하면서 조상에 대한 감사의 뜻을 표현하기 위해 태묘를 방문하였고 이러한 행위는 그가 황제의 자리에 오른 후에도 반복되었다. 당대에는 이 의례가 없어졌고, 대신 남북조 시기에 하나의 왕조가 다른 왕조에게 천명을 넘겨주는 의례로 대체되었다. 결국 이 의례는 신화 시대를 본떠서 만든 것으로서 신화 시대의 통치자는 통치권을 자신의 아들이 아니라 그 왕국의 가장 뛰어난 인물에게 전해주었다. 이러한 방식으로 당대의 즉위 의례는 세습을 부인하고 덕행이나 유능함을 강조하였다. 이것은 재능 있는 인물을 선택하도록 해 주었을 뿐 아니라, 적어도 예상되는 위협을 제거하는 것을 가능하게 해 주었다. 결국 장손은 장성하였기에 경쟁자 내지는 위협이 될 수 있었기에 거의 선택되지 않았다. 환관들이 조정을 장악한 이후에, 유능한 자를 선발한다는 모든 가식적인 행위는 방기되었고 오직 어리고 유약하거나 무능한 후계자들이 선택되었다.[50]

태묘를 대신해서, 천天과 지地의 신들을 위해 야외에 설치된 제단이 국가 의례의 중심이 되었다. 천에 대한 제사는 황제의 임명 의례로서 새롭게 도입되었고, 반면에 황조의 창업주인 조상들에 대한 의례는 사적이고 가족적인 문제가 되었다. 천에 대한 숭배는 원래의 의례에서 천에 부속적인 신들을 제거함으로써 더욱 강조되었고, 천만이 오로지 그 주요한 제사를 받게 되었다. 가장 중요한 제단 의례들은 수도 밖 교외의 제국 전체에 귀속되는 땅에서 거행되었고 그 의례는 백성의

---

50) Wechsler, Howard J. *Offerings of Jade and Silk: Ritual and Symbol in the Legitimation of the T'ang Dynasty*. 4장.

보호자이자 화신으로서의 황제에 중점이 두어졌다.[51]

봉선 의례 또한 변화하였다. 진대秦代와 한대에 봉선 의례는 태산에서 거행되었다. 이 의례는 이 세상이 안정적인 질서를 획득한 것을 강조하기 위한 것으로서 극히 비밀리에 거행되었다. 황제는 홀로 산 정상에 가서 고립된 채로 의식을 거행하였다. 옥으로 된 명판인 규圭에는 신에게 바치는 글을 새겨 넣었고 이것을 작은 손궤에 넣어 다시 금고에 잠금한 채로 땅에 묻어서 그 내용은 오로지 황제만이 알 수 있었다. 많은 학자들은 그 의례는 황제가 영생을 획득하도록 돕는 것이라고 주장하였다. 당대에 봉선 의례는 공개 의례가 되었고 국가 전체가 참여하는 행사로 변화되었다. 수많은 관리가 고종 황제와 함께 산 정상에 올라갔고 무측천의 치하에서는 무측천과 같은 황후가 봉선의례 중 선禪 의례에 등장하기도 하였다.[52] 오늘날 남아 있는 천에 바치는 글은 그 의례가 백성의 이름으로 거행되었음을 알려주고 있다. 심지어는 봉선 의례는 태산에서만 독점적으로 거행된다는 관례조차도 모두 폐기되었다. 봉선 의례는 숭산嵩山에서도 거행되었다. 이는 국가 전체에서 어느 한 곳만이 특권을 갖지 못하게 되었음을 알려준다.[53]

황제의 무덤은 또한 새로운 황제라는 존재의 공적이고 우주론적인

51) Wechsler, Howard J. *Offerings of Jade and Silk: Ritual and Symbol in the Legitimation of the T'ang Dynasty*. 5장.

52) 무측천은 인덕麟德 2년(665) 당고종의 태산 봉선에 참여하여 태산 주변의 사수산社首山에서 거행되는 강선 의례 즉 후토에 대한 제사에서 직접 아헌亞獻을 수행하였다.-역주

53) Wechsler, Howard J. *Offerings of Jade and Silk: Ritual and Symbol in the Legitimation of the T'ang Dynasty*. 9장.

새로운 개념을 강조한다. 한대에 황제를 위해서 인공적인 봉분을 수도 외곽에 건설하는 것이 관례였다. 그러나 당대에는 그런 관례에서 벗어나 황제의 무덤을 자연적인 능선의 한 부분에 건설하였다. 이는 노동력이 훨씬 덜 들면서도 보다 인상적이었다. 황제의 무덤은 수백 기의 배장묘陪葬墓로 둘러싸여 있었고 그곳에는 주요한 관료, 장군 그리고 황실의 친척이 매장되어 있었다. 배장묘는 한대에도 설치되었는데, 한무제의 총애하는 장군들은 그 봉분의 그늘 아래에 매장되었다. 그러나 당대 무덤군의 규모는 훨씬 더 장대하였다. 당태종의 무덤은 4만 5,000에이커에 달했고 200여 기의 배장묘가 주위에 설치되었다. 황제의 배장묘에 묻힌다는 것은 대단한 영예로서 그 정권에 대한 충성심을 고취시킬 수 있었고 모든 정치 계급을 당나라 조상 숭배에 끌어들일 수 있었다.[54]

당 왕조는 이전 왕조들의 '정치적 조상들'에 대한 제사를 거행하였다. 바로 직전 왕조의 창업주들을 기리는 제사는 『예기禮記』에서 그 문헌상의 정통성을 찾을 수 있었고 남북조 시기에도 계속 유지되었던 관습이었다. 그러나 당 왕조는 급격하게 정치적 조상의 숫자를 늘렸고

---

54) Wechsler, Howard J. *Offerings of Jade and Silk: Ritual and Symbol in the Legitimation of the T'ang Dynasty*. 5장. 문서로 기록된 황제 장례 의례의 재구성에 대해서는, McMullen, David. "The Death Rites of Tang Daizong." in *State and Court Ritual in China*. Ed. Joseph P. McDermott. Cambridge: Cambridge University Press, 1999 참조. 무덤에 대해서는, Eckfeld, Tonia. *Imperial Tombs in Tang China*, 618 - 907. London: Routledge Curzon, 2005. 제사의 중요성에 대한 한대인들의 논쟁에 대해서는, Lewis, Mark Edward. "The Feng and Shan Sacrifices of Emperor Wu of the Han." In *State and Court Ritual in China*. Ed. Joseph P. McDermott. Cambridge: Cambridge University Press, 1999 참조.

그 결과 748년 당 왕조는 진시황제, 한고조, 후한 광무제, 그리고 후한 이후의 대부분의 왕조의 창업주들에 대해서 제사를 거행하였다. 이러한 제사들은 과거 모든 중국 왕조들을 당 왕조의 제사 체계에 끌어들였고 왕조에서 왕조로 이어지는 천명의 직계 승계에 대한 당 왕조의 중시를 분명하게 보여 주고 있다. 그들은 친족이나 가문의 유산을 포기하면서까지도 통치의 공식적이고, 우주론적이며 윤리적인 특성을 강조하였다. 백거이는 자신의 시문 속에서 과거 왕조들을 당 왕조의 의례 속에 포함시키는 것은 당 왕조가 한 가문의 소유가 아님을 보여 주는 것이라고 언급하고 있다.[55]

황제와 천 사이의 보다 친밀한 관계 그리고 제국의 보다 공적인 시각은 중국의 책력을 변화시켰다. 고대 시기부터, 정치권력은 책력과 불가분의 관계를 맺고 있었고, 그것은 조정의 의례를 규정하였을 뿐만 아니라 통치자와 신성한 권력 사이의 독특한 관계를 나타내는 것이기도 하였다. 한 왕조와 남조 왕조 치하에서 각 왕조들은 오로지 한 번의 새로운 책력을 발행하였을 뿐이고 때로는 이전 왕조의 것을 계속 사용하기도 하였다. 이것은 지배 가문과 책력을 명백하게 동일시하였기 때문이다. 북조 왕조들은 이러한 관습을 고쳐서 때로는 두 개 혹은 세 개의 책력을 반포하였는데, 이는 아마도 외전外典류의 수비학數秘學적 계산의 영향일 것이다. 그러나 당대에 이르러 책력은 아랍과 인도 천문학에 기반한 보다 정확한 계산을 위한 끊임없는 탐색을 위해서 최

---

55) Wechsler, Howard J. *Offerings of Jade and Silk: Ritual and Symbol in the Legitimation of the T'ang Dynasty.* pp.135-141.

소한 아홉 차례 이상 변경되었다. 왕조 가문에 대한 충성을 희생해 가면서, 천에 대해서 책력이 보다 정확하게 상응되도록 만들려는 당 왕조의 노력은 다시 한 번 당대 황제들의 공적이고 우주론적인 관심을 분명히 표현한 것이다.[56]

황제의 새로운 비전은 '천'이라는 단어를 황제의 직책에 추가하도록 만들었다. 당태종은 자신을 천가한天可汗이자 천자天子라고 선포하였고, 고종은 자신을 천제로, 무측천은 자신을 천후天后로 호칭하였다. 이러한 새로운 호칭들은 당 황제들을 이전의 통치자들과 구분시켜 주었고 세상 전체에 대한 통치권과 우주론적 능력에 대한 그들의 소유권을 강조하고 있었다. 당대 의식 속에는 황제의 권위를 신비롭게 표현한 과시적인 요소들이 잘 표현되고 있었고, 이러한 모습은 등주에서 주현관이 황제의 칙령을 받는 모습을 목격한 엔닌의 글에서 명확하게 묘사되고 있다. 그의 묘사에 따르면 등주의 모든 주민들은 바닥에 엎드려서 그들의 복종을 외치고 있었고 주현관은 절을 하면서 그만이 만질 수 있는 문서를 받았다.[57]

주요한 국가 의례를 개혁하는 것 이외에도, 당 왕조는 새로운 지역 신앙들을 발전시키거나 국가 의례에 통합시켰다. 이러한 지역 신앙들 중에서 가장 중요한 것은 성황신 신앙이었고 그것은 남부 중국에서 남

---

56) Wechsler, Howard J. *Offerings of Jade and Silk: Ritual and Symbol in the Legitimation of the T'ang Dynasty.* 11장. 당 조정과 책력 사이의 관계에 대해서는, Schafer, Edward H. "Wu Yun's 'Cantos on Pacing the Void.'" 2장. 참조.

57) Ennin. *Ennin's Diary: The Record of a Pilgrimage to China in Search of the Law.* pp.180-182.

북조 시기에 등장하였다. 성황신은 문명화된 도시와 위험한 황무지를 구분하는 벽과 관련이 있는 신기神祇로서, 그 벽 너머의 황무지는 항상 화가 나 있고, 사람의 피를 빨아 먹는 혼령들이 거주하는 곳으로 묘사 되는데 그 귀신들은 폭력적인 죽음을 당하였던 사람들의 영혼이었다. 이 밖에도 야생의 혼령들은 동물 혼령이나 대지의 신 등으로 표현되기 도 하였다. 지역 관리들과 강력한 지역 혼령들 사이의 경쟁관계에 대 한 많은 이야기들이 전해져 오는데, 그 관리들은 종종 경쟁에서 패배 하였다. [58]

악한 신들은 주민들에게 동물을 희생으로 바치는 제사를 요구하거 나 지역 관리들의 권력을 위협하기도 하였다. 반면에 부드럽고 인간 적인 성황신은 지역 관리들과 협력관계에 있었고 만일 그가 지역의 이 익을 지켜내지 못하게 되면 처벌을 받기도 하였다. 지역 민간신앙에 대한 도덕화와 교화의 차원에서 성황신 신앙은 엘리트의 규범이나 황 제의 문화를 이전까지 소외되었던 변방과 시골에까지 전파시켰다. 그 것은 또한 불교의 전파와 연관되어 있는지 모른다. 불교는 성벽이나 성문과 관련된 인도의 신을 소개하였다. [59] 그 신앙의 번영은 혼령들을 통제할 수 있는 능력을 통해서 우주공간을 통제하는 신성한 힘으로서

---

58) Johnson, David G. "The City-God Cults of T'ang and Sung China." *Harvard Journal of Asiatic Studies* 45:2 (1985): 363-457. pp.365-388, 402-409, 425-433.; Lewis, Mark Edward. *China between Empires: The Northern and Southern Dynasties*. pp.219-220.

59) Hansen, Valerie. "Gods on Walls: A Case of Indian Influence on Chinese Lay Religion?" In *Religion and Society in T'ang and Sung China*. Ed. Patricia Buckley Ebrey and Peter N. Gregory. Honolulu: University of Hawai'i Press, 1993.

의 제국의 이미지를 알리는 데에 중앙 조정이 성공하였음을 나타내는 것이었다.

성황신 신앙은 제국 엘리트들이 새로운 도시 계급들로부터 이념적인 지지를 받을 수 있는 능력을 증명하는 것이기도 하였다. 당대는 교역을 위한 대규모의 도시 건설이 진행되었고 따라서 자의식이 강한 도시 상업 계층이 등장하였다. 성황신 신앙은 주로 고도로 상업화된 양자강 중하류 지역들과 동남부 연해 지역들을 따라서 번성하였다. 그 신앙은 자의식이 강한 도시 사람들의 등장이 종교적으로 표현된 것이었다. 그들은 자신들의 생활방식과 웰빙을 도시 속에서 구현하고자 하였다.[60]

성황신 신앙은 지역 정부의 가장 중요한 신앙이 되었고 아마도 국가 전체적으로도 유일한 사례였지만, 국가는 또한 지역적으로 저명한 신들에 대한 신앙들도 포용하였다. 기록이 자세히 남아 있는 한 가지 사례는 양자강 하류 지역과 항주만을 둘러싼 해안 지역에서 번성했던 오자서伍子胥에 대한 신앙이었다. 오자서는 기원전 6세기에서 5세기 사이 초楚, 오吳, 월越 사이에 벌어졌던 일련의 전쟁에서 명성을 떨쳤던 인물이었다. 그를 모신 사원은 일찍이 한대부터 존재했었고, 그는 기원후 3세기에 오吳 지역에서 '민간의 신'으로서 묘사되었다. 지역 관리들이 새긴 당대의 비문碑文들은 정부가 추진한 민간신앙 사묘의 증개축에 대해서 설명하고 있다. 어느 한 비문은 주민들이 그 신에게 비를

60) Johnson, David G. "The City-God Cults of T'ang and Sung China."; Dudbridge, Glen. *Religious Experience and Lay Society in T'ang China: A Reading of Tai Fu's Kuang-i chi.* pp.70, 99, 136.

내려주고 풍요로운 수확을 거둘 수 있도록 해 달라고 간청하고 있다. 또 다른 비문은 대운하의 남쪽 끝의 한 지류인 한구邘沟의 건설이 그 신의 덕분이라고 설명하면서도 다른 한편으로는 그 신이 큰 파도를 일으킬 수도 있다는 두려움 때문에 주민들이 그에게 지냈던 제사에 대해서 설명한다. 당 후반기의 비문들은 오자서를 항주 만조滿潮의 신으로서 묘사하는데, 이 높은 파도는 항주만의 좁은 어귀를 따라서 이동하면서 만들어졌다. 여기서는 종종 사실상의 인신공양으로 귀결되었던 대담한 수영 묘기가 정기적으로 벌어졌다.[61]

마지막으로 후대의 종교와 문학에서의 중요성으로 인하여 주목할 만한 가치가 있는 당대의 민간신앙은 여우에 대한 숭배이다. 이 마법을 부리는 짐승은 적어도 남북조 시기부터 인간의 영역을 넘나드는 능력에 대한 언급이 있었고, 종종 유럽의 소란스러운 유령들처럼 인간의 거주지를 오염시키거나 출몰하였다. 때때로 인간 거주자들은 침입하는 여우들에게 정기적으로 음식을 공양하였고 여우의 출몰은 신앙이 되었다. 당대의 기록은 드물지만, 한 가지 매우 자세한 기록이 남아 있다. "당대 초기부터 많은 일반민이 여우 혼령을 숭배하였다. 그들은 침실에서 자신들에게 호의를 베풀어 달라고 기도하면서 공양을 하였다. 여우들은 사람들의 음식을 나누어 먹고 마셨다. 숭배자들은 하나의 혼령에게만 공양하였던 것이 아니라 각자의 집에는 자신들만의 여우 혼령이 있었다. 따라서 당시에 '여우 악령이 없는 곳에는 마을도 없

---

61) Johnson, David G. "The Wu Tzu-hsu Pien-wen and Its Sources, Parts I and II." *Harvard Journal of Asiatic Studies* 40:1-2 (1980): 93-156, 465-505. pp.480-487.

었다.'라는 말이 있었을 정도였다. "[62]

몇 가지 이야기는 새롭게 부임한 지역 관리와 그러한 공양을 받아 왔던 여우 혼령 사이의 긴장관계를 묘사하였다. 이러한 긴장관계는 보다 광범위한 현상의 일부였는데, 그 속에서 동물 혼령들이 중앙조 정의 대표자들에 의해서 그리고 궁극적으로는 성황신에 의해서 공격 받았다. 여우 혼령에 관한 몇 가지 이야기, 대표적으로 『임씨전』에서 여우들은 그들이 좋아하는 사람들에게는 큰 부를 안겨 주기도 하였 다. 불가사의하게 부여된 급작스러운 부귀영화는 후대 중국 민간신앙 의 가장 중요한 주제가 되었다. 부귀영화가 마술과 같이 난데없이 나 타났던 화폐 경제의 성장은 아마도 이러한 (혼령에 대한) 집착과 관련이 있었을 것이다. 사람들은 엄청난 부를 낳던 악령의 세력들과 적절 히 타협을 보았지만, 그 부는 악령 세력들의 부조리함으로 인하여 종 종 덧없음이 증명되기도 하였다. 그리고 마지막으로 여우를 나타내는 글자 호狐는 비한족을 나타내는 호胡와 발음상의 유사성으로 인하여 종종 상호 관련이 있다고 여겨졌고, 많은 이야기들에서 여우 혼령들 은 중국인들이 특히 불교 승려나 부유한 상인들과 연관시켰던 행동들

---

62) Huntington, Rania. *Alien Kind: Foxes and Late Imperial Chinese Literature.* Cambridge: Harvard University Press, 2003. pp.130-131. 소란스러운 유령으로서의 여우에 대한 설명은, pp.91, 94, 98-99, 104, 125 참조. 또한 소란스러운 유령과 여우에 대해서는, Dudbridge, Glen. *Religious Experience and Lay Society in T'ang China: A Reading of Tai Fu's Kuang-i chi.* pp.55nn12-13, 133-135, 146, 160n17, 226-231.; Kang, Xiaofei. *The Cult of the Fox: Power, Gender, and Popular Religion in Late Imperial and Modern China.* New York: Columbia University Press, 2006.

을 계속하였다. [63]

유교 경전의 독해

국가 신앙 이외에도, 경전에 대한 연구는 당대 유교에서 중요한 역할을 했다. 남북조 시기 이러한 문헌들의 가장 중요한 보관 장소는 강력한 세력을 가진 가문들이었다. 이들 가문은 한 왕조 시기에 창조된 진정한 중국 문화의 전승에 대한 공헌에 기반해서 관직을 점유하고 도전받지 않는 사회적 명성을 누리고 있었다. 이러한 엘리트 집안의 대다수는 각각의 후손 세대들에게 경전 문헌의 해석과 시문의 작성을 교육시켰다. 이러한 지성적인 전통들 특히 의례적 문헌들에 대한 교육은 당대에 이르기까지 지속적으로 엘리트 가문들의 사회적 생활을 형성하였다. 반면에 대부분의 귀족들이 철학적으로 혹은 종교적으로 불교나 도교의 교리나 관습에 헌신하였다. 당대 대가문들은 유교적 경

---

63) Huntington, Rania. *Alien Kind: Foxes and Late Imperial Chinese Literature.* pp.135-136, 144-145.; Von Glahn, Richard. *The Sinister Way: The Divine and the Demonic in Chinese Religious Culture.* Berkeley: University of California Press, 2004. 6장-7장.; Taussig, Michael. *The Devil and Commodity Fetishism in South America.* Chapel Hill: University of North Carolina Press, 1980. 여우 혼령을 외국인과 연관시킨 사례들에 대해서는, Kang, Xiaofei. "The Fox (hu) and the Barbarian (hu): Unraveling Representations of the Other in Late Tang Tales." *Journal of Chinese Religions* 27 (1999): 35 - 67.; Blauth, Birthe. *Altchinesische Geschichte uber Fuchsdamonen.* Frankfurt am Main: Peter Lang, 1996.(『태평광기』 속 여우 혼령에 대한 내용들을 번역하고 주해함) ; Abramson, Marc S. *Ethnic Identity in Tang China.* pp.28, 33, 74.

전을 제국 조정과 사회적 위계질서의 지적 구현으로서 숭배하였다. 불교나 도교는 그들의 영적인 삶과 생사에 대한 시각을 인도하였던 반면에, 유교 경전들은 그들의 사회 질서에 대한 의식에 있어서 그 근저를 이루고 있었다.[64]

경전 문헌의 세대 간 전승은 특히 북조 귀족들에서 두드러졌다. 그들은 남조의 귀족들보다 더욱 응집력이 강했고 결국 가문의 행동을 통제하는 의례들에 더욱 큰 관심을 가지고 있었다. 그러나 대가문들이 당대에 국가와 과거시험 체제에 더욱 긴밀히 연결되면서, 이러한 지적인 추구의 특성과 사회적 역할은 변화하기 시작하였다. 유가 경전은 국가가 관여되어 있는 거의 모든 중요한 행위들과 국가에서 제정한 모든 정책 제정의 근거가 되었다. 사실 통치하는 바로 그 행위 자체가 경전 자료들에서 그 연원을 찾아볼 수 있었다. 경전은 이민족들에 대한 정책과 같이 정치적으로 중대한 문제들과 관련해서 혹은 종묘의 유지와 같은 황실 가문의 명망에 핵심적인 이슈를 위해서 인용되었다. 그 경전들은 황제에서부터 말단 관리에 이르기까지 정부 관리들의 행위 지침으로서 정치적 도덕적 원칙들의 개요를 서술하였다. 당대 엘리트들은 (조정의) 행정 기관의 기능이 (제국을 경영하는 데) 충분하지 않다는 기본적인 가정하에 행동하였다. 모든 정부의 문제들은 유가적 도덕의식을 바탕으로 처리되어야 했는데, 이는 정부가 악화되어 혼란으로 빠지거나 독재적인 지도자가 등장하는 것을 방지하기 위함이었

---

64) Chen, Jo-shui. *Liu Tsung-yuan and Intellectual Change in T'ang China, 773-819.* Cambridge: Cambridge University Press, 1992. pp.21-24.

다. 이러한 이유로 인하여, 유교 문헌들은 정치적 경력에 뜻을 두고 있던 사람들의 교육에서 가장 중심적인 위치를 차지하였다.

사회적 명성과 전문적 중요성에도 불구하고, 당대 초반 경전에 대한 연구는 남북조에서와 마찬가지로 지성계에서 주변부에 불과하였다. 이전 시기와의 연속성의 보존이라든가 엘리트 가문의 의례적 관습의 지침에만 초점을 맞추고 있었던 당시의 경전 연구는 새로운 지적 프로그램을 수립하기 위해 과거의 문헌을 재독하는 것에 대해서는 아무런 관심을 표현하지 않았다. 대부분의 학자들은 자신의 관직을 유지하기에 충분할 정도로만 경전을 연구하였는데 이는 단지 시험의 통과를 위해 경전의 부분적 암기에만 매달렸고, 이밖에도 집안이나 조정에서 필요한 의례를 수행할 정도로만 문헌을 연구할 뿐이었다. 국가는 표준화된 판본의 문헌이 필요하다는 점과 이러한 경전들이 왕조의 이해와 공존할 수 있는 방식으로 읽혀야 한다는 점을 보장하는 데 관심을 갖고 있었다.[65]

당 왕조는 그 시작부터 유교 경전과 그 경전의 주석서의 문헌적 정확성을 보장하기 위한 조치들을 시작하였다. 630년 당태종은 "당시 경전의 내용이 성인(공자)의 본의에서 멀리 떨어져 있고 그 문헌들은 난해하거나 이해하는 데 잘못된 점이 있다고 염려하였기에, 위대한 학자인 안사고顏師古(581-645)에게『역경』,『서경』,『시경』,『예기』,『춘추좌전』같은 다섯 유교 경전에 대한 확정적인 주석서를 만들도록 명하였다. 이렇게 하면서, 그는 수대부터 시작된 일을 지속하고 있었다. 그

---

65) McMullen, David. *State and Scholars in T'ang China.* pp.67-69, 79.

사업을 완성한 이후에 안사고는 자신의 작업을 조정의 논쟁에서 변호
하였는데, 그는 과거 판본에 대한 인용을 통해서 그리고 그의 출처의
정확성과 세밀함을 통해서 자신의 상대편들을 승복시켰다. 633년 그
문헌은 공식적으로 반포되었다.[66]

문헌적 정확성 이외에, 국가는 제국질서의 상징으로서 그리고 새롭
게 창조된 과거시험 체계를 위해서 해석상의 일관성을 보장하고자 노
력하였다. 그러나 당 왕조는 그 공식적으로 인가된 해석을 명청대 조
정과 마찬가지로 의심할 여지없는 정설이라고 강요하지는 않았다. 공
식적인 해석에 대한 논쟁은 허가되었을 뿐만 아니라 심지어 권장되었
고, 이는 도교, 불교 그리고 유교를 동시에 후원하였던 당 왕조의 종교
에 대한 관대한 태도로 인하여 가능하였다. 여전히 경전의 해석에 대
한 합의를 위하여 남북조 시기에 등장했던 차이를 조화시키고 화합시
킬 필요가 있었다.

남북조 시기는 고전 주석(경학)의 역사 속에서는 일반적으로 쇠퇴기
로 묘사되었는데, 당시 정치적 분열은 남과 북 사이에 큰 차이를 낳았
다. '북학'은 동한 시기의 혼합주의자였던 정현鄭玄(127-200)의 주석 전
통을 지향하였다. 학자들은 어려운 글자나 어법을 위한 책들을 제공
하였고, 관련 제도와 지리 정보, 역사적인 배경을 제공하였으며, 기초
적인 해석 지침을 제공하였다. 가장 주요한 관심은 의례와 의례 물품
들의 세부사항들에 대한 주석을 다는 것으로서 그러한 작업들은 성공
적으로 수행되었다. 반대로 '남학'은 불교의 교리와 비전祕傳의 학문들

---

66) McMullen, David. *State and Scholars in T'ang China*. pp.72-73.

의 형이상학적 사변에 깊이 빠져 있었다. 경전의 문구는 절대로 의미를 완전하게 표현할 수 없다고 주장하면서, 남쪽의 작가들은 문헌의 특정 자구들의 중요성을 부인하였는데, 그들은 그러한 자구 해석이 너무나 대중적이었고, 따라서 저속하고 임시적이라고 하여 그 중요성을 일축하였다. 대신 그들은 자구 해석을 넘어선 형이상학적인 주제와 지혜에 대한 고찰의 경우에 주석을 사용하였다. 결국 북학과는 달리, 남학 학자들은 궁전, 의복, 그리고 의례의 구체적인 사항들에 대해서 전혀 관심을 나타내지 않았다.

남북조 시기 주해학註解學적 전통의 또 다른 주요한 발전은 '의소義疏' 장르의 출현이었다. 한대에는 주석 작성에 두 가지 주요한 방식이 있었다. 하나는 '주석 스타일'로서 간명하고 문헌학적 지향의 주석이었고 다른 하나는 '상세한 정보 제공' 스타일로서 문헌의 중요성에 대해서 자세히 설명하지만 길고 장황하다는 단점이 있었다. 4세기 후반에서 5세기 초반에 이르러 새로운 장르의 주석 작성 방식이 등장하였고 이는 '상세한 정보 제공' 스타일의 주해학과 그 길이와 포괄적인 처리의 측면에서 유사하였지만 그 문헌의 구조와 활용에 대한 자세하고 체계적인 분석의 측면에서는 차이가 있었다.

이 새로운 장르는 경전에 대한 주해가 구두로 대화하는 형식으로 이루어졌던 초기의 모습에 영향을 받은 것으로 추정되는 문답 형식으로 표현되었고, 제자나 논쟁자가 제기한 질문들에 스승이 대답하는 방식을 통해서 그 자구의 의미는 더욱 정교하게 표현되었다. 이는 『춘추공양전』에서 매우 오래된 기원을 갖고 있었지만, 남북조 시대에 이러한 의소 장르의 번성은 동시기 불교 경전의 설명 형태인 독강讀講의 인기를 반영한 듯하다. 그것은 제자나 조정 관리들로 이루어진 청중들 앞에서 이루어지는 스승과 대화 상대 사이의 공개적인 형태의 대화를 지칭한다. 또 다른 의소 장르의 형태는 남부 귀족 가문들 사이에 유행했던 '청담淸談'의 영향이었는데, 사람들은 "음악은 즐겁지도 슬프지도 않다"와 같은 정해진 주제를 놓고 논쟁하였고 논쟁자들은 능숙한 주장 또는 영리한 재담을 통해 상대를 이기고자 하였다.[67]

이와 같이 다양한 해석 방식과 수단들에 직면해서, 638년 당태종은 공영달孔穎達 이하 학자들 위원회에 명하여 최근에 확실하게 자리 잡은 오경에 대한 권위 있는 주석을 준비하도록 하였다. 각각의 문헌에 대해서 위원회는 그들의 해석을 추가할 근거로서 기존 주석의 하나를 선택하였다. 이것들을 준비하기 위해서 그들은 기존의 문헌들을 끈질기게 조사하였고 수백 권의 문헌을 인용함으로써 그들 작업의 포괄적인 특성을 나타냈다. 또한 그들이 거부한 모든 해석에 대해서 논박할 수 있었다. 그 초안은 642년에 제출되었는데 그 장황함으로 인하여 비판을 받았고 수정을 위해서 되돌려 보내졌다. 공영달은 그 작업이 완료되기 전에 사망하였고 651년에는 그 얼마 전에 사망한 당태종의 처남이자 가장 총애하는 대신이었던 장손무기가 그 작업을 완성할 위원회의 수장에 임명되었다. 그 완성된 작업은 『오경정의五經正義』로 알려졌는데 653년 황제에게 제출되어 승인을 받았다. 이 책은 이후 모든

---

67) Makeham, John. *Transmitters and Creators: Chinese Commentators and Commentaries on the Analects*. Cambridge: Harvard University Press, 2004. 2장-3장.

국가 경전에 대한 표준적인 주해의 근거로서 기능하였다.

북조와 남조의 주해의 전통을 통합하기 위한 시도는 그 완성된 주해서에서 증명되는 바였다. 정책의 원칙과 의례 수행의 세부 사항에 주로 관심을 갖고 있었던 조정의 필요를 위해서, 문헌학적 지향의 북조의 전통은 가장 분명한 지침을 제공하였다. 그 학자들은 남북조에서 모두 두드러지게 많았던 유가 경전에 보다 신비주의적인 주해서들은 생략하였고, 공영달은 불교적 경전 해석을 배제하겠다는 원칙을 분명하게 언급하였다. 그러나 수나라 학자인 육덕명陸德明이『경전석문經典釋文』에서 자세하게 설명했던 유교와 신비주의 학문 사이의 융합은 몇몇 주소서註疏書에서 중요한 부분을 차지하고 있었고 특히 신비주의 학문의 주창자였던 왕필王弼의『주역』주석에 대한 몇 가지 부주附註에서 가장 분명하게 드러났다.[68] 따라서 조정에서 후원하는 부주들은 중국 남과 북의 정치적 재통합을 경전적인 차원에서 설명하는 것을 목적으로 삼았던 것이다.

『오경정의』는 다섯 가지 기본적인 가정하에서 작성되었다. 첫 번째 가정은 경전이 성인의 작품으로서 도덕적으로 모범적인 태도, 의도, 규칙 들을 규정하고 있다는 점이다. 두 번째로 경전은 태고의 이상적인 세계에 대한 유일무이한 기록으로서 철학자들의 작품이나 비석의 비문과 같은 다른 고대 문헌과는 근본적으로 다르다고 추정된다는 점이다. 세 번째로 공자와 그의 직계 제자들은 경전의 의미에 대한 초월

---

68) McMullen, David. *State and Scholars in T'ang China*. pp.73-79. 북조와 남조의 주해의 전통을 통합에 대해서는, pp.71, 72, 76.; Barrett, Timothy. *Li Ao: Buddhist, Taoist, or Neo-Confucian?* Oxford: Oxford University Press, 1992. pp.15-16.

적이고 무결점의 통찰력을 지니고 있었던 반면에 당대의 지식인들은 그렇지 못하다는 추정이다. 과거 한대의 학자들이나 이후 송대의 주석가들과는 달리, 당대 작가들은 자신들이 경전의 본래의 의미로부터 영구히 단절되었다는 인식에 사로잡혀 있었다. 그들은 이것은 부분적으로는 공자가 후손들에게는 결여되어 있는 통찰력을 지니고 있었기 때문이었다. 또한 진시황제의 '분서갱유'가 경전의 전승에서 회복할 수 없는 파열을 초래하였고 이러한 현상은 남북조 시기에 경전 연구의 기나긴 암흑기로 인해 더욱 악화되었기 때문이었다. 네 번째 가정은 이러한 파열을 고려해 볼 때, 오늘날의 사람들은 이전 시기부터 전해 내려오는 주석을 통해서만 경전 문헌들에 접근할 수 있었다는 점이다. 마지막 다섯 번째 가정은 단일한 구성으로서 경전의 모든 부분은 동등한 가치를 지니고 있다는 점이다. 모든 장, 문장, 구절 또는 단어가 세심한 주의를 기울일 가치가 있었던 것이다.

8세기와 9세기에, 이러한 가정들은 일련의 도전을 받게 되었다. 가장 유명한 초기 비판 중의 하나는 엄밀한 의미의 경전 연구의 영역에서 제기된 것이 아니라 역사서술학에서 제기된 것이었다. 710년 출간된 『사통史通』에 유지기劉知幾는 『춘추』와 『춘추좌전』의 미덕과 결함에 대한 평가를 포함시켰다. 그의 주장의 한 가지 주요한 대목은, 『춘추좌전』은 치밀한 역사적 서술을 제공하고 있기 때문에 그것의 경쟁자들 즉 『춘추』에 대한 다른 주석서에 비해 월등하다는 것인데, 이러한 주장은 주석서들은 경전을 읽는 데 대단히 중요하고 『좌전』은 경전 『춘추』에 대해서 가장 뛰어난 주석서라고 하는 당대 사인의 일반적인 의견들과 일치한다. 그러나 중국 전근대 시기에 가장 큰 영향력을 갖고 있었던 경전인『춘추』에 대한 유지기의 평가는 그러한 일반적 의견을 넘어서는데, 이는 역사 작품은 역사 서술의 기준으로 평가되어야 한다는 그의 생각 때문이었다.

따라서 유지기는 공자가 다른 나라들에 대한 기록들에 접근할 수 있었음에도 노나라의 연대기만을 작성하였던 것과 인물과 사건들에 대한 드라마틱한 묘사를 배제한 것은 심각한 역사 서술학적 실수였다고 주장한다. 이와 유사하게, 유지기는 전통적으로『춘추』의 존재 이유이자『춘추』가 지닌 천재성의 핵심으로서 여겨졌던, 이른바 역사적 설명을 변형시키거나 특정한 사건을 빠트리는 공자의 습관에 대해서, 역사의 본질이 진실된 기록을 전달한다는 점에서는 실패라는 이유로 비판하였다. 비록 유지기는 그 관계에 대해서는 명확하게 설명하지 않았지만, 공자에 대한 비판은 그가 활동했던 시기에 통치자들과 주요 관리들이 자행한 역사 검열 행위에 대한 그의 맹렬한 공격과 일맥상통하였다. 연대기적인『춘추』에 대한 그의 비판과는 반대로, 유지기는『좌전』의 저자로 추정되는 좌구명左丘明의 업적에 대해서는 높게 평가하였다. 유지기는 암시적으로 좌구명에게 공자보다 더 높은 지위를 부여하였다. 이러한 판단은 경전이 보편적으로 규범적이고 초월적인 가치 기준을 지니고 있어야 한다는 생각보다는 오히려 동일한 장르의 다른 문헌들과 동일한 기준으로 평가되어야 할 저술 작품일 뿐이라는 사고방식이 뒷받침하고 있었다.[69]

---

69) Pulleyblank, E. G. "Chinese Historical Criticism: Liu Chih-chi and Ssu-

유지기는 그의 경전 비판의 본질적인 성격에서뿐만 아니라 그 비판의 시기에서도 모두 이례적이었다. 그는 710년에 『사통』을 저술하였는데, 이때는 안녹산의 반란(755~763)이 발발한 이후 중앙집권화된 제국의 붕괴로 인하여 조정이 후원하는 공식적인 주석에 대한 보다 일반적인 문제제기가 일어나기 전이었다. 8세기 초반 경전에 대한 논의는 대체로 문헌과 주석의 선택에 초점이 맞춰져 있었다. 무엇보다 비판의 초점은 당시 대부분의 학자들이 경전을 자신의 관직을 보장하는 수단으로 여기며 철저하게 실용적인 관점으로만 접근하는 데에 맞춰져 있었다. 많은 작가들은 경전의 아주 일부분만을 공부하는 것으로도 충분히 통과할 수 있었던 시험으로 인해 초래되는 학문의 수준 저하에 대해서 장황하게 비판하였다.

안녹산의 반란 이후 중앙 조정의 쇠퇴와 지역 세력의 성장은 공식적으로 확립된 문헌과 주석서들에 대한 보다 보편적인 질문을 제기하도록 만들었다. 가장 유명한 수정주의적 접근 방식이자 후대의 발전에 가장 큰 영향을 끼친 것은 760년대 담조啖助에 의해 발달하고 그의 제자 조광趙匡과 육순陸淳이 계승하였던 『춘추』에 대한 새로운 번역이었다. 이러한 인물들은 주로 중국 동남부를 배경으로 해서 당 조정과 그리고 절도사들에 의한 군인 통치의 나쁜 영향으로부터 벗어나 있었다. 그들의 사상은 수십 년간 독자적인 발전의 시간을 거친 이후에야 비로소 수도에 전파되었다. 게다가 그들 중 그 누구도 경전 연구의 가

---

ma Kuang." In *Historians of China and Japan*. Ed. W. G. Beasley and E. G. Pulleyblank. London: Oxford University Press, 1961. pp.142-149.; McMullen, David. *State and Scholars in T'ang China*. pp.90-91.

장 열성적인 주창자였던 명문 가문의 일원이 아니었다. 또한 『춘추』에 대한 집중도 중요하였다. 이 문헌은 뛰어난 정치적 경전으로 인정받아 왔는데, 이는 공자의 왕권에 대한 이론들과 무관의 제왕이자 한나라와 그 제도들의 예언자로서의 공자의 역할을 이해하는 데 가장 핵심이었기 때문이었다.[70]

그런데 이러한 학자들의 가장 큰 중요성은 그들 사상의 독창성에 있었다. 이전 『춘추』의 추종자들은 한대에 확립된 세 가지 주석서 중 한 가지를 따르면서, 때때로 해석의 관점을 수정하거나 몇 가지 주석서들의 여러 요소들을 통합하기도 하였다. 그러나 담조는 세 가지 주석서 모두의 권위를 부정하고 경전 자체로 직접 돌아가서 경험적 분석을 통해서 공자가 채택한 포폄襃貶의 원칙을 확립하고자 하였다. 그는 경전은 당 왕조의 정치적 통일체의 질병을 치료할 수 있는 '의약품'이었다고 제안하였지만, 그것은 주석과 부주가 가로막고 있는 한 겹을 벗겨내고 그 문헌 자체에 대한 직접적이고 체계적인 연구를 통해서만이 기능할 수 있다고 생각했다. 교회에서 신부를 제거하고 직접적으로 성경의 말씀으로 돌아가야 한다고 제안하였던 16세기 종교개혁 시기의 기독교처럼, 담조와 그의 추종자들은 고대 경전학의 누적된 무게를 없애 버리고 성인을 그 본연의 말씀을 통해 찾고자 하였다. 그리고 종교개혁 시기 작가들처럼, 그들은 고대 문헌들에서 그들 자신들의 고유한 독창성을 정당화하는 수단과 그 시대에 발전하고 있었던 새로

---

70) Chen, Jo-shui. *Liu Tsung-yuan and Intellectual Change in T'ang China*, 773 - 819. pp.59-60.

운 사상을 찾아낼 장소를 발견하였던 것이다.[71]

한 가지 면에서, 유지기의 비판은 보다 더 급진적이었는데, 이는 그가 궁극적인 기준이 되는 공자의 위치에 도전하였기 때문이다. 그러나 유지기는 자신의 주장을 체계적으로 자세히 설명하지 않았고, 『좌전』을 그 자신의 모델로 삼는 데서도 그는 여전히 주석에 의존하는 고대 중국의 관습을 받아들이고 있었다. 담조의 비판은 역사학적으로 보다 더 중요하였다. 그의 원전으로의 복귀 요구는 체계적인 문헌 분석 프로그램의 단지 첫 번째 단계에 불과하였다. 게다가 그는 주석의 도움 없이도 경전 문헌을 이해할 수 있는 자신의 능력을 주장하였다. 이는 명청 시기의 해석학의 이미지를 떠오르게 하는데, 이 시기 신유가들은 자신들이 고유하게 타고난 성인의 성질에 기반하여 공자의 의미를 직접적으로 이해할 수 있다고 공언하였다. 이와 같이 성현과 일반 사람 사이의 인식론적 간극의 연결은 중국 사상계의 획기적인 변화였고, 이것은 『맹자孟子』와 같이 이전에 무시되었던 문헌들에 대한 재평가를 통해 가능하게 된 지적인 업적이었다.

이러한 새로운 해석학은 경전의 본래의 의미를 직접적으로 되찾는 것을 목적으로 하는 고문古文운동의 주요 인물들인 유종원柳宗元(773-819)과 한유韓愈(768-824)에서 완전하게 표현되었다. 유종원은 9세기 초반에 작품들을 남겼고, 젊은 시절에는 담조의 계승자 육순으로부

---

71) Pulleyblank, E. G. "Neo-Confucianism and Neo-Legalism in T'ang Intellectual Life, 755 – 805." In *The Confucian Persuasion*. Ed. Arthur F. Wright. Stanford: Stanford University Press, 1960. pp.88-91.; Chen, Jo-shui. *Liu Tsung-yuan and Intellectual Change in T'ang China*, 773 – 819. pp.28-30.; McMullen, David. *State and Scholars in T'ang China*. pp.101-103.

터『춘추』에 대한 새로운 접근법을 공부하였다. 그는 한대의 위대한 학자들인 마원馬援과 정현鄭玄을 현학적인 인물들로서 당 전반기를 지배하였던 문헌학적 스타일의 경전 읽기의 전형이라고 여겨 경시하였다. 경전 연구의 목적은 '성현들의 마음'과 '도의 근원'을 파악하는 데에 있어야 했다. 유종원은 경전에 주석을 다는 것보다는 그 당시의 정치적 문제들에 대한 자신의 생각을 명확히 표현한 글들에서 경전의 원문 특히 무엇보다도『춘추』의 원문을 인용하였다. 몇몇 글들, 특히『비국어非國語』에서 그는 일반적으로 인정되는 주석들을 맹렬히 비판하였는데, 그가 생각하기에 그 주석들은 정치적인 혹은 도덕적인 혼란을 초래할 수 있는 사상들을 널리 퍼뜨리고 있고 이것은 안녹산의 반란 이후의 위기를 처리하려는 시도들을 방해하고 있었다. 따라서 그는 주석의 가치를 하락시키고 세상의 질서를 회복하기 위한 정치적 지침으로서 경전의 직접적인 읽기를 옹호하였던 담조의 뜻을 따르고자 하였다.[72]

경전 읽기의 새로운 경향은 한유의 작품 속 가장 급진적인 표현들에서 찾아볼 수 있었다. 보살에 대한 불교적 이상으로부터 은밀히 차용된 성현에 대한 새로운 이해를 통해서 그는 성현과 일반 사람들 간의 동일한 성질("순임금은 사람이다, 나 또한 사람이다.")과 따라서 모든 사람에게는 잠재된 지혜의 존재를 주장하였다.[73] 이것은 신유가의 기본적

72) Chen, Jo-shui. *Liu Tsung-yuan and Intellectual Change in T'ang China*, 773 – 819. pp.59-61,134-144. 유종원의 정치사상에 초점을 맞춰 살펴본 것은, pp.89-97 참조.

73) Liu, Shi Shun, tr. *Chinese Classical Prose: The Eight Masters of the Tang-Sung Period*. Hong Kong: Renditions, The Chinese University Press, 1979. pp.30-33.

인 가정이 되는 것인데, 한유는 어떠한 사람이라도 적절한 관리와 주의를 기울인다면 경전의 의미를 파악하고 그의 행위 속에서 그 의미를 실현시킬 수 있다고 상정하였다. 그의 친구 노동盧소에 대해 기술하면서, 한유는 다음과 같이 말했다.

> 『춘추』의 세 가지 주석서는 다락방에 올려 두고,
>
> 그는 『춘추』 한 가지만을 바라보고, 철저하게 조사한다.[74]

한유는 설명은 반드시 안에서 밖으로 진행되어야 하는데, 문헌 속에서 핵심 구절을 찾아서 그것들을 나란히 놓고 비교하면서 한 구절로 또 다른 구절을 설명한다고 주장하였다. (경전의) 모든 구절에 동일한 중요도를 부과하는 대신에, 이 새로운 접근법은 특정한 핵심 구절들을 적절한 사고 판단의 기준에 두고 그 중요도의 차이에 따른 층위를 인식하였다. 이는 학자가 일생 동안에 걸쳐 궁리하고 숙고해야 할 문제였다. 학자들은 경전에서 '전체적인 의미'를 찾아야 한다는 원칙에 따르면서, 그는 어떠한 고전적인 문헌이라도 고대의 진실한 도道의 요소들을 갖추고 있을 것이라고 주장하였다(이것은 유지기를 연상시킨다).[75] 따라서 한유에 따르면 오경뿐만 아니라 고대 철학서, 『국어國語』와 같

---

74) Chen, Jo-shui. *Liu Tsung-yuan and Intellectual Change in T'ang China,* 773–819. p.143.에서 인용함.

75) 공자에 이르러 정점에 이르게 되는 고대 성인들에 의해 표현된 정치적·정신적 이상에 대한 기준으로서의 '고대'에 대해서는, Chen, Jo-shui. *Liu Tsung-yuan and Intellectual Change in T'ang China,* 773–819. pp.84-89.; Hartman, Charles. *Han Yu and the T'ang Search for Unity.* pp.217-218 참조.

은 역사서, 심지어는 금문과 비석의 비문에 대해서도 비판적으로 연구해야 했던 것이고 그러한 이유에서 한유는 진나라 시기의 석고石鼓의 비문에 관한 시를 작성하기도 하였다.

이러한 프로그램으로부터, 한유는 「묵자 읽기에 대하여」, 「순자 읽기에 대하여」 등의 수필 작품과 같이 학문적 연구의 새로운 장르를 개척하였다. 이러한 사상은 송대 『논어』와 『맹자』의 경전화輕典化, 고문체와 고대의 물질적 잔존에 대한 새로운 관심, 그리고 과거의 모든 기록들에 대한 포괄적이고 비판적인 연구로 이어졌고 이것은 명청대 비판적인 연구의 특징을 결정짓는 것이 되었다.[76]

인쇄술

종교와 밀접한 관련이 있었던 인쇄술은 명청 시기를 특징짓는 경제, 기술, 지적 생활의 기초가 되었다.[77] 인장, 먹물, 등사謄寫, 탁본과

---

76) Hartman, Charles. *Han Yu and the T'ang Search for Unity*. pp.174-187.

77) 후기 중화 제국 시기 인쇄 산업과 그 영향에 대해서는, Brokaw, Cynthia, and Kai-wing Chow, eds. *Printing and Book Culture in Late Imperial China*. Berkeley: University of California Press, 2005.; Chow, Kai-wing. *Publishing, Culture, and Power in Early Modern China*. Stanford: Stanford University Press, 2004.; Chia, Lucille. *Printing for Profit: The Commercial Publishers of Jianyang, Fujian (11th–17th Centuries)*. Cambridge: Harvard University Press, 2002.; Zeitlin, Judith, and Lydia Liu, eds. *Writing and Materiality in China: Essays in Honour of Patrick Hanan*. Cambridge: Harvard University Press, 2003. part II ; Widmer, Ellen. *The Beauty and the Book: Women and Fiction in Nineteenth-Century China*. Cambridge: Harvard University Press,

같은 인쇄술의 전신들을 제외하고, 인쇄 기술의 가장 초기 형태는 목판이다. 이는 문헌의 한 페이지를 나무 한 조각에 새겨 넣은 후에 그것을 종이 위에 찍어 내는 방식이었다. 이러한 방식은 당대에 시작되었지만 수기로 작성한 필사본들은 이후에도 수세기 동안 문헌을 전파하는 데 가장 지배적인 방식으로 유지되었다.[78]

현존하는 인쇄된 문헌으로 가장 오래된 것은 8세기 한국과 일본에 현존하는 불교 부적들이다. 가장 오래된 것은 1966년 한국의 경주 불국사의 석탑에서 발견된 두루마리이다. 그 문헌에는 무측천 시기에 소개된 문자들이 포함되어 있었고, 704년에 번역되었다. 그리고 751년에 건설된 사찰에서 발견되었기 때문에, 이 문헌의 제작 연대는 분명 8세기 전반기로 소급된다. 투루판에서 발견된『법화경法華經』7장의 인

2006. 8장.; McDermott, Joseph P. *A Social History of the Chinese Book: Books and Literati Culture in Late Imperial China*. Hong Kong: Hong Kong University Press, 2006. McDermott 책의 끝부분에 있는 '참고문헌 목록'은 중국어, 일본어, 그리고 서양 언어로 된 거의 모든 연구들을 포괄하고 있다. 인쇄업의 흥기에 있어서 그 종교적 배경에 대하여 가장 체계적으로 설명된 것은, Barrett, Timothy. "The Rise and Spread of Printing: A New Account of Religious Factors." Working Papers in the Study of Religions. London: School of Oriental and African Studies, University of London, 2001.; Barrett, Timothy. *The Woman Who Discovered Printing*. New Haven: Yale University Press, 2008.

78) 필사본의 사용 범위와 형태에 대해서는, Drege, Jean-Pierre. *Les Bibliotheques en Chine au temps des manuscrits (jusqu'au Xe siecle)*. Paris: Ecole Francaise d'Extreme-Orient, 1991 참조. 인쇄술에 의한 수기의 대체가 갖고 있었던 불완전한 특성에 대해서는, McDermott, Joseph P. *A Social History of the Chinese Book: Books and Literati Culture in Late Imperial China*. 목판 인쇄 기술의 진화에 대해서는, McDermott, Joseph P. *A Social History of the Chinese Book: Books and Literati Culture in Late Imperial China*. 1장 참조.

쇄된 버전도 역시 무측천 시기의 문자들을 포함하고 있었고, 이는 한
국에서 발견된 두루마리 문헌과 거의 동시대 것임을 증명하고 있다.
764년에서 770년 사이에 인쇄된 동일한 두루마리의 또 다른 견본이
일본에 현존하고 있다.[79]

이러한 축소된 두루마리 문서를 제작하는 데 필요한 조각의 수량은
전체 책의 규모에는 미치지 못한다. 가장 오래된 현존하는 책은 아마
868년으로 거슬러 올라가는 『금강경金剛經』의 사본으로서 1907년에 돈
황에서 발견되었다. 그것은 7장의 흰 종이들을 이어 붙여서 17~18피
트 정도 크기의 두루마리로 만든 것이었다. 이 책은 시작 부분에 설명
을, 그리고 마지막 부분에 자세한 간기刊記를 포함하고 있고 상당히 높
은 수준의 필체로 작성되었다. 따라서 이것은 한국과 일본에서 발견
된 부적들보다도 훨씬 더 높은 수준을 갖고 있었지만, 그럼에도 이러
한 차이가 인쇄술상 기술의 진보를 의미하는지, 단순히 보다 중요한
작품에 더 많은 정성을 기울인 것인지에 대해서는 알 수 없다. 돈황에
서 발견된 다른 인쇄물들은 부적이나 다른 책력들의 두루마리를 포함
하고 있다.

---

79) Needham, Joseph, and Tsien Tsuen-hsuin. *Science and Civilisation in China*.
Vol. 5, *Chemistry and Chemical Technology*, Part 1, *Paper and Printing*.
Cambridge: Cambridge University Press, 1985. pp.146-150.; McDermott,
Joseph P. *A Social History of the Chinese Book: Books and Literati Culture in
Late Imperial China*. pp.9-12. 중국의 인쇄술에 대한 오래되었지만 여전히
유용한 연구로는, Carter, Thomas. *The Invention of Printing in China and Its
Spread Westward*. New York: Columbia University Press, 1925; 2nd ed. rev.
by L. C. Goodrich. New York: Ronald Press, 1955.; Pelliot, Paul. *Les Debuts
de l'imprimerie en Chine*. Paris: Imprimerie National, 1953를 들 수 있다.

현존하는 가장 오래된 책들이 불교 경전들로 구성되었다는 사실은 인쇄 기술이 초창기에 많은 부수의 종교적 문헌들을 출판하기 위해 발전되었음을 알려준다. 이와 같이 칭송받을 행위들은 그 후원자나 그 후원자가 도움을 주고자 하였던 사람들에 대한 신의 은총을 얻어 내기 위함이었다. 이러한 사상은 『금강경』의 간기에서 명확하게 표현되어 있는데 저자는 "이것을 정성스럽게 만든 것은 나의 부모님에 대한 신의 은총을 위함이었고, 그리고 신의 은총이 세상에 널리 퍼지도록 하기 위함이었다."라고 설명하였다. 그 마지막 구절은 그 문헌의 생산을 끊임없이 반복하고자 하는 욕구를 언급하는데 그 욕구는 인쇄술에 의해서 가장 크게 충족될 수 있었다. 앞서 언급한 한국과 일본에서 발견된 인쇄물들 역시 읽기용이라기보다는 문헌 보급의 장점 때문이었고, 결국 그 인쇄물들은 글자의 형태로 이루어진 불교의 '성유물聖遺物'로서 만들어진 것이었다.[80]

당말 오대 시기에 이르러 인쇄술은 종교를 벗어나 다른 분야에까지도 널리 보급되었다. 9세기 말 문헌들은 저명한 도사의 개인 전기를 비롯해서 천문학, 꿈점, 풍수술에 관한 인쇄된 책들 그리고 사전류 책들의 존재를 언급한다. 사전류의 책들은 865년 구법승에 의해 일본에 전해졌고 이때 불교 경전들과 인쇄된 의학서들도 같이 전해졌다.[81]

현존하는 가장 오래된 비불교적 인쇄물들은 책력이다. 이것은 조정

---

80) Barrett, Timothy. *The Woman Who Discovered Printing*.

81) Needham, Joseph, and Tsien Tsuen-hsuin. *Science and Civilisation in China*. Vol. 5, *Chemistry and Chemical Technology,* Part 1, *Paper and Printing*. pp.151-153.

과 충돌을 발생시켰는데, 사적인 책력의 생산은 천자로서 천체의 움직임과 지상의 활동들 사이의 관계를 조절하는 황제의 권리에 대한 도전이었다고 여겨졌기 때문이었다. 835년 풍숙馮宿(766-836)의 기록에 의하면, "사천과 회남의 모든 지역에서는 인쇄된 책력들이 시장에서 판매되었다. 매해 조정의 천문 관측소에서 제출된 새로운 책력이 황제의 인가를 받아 공식적으로 널리 반포되기 전에, 민간에서 인쇄된 책력들은 이미 국가 전체에 범람하고 있었던 것이다. 이것은 책력은 황제의 선물이라는 원칙을 침해한 것이다." 881년 당희종이 제국을 파괴했던 황소 반란군을 피해 사천 지역으로 피난 갔을 때 그는 공식적인 책력과 사적으로 인쇄된 것들 사이의 차이로 인해 발생된 상인들 사이의 논쟁을 목도하였다. 953년이 되자 후주後周 정부는 사적으로 출간되는 책력들과 경쟁하기 위해서 그들 자신의 책력을 인쇄하였다.[82]

10세기에는 가장 오래되었다고 알려진 인쇄된 버전의 도교 문헌과 승려 관휴貫休의 1,000여 편 이상의 시문을 모은 전집의 최초의 인쇄가 기록되어 있다. 932년에서 953년 사이 유교 경전들이 처음으로 인쇄되어 출판되었고, 몇 년 후에 인쇄된 육덕명의『경전석문經典釋文』도 등장하였다. 도교 경전의 최초의 인쇄본은 940년에 처음으로 출간되었다. 이 시기에 낙양과 곧 송나라의 수도가 되는 개봉을 비롯한 서너

---

82) arrett, Timothy. "The Rise and Spread of Printing: A New Account of Religious Factors."; Elvin, Mark. *The Pattern of the Chinese Past.* p.181.; Thilo, Thomas. *Chang'an: Metropole Ostasiens und Weltstadt des Mittelalters, 583-904.* vol.2, pp.256-257.

곳의 도시들이 인쇄 중심지로 등장하여 중국 북부 지역에서 유통되는 대부분의 서적을 출판하였다. 이 밖에도 성도, 남경, 양자강 하구의 항주 또한 인쇄 중심지로 등장하였다. 장안도 이 시기에 인쇄 산업을 발전시켰다.[83]

따라서 960년 송 왕조가 시작되었을 때에, 인쇄는 표준화된 학문적 담론의 전국적인 조직망을 건설하고 보다 대중화된 문자문화를 보급시키기 시작하였다. 송 조정은 이 새로운 기술들을 이용해서 수학, 의료, 농업, 군사학, 약물과 약초에 대한 지식, 주석이 달린 유가 경전, 왕조 역사들, 법전, 그리고 주요 철학자들의 저작들에 관한 연구들의 출판을 후원하고자 하였다. 이러한 모든 것은 식자층 독자들이 확대된 결과이기도 하였다. 그것은 또한 불교 경전의 모든 판본들을 인쇄하였는데, 그중에는 당시 최신판의 국가 후원의 밀교 경전 번역서들도 포함되었다. 밀교 경전들은 주변 국가들의 통치자들에게 외교적 선물로 보내졌다.[84] 개인 출판업자들은 성장하는 도시의 시장에서의 판매를 위해 그다지 교양적이지 않은 작품들을 생산하였고, 인쇄된 문헌들은 점차 대중을 위한 상품으로 서시히 변화되어 갔다.

83) Needham, Joseph, and Tsien Tsuen-hsuin. *Science and Civilisation in China*. Vol. 5, *Chemistry and Chemical Technology*, Part 1, *Paper and Printing*. pp.154-159.; Seo, Tatsuhiko. "The Printing Industry in Chang'an's Eastern Market." Memoirs of the TAyA Bunko (2004): 1-42.

84) Sen, Tansen. *Buddhism, Diplomacy, and Trade: The Realignment of Sino-Indian Relations, 600-1400*. pp.110-132.

9
| 저술 |

당나라는 중국 역사에서 특히 뛰어난 문학적인 왕조로서 그 위대한 작가들, 그중에서도 그 뛰어난 시문학으로 칭송받았다. 그 시기의 지도적인 시인들 즉 왕유王維, 이백李白, 두보杜甫는 거의 보편적으로 중국 최고의 작가들로 받아들여지고 있다.[1] 당대의 단편 소설은 문학사

1) Owen, Stephen, *The Poetry of the Early T'ang*.; Owen, Stephen, *The Poetry of Meng Chiao and Han Yü*. New Haven: Yale University Press, 1975. 당대 시인들 각각에 대한 연구로는, Warner, Ding Xiang. *A Wild Deer amid Soaring Phoenixes: The Opposition Poetics of Wang Ji*. Honolulu: University of Hawai'i Press, 2003.; Yang, Jingqing. The Chan Interpretations of Wang Wei's Poetry. Hong Kong: The Chinese University Press, 2007.; Barnstone, Tony, and Willis Barnstone. "Introduction." In *Laughing Lost in the Mountains: Poems of Wang Wei*. Hanover, N.H.: University Press of New England, 1991.; Varsano, Paula M. *Tracking the Banished Immortal: The Poetry of Li Bo and Its Critical Reception*. Honolulu: University of Hawai'i Press, 2003.; Stočes, Ferdinand. *La ciel pour couverture, la terre pour oreiller: La vie et l'oeuvre de Li Po*. Mas de Vert: Philippe Picquier, 2003.; Chou, Eva Shan. Reconsidering *Tu Fu: Literary Greatness and Cultural Context*. Cambridge: Cambridge

에서 덜 중시되고 있지만, 이러한 산문 작문들은 중국에서 의식적으로 작성된 최초의 예술적인 소설이었고, 중국 문학에 인간의 경험이라는 중요한 측면을 처음으로 도입시켰다. 명청 시기 중국에서의 소설의 중요성을 고려한다면, 당대 단편 소설은 중대한 문학적 발전을 암시하고 있고, 무엇보다도 남녀 간 애정 이야기들은 후대에 큰 영향을 끼쳤다.

한유나 유종원 같은 작가들에 의해 개척된 수필 문학은 이후 동일 장르의 모든 작품의 모범이 되었다. 문학적 스타일은 철학적 사상과 도덕적 질서에서 핵심을 이룬다는 사고를 보다 정교화시키면서, 이러한 글쓰기들은 문학, 사상, 정치는 서로 불가분하게 연관되어 있다는 독특한 당대의 비전을 다른 어떤 것들보다도 분명하게 구현하고 있었다.

초당 시의 위치와 가사

한 왕조 시기, 시는 조정의 산물로서 포폄을 하거나 국가의 도덕적 상태에 대해서 드러내는 것이었다. 남북조 시기에 이처럼 훈계하는

University Press, 1995.; McCraw, David R. *Du Fu's Laments from the South.* Honolulu: University of Hawai'i Press, 1992.; Hung, William. Tu Fu: China's Greatest Poet. Cambridge: Harvard University Press, 1952.; Tu, Kuo-ch'ing. Li Ho.Boston: Twayne, 1979.; Rouzer, Paul F. *Writing Another's Dream: The Poetry of Wen Tingyun.*; Liu, James J. Y. *The Poetry of Li Shang-yin.* Chicago: University of Chicago Press, 1969.; Yates, Robin. *Washing Silk: The Life and Selected Poetry of Wei Chuang (834?–910).*

도덕적 기능들은 대체로 사라졌다. 처음에 국가와 그 윤리적 기준으로부터 시의 분리는 해방과도 같은 것이었다. 시인들은 분리 그 자체에서 수많은 주제들을 찾아냈고, 세상으로부터 벗어난 은둔자 생활, 풍광 그리고 도교 철학에 대한 운문들을 정교하게 만들었다. 그러나 5세기 후반이 되면서, 시의 작성은 중국 남조의 조정이나 귀족의 사교 모임에서 주로 이루어지고, 오랜 시간 문학적 수양을 해 온 전통을 가졌던 대가문들은 문학 스타일의 중재자를 자임하였다. 대부분의 시문은 고상한 오락거리나 엘리트들의 주흥酒興을 돕는 수단에 불과하였고, 유교적 도덕화나 은둔자들의 독립적인 삶은 시문의 주제로서는 촌스러운 것이었다.

수와 당 전기의 시문들은 남조 시기의 궁정 전통을 지속적으로 추구하였다. 그것은 대체로 수도의 궁정에서 혹은 황족들의 저택에서 작성되었다. 주제, 어휘, 구조, 사건에 대하여 엄격하게 규제를 가하면서, 이 당시의 시는 사회적 담론이 형성되는 하나의 방식으로서 귀족 멤버들 중에서 누가 가장 먼저 정해진 주제와 운율로 시를 작성하는지를 경쟁하는 자리였다. 승리자는 상을 받았고 반면에 가장 느린 사람은 벌금을 지불해야 했다. 때때로 작가들은 악부민가樂府民歌로 알려진 민간의 서정시들의 주제들을 가져와 자신들의 양식으로 변화시켰다. 그 밖에도 그들은 조정 관료 생활 중 만나는 사물이나 사건들을 찬양하였다. 그 시 속에서 사용되는 단어는 반복적으로 등장하는 우아한 용어들로 제한되고 특징지어졌으며, 반면에 일상적인 용어의 사용은 저속한 것으로 여겨졌다. 화려한 장식적인 문구보다는 소박한 것을, 명쾌한 진술보다는 간접적인 암시를 더 선호하였는데, 다음의 시구에서 그러한 측면을 찾아볼 수 있다.

> 봄날 뒤뜰에 달이 배회하다가
> 죽당竹堂의 문이 해 질 녘에 열렸네
> 놀란 새 숲을 헤치며 떠나가고
> 바람에 실린 꽃잎 개울 건너 날아오네[2)3)]

당시의 운율 규정은 음절의 숫자와 대구법의 사용, 그리고 이른바 '규제된' 형태의 운율을 명확하게 제한하고 있었다.

이러한 고정된 공식은 시문을 타고난 문학적 재능이 없더라도 누구나 학습을 통해 훈련만 한다면 그 상황에 맞는 문장을 바로 만들어 낼 수 있는 예술로 변화시켰다. 그러나 이 기술을 숙달하는 것은 장기간에 걸친 학습이 필요하였다. 결국 어릴 때부터 올바른 가정교육의 표시로서 시문 작성의 미묘함과 예절을 교육받은 명망 있는 가문의 후손들만이 숙달할 수 있는 예술이 되었다. 시문은 시인이 그 규정을 얼마나 정확하게 준수하였는지를 평가하는 것이지 시인의 뚜렷한 목소리의 표현은 미덕이 아니었다. 상급자들을 찬양하는 시구의 작성은 조정에서 자신을 잘 보이게 할 수 있는 효과적인 수단이었다. 조정에서 작성되는 시문들의 정형화된 특성은 시문집과 같은 문학적으로 참고하기 위한

---

2) "春苑月徘徊, 竹堂侵夜開. 惊鳥排林度, 風花隔水來." 虞世南, 「春夜」-역주

3) Owen, Stephen, *The Poetry of the Early T'ang*. p.50.

문장들의 백과사전을 편찬하는 것을 권장하였다. 이러한 참고 문헌은 조정 대신들이 어떠한 주제를 다루더라도 주제에 따라서 시구들을 빠르고 정확하게 배치시켜 시문을 작성할 수 있도록 도와주었다.[4]

시가 정치적 위계질서에 휘말려 들어감에 따라, 지배자들은 시문의 평가와 작성에 직접 참여하였다. 남조 진陳나라와 수나라의 마지막 황제들은 널리 알려진 시인들이었고, 학자들은 그들의 문학에 대한 탐닉과 그 결과로서 정사政事에 대한 소홀이 결국 그들 왕조의 몰락을 초래하였다고 비난하였다. 그러나 심지어 중국 역사상 가장 뛰어난 지도자 중 한 명인 당태종조차도 엄청난 수의 시문을 남기고 있었다. 서북 지역 출신의 군인이었던 그는 정식 교육을 받고 높은 수준의 문화적 배경을 지닌 그의 관리들과 마찬가지로 세련된 시문들을 작성하였다. 그는 때때로 황제로서의 특권을 이용해서 조정 신하들의 뛰어난 시구들을 자신의 작품 속에 끼워 넣기도 하였다. 후대의 황제들은 태종만큼 많은 작품을 남기지는 않았지만 시문 작성의 열렬한 후원자이자 참가자였다.[5]

당대 초기의 시문은 주점이나 사가私家에서 벌어지는 연회에서 친구를 배웅하거나 다른 사회적 행사들을 위해 작성되었다. 이와 같이 특별한 때에 작성된 시는 3세기 이후부터 개인 문집들에 실리게 되었고 수백 편의 개인 시문집이 당대에 출간되었다. 현존하는 유일한 예

---

4) Owen, Stephen, *The Poetry of the Early T'ang.* pp.7-12, 33, 46-49, 234-255, 257.

5) Owen, Stephen, *The Poetry of the Early T'ang.* pp.52-59. 또한 당문종의 시에 대한 열정에 대해서는, Owen, Stephen, *The Late Tang: Chinese Poetry of the Mid-Ninth Century (827–860).* pp.24-29 참조.

는 이러한 시문들이 출세 지향적인 관료들에 의해서 작성되었으며 궁정에서 작성된 시문들과 매우 유사하였고 다만 조금 덜 정교하였을 뿐이었음을 알려주고 있다.[6]

시문을 작성하는 또 다른 장소는 자신의 농장이나 장원이었는데 이들은 궁정시의 인위적인 측면에 대한 대안적 특성을 갖고 있었다. 시골에서 시문의 영감을 얻고자 시도하였던 가장 초기의 당대 시인은 왕적王績(590-644)이었다. 비록 그는 일반적으로 당시 주요한 시인으로는 여겨지지 않았지만, 은둔 시인이었던 도연명陶淵明(365-427)의 삶과 시문을 자신의 모델로 삼은 최초의 인물이었다. 또 그는 관직을 포기하고 마을 오두막에서 잠을 자고, 가난으로 고통받으면서 밭에서 힘겹게 경작하는 것에 대해서 은자적인 시문을 작성하였다. 이러한 도연명의 재발견은 그를 남북조 시기 최고의 시인으로 신성화하였고 또한 성당 시기 과거 중국 시문의 부활을 기대하게 하였다. 왕적의 시는 도연명의 모델을 계속 유지하면서도 단순한 용어와 정확한 구문의 사용, 그리고 순차적이고 거의 이야기체로 구성되었다는 일관성을 발견할 수 있었고 이러한 특성들은 궁정의 시문들과는 큰 차이를 보여 주었다.[7]

680년 진사 시험에 시문이 도입된 것은 시문 작성의 중심이 궁정에서 작성된 형식적인 시문에서 보다 서정적인 문체의 시문으로 전환하

---

6) Owen, Stephen, *The Poetry of the Early T'ang*. pp.274-280.

7) Warner, Ding Xiang. *A Wild Deer amid Soaring Phoenixes: The Opposition Poetics of Wang Ji*.

였음을 보여 주는 가장 중요한 사건이었다. 무측천은 진사 시험을 통해, 그리고 그녀 자신의 개인적인 선택을 통해, 몇 명의 미천한 출신의 시인들을 후원하였고, 그들은 다시 지역 엘리트나 심지어 가난한 집안 출신의 다른 시인들의 후원자가 되었다. 이러한 보다 광범위한 그룹의 관리들의 영향하에서 보다 대중적인 장르, 특히 칠언율시七言律詩가 궁정에서도 대세가 되었다.

8세기 초반에 이르러서 오랜 기간 이어졌던 지방에서의 근무 기간 또한 보다 개인적인 종류의 시문을 작성하는 계기가 되었다. 가장 유명한 '유배' 시인인 양형楊炯, 왕발王勃, 노조린盧照鄰, 낙빈왕駱賓王은 당 초기의 가장 뛰어난 네 명의 시인으로 알려졌다. 그들은 기존의 궁정시의 형식을 취하면서도 개인적인 번민을 표현하였고, 보다 격한 감정 표현이 특징이었던 과거의 장르들, 한대의 초사 문집 같은 것들을 이용하였다. 낙빈왕은 유사한 산문의 수사적 그리고 철학적 스타일을 자신의 시에 적용시켜서 그 시들의 분량을 장황하게 늘리고 내용을 더욱 심각하게 만들었다. 새롭게 떠오르는 장르였던 '변경의 시' 역시 작가들로 하여금 야생에서의 생활을 분명하게 극화할 수 있도록 해 주었다.[8] 이러한 발전은 시들을 보다 사적이고, 감성적이고 그리고 도덕적으로 진지하게 만들어 줌으로써 성당 시기 시문의 발전에 토대가 되었다.

722년 현종은 황실 친족과 황실 여성의 정치적 간섭을 줄이고자 왕

---

8) Owen, Stephen, *The Poetry of the Early T'ang*. 7장-8장, 10장-11장.; Owen, Stephen, *The Great Age of Chinese Poetry: The High T'ang*. pp.23-26, 76, 82, 88-89, 110-112, 114-118, 136, 144, 148, 155, 216, 294, 308.

자들의 궁정을 폐쇄하였는데, 이는 귀족 젊은이로서 시인이 되고자
하는 이들이 후원을 받을 수 있는 주요한 루트가 폐쇄되는 결과를 초
래하였다. 결국 그들 가운데에서 가장 야심만만했던 시인들은 궁정
밖에서 새로운 그리고 보다 광범위한 독자들을 찾도록 강요받았다.
그들이 발전시켰던 스타일은 '도시의 시'라고 불렸고 그것은 궁정의
시에서 진화하였지만 그 시문 작성 계층과 보다 다양한 사회적 범주의
주제들은 이전과는 확연한 차이가 있었다.[9] '도시의 시'는 그 어조 체
계나 불교 혹은 은자들에 대한 관심과 시적 예절의 감소 등의 측면에
서 기존의 시들과는 차이가 있었다. 다음의 예에서 그러한 측면을 살
펴볼 수 있다.

> 대나무로 가려진 채로, 이따금 물레 돌아가는 소리 들리는데
> 그의 창에서는 거미줄만이 보인다
> 집주인은 병은 아니지만 높이 누웠으니(은거하였으니)
> 둘러싼 담장은 풀이 무성한데 한 명의 나이 많은 선비가 있네[10]

　도시의 시는 관료 구성원과 과거시험 수험생 사이의 개인적인 유
대관계를 형성시켜 주었던 (궁정시와 같이) 사회적 담론의 세련된 부문
에 비해서는 여전히 순수 예술이라고 할 수는 없었다. 완전한 형태를
갖추고 자의식이 강한 시적 예술 형식의 등장은 외부인들의 작품이었

---

9) Owen, Stephen, *The Poetry of the Early T'ang.* 20장-23장.

10) Owen, Stephen. *The Great Age of Chinese Poetry: The High T'ang.* p.55.

고, 그것은 궁정시의 초기 변형이 지방으로 유배 간 사람들에 의해서 이루어졌던 것과 마찬가지였다. 그러나 성당 시기 시문의 위대함은 그보다 앞서 도시의 시라는 존재 덕분이었고, 도시의 시의 형식과 표현의 자유로움은 이러한 운동의 주변부에서 그들이 자신들의 목소리들을 충분히 개발할 수 있도록 허락해 주었다. 또 그 시의 인기는 보다 많은 독자들이 그 새로운 형식을 감상할 수 있는 기회를 제공해 주었다.[11]

시문의 작성과 교환을 위한 장소를 제공하는 것 이외에도, 장안성과 다른 도시들은 그 자체로 시문의 주요한 주제가 되기도 하였다. 시인들은 수도 장안의 화려함을 찬양하였고, 인파가 붐비는 도시 한가운데에서 개인들의 고독함에 대해서 숙고하였으며, 술집과 거리를 가득 메운 영웅적인 젊은이와 아름다운 여성들에 대해서 묘사하였다.

오릉의 젊은이들이 서시西市 동쪽에서
은銀 안장 얹은 흰 말 타고 봄바람 가르며 달려가네
떨어진 꽃잎 짓밟으며 어디로 놀러 가는가
웃으며 오랑캐(돌궐) 여인들이 반기는 술집으로 들어가네[12][13]

---

11) 수도의 시들에 대해서는, Owen, Stephen. *The Great Age of Chinese Poetry: The High T'ang*. pp.xii‑xiv, 4‑5, 19‑26, 52‑70, 226‑227, 253‑280. 사회적 담론으로서의 시와 예술로서의 시 사이의 긴장관계는, Owen, Stephen, *The Poetry of the Early T'ang*. pp.379, 399‑400.

12) "伍陵少年金市東, 銀鞍白馬度春風. 落花踏盡遊何處, 笑入胡姬酒肆中." 李白, 「少年行」-역주

13) Owen, Stephen. *The Great Age of Chinese Poetry: The High T'ang*. p.130.

　도시들은 경쟁적인 시단詩壇들의 중심지였고, 수도 장안은 서로 다른 구역들에서 독립적으로 활동하고 있었던 시인 공동체들의 중심지이기도 하였다. 특히 화북 지역 대부분을 통제하고 있었던 독립적인 절도사들의 지역 수도들은 이들에게 매우 중요한 공간이었다. 자신의 권위를 높이고 즐거움을 추구하기 위해서, 이들 절도사들은 주변에 유능한 시인들을 배치하였고, 그들의 궁전은 장안에 필적할 만큼 문학의 중심지가 되었다. 당대 후반에 이르러 전개된 시문 작성의 지리적 분산은 시문 작성의 일반화를 어렵게 만들었고, 각각의 중심들은 서로 다른 스타일과 가치를 발전시키게 되었다.[14]

　아마도 가장 중요한 점은, 도시들이 유흥가에서 벌어지는 공연들을 통해서 시문과 음악을 연결시켜 주는 장면을 제공한다는 점일 것이다. 특히 중요한 점은 기녀들이 노래 가사의 형태인 사詞의 유행에 기여하였다는 것이다. 이후 사는 당 왕조가 멸망한 후 수십 년 사이에 시문의 주요 장르로 성장하였다. 돈황 문서에는 545편의 노래가 포함되어 있는데, 문학적 작문이라기보다는 대체로 '대중적인' 장르의 시문이었다. 따라서 그러한 종류의 노래들은 유흥가나 그와 관련된 장소에서 주로 연주되었다. 이들 시문들은 로맨스에서부터 역사와 정치에 이르기까지 다양한 주제를 다루었다.

　여성들 역시 음악과 노래의 주요 연주자들로서 주로 황궁이나 지역

---

14)　Owen, Stephen, *The Poetry of the Early T'ang*. pp.55-59, 67-68, 103-122, 361-362, 404-405.; *The Great Age of Chinese Poetry: The High T'ang*. pp.7, 69, 130, 172-173, 186, 195-196, 203, 212, 281, 296, 299.; *The Late Tang: Chinese Poetry of the Mid-Ninth Century (827–860)*. pp.6, 23, 27-28, 31, 33, 34, 41-42, 44.

관아, 귀족의 저택에서 활동하였다. 현종은 궁정 음악 학교를 만들었고 그곳에서는 수백 명의 음악가와 가수가 대중가요나 외국 노래를 포함한 새로운 음악을 연주하는 법을 교육받았다. 황제 자신은 한 행마다 일정하지 않은 글자 수를 갖는 노래들을 작곡하였는데, 이는 아마도 이국적 선율의 영향이라고 추정된다. 수도 장안이 안녹산의 반란군에 의해 함락된 이후에, 궁정 음악 학교에서 훈련받은 연주자들은 남부의 도심지로 뿔뿔이 흩어졌고, 그곳에서 주요 문인 작가들은 역시 그 음악 연주자들을 위해서 노래 가사들을 작성해 주었다.[15]

그럼에도 불구하고, 중국 사회의 모든 계층에서 향유되는 이러한 노래와 지식인의 시문 사이의 관계는 여전히 불명확한 상태였다. 몇몇 관습적인 시문 형태들 특히 4행시와 고대의 악부시들은 노래로 만들어져 왔다. 당대 시인들은 음악의 가사로 판명된 작품들을 작성하였고, 9세기 초반 몇몇 시인이 작성한 서문은 그들이 유행가를 위해 새로운 가사들을 작성하였음을 보여 준다. 살아남은 것 중 9세기의 것으로 판명된 시문의 2/3를 차지하고, 현존하는 당시 중에서 거의 절반에 가까운 시문들은 모두 여섯 시인(온정균, 황보송, 백거이, 유우석, 설능, 사

15) Lin, Shuen-fu. "The Formation of a Distinct Generic Identity for Tz'u." In *Voices of the Song Lyric in China.Ed.* Pauline Yu. Berkeley: University of California Press, 1994. pp.6-19.; Rouzer, Paul F. *Writing Another's Dream: The Poetry of Wen Tingyun.* 2장.; Chang, Kang-i Sun. *The Evolution of Chinese Tz'u Poetry: From Late T'ang to Northern Sung.* Princeton: Princeton University Press, 1980. pp.5-15.; Wagner, Marsha L. *The Lotus Boat: The Origins of Chinese Tz'u Poetry in T'ang Popular Culture.* New York: Columbia University Press, 1984. 2장-3장.; Schaab-Hanke, Dorothee. *Die Entwicklung des höfischen Theaters in China zwischen dem 7.und 10. Jahrhundert.* Hamburg: Hamburg Sinologische Schriften, 2001.

공도)의 작품이었다. 단연코 가장 많은 숫자는 온정균의 것으로서 그의 유흥가에 대한 애착은 그의 경력에 심각한 영향을 끼쳤던 듯하다. 그의 생애에 대한 기록들에 따르면 그는 돈을 벌기 위해서 노래 가사들을 작사하였다.

따라서 이러한 증거들은 노래와 가사가 당대 대중문화의 주요한 요소였고 몇몇 유명한 시인들이 가사를 작성하기도 하였지만, 이러한 행위들은 지식인들 사이에서 여전히 불명예스러운 것으로 남아 있었음을 알려주고 있다. 오로지 오대五代 후촉後蜀의 조숭조趙崇祚가 편집한 『화간집』에서만 그 노래 가사는 지식인의 전형적인 장르로서 공식 인정되었다. 그러나 이와 같은 진지한 예술로서의 공인은 그 주제를 애정과 관련된 것으로 한정시켰고 규칙적으로 2연의 형태로 이루어진 가사로 규격화하였다(즉 행마다 규칙적인 수의 음절로 이루어진 시). 그 문집의 서문을 작성한 구양형歐陽炯(896~971)은 그 노래 가사들을 순수한 지식인들의 작품과 "스타일상으로도 통속적일 뿐만 아니라" "본질적으로도 공허한" 대중적인 가사로 구분하였다. 비록 홍등가가 당대 가사의 작곡과 공연의 주요한 무대였지만, 당시의 형성에 있어 그 영향은 떳떳하게 인정될 수 없었다.[16)]

---

16) Shields, Anna M. *Crafting a Collection: The Cultural Contexts and Poetic Practice of the Huajian ji.* Cambridge: Harvard University Press, 2006. 1장.; Chang, Kang-i Sun. *The Evolution of Chinese Tz'u Poetry: From Late T'ang to Northern Sung.* pp.15-32.; Wagner, Marsha L. *The Lotus Boat: The Origins of Chinese Tz'u Poetry in T'ang Popular Culture.* 5장. 온정균에 대해서는, Rouzer, Paul F. *Writing Another's Dream: The Poetry of Wen Tingyun.* 3장.; Owen, Stephen, *The Late Tang: Chinese Poetry of the Mid-Ninth Century (827-860).* pp.534-539, 560-565.

마지막으로 당대에 시문에 영감을 불어넣었던 도시 속 공간은 정원이었다. 3세기의 은자적인 시인들은 개인 정원을 조정과 도시의 쾌락으로부터 벗어날 수 있는 자신만의 비밀스러운 공간으로서 찬양하였다. 중당 및 만당 시기 도시의 정원은 유희를 위한 사적인 영역의 등장을 위한 배경을 제공하였고, 이 공간은 국가나 가문의 통제된 구조로부터 벗어나 있었다. 시인 백거이는 관직에 있으면서도 초연한 자세로 일관하면서 스스로를 고결한 정신을 갖고 있는 대은大隱과 속세를 벗어나 자연으로 완전히 들어간 소은小隱 사이에 위치한 중은中隱이라 칭하면서 낙양에 있었던 자신의 정원을 애정 가득한 시선으로 묘사하였다. 따라서 그는 인간의 정신이 꽃이나 과수와 더불어 함양될 수 있는 공간의 전형으로 정원을 확립하였다.[17] 유종원과 더불어, 그는 정원 또는 어떤 용도의 토지를 진정으로 소유한다는 것은 단순히 토지를 사는 것만이 아니라 그것에 대한 심미적 감상까지도 수반되어야 한다는 개념을 처음으로 제시하였고, 특히 그 정원이나 토지에 대해 시를 작성하는 행위를 특징으로 하였다. 명청 시기가 되면 이러한 시적인 토지의 수용은 관습화되었다. 특히 정원의 일정 구역에 시적인 이름과 시 구절을 새겨 넣는 행위가 관습적으로 이루어졌다.[18]

---

17) Owen, Stephen. *The End of the Chinese "Middle Ages": Essays in Mid-Tang Literary Culture*. pp.83-89.

18) Yang, Xiaoshan. *Metamorphosis of the Private Sphere: Gardens and Objects in Tang-Song Poetry*. Cambridge: Harvard University Press, 2003. 1장-4장, 특히 1장을 참조. 유종원에 대해서는, Owen, Stephen. *The End of the Chinese "Middle Ages": Essays in Mid-Tang Literary Culture*. pp.24-35, 57-64. 정원에 새겨진 시문에 대해서는, Owen, Stephen, *Remembrances: The Experience of*

고대 시가에 대한 성당시의 계승

당 왕조는 지난 수세기 동안의 문학작품들을 도덕적으로 타락하였다고 비난하며 도덕적이고 정치적인 측면을 강조하였던 시사詩史에서 멀리 벗어나서 과거와 같은 미학적 접근으로 전환하였다. 이러한 전환으로 인하여 과거의 작가와 스타일은 당대 작가들에게 다양하고 유용한 모델이 되었다. 이러한 전환은 시 창작의 공간이 황궁에서 벗어난 것뿐만 아니라 시인이 되는 것이 어떠한 의미인지에 대한 재정의와도 관련이 있었다.

초당기 시학의 지배적인 분위기는 북조와 수隋 시기의 몇몇 작가들에서 기인하였다. 그들은 당시의 사륙변려문四六騈儷文이나 화려하게 치장한 시문들을 비난하였고 유가 경전이나 한대의 저작들과 같이 보다 단순하면서도 진지한 언어의 사용을 주장하였다. 6세기에 남조 양나라의 태자 두 명의 후원으로 각각 완성된 문집들 사이에서 보이는 상호간의 긴장관계는 그 논쟁의 주제를 더욱 선명하게 강조하였다. 고전을 모방하는 양나라 소명태자昭明太子 소통蕭統의『문선文選』은 한대와 이후 바로 몇 세기 동안의 문장들에 초점을 맞추면서 그것을 문학의 모범으로 삼았다. 양나라 간문제簡文帝가 태자 시절에 작성한『옥대신영玉臺新詠』은 보다 현대적인 시풍에 가까운 시문집으로 주로 그

---

the Past in Chinese Literature. Cambridge: Harvard University Press, 1986.
1장. 후기 중화 제국 시기 시적 장소로서의 정원에 대해서는, Xiao, Chi. The Chinese Garden as Lyric Enclave: A Generic Study of the Story of the Stone. Ann Arbor: Center for Chinese Studies, University of Michigan, 2001.

시대와 가까운 시기의 작품과 종종 동시대 작가들의 작품들을 모았지만, 그 문집의 서문에서는 '궁정시'에 집중하였던 점과 로맨틱한 주제의 작품을 주로 선정한 점에 대해서는 양해를 구하고 있었다. 그 동일한 세기에, 위대한 문학 이론가 유협劉勰(465-522)은 자신의 최고 역작인『문심조룡文心雕龍』의 첫머리에서 문학은 사회정치적 목적을 지녀야 한다고 주장하면서, 모든 진지한 글쓰기는 경전을 모범이자 규범으로 사용해야 한다고 주장하였다. 그와 유사하게, 배자야裴子野(502-556)는 그의『조충론雕蟲論』에서 그 당시의 문학을 무의미하게 기교나 장식에 매달린다고 맹비난하였다.[19)]

(남조 왕조에 대한) 북조 왕조의 군사적 승리는 보다 진지한 문학으로의 복귀에 대한 요구를 증대시켰다. 즉 문학은 사교적이고 유미적인 쾌락을 제공하는 것이 아니라 도덕적이고 정치적인 질서를 유지하는 데 도움을 주는 것이어야 했다. 문학에 대한 이러한 태도의 전형은 584년 학자 이악李諤이 수문제에게 올린 상소에서 엿볼 수 있다.

고대 성군들은 백성을 교화하였을 때에는 반드시 그들이 보고 들은 바를 변화시켰습니다. 성군들은 백성의 음욕을 억제시켰고 그들이 악한 일에 빠지는 것을 막았습니다. ……『시경』『서경』『예기』그리고『역경』은 도덕적 의무로 가는 문이었습니다. …… 상소를 올리고, 서사시를 바치고, 서정시를 짓고, 비문을 새기는 사람들은 모두 덕을 칭송하고 지혜로움을 권장하기 위함이었습니다.

---

19) Owen, Stephen, *The Poetry of the Early T'ang*. pp.15-16.

후대로 전해져 오면서, 관습과 사상은 점차 타락하였습니다. 위나라의 세 군주는 서로 우열을 가릴 수 없을 정도로 문학적 정교함에 큰 가치를 두었습니다. 그들은 군주가 되는 위대한 길을 무시하였습니다. 그들은 '곤충 조각'과 같은 저급한 예술을 선호하였습니다. 아랫사람들은 윗사람들을 따라하였고 이는 메아리나 그림자와 같았습니다. 서로 화려한 외모를 경쟁하는 것이 결국 관습이 되었습니다. (위진남북조 시기) 동남부의 제나라와 양나라에서는 그러한 관습이 너무나 만연하여 귀족과 평민, 현명한 사람과 어리석은 사람 모두 오로지 시문에만 몰두하였습니다. …… 그들은 시 한 편의 창의성을 두고 경쟁하였고 시문 한 글자의 교묘함을 놓고 다투었습니다. 거듭해서 나오는 시문이나 산문은 모두 달빛과 이슬을 묘사하는 것에서 벗어나지 못했습니다. 탁자 위와 장롱 속은 바람과 구름이 들고 나는 것에 불과한 시들로 수북하게 쌓이고 가득 찼습니다. 사회에서는 그러한 활동으로 사람들에게 등수를 매기고, 조정에서는 그것을 바탕으로 관리를 선발하였습니다.[20]

그러나 이러한 비판은 시 같지 않은 시의 작성을 의미하였고, 그러한 시는 과거의 시가 지니고 있었던 매력적인 미학적 가치를 대신할 요소를 갖고 있지 못했다. 당태종을 포함한 특정한 인물들은 '복고復古' (한대 이전 혹은 한대의 경전들을 지칭하는 고전으로의 복귀)의 필요성을 인정

---

20) Chen, Yu-shih. *Images and Ideas in Chinese Classical Prose: Studies of Four Masters.* Stanford: Stanford University Press, 1988. pp.1-6. 번역본은, Bol, Peter. *"This Culture of Ours": Intellectual Transitions in T'ang and Sung China.* Stanford: Stanford University Press, 1992. pp.90-91. 84-92와 102-104는 장식성 대 단순성에 대한 논쟁에 대해서 설명한다.

하였지만, 그럼에도 불구하고 계속해서 궁정 스타일의 시를 지었다. 태종의 간관諫官이던 위징魏徵(580-643)을 포함한 다른 사람들은 정치적 관심사들에 대한 보다 단순화된 시들을 작성하는 데에 막중한 책임감을 갖고 있었지만 그들의 시들 역시 도덕적인 원칙들을 극적으로 과장하기보다는 간략하게 언급하는 교훈적인 시로써 끝맺음을 맺었다. 호소력 있는 시들의 창작을 이끌어 내고자 하였던 문학적 복고 프로그램의 실패는 당태종 재위 후반기에 가서는 진지한 시의 창작에 대한 전반적인 포기로 이어졌고, 주요한 시인들은 궁정에서의 삶에 대한 기교적인 찬양에 만족하였다.[21]

처음의 실패에도 불구하고, 7세기 후반의 시인들로서 특히 보다 개인적인 감정 표현을 시도할 수 있었던 궁정 사회 외부의 인물들은 보다 단순하고, 보다 직접적이면서 도덕적으로 심각한 시적 언어를 개발하였다. 위대한 '아웃사이더' 시인인 진자앙陳子昂(661-702)은 동시대(의 시문)에 대한 거부를 시의 주요한 주제로 발전시켰고 그것을 '복고'라고 하는 새로운 스타일로 표현하였다. 그러나 그의 가장 야심적인 시들의 모델이 되었던 것은 고전적인 혹은 한대의 문헌이 아니라 진晉대 시인 완적阮籍의 '영회시詠懷詩'로 대표되는 4세기 위진현학 계통의 추상적인 시들이었다. 이 시들은 개인적인 의미에 대한 고뇌에 찬 탐구를 자세하게 묘사하고 있었다.

앞으로는 옛사람을 볼 수 없고

---

21) Owen, Stephen, *The Poetry of the Early T'ang*. 2장-4장, 6장.

뒤로도 올 사람을 볼 수가 없네
천지의 무궁함을 생각하다가
홀로 슬픔에 젖어 눈물 흘린다[22) 23)]

8세기 초반이 되자, 심지어 몇몇 궁정 시인조차도 조정에서 만들어
진 보다 더 규칙적인 작품들의 엄격한 대구법과 각운법에 대한 대안으
로서 '고전적인 스타일'의 시를 발전시켰다. 송지문宋之問(656-712)과
장구령張九齡(678-740) 같은 주요한 궁정 시인들은 진자앙을 존경하였
고 그의 시들을 모방하였다. 성공적인 정치가이자 후원자였던 장구령
은 진자앙의 시에 대한 모방으로 알려지기도 했는데, 그는 내부인과
외부인 사이의 구분을 모호하게 하였고 '복고' 시학을 조정에 가지고
들어왔다. 따라서 비록 몇몇 성당 시기 시인들이 자신들을 전임 궁정
시인과 구분시켜 주는 것으로서 '복고'를 주장하였음에도, 그들은 많
은 문학적 기교들을 전수받았고 그들의 슬로건 속에 내포된 도덕적 훈
계로부터도 상당히 벗어나 있었다.[24)]

성당 시기 가장 칭송받았던 인물들은 반미학적인 '복고' 운동을 받
아들이지 않았지만, 그것들을 대체하여 그들에게 적합한 시학이 될

---

22) "前不見古人, 後不見來者, 念天地之悠悠, 獨愴然而涕下." 陳子昂,
「登幽州臺歌」-역주

23) Owen, Stephen, *The Poetry of the Early T'ang*. 12장-13장, 특히 pp.153-
155, 165-167, 170-171, 184-187, 200, 207, 213-215, 218-219, 227, 236,
270, 301. 인용된 시는, p.175.

24) Owen, Stephen, *The Poetry of the Early T'ang*. pp.344-347, 383-384, 394-
395, 409-423.

만한 역사적 모델도 존재하지 않았다. 따라서 753년 은번殷璠은 왕창령王昌齡에 대해서 서술하면서, "(모두 3세기의 시인인) 삼조三曹(조조曹操, 조비曹丕, 조식曹植), 유정劉貞, 그리고 이륙二陸(육기陸機, 육운陸雲)과 여류 시인 사도운謝道韞 이후, 400여 년 동안 진정한 감정적인 힘과 기운은 사라졌다. 그러나 이제 우리에게는 왕창령이 있다."라고 말했다.[25] 비록 왕창령 본인은 조금도 복고를 지지하지 않았지만, 은번은 그가 한 왕조의 붕괴 이후 유일하게 가치 있는 시인이라고 보았다. 이와 유사하게 성당 시대 시인 이백은 도덕주의자들의 반대편에 있었는데, 그럼에도 불구하고, 일련의 '고전적 스타일'의 시들을 작성하기 시작하였고, 그중 한 편에서는 고전 시가의 정점을 이루었던 경전『시경詩經』(의 전통)은 한대 말기에 등장한 삼조에 의해 최후의 전성기를 맞았던 것을 제외하고는 지속적으로 퇴보하였다는 기존의 시각을 되풀이하여 주장하였다. 그 이후 중국의 시는 이백의 시대에 부활하기 전까지 불모지에 불과하였던 것이다.[26] '복고'라고 하는 교훈적인 모델은 중국 시에 대해 단지 역사적인 프레임워크만을 제공하였다.

슬로건으로서의 '복고'와 시의 실제적인 형태로서의 '복고' 사이의

---

25) Owen, Stephen. *The Great Age of Chinese Poetry: The High T'ang*. pp.96-97. 시학의 혼돈과 이상적인 시인으로서의 유정에 대해서는, Lin, Wen-yueh. "The Decline and Revival of Feng-ku (Wind and Bone): On the Changing Poetic Styles from the Chien-an Era through the High T'ang Period." In *The Vitality of the Lyric Voice*. Ed. Shuen-fu Lin and Stephen Owen. Princeton: Princeton University Press, 1986.

26) Varsano, Paula M. Tracking the Banished Immortal: *The Poetry of Li Bo and Its Critical Reception*. 3장.

분명한 구분은 원결元結(719-772)의 활약으로 선명해졌다. 이백과 그의 동료 작가들은 스타일상의 변경과 보다 개인적인 시의 작성을 통해서 자신들이 고대 시학의 영광을 재현하였다고 자평하였다. 반면에 원결은 그들을 "민가에서 노래하는 소년과 춤추는 소녀들의 저속하고 대중을 현혹하는 시들을 작성하는" 자들이라고 비난하면서 고대 시가에서 직접 차용한 고풍스러운 어법을 사용하여 도덕적인 시들을 쓰기 시작하였다. 그는 자신의 시문집 서문에서도 도덕적 교훈을 강조하였다. 그러나 760년 그와 뜻을 같이하는 시인들의 시를 모은 시문집을 편찬한 이후에, 원결은 보다 덜 급진적인 고전 스타일로 시를 짓기 시작하였다. 만년에는 자연 풍광과 은자적인 삶을 노래하는 시로 귀의하면서 공익적이면서 정치적인 시에 대한 헌신을 포기하였다. 그는 결코 당대唐代의 지식인들에게 받아들여지지 않았고, 그로 인해 그는 명성은 열등함의 증거라고 주장하게 되었다. 반면 (명성에 대한) 거절은 자신의 작품의 위상과 진실함을 입증하는 것이었다. 사실상 모든 성당 시기 작가들은 '복고'의 슬로건을 받아들였지만, 실제로 그것을 실천하였던 시인은 당시 문학계의 중심에서 완전히 벗어나게 되었을 뿐이었다.[27]

이론과 실제의 이러한 괴리는 안녹산의 반란 이후에 곧 종식되었다. 8세기 후반기에 복고의 수사법은 쇠퇴하였고 그 와중에 도시의 시가 부활하였으며, 남조 시인들의 성취에 대한 새로운 기념화가 이루어졌

---

27) Owen, Stephen. *The Great Age of Chinese Poetry: The High T'ang.* pp.225-246.

다. 남조의 시인인 도연명은 당대 초기 시인 왕적의 시적이고 개인적인 평가의 대상이 되어 왔지만, 왕적은 주변부적인 인물에 머물러 있었다. 보다 더 중요한 인물은 왕유로서 그는 복고의 미학적 측면을 피하였지만 사령운, 포조鮑照, 사조謝朓, 유신庾信과 같은 남조 시인의 시풍을 차용하였다. 그는 또한 720년대와 730년대 도연명 작품의 부활을 권장하였다. 시 창작의 신동이자 주요한 가문의 후손이었던 왕유는 젊은 나이에 궁정에서 근무하였고 궁정시에 통달하였다. 그 후 그는 그 스타일을 단순화하고 그가 지지하는 불교를 차용해서 감성에 대한 반감을 완전한 거부로 격상시켜 궁정시를 개선시켰다. 또한 정교한 기교를 대신하여 함축성이 풍부한 단순한 문장으로 대신하여 이행연구二行聯句의 예술을 더욱 완벽하게 하였다.

> 강 언덕에 켜진 불, 한 척의 배가 묶어 가려나
> 어부의 집 주변으로 저녁 새들 돌아온다
> 적막한 천지는 저물어 가고
> 마음은 넓은 강처럼 한가롭기만 하다[28)29)]

그는 성당 시대의 위대한 시인 중 한 명으로 등장하였지만 도시의

---

28) "……. 岸火孤舟宿, 漁家夕鳥還, 寂寥天地暮, 心與廣川閑." 王維, 「登河北城樓作」-역주

29) Owen, Stephen. *The Great Age of Chinese Poetry: The High T'ang*. 4장(그 시는 p.46.에서 인용); Yang, Jingqing. *The Chan Interpretations of Wang Wei's Poetry*. Hong Kong: The Chinese University Press, 2007. 1장.

시를 창작하는 문학계 주류에서도 여전히 중심적인 위치를 유지하고 있었다.

안녹산의 반란 이후 문학계는 왕유와 사회적으로 연결되어 있고 그의 시를 모방하는 사람들이 장악하였다. 그들은 성당 시기 작가들의 목록을 만들었는데 그중에는 8세기 초반의 궁정 시인들[심전기沈佺期, 송지문], 왕유, 그리고 그의 추종자 몇몇이 포함되었다. 그들의 성향은 안녹산의 반란 이후 문학계 주류에서 중심적인 인물이었던 독고급獨孤及의 문집 서문에서 잘 표현되었다. 그는 '복고' 전통의 모델이 되었던 3세기의 시인들에 대해서 지나치게 "꾸밈없는 실체"와 불충분한 장식을 비판하였다. 그는 남조의 시인들이 정반대 방향으로 그릇된 실수를 저질렀다는 것을 인정하면서도, 이러한 지나친 장식적 수사를 문명화의 전형적인 특징이라고 여겼다. 가까운 세기(위진남북조 시기)의 문학적 정교함이 도덕적 타락이라기보다는 문화적 진보를 나타내는 것이었다는 이러한 주장은 (한대 이전으로의) 복고운동에 대한 가장 이른 시기에 등장한 대안 중 하나였다.[30]

왕유에 의해 이루어지고 독고급이 보다 분명히 한 과거 시학에 대한 재평가는 오늘날 일반인들이 중국 최고의 시인으로 추앙하는 두보杜甫(712-770)의 작품에서 충분하게 표현되었다. 한유와 더불어 가장 먼저 두보의 가치에 주목하였던 원진은, 두보의 위대함은 그보다 시대적으로 앞선 시인들에 대한 완벽한 이해를 통해 가능하였다고 주장

---

30) Owen, Stephen. *The Great Age of Chinese Poetry: The High T'ang.* pp.254-246.

하였다. 두보를 위한 비문에서 원진은 과거의 중요한 시인들을 열거하고 두보야말로 가장 먼저 그들의 스타일을 모두 섭렵하였고 결국 그들을 능가하게 되었다고 결론지었다. "그는 고전 시인들의 모든 스타일과 영역을 파악하였고, 오늘날의 뛰어난 성과들을 모두 결합하였다. …… 이제껏 수많은 시인이 있었지만, 두보를 능가할 자는 아무도 없다."[31] 이와 같이 자신의 시적 표현의 기반으로서 과거 시들을 흡수하고 그것에 동화되는 것은 만당 시인들의 공통된 특징이 되었고, 그들이 다양한 방식으로 표현한 과거의 문학은 그들이 이용하고, 모방하고 재결합할 것들이었다. 장기적으로 보아, 이러한 접근 방식은 중국 시인들에게 부담이 되었지만, 이러한 과거 문학의 재발견이 한창일 때에는 중국 역사상 최고의 시들이 탄생하는 배경이 되었다.

> 싸움터의 많은 새로운 귀신들이 통곡하고
> 늙은이 홀로 근심을 읊고 있네
> 어지러운 구름 황혼에 낮게 내리고
> 쏟아지는 백설은 돌풍에 춤을 추네
> 단지에 술이 없어 표주박 버려졌고
> 화로에 불 꺼져 차갑구나
> 여러 주의 소식이 끊겼으니

---

31) McCraw, David R. *Du Fu's Laments from the South*. p.ix. 또한 Chou, Eva Shan. *Reconsidering Tu Fu: Literary Greatness and Cultural Context*. pp.33-34.; Owen, Stephen. *The Great Age of Chinese Poetry: The High T'ang*. pp.xv, 183-185.; Owen, Stephen, *The Late Tang: Chinese Poetry of the Mid-Ninth Century (827-860)*. p.16.

근심스레 앉아 허공에 글을 쓰네[32][33]

모든 과거와의 시학적 결합이 성당 시기에 시작되었던 반면에, 이
론적 공식화를 완성한 것은 8세기 후반에 중국 동남부에서 활약하였
던 시인이자 승려인 교연皎然 선사에 의해서였다. 그는 좋은 시라는 것
은 '혁신'과 '복고' 사이의 균형이 필요하다고 주장하였다. 그의 주장에
따르면 어느 한쪽이 독점적인 위치를 차지하게 되면 해롭게 되는 것이
었다. 또한 그는 '복고 시학'에서 경멸하였던 남조 말기의 시들을 옹호
하였고 문학사적 인식이 결여된 도시 시인들을 비난하였다. 부분적으
로는 이것은 지역 문화 사이의 싸움이었다고 할 수 있는데, 교연 자신
이 남부 지역 출신이었을 뿐만 아니라 남조 시대의 위대한 시인인 사
령운의 후손이기도 하였다. 그럼에도 그의 이론은 중당과 만당 시기
에 쓰인 가장 뛰어난 시들에서 찾아볼 수 있는 과거에 대한 태도를 견
지하고 있었다.[34]

과거 시에 대한 변화된 태도는 당시에 대한 진화하는 평가로 이어졌
다. 안녹산의 반란이 종식된 지 얼마 지나지 않은 혼돈의 시기부터 작
가들은 현종 시기를 국가 질서와 국력이 최고 정점에 달했던 시기로
인식하기 시작하였다. 그러나 그로부터 다시 몇십 년 지나지 않아 그
동일한 혼돈의 시기는 중국 시의 황금기로서 인식되고 신화화되었으

---

32) "戰哭多新鬼, 愁吟獨老翁. 亂雲低薄暮, 急雪舞回風. 瓢棄尊無綠, 爐存火似紅.
數州消息斷, 愁坐正書空." 杜甫,「對雪」-역주

33) Owen, Stephen. *The Great Age of Chinese Poetry: The High T'ang*. p.201.

34) Owen, Stephen. *The Great Age of Chinese Poetry: The High T'ang*. pp.287-295.

며, 나중에서야 왕유, 이백, 두보와 같이 오늘날 시성詩聖으로 추앙받는 성당 시인들의 명단이 확정되었다. 760년대 이후 시를 창작하는 시인들은 심지어 그 시성들의 위대함의 성격이나 정체가 아직 정의되지 않았음에도 자신들을 사라진 위대함의 그림자 아래에서 활동하는 후발주자로 인식하였다.

8세기 후반 주류 도시 작가들은 초당기 시인들을 포함한 시성들의 명단을 상정하였는데, 이때 이백과 두보는 그 속에 들어가 있지 않았다. 9세기 전반에 한유와 원진이 이들 두 시인이야말로 당시의 전성기를 대표한다고 선언한 이후에도 837년에 시인 요합姚合은 여전히 그가 애호하는 시들을 엮은 시문집을 왕유부터 시작하고 있었다. 900년 위장은 요합 시문집의 후속작을 편찬하였는데, 두보, 이백, 왕유로 이루어진 삼두체제를 시작하였고 이러한 전통은 오늘날에까지 유지되었다. 그의 결정은 9세기 초반 급진주의자들이 이백과 두보를 선호했던 것과 보수적이고 조정에 기반을 둔 엘리트들이 왕유를 선호했던 것을 결합한 것으로, 이는 이후 중국 역사에서 성당 시기를 정의하게 되었다. 이러한 움직임은 보수적인 엘리트들의 사회적 네트워크와 조정에 기반을 둔 문화가 당 왕조를 무너뜨린 대격변 속에서 제거됨에 따라 가능해졌다.[35] 따라서 당대 문학의 우월함에 대한 신화는 당대의 정치적 우월함에 대한 신화와 마찬가지로 두 번에 걸친 파멸적인 붕괴의 시기들에 대한 대응으로서 일어난 것이었다.

---

35) Owen, Stephen, *The Great Age of Chinese Poetry: The High T'ang*. pp.xi-xv, 166, 170, 303,-316.; Owen, Stephen, *The Late Tang: Chinese Poetry of the Mid-Ninth Century (827–860)*. pp.2-8, 102-104.

시인에 대한 인식 변화

시문이 조정에서 일상의 한 측면이었던 것처럼, 시인이라는 것은 조신朝臣 혹은 정치가의 한 모습이었다. 당 제국의 황제 또는 재상은 그들에게 칙령, 상소 혹은 정책에 대한 비평 등을 쓰는 것이 기대되는 것과 마찬가지로 시문도 능숙하게 쓸 수 있어야 했다. 그 시대의 중요한 문학 장르를 정의한 『문선』에 이러한 사실이 잘 드러나 있다. 『시경』을 정치적 풍자물로 여겼던 관습에서 기인하여 개인적인 시로 보이는 작품을 정치적 풍자로 이해하는 것은 당시 지식인 담론의 한 부분이었다.

시를 새로운 무대와 사회계급으로 옮기고 복고의 정치-윤리적 담론에 이의를 제기함으로써 당대에 시인들은 새로운 사회적 역할을 개척할 수 있었다. 시를 짓는 것은 사교적 세련미의 차원에서 극히 중요한 문제로 격상되었다. 시인은 유럽의 낭만주의에서 찬양하였던 기인과 '천재' 사이에 존재하는 독특한 인물이 되었다. 시는 지식인들의 소명이 되었고 시인은 자신의 목숨을 바쳐 완벽함을 추구하였다. 특정작가들은 시를 '재산'을 모을 수 있는 '직업'으로 묘사하였고 시인에게는 자신들의 작품에 대한 '소유권'이 보장되었다.

이러한 새로운 시야는 이백과 두보의 작품들에서 등장하였다. 이백에게 시는 천부적인 재능을 지닌 사람이 자신의 우월성을 증명해 보이는 수단이었다. 두보에게 시는 역사 속에서 자신의 자리를 개척할 수 있도록 허락해 주었다.

문학은 영원한 행위이고
그 성패는 미묘한 의식 속에 알 수 있다

통치자를 대체할 영웅으로서 시인의 이미지는 두보의 시「모위추풍
소파가茅屋爲秋風所破歌」의 결론 부분에서 등장하였는데, 그 시에서 두
보는 세상의 가난한 선비들 모두가 쉴 수 있는 넓은 집을 구해 달라고
하늘에 요청하고 있다.[36] 두보나 이백 모두에게 그리고 그를 따르는 사
람들에게 있어서 시를 짓는다는 것은 단지 정치적 경력에 부속된 행위
라거나 정치적 경력에 대한 어쩔 수 없는 대안이 아니라 가장 고귀한
소명이 되었다. 10세기에 접어들면서, 어떤 사람들은 시를 선불교의
종교적 수행과 같은 신비로운 작업이라고 묘사하였다. 이제 더 이상
시는 인생에서 장식과 같은 것이 아니라 인간이 존재하는 가장 중요한
일이 되었고 맹교孟郊(751-814) 같은 시인은 자신의 모든 것을 기꺼이
바치고자 하였다.

그의 순수함은 서리와 눈의 정수를 후벼 파내고
그의 음송吟誦은 천상의 관리들을 동요시킨다
그는 일생 동안 항상 칭송하는 소리만을 들었지만
그 누구도 이 위대한 시인을 스승으로 삼지 않는다
그래서 나는 나의 길이 끝난 후에

---

36) Owen, Stephen. *The Great Age of Chinese Poetry: The High T'ang*. pp.115-
118, 203, 207-209.; Owen, Stephen, *The Late Tang: Chinese Poetry of the
Mid-Ninth Century (827-860)*. pp.98-99.

나 역시 이렇게 차갑고 조용히 놓여 있을 것임을 알고 있다[37]

시가 시인의 깊은 의도를 표현한다는 생각은 고대 전국 시기부터 흔히 있는 일이었지만, 도덕적 윤리나 정치적 논리의 고정된 기준에 따라 평가되어 왔다. 당대에 이르러서야 비로소 시에서 표현된 인물이 평가와 공감의 절대적인 기준이 되었다. 시 속에서 인물을 발견하는 것은 도연명에 대한 관심의 부활과 더불어 생겨났는데, 그의 시를 읽는 사람들은 그의 시와 그의 개성을 혼동하기도 하였다. 그러나 자신의 개성이 시를 해석하는 기반이 되었던 전형적인 시인은 바로 이백이었다.[38]

두보가 중국에서 가장 위대한 시인으로 여겨지지만, 이백은 중국에서 가장 매력적인 성격을 지닌 시인으로 평가된다. 후대의 비평가들은 사람들에게 모방할 수 있을 것 같은 재능을 지닌 두보를 따라서 시를 쓰라고 충고하였지만, 이백의 위대함은 그 자신의 개성과 떼려야 뗄 수 없는 것이었다.[39] 초창기부터 그의 시는 혁신과 파격과 예절에 대한 놀랄 만한 무시를 보여 주었고, 이는 그 누구도 따라할 수 없는 그의 개성이었다. 이백은 아마도 사천 지역에서 돌궐계 집안의 외국인으로 태어났을 것으로 추정된다. 그럼에도 그는 중앙아시아로 추방되었던 중국인 가문 출신으로서 젊어서는 검객이자 암살자로 생활하다

---

37) Owen, Stephen, *The Late Tang: Chinese Poetry of the Mid-Ninth Century (827–860).* pp.123-124.

38) Tian, Xiaofei. *Tao Yuanming and Manuscript Culture: The Record of a Dusty Table.* Seattle: University of Washington Press, 2005.

39) Owen, Stephen. *The Great Age of Chinese Poetry: The High T'ang.* pp.109-110.

가 아마 분명히 가져본 적이 없었을 많은 재산을 던져 버렸다는 개인적인 신화를 만들어 내었다. 그는 황실도서관을 담당하던 도사道士 오균吳筠의 주목을 끌었고, 오균은 그를 '적선인謫仙人' 즉 천상에서 추방당한 신선이라고 부르면서 그의 시들은 "귀신을 울릴" 정도라고 말했다. 현종 대에 한림학사가 되면서 그의 예의에 어긋난 행동들은 곧바로 사람들의 단골 이야기 소재가 되었다. 그러한 행동들은 사람들의 사랑을 받기도 하였지만, 그 지나침 때문에 그는 직위에서 해고당하였고 남은 인생의 20여 년을 남부 지역에서 방황하면서 보내야 했다.[40]

당대 사람들에게 이백은 진지한 시인이라기보다는 놀라움의 대상이었다. 그의 작품에 대한 관심은 8세기 후반에 시작되었는데, 그 시기에 한유와 백거이白居易(772-846)를 비롯한 작가들은 그를 두보와 더불어 앞선 시기의 가장 위대한 2명의 시인으로 평가하기 시작하였다. 그러나 심지어 그의 시에 대한 이러한 평가조차도 그의 개성에 대한 설명으로 기울어졌고, 그의 시는 그의 신화를 통해 해석되어졌다. 그는 영국의 시인 바이런 경(1788-1824)과 유사한데, 바이런 경의 시성詩聖들은 항상 그 자신의 버전으로 해석되었고 독자들은 그의 개인적 신화에 압도되었다. 덧없는 영화에 대해 묵상하고, 촉도蜀道(사천 지역으로 가는 길)의 험난함에 대해 묘사하거나 또는 검객에 대해 찬양하면서, 이백은 그의 고유한 에너지와 파격을 피력하였다. 심지어 술에 대한 대표적인 시문조차도 술 마시는 사람의 시선에서 작성되었다.

---

40) Owen, Stephen. *The Great Age of Chinese Poetry: The High T'ang*. 8장.

꽃 사이에서 한 병 술로

친한 사람 없이 혼자 마시네

잔을 들어 명월을 맞이하니

그림자와 함께 세 사람이 되었구나[41]

이와 유사하게, 신선에 대한 그의 시는 '자기 자신에 대한 광고'가 되었다.

서쪽으로 연화산蓮花山에 올라

저 멀리 샛별선녀를 바라보도다

하얀 손에 부용을 들고

허공을 걸어가며 하늘나라를 즈려 밟도다

무지개 옷에 너른 띠 끌며

훨훨 몸을 날려 하늘로 올라가도다

나를 맞이해 운대雲臺에 올라서는

위숙경衛叔卿에게 공손히 읍하는도다[42] [43]

이백 이후에, 그의 시 속에서 상상하는 시인을 찾거나 그 인물을 발

---

41) "花間一壺酒, 獨酌無相親. 擧杯邀明月, 對影成三人. ……." 李白,「月下獨酌」-역주

42) "西上蓮花山, 迢迢見明星: 素手把芙蓉, 虛步躡太清. 預裳曳廣帶, 飄拂昇天行. 邀我登雲臺, 高揖衛叔卿." 李白,「古風」19-역주

43) Varsano, Paula M. *Tracking the Banished Immortal: The Poetry of Li Bo and Its Critical Reception*. 1장-2장.

견하기 위해서 시를 읽는 관습은 중국 시 해석상의 관례가 되었다. 따라서 자신의 거친 행동들에 대한 백거이의 묘사는 이백에 대한 기존의 설명을 모방한 것이었다. 이백의 것과는 달리 백거이의 다소 부주의하면서도 진부한 서술은 "꾸밈없이" 행동하고 "생각나는 대로" 시를 작성한다는 이백의 주장을 사실인 것처럼 만들어 주었고, 대중들에게 친근한 인물이라는 이미지를 조장해 주었다. 아마도 그는 촌부들에게 그의 시를 들려주어 이해하는지를 보고 자신의 시를 평가하였을 정도였다.[44) 여기서 다시 한 번 스타일은 사람들에게 핵심적인 것이고 스타일에 있어 개성은 가장 중요한 것이었다. 시 해석의 근거로서 시인의 개성에 초점을 맞추게 되면서 시인이 처한 환경이 어떻게 시 창작에 영향을 미치는지에 관해 설명하는 개인적인 일화라는 새로운 문학 장르의 탄생을 촉진하였다.[45)

시라는 것은 자신의 시작詩作 능력을 완벽하게 만들기 위해 목숨을 걸고 끊임없이 노력을 기울여야 하는 소명이라는 생각은 당대에 몇 가지 형태로 나타났다. 가장 유명한 초기의 사례는 맹교로서, 그는 자신의 친구 한유와 더불어 중당기 시가가 형태를 갖추는 것에 큰 기여를 하였던 인물이다. 맹교에게 지속적인 고통은 진정한 시인의 특징이었고, 이는 그 시인의 도덕적 우월성의 증거였다. 추위와 배고픔을 견디는 것은 긍정적인 가치를 지니고 있었고, 시인들이 부유함과 권력에

---

44) Owen, Stephen, *The Late Tang: Chinese Poetry of the Mid-Ninth Century (827–860)*. pp.56-61, 88-89.

45) Owen, Stephen, *The Late Tang: Chinese Poetry of the Mid-Ninth Century (827–860)*. pp.131-132.

안주하는 것을 적극 반대하였다. 그의 글은 그의 시구들 속에서 특징적으로 등장한다. "시인은 고통스럽게 시를 짓는다." "시작으로 인하여 배고픈 노인은 고통스럽지 않다." "시인들은 일반적으로 순수하고 다부져서, 배고픔으로 죽더라도 적막한 산을 고집한다." 등. 고통으로서의 시인의 삶은 그의 시에서 전형적으로 표현되고 있다.

> 일생 동안 내가 짜놓은 것은
> 천여 편의 「대아」(시경)의 시어들
> 나의 길은 누에를 뽑은 실과 같이
> 굽이굽이 꼬여 있는 내 창자와 같다[46) 47)]

다음 세대의 시인들은 소명으로서 시에 대한 또 다른 비전을 제시하였다. 도덕적 모범으로서 고통받는 시인을 대신해서, 가도賈島(779-843)와 요합姚合(779?-849?)은 시인이라 함은 지칠 줄 모르는 시의 수집가이자 연마하는 사람이어야 한다는 이상을 몸소 체현하였다. 선불교의 교리와 고행과 밀접하게 연관되어, 시는 시인이 자신의 모든 것을 희생해야 하는 인생의 목적이 되었다. 시인의 예술에 대한 강박적인 작업을 이상적으로 생각하는 것은 '고음苦吟'이라는 구절에서 전형적

---

46) "……. 一生自組織, 千首大雅言. 道路如抽蠶, 宛轉羈腸繁." 孟郊, 「出東門」-역주

47) Owen, Stephen, *The Poetry of Meng Chiao and Han Yü*. 9장. 인용된 시 구절은, pp.57, 158, 163.에서 인용. 한유는 하늘이 이백과 두보를 이 세계에 보내어 고통을 받게 하였고 그리하여 아름다운 시들을 쓰도록 하였다고 설명하였다. Owen, Stephen, *The Late Tang: Chinese Poetry of the Mid-Ninth Century (827–860)*. p.161.

으로 표현되었는데, 이는 시인의 가장 중요한 미덕으로서 "고통스러운 창작"을 찬양한 것이었다. [48]

맹교와 마찬가지로, 가도는 가난하게 생활하였지만, 그에 대한 가장 유명한 일화는 그가 겪은 고통을 강조하기보다는 그의 시작에 대한 몰두를 더욱 부각시키고 있다. 그 이야기들 속에서 가도는 당나귀를 타고 거리를 지나가면서도 시를 짓는 데 완전히 정신을 집중하였다. 일화에 따르면 어느 날 그는 권세 높은 관리와 부딪쳐서 그를 막아서게 되었는데 그는 가도를 감옥에 처넣기보다는 그 시구를 마저 마무리하도록 하였다. 예술에 대한 헌신은 사회적 위계질서를 허물고 그 대신에 이러한 시인들은 약간의 사회적 평등을 지키는 것으로 이름이 높았다. 이러한 시각은 시인 주박周朴이 영우靈祐 선사에게 건넨 시구에서 살펴볼 수 있다.

> 선禪에는 영우선사이고, 시에 는 주박이고
> 거기다 당나라의 천자까지 오로지 세 명뿐이다 [49]

여기서 승려, 시인, 황제는 세 가지의 서로 이질적이고 분리된 영역이었고, 각각은 자신의 이상을 위해 헌신하는 것이었다.

이처럼 당대 후반기에는 시를 끊임없는 노고를 통해서 습득되는 기

---

48) Owen, Stephen, *The Late Tang: Chinese Poetry of the Mid-Ninth Century (827–860).* pp.58, 90, 93, 121, 123, 160, 162, 186, 452, 493-494.

49) Owen, Stephen, *The Late Tang: Chinese Poetry of the Mid-Ninth Century (827–860).* pp.9, 90-99, 119-126.

술로서 정의하였다. 고대 중국의 시학 이론에서는 시를 현실 상황에 대한 인간의 진실하고 즉흥적인 반응이라고 묘사하였다. 이와는 달리 당대 후반기의 시인들은 시를 현실 상황에서 분리된 어느 경험으로부터 유발되어 오랜 동안 이어진 심사숙고의 결과물이라고 찬양하였다. 이러한 방식의 시작에 대한 가장 유명한 설명은 이하李賀(790~816)의 것으로서, 그는 젊은 나이에 요절하였지만 200편 이상의 시를 남겼다. 이하로부터 크게 영향을 받았던 시인 이상은李商隱(813~858)에 따르면, 이하는 그가 어디를 가든지 양단 가방을 갖고 다니면서 시구에 대한 생각이 떠오르면 그것을 메모하고는 가방에 다시 집어넣었다. 돌아와서 그는 이러한 생각의 파편들을 꺼내서 그것들로 시를 조합하였다. 이러한 일화는 시인은 그가 인식하지 못했던 감춰진 생각을 드러내 보이는 순간적인 영감이나 꿈을 통해서 아이디어를 '얻는다'고 하는 광범위한 믿음을 표현한 것이었다. 이렇게 운 좋게 발견된 시구들은 시의 핵심 부분 중에서도 가장 뛰어난 중추적인 문구를 이루고, 시인은 그것을 중심으로 해서 시의 나머지 부분들을 힘들여 빚어 내게 되는데, 이는 마치 보석을 만드는 사람이 값비싼 보석을 장신구에 끼워 고정시키는 모습과 흡사했다. 이러한 모형은 배워서 익힌 기술로서의 시작의 이미지와 시인은 악령에 홀린 사람이라는 생각을 결합한 것으로서, 이러한 이미지에서는 시를 종교적 영감의 매개체로 보는 것과 시작을 '질병' 혹은 '중독'으로서 집착하는 것으로 보는 시각 모두를 포함하였다.[50]

---

50) Owen, Stephen. *The End of the Chinese "Middle Ages": Essays in Mid-Tang*

시작을 평생의 소명으로 여기는 생각은 시인들로 하여금 그들 자신의 작업들을 수집하고 편집하도록 만들었다. 신중한 선택과 배열을 통해서 수준이 떨어지는 부분을 제거하고 남겨진 것만을 차례로 조립하면서, 시인은 일생의 작업들을 자신의 개성과 근면성에 대한 세련된 표현으로 변화시켰다. 다른 시인들과의 서신 교환을 통해 서로 '교환된' 시를 포함하는 것 또한 시인 자신의 사회적 인맥의 폭과 명성을 표현하는 방식이었다. 백거이와 같이 모든 것을 포함한 형태의 시문집은 자신의 일생 전체를 기록하고 재구성하고 홍보할 수 있는 시로 표현된 일기와 같았다. 사실 후기 중화 제국 시기 중국에서 시인들의 시문집에 기초해서 연대순으로 시인의 전기를 쓰는 것은 관습이 되었다. 시문집에 대한 이러한 태도는 당대에 등장하기 시작하였지만, 당 후반기의 시인인 이신李紳이 820년에서 836년 사이에 작성된 자신의 시들의 모음집을 편찬하였을 때에 실제로는 그 시들의 대부분이 836년에서 838년 사이에 작성되었다는 것이 분명하게 확인되는 바이다. 즉 자신의 일생을 시문으로 기록할 필요성을 확실히 느끼고 있었지만, 그러할 시간이 없었기 때문에 그는 820년에서 836년 사이의 기록을 그의 새로운 작품들로 채워 넣었던 것이다.[51]

Literary Culture. pp.107-129. 이상은의 이야기에 대해서는, Owen, Stephen, *The Late Tang: Chinese Poetry of the Mid-Ninth Century (827–860)*. pp.159-163. 이하에 대해서는, Wu, Fusheng. *The Poetics of Decadence: Chinese Poetry of the Southern Dynasties and Late Tang Periods*. Albany: State University of New York Press, 1998. 3장.

51) Owen, Stephen, *The Late Tang: Chinese Poetry of the Mid-Ninth Century (827–860)*. pp.9, 29, 34, 38,-39, 43-44, 53-55, 77-80(이신에 대한 논의), 91, 156-159.

시작을 일생의 소명으로 여기는 생각은 당대에 자신의 재능을 이용해서 부를 축적하려는 '전문 시인'의 등장과 관련이 있었다. 680년 시문의 작성이 진사 시험의 가장 중요한 부분이 되면서, 시작의 재능은 가장 전도유망한 직업으로 가는 가장 확실한 방법이 되었다. 그러나 보다 덜 고결한 방식으로 전문적인 시작을 하는 경우 역시 존재하였다. 온정균은 아마도 생계를 위해서 시들을 홍등가에 팔기도 하였던 것 같다. 왕정보王定保는 『당척언唐摭言』에서 온정균은 "문학 작품들을 상품으로 여겼고, 그리하여 식견 있는 사람들은 그를 비난하였다."라고 말하였다.[52] 그러나 온정균이 자신의 재능을 이용해서 소득을 얻는 유일한 인물은 아니었을 것이다. 명성이 높은 시인들조차도 자신들의 시를 재산의 한 형태로 보았고 문학적 재산이라는 새로운 개념을 개발해 내어 자신들의 작품에 대한 소유권을 주장하였다. 가장 뚜렷한 모습은 다시 백거이의 경우인데, 그는 그의 작품들을 수량화할 수 있는 유산이라고 묘사하였다.

> 노송나무를 쪼개어 책장을 만드는데
> 책장이 튼튼하니 이는 노송이 단단함이다
> 누구의 시집이 거기에 꽂혀 있나

---

52) Owen, Stephen, *The Late Tang: Chinese Poetry of the Mid-Ninth Century (827-860)*. pp.155, 238-239.; Wagner, Marsha L. *The Lotus Boat: The Origins of Chinese Tz'u Poetry in T'ang Popular Culture*. pp.120-121. 『당척언』에 대해서는, Moore, Oliver. *Rituals of Recruitment in T'ang China: Reading an Annual Programme in the Collected Statements by Wang Dingbao (870-940)*. 2장 참조.

책머리에 백낙천白樂天(백거이)이라고 쓰여 있네

내 인생의 자산은 글 속에 있으니

어릴 때부터 나이 들어서까지 (작성한 시들)

처음부터 끝까지 전체 70권이고

분량으로 치면, 3,000여 편이네

결국 그 시들은 흩어져 버릴 거라는 것을 알고 있지만

섣불리 그것들을 버릴 수가 없네

나는 단지 내 딸에게 그것을 맡기니

보관하여 내 자손들에게 물려주길 바란다[53]

　시인이 창조하고 축적해 두는 자산의 형태로서의 시를 제외하고,
시와 (그 시에 대한) 심미적 감상은 물리적 공간의 소유권을 주장하는
수단이 되었다. 『망천집』에서, 왕유는 이 땅은 자신 이전에 다른 소유
자들이 있었고 미래에도 다른 소유자들이 있을 것이라고 언급하면서
도, 그는 자신이 작성한 시구 속에서 그 장소를 차지함으로써 그 토
지를 온전히 자신의 것으로 만들었다. 정원이나 동산을 구매한 뒤에
그들을 다시 시문 속에서 소유하는 과정을 통해 그들에 대한 진정한
소유권을 주장하는 것은 당대 후반기 문학에 서 일반적인 주제가 되
었다.[54]

---

53)　Owen, Stephen, *The Late Tang: Chinese Poetry of the Mid-Ninth Century
　　　(827–860)*. pp.50-55.

54)　Owen, Stephen. *The End of the Chinese "Middle Ages": Essays in Mid-Tang
　　　Literary Culture*. pp.24-33.; Yang, Xiaoshan. *Metamorphosis of the Private*

애정소설

20세기 초반, 위대한 문학가 루쉰은 오늘날 전기傳奇(진기한 것의 전달)라고 불리는 당대의 고전 단편 소설들은 중국에서 독자를 의식하고 만들어진 소설의 최초 사례라고 주장하였다. 사실 그 이야기들이 자세한 연대표, 도시의 정확한 배치도, 심지어는 실제 인물들을 관습적으로 포함시키고 있다는 점에서, 소설을 완전한 창작으로 인식하고 있는 소설의 현대적 의미에서 그 이야기들은 소설이라고 인정받을 수 없을 것이다. 그러나 '고안된' 혹은 '공들여 만들어진'이라는 어원적 의미에서 보자면 '소설'은 당대 이야기 속에 새로운 무언가를 설명한다. 이전 시대의 '이상한 것들의 기록志怪'과는 달리, 당대 이야기들은 단순히 정보와 재미만을 전달하는 것만이 아니라 이야기하는 방식에서 미학적으로 높은 평가를 받기 위해서 공들여 작성된 문학적 형식이었다.[55]

문학 작품의 창작에서 이러한 의식적인 예술가적 기교는 적어도 네 가지 방식으로 표현된다. 첫 번째, 당대 작가들은 단순하고 친근한 이

Sphere: Gardens and Objects in Tang-Song Poetry. 1장.; Tian, Xiaofei. *Tao Yuanming and Manuscript Culture: The Record of a Dusty Table*. 1장.

55) Lu, Sheldon Hsiao-peng. *From Historicity to Fictionality: The Chinese Poetics of Narrative*. Stanford: Stanford University Press, 1994. pp.114-125.; Gu, Mingdong. *Chinese Theories of Fiction: A Non-Western Narrative System*. Albany: State University of New York Press, 2006. pp.67-82.; Nienhauser, William H., Jr. "Some Preliminary Remarks on Fiction, the Classical Tradition and Society in Late Ninth-Century China." In *Critical Essays on Chinese Fiction*. Ed. Winton L. Y. Yang and Curtis P. Adkins. Hong Kong: The Chinese University Press, 1980.

야기들을 보다 복잡하고 흥미롭게 만드는 데 광범위한 문학적 기교를
고안해 내었다. 그들의 많은 단편 소설들은 신기한 현상에 대한 설명
으로서 이는 이전에 기록되었던 것들이다. 따라서 그 이야기들을 재
구성할 때에 작가들은 그 이야기의 구성보다는 말하는 방식에 보다 더
주의를 집중시켰다. 이러한 것은 그 새로운 이야기가 공들여 만들어
진 작품이라는 사실을 강조한다.[56]

두 번째로, 꿈은 『침중기枕中記』나 『남가태수전南柯太守傳』과 같은 몇
가지 이야기들에서 중심 역할을 한다. 이들 이야기 모두 치열한 투쟁
의 일생과 정치적 성공에 관한 꿈을 꾸었던 야심찬 젊은 학자들에 대
해서 이야기하고 있고 결과적으로 깨어나서 그러한 것들이 모두 몇 분
동안의 꿈이었음을 깨닫게 된다. 이러한 스토리는 전국시대 철학자
장자가 자신이 나비가 되었던 꿈을 꾸었다가 결과적으로는 자신이 실
제로는 장자가 되는 꿈을 꾼 나비인지 명확하게 알지 못했다는 유명한
'호접몽胡蝶夢'을 문학적으로 계승하는 작품이었다. 사실과 허구 사이
의 구분에 도전하는 것 이외에, 18세기 작품인 『홍루몽』에 이르기까지
중국 문학에서 꿈은 스토리의 사실적 기초를 상실하지 않으면서도 그
이야기 속에 환상적인 요소들을 도입할 수 있도록 해 주었다. 진자앙
에서 이백 그리고 그 이후 세대에 이르기까지 당대의 시인들은 자신들
의 시 속에서 꿈에 대한 기술을 이용해서 실제 체험 속에 머물러 있으

---

56) Kao, Karl K. S. "Aspects of Derivation in Chinese Narrative." *Chinese
Literature: Articles, Essays, Reviews* 7 (1985): 1‒36. 또한 Chang, Han-liang.
"The Yang Lin Story Series." In *China and the West: Comparative Literature
Studies*. Ed. William Tay, Ying-hsiung Chou, and Hehhsiang Yuan. Hong
Kong: The Chinese University Press, 1980 참조.

면서도 영적인 여행이나 그 밖의 다른 허구적 상상의 이야기들을 도입하였다. 꿈은 단편 소설 속에서도 동일한 역할을 수행하였는데, 단편 소설 속에서는 그 이야기의 기교적 특질을 강조하였다.[57]

　세 번째로, 작가들은 일반적으로 인정되는 서사 관습을 조작함으로써 그 소설들의 문학적 특성을 강조하였다. 한 가지 분명한 예로써, 『임씨전』은 기존의 여우 혼령 이야기를 '여우 애정소설'이라는 새로운 형식으로 전환시켰다. 그 소설은 부분적으로는 이야기의 여주인공인 여우 혼령을 인간으로 의인화하고 도덕적 본보기로 전환시킴으로써 완성되었다. 그러나 기존의 문학적 장르를 채택하는 것 역시 그 소설의 이야기 전개에서 필수적인 것이었다. 그 소설은 한 남자가 장안의 거리에서 신비한 미인을 만나는 것으로 시작되고, 이어서 그는 교외의 화려한 집에서 그 여인과 하루 밤을 보내게 되는데, 다음 날 아침 그 '집'이 버려진 헛간이었음을 발견하였고 그 지역의 행상으로부터 그 여인이 지역의 여우 혼령이었다는 사실을 듣게 되었다. 이것은 고전적인 여우 혼령 이야기를 재설再說한 것으로서 기존의 이야기는 그 지점에서 마무리되었다. 반면에 『임씨전』의 저자인 심기제沈旣濟(8세기 후반의 저명한 공식 사관史官이었던)는 기존의 이야기를 출발점으로

---

57)　당대의 꿈 이야기에 대해서는, Lu, Sheldon Hsiao-peng. *From Historicity to Fictionality: The Chinese Poetics of Narrative*. pp.116-117, 120-127 참조. 당대 소설 속의 꿈에 대해서는, Owen, Stephen, *The Poetry of the Early T'ang*. pp.197-199.; Owen, Stephen. *The Great Age of Chinese Poetry: The High T'ang*. pp.122-126.; Varsano, Paula M. *Tracking the Banished Immortal: The Poetry of Li Bo and Its Critical Reception*. pp.107-108 참조. '꿈 서술'에 대해서는, Knechtges, David R. "Dream Adventure Stories in Europe and T'ang China." *Tamkang Review* 4 (1973): 101 - 119 참조.

삼아서 등장인물들의 성격을 점차 드러내 보이는 정교한 삼각관계를 만들었고 이는 임씨 여인의 비극적인 죽음으로 종결되었다. 이와 유사하게 『이왜전』의 외견상의 리얼리즘은 사람과 혼령 사이의 관계에 대한 전통적인 이야기들에서 차용된 요소들을 얕게 포장한다.[58] 따라서 전통적인 단편 소설의 저자들은 과거 소설의 구조적 관습들을 비판적으로 조작하거나 파괴함으로써 그들만의 새로운 서사를 창조해 내었다.

당대 저자들이 자신들 소설의 문학적 특성을 강조하기 위해 사용하였던 최후의 수단은 시, 서신, 역사 서술적 기교 그리고 기존의 작품들로부터의 인용과 같이 다른 문학적 양식들을 소설 속에 포함시키는 것이었다. 가장 중요한 것은 애정소설 속에서 남녀 사이의 시의 교환이나 소설 속에서 관찰자의 역할을 하는 등장인물에 의한 코멘트의 형식으로 시를 삽입하는 것이었다. 이러한 방법은 당대의 고전적인 단편 소설 중 가장 초기의 작품으로서 여성 혼령과의 성적인 관계를 갖게 되는 남자에 대한 이야기인 『유선굴遊仙窟』에서 이미 주요한 특징으로 등장하였다. 그러나 당대 소설에서 저자/남자 주인공과 여성 혼령 사이에서 장문의 시문을 교환하는 경우에만 그러한 서술 수단은 사용되었다. 당대의 가장 유명한 소설은 원진의 『앵앵전鶯鶯傳』으로서 저자 자신의 것을 포함하여 주인공의 친구들뿐만 아니라 그 두 주인공

---

58) Huntington, Rania. *Alien Kind: Foxes and Late Imperial Chinese Literature*. pp.225-228.; Levi, Jean. *La Chine Romanesque: Fictions d'Orient et d'Occident*. Paris: Seuil, 1995. pp.261-275.

에 관련된 시문이나 서신 등을 상세하게 인용하고 언급하였다.[59] 이와
같이 그 소설들 속에 삽입된 정교하게 가공된 문학적 텍스트들의 가장
중요한 역할은, 수많은 단편 소설들을 그 속에 삽입된 문학적 텍스트
의 활용을 위한 글 혹은 그것이 가진 역할에 관한 이야기들로 변화시
켰다는 점이다.

소설에 삽입된 문학 텍스트들은 등장인물의 활동을 이끌어줄 모델
을 제공하였고 사건들에 의미를 부여하였다. 이것은 여주인공 앵앵
에 대한 서술에서 특히 분명하게 드러나는데, 서술에서 앵앵은 규중
처녀, 엄격한 도덕주의자, 열정적인 여신, 버림받은 여인과 같이 중국
의 문학 전통에서 여성들에게 부여된 사실상 모든 역할을 수행한다.
비록 상대적으로 다재다능하지 못한 역할이었지만, 학자 장생 또한
이전의 문학 텍스트들을 참조해서 그가 앵앵을 버렸던 것을 정당화한
다. 그 두 주인공은 그들 자신의 시문이나 서신과 같은 텍스트와 대사
를 통해서 그 소설 속 이야기를 통제하고 그들 자신의 것으로 만들었
다. 게다가 전체를 포괄하는 서술을 작성하는 저자는 그 이야기 속에
여신들에 대한 과거의 시문들에서 가져온 자신만의 시각을 삽입하였

---

59) 『유선굴』에 대해서는, Rouzer, Paul F. *Articulated Ladies: Gender and the
Male Community in Early Chinese Texts*. pp.204-216, 313-354. 『앵앵전』
속의 혼합된 장르에 대해서는, Yu, Pauline, Peter Bol, Stephen Owen, and
Willard Peterson, eds. *Ways With Words: Writings about Reading Texts from
Early China*. Berkeley: University of California Press, 2000. pp.182-201.;
Owen, Stephen. *The End of the Chinese "Middle Ages": Essays in Mid-Tang
Literary Culture*. pp.161-162, 163, 165-169.

다.[60] 따라서 『앵앵전』은 그 자체 내에 세 가지의 서로 다른 설명 방식을 갖고 있었던 것이다. 이와 같이 소설 속에 삽입된 작가와 시각의 다양성은 그 이야기의 문학적 성격을 강조한다.

문학적 이야기들을 정교화시키는 이러한 모든 기술은 당대에 등장하였는데, 이는 특히 안녹산의 반란 이후 등장한 한유, 유종원, 원진, 심기제, 백행간白行簡(776~826, 백거이의 동생) 같은 중요한 작가들이 그들 자신이 처해 있는 현실을 탐구하기 위해서 허구의 소설들을 이용하기 시작하였기 때문이었다. 동시에 백거이, 위장 그리고 다른 주요 시인들은 그 소설들과 관련된 주제로 장편의 서사적 시문들을 작성하였고, 때로는 그 시문에 동일한 이야기를 산문체의 문장 혹은 서문의 형식으로 덧붙였다.

그 소설의 저자들이 문인이었을 뿐만 아니라 소설 속의 주요한 남자 등장인물 또한 허구의 혹은 실제 문인들이었다. 당대에 실존했던 시인 이익李益은 『곽소옥전霍小玉傳』이라는 소설의 남자 주인공이었고 그 속에서는 그의 악명 높은 질투에 대해서 설명한다. 게다가 그 소설들은 문인의 삶에서 가장 중요한 사건들을 중심으로 전개되는데, 예를 들어 과거시험을 치르기 위해 수도로 가거나, 그 시험에 통과하거나 혹은 첫 번째 직위를 받게 되는 사건들이었다. 따라서 그 소설 속의 주제들은 당말 지식인들의 일상적인 삶에 관한 것으로서 그들의 꿈속에서 얻은 열망에서부터 악몽 속에서 드러난 공포에 이르기까지 다양하

---

60) Owen, Stephen. *The End of the Chinese "Middle Ages": Essays in Mid-Tang Literary Culture*. pp.149-173.

였다. 그 소설들의 독자 중에는 아마도 여성이 있었을 것이고, 특히 소설 『북리지』에서 글을 읽고 쓸 줄 알았던 것으로 묘사되었고 또한 그 소설 내에서는 혹은 그러할 것이라고 가정되었던 기생들 중에서 소설의 독자들이 있었다.

　문인은 작가이면서 동시에 독자였기 때문에, 가장 중요한 주제들이 로맨스와 성적인 것이었다는 점은 주목할 만하다. 이전의 중국 문학에서는 발견되지 않는 남녀 간의 관계에 대한 주목은 어떤 의미로는 몇 가지 논리로 설명될 수 있을 것이다. 첫 번째로 가장 평범한 설명은 사람들은 언제나 성적인 주제에 관심이 있고 중국에서 산문 소설의 등장으로 인하여 서구의 경우와 같이 성적인 주제에 가장 중점을 두게 되었다는 것이다. 소설과 성적 주제 사이의 가까운 관계는 명대 학자 호응린胡應麟(1551–1602)이 지적하였는데, 그는 중국 역사상 소설을 체계적으로 연구한 최초의 인물이며 처음으로 당대의 소설을 고전적인 표현으로 전기傳奇라고 명명하기도 했다. "뛰어난 기호를 지닌 선비들에 관해 말하자면, 마음속으로는 (소설의) 허무맹랑함을 알고 있으면서도 입으로는 소설에 대해서 말하고자 한다. 그들은 낮에는 소설에 대해 그릇된 것이라고 거부하면서도 밤이 되면 소설을 인용하고 사용한다. 그것은 여성의 음란한 소리나 아름다운 외모와 같은 것으로서, 사람들은 그것을 경멸하면서도 멈출 수 없다. 더 많은 사람들이 소설을 좋아하게 되면 그들은 더욱 많이 소설에 대해 언급할 것이고 사람들이 더욱 많이 소설을 언급하게 되면 더 많은 작가들이 소설을 쓸 것이다. "[61] 그는 소설을 음흉하고 수치스러운 것이며 에로티시즘이나 관능성의 문학적 표현과 같은 것으로서 사람들은 도덕적으로는 비난하면서도 집요하게 추구하게 된다고 여겼다. 사실 로맨스와 성적인 소설들에서 동일한 구절들이 반복적으로 등장하였다는 점은 어느 한 작가가 다른 작가의 소설 속에서 발견하였던 동일한 매력에 그 자신도 매료되었음을 알려주고 있는데, 당대 소설가들 또한 큰 영향을 받았음에 분명하다.

두 번째로 더욱 중요한 측면은 문인들이 사회적 경력이나 가족의 속박으로부터 벗어날 수 있는 새로운 사적 공간과 로맨스가 연결되었다는 점이다. 남녀 간 정사情事에 대한 당대 이전 문학 작품 속의 설명은 대체로 여신, 혼령 혹은 여우 혼령과의 접촉을 통한 관습적인 세상으로부터의 탈출 등으로 묘사되었다. 인간적 로맨스에 대한 새로운 매료는 문인들의 정원에 대한 열정이 인간 사이의 관계로 변화한 것이다. 문학작품 속의 로맨틱한 유대관계는 공유된 취향과 세련된 감수성에 기반해서 선택된 인간적 유대관계로서 중매결혼의 운명으로부터의 도피라는 당시 사람들이 꿈꾸던 전형적인 모습을 보여 주고 있다. 이러한 꿈은 학자들이 과거시험 준비 과정에서 기녀들과 나눴던 사랑이라는 문학적인 혹은 심리적인 유대감에서 유래되었고, 그들은 자신이 총애하는 첩과의 관계 속에서 그러한 유대감을 오래 지속적으로 유지하였다. 따라서 당대의 로맨스 소설들의 여자 주인공의 대부

---

61) Lu, Sheldon Hsiao-peng. *From Historicity to Fictionality: The Chinese Poetics of Narrative*. pp.51-52.

분은 엄밀하게는 기녀는 아니었지만, 그들의 행동과 그들이 학자들과 만나게 되는 방식, 그들과의 덧없이 짧은 관계 등은 문인 작가들과 독자들이 유흥업소 출입을 통해서 알게 되었던 경험에 기반해서 만들어졌다.[62]

당대 단편 소설에서 또 다른 획기적인 모습은 돈의 위력에 대한 매혹이 얇게 가려져 있었다는 점이다. 열정적인 로맨스 소설에서는 정인들 사이의 선택적인 평등성을 강조하는 반면에, 대부분의 소설은 그러한 '자유로운' 선택을 단지 일시적으로만 가능하게 만들었던 재정적인 상황에 주목하였다. 소설 속 대부분의 로맨틱한 관계들에서 주요한 전환점은 그 둘 중 어느 한쪽의 재정 상황이 소진되는 경우나, 특정한 사건 즉 과거시험을 통과하여 세속적 장래성에 변화가 발생하였을 경우에 이루어졌다. 돈의 숨겨진 위력을 드러내는 가장 흔한 형태는 남자 주인공이 전적으로 의존하고 있었던 가족으로부터의 압박을 받는 것으로 드러났다. 이러한 압박은 그로 하여금 중매결혼에 동의하도록 강요하였고 이는 짧은 기간 이루어진 로맨스의 종말을 초래하였다. 가족 질서의 궁극적인 위력은 남자를 끌어들이고 기녀를 내쫓았는데, 이러한 소설들 속에서 그 작가나 작가의 친구들과 동일한 상황에 처해 있었을 그 남자 주인공들은 일반적으로 허약하고, 수동적이고 특별한 성격이 없었다. 반면에 여자 주인공들은 활발하고, 결정력이 뛰어나며 감성적인 중심에 위치해 있었다.

---

62) Owen, Stephen. *The End of the Chinese "Middle Ages": Essays in Mid-Tang Literary Culture*. pp.130-134.; Hsieh, Daniel. *Love and Women in Early Chinese Fiction*. Hong Kong: The Chinese University Press, 2008.

로맨스와 가족 사이의 긴장관계는 장소나 물건에 대한 정신적인 평가에 근거한 진정한 소유와 금전적인 구매에 근거한 단순한 경제적 소유 사이의 긴장관계와 동일한 것이었다. 이 두 가지 주제에 공통으로 존재했던 긴장은 당대의 로맨스에 대한 관심의 마지막 측면을 제시한다. 전기 중화 제국 시기에, 감정이란 것은 위험한 것으로서 지도자나 학자는 그의 지위를 보전하고 세상을 평온하게 만들기 위해서 감정을 통제해야 했다. 비록 이러한 태도는 남북조 시기 동안에 변화하기 시작하였지만, 감정은 행위의 지침으로서 계속해서 의심받았다. 그러나 명대에 이르러, 많은 작가들은 '감정적인' 것 또는 '감정이 풍부한' 것이야말로 교양 없이 천박한 사람과 교양 있는 사람을 구분해 준다고 주장하였다. 비록 당대 소설들은 아직 감정에 대한 본격적인 숭배를 피력하지는 않았지만, 자유롭게 선택한 로맨스에 대한 일시적인 찬양과 몇몇 소설 속에 등장하는 외도 상대인 남성의 감성 부족에 대한 비난은 후기 중화 제국 시기에 현저해지는 문학적 심리학으로 가는 첫 걸음이었다. [63]

비평 수필

관례적으로 고문古文은 중국 문학사의 절정에 해당하는 만당 시기

---

63) 전기傳奇소설 속의 감정에 대해서는, Yu, Pauline, Peter Bol, Stephen Owen, and Willard Peterson, eds. *Ways With Words: Writings about Reading Texts from Early China*. pp.198-201 참조.

에 이르러서 도달한 최고의 지적인 성취로 간주되어 왔다. 그러나 이러한 비평 수필들은 안녹산의 반란의 여파로 인해 등장한 개인 문집, 서간문 그리고 다른 형태의 비평적인 산문들과 같은 정치와 문화에 대한 다양한 산문 중 한 장르에 해당되었다. 고전 수필은 이러한 광범위한 맥락에서만 이해될 수 있다.

당대 수필가들은 글쓰기의 모범으로서 '고전으로의 회귀'에 대한 주장과 안녹산의 반란 이후 당 왕조의 권위를 회복하기 위한 노력이라고 하는 당시 지식인들에 의해 추진된 두 가지 프로그램의 접합점에서 등장하였다. 이악이 수나라 황제에게 상소를 올려 경전이나 한대漢代의 문헌들을 모방한 보다 단순한 문체를 옹호하였을 때에, 왕통王通은 공자에 대한 모방을 통해서 역사 서술의 고전적인 모델을 부활시키고자 하였다. 당대 초반의 몇몇 역사학자들 또한 "실체와 장식이 조화된" 보다 고전적인 문체를 옹호하였지만, 그들은 정부 행정에서의 유용성에 호소하였지 경전에 의존하였던 것은 아니었다. 유지기는 과거의 문체를 모방하는 것은 시대에 뒤떨어진 것이라고 비판하면서도, 보다 "순수하고" "진정한" 실용주의적인 문체를 주장하였다. 안녹산의 반란 직전의 글쓰기로서, 이화李華(710~767)는 경전을 만고불변의 문학적 도道이자 모든 문장을 평가하는 기준이라고 정의하였다. 이러한 명확한 표현은 후대 고전적 산문에 대한 옹호를 위한 기반이 되었다.[64]

---

64) Chen, Yu-shih. *Images and Ideas in Chinese Classical Prose: Studies of Four Masters*. Stanford: Stanford University Press, 1988. pp.1-6.; Bol, Peter. *"This*

고문운동은 안녹산의 반란 이후에 어떻게 하면 당 왕조를 부흥시킬 수 있을까 하는 물음에 대한 논의 과정에서 등장하였다. 당대 작가들은 이미 안녹산의 반란 이전의 질서의 회복이라고 하는 향수에 젖어 황금시대를 회고하는 것에 초점을 맞추고 있었다. 대표적으로 8세기 후반과 9세기 초반 권덕여權德興(759-818)나 양숙梁肅(753-793) 같은 대부분의 산문 작가들은 보수적인 '복고주의적' 공감대를 지니고 있었다. 이들은 두 가지 점에서 특히 공통된 생각을 지니고 있었는데 권력은 중앙정부에 집중되어야 한다는 것과 문학적 숙련도를 증명해야만 권위 있는 지위에 오를 수 있다는 것이었다.[65] 지역 군사 지도자들의 권력, 소금 전매제의 등장, 조정의 군사기구에서 환관들의 새로운 역할 들은 이러한 새로운 사상을 공격하였다. 중앙정부는 행정적, 군사적, 재정적 권력을 지방에 빼앗겼고, 따라서 상업 분야나 군대의 통솔에서의 전문적인 기술들은 기존의 권력으로 가는 길로서 여겨지던 문학적 기술보다도 더욱 중시되었다. 심지어 조정에서조차 문인들의 영향력은 환관들의 영향력에 압도당하였다. 여기서 문제는 문학적 성취

Culture of Ours": Intellectual Transitions in T'ang and Sung China. pp.84-92, 102-104.; McMullen, David. "Historical and Literary Theory in the Mid-Eighth Century." In *Perspectives on the T'ang.* Ed. Arthur F. Wright and Denis Twitchett. New Haven: Yale University Press, 1973. pp.333-341.

65) DeBlasi, Anthony. *Reform in the Balance: The Defense of Literary Culture in Mid-Tang China.* Albany: State University of New York Press, 2002.; 또한 DeBlasi, Anthony. "Striving for Completeness: Quan Deyu and the Evolution of the Tang Intellectual Mainstream." *Harvard Journal of Asiatic Studies* 61:1 (2001): 5-36.; Bol, Peter. *"This Culture of Ours": Intellectual Transitions in T'ang and Sung China.* pp.108-125, 131 참조.

가 권력을 다시 집중화하고 당 왕조 질서를 과거와 같이 회복하는 데
도움을 줄 수 있다는 것을 증명할 수 있느냐는 점이다. 이것은 문학과
정치 각각의 역할에 대한 새로운 이론을 필요로 한다.

　당 왕조 부활을 주창하는 대부분의 옹호자들에 의해 정교하게 만들
어진 문학적 모델은 복고에 대한 요구의 변형이었다. 이러한 모델에
서, 문학[文]은 본질적인 것이고 문화(이 또한 문文)의 지도하는 측면이었
다. 그러나 경전의 기술은 모범적이고 권위적이었던 반면에, 그다음
의 시기는 문학적 글쓰기로부터 학문적인 글쓰기의 분리 또는 도덕적
본질에 대한 공허한 장식의 승리를 목격하였다. 학문적 글쓰기는 꾸
밈이 없어지면서 영향력을 상실하였고 반면에 문학적 글쓰기는 모든
도덕성과 본질을 상실하였다. 문학은 과거 두 남조 왕조의 양식화된
성적性的인 궁정시의 성행으로 인하여 가장 낮은 수준으로 떨어졌다.
당대 전기 관리들의 글쓰기에서는 북조 왕조들의 도덕적 진지함과 남
조 왕조들의 문학적 성취를 재결합시킴으로써 이러한 경향을 뒤집고
자 시도하였다.[66]

　안녹산의 반란 이후 학자들은 당 전기 문학에 대해서 평가하면서,
그 시기에는 남조 왕조들 말기의 문학적 실패를 종식시키기보다는 오
히려 도덕적이거나 정치적인 목적을 희생해 가면서까지 문학적 장식
을 계속해서 강조해 왔다고 설명하였다. 안녹산의 반란 그 자체는 부
분적으로는 조정에서 문학적 명문가의 정치적 실패에 의해서 초래되

---

66) Bol, Peter. *"This Culture of Ours": Intellectual Transitions in T'ang and Sung China*. 3장.: McMullen, David. *State and Scholars in T'ang China*. pp.213-217.

었다. 이화李華, 소영사蕭穎士(706−758), 가지賈至(718−772) 같은 평론가들은 이러한 추세가 고전을 문학적 모델로 채택하고 과거시험에서 미문학美文學을 줄이거나 제거해야만이 뒤바뀔 수 있었다고 주장하였다. 그들의 궁극적인 문학적 이상은 '균형' 또는 '완전성'이었다. '균형'은 원칙[理]에 언어적 장식[文]을 결합함으로써 글쓰기는 도덕적으로 올바르고 또한 효과적이었다. '완전성'은 모든 범위의 문학 장르나 스타일을 모두 숙달하는 것을 동반하였기 때문에 글쓰기는 그 순간의 요구들에 적응할 수 있었다.[67]

양숙이 처음 제기하고 백거이와 유우석劉禹錫(772−842)이 정교화한 또 다른 주장은 작가는 자신만의 기운 즉 기氣를 독자들에게 스며들게 할 수 있으므로 문학을 통해 대중들에게 영향을 줄 수 있다는 것이었다. 후대 작가들은 일반 대중에 비해서 문학가들이 보다 순수하고 더욱 풍부한 에너지를 가지고 있으며, 이는 문학적 소양의 함양뿐만 아니라 하늘로부터 부여받은 특별한 재능을 통해서 부여받았다고 주장하였다. 이러한 생각은 작가들을 관료로 등용하는 것을 정당화시켜 주었고 그들의 저작에 신비한 힘을 부여해 주었다.[68]

복고주의자들의 정치적 프로그램은 당 전기인 태종과 현종 시기의

67) Bol, Peter. *"This Culture of Ours": Intellectual Transitions in T'ang and Sung China*. pp.110−118.; DeBlasi, Anthony. *Reform in the Balance: The Defense of Literary Culture in Mid-Tang China*. pp.24−30, 34−39.; McMullen, David. *State and Scholars in T'ang China*. pp.241−244.

68) DeBlasi, Anthony. *Reform in the Balance: The Defense of Literary Culture in Mid-Tang China*. pp.30−31, 45−46.; Bol, Peter. *"This Culture of Ours": Intellectual Transitions in T'ang and Sung China*. pp.118−121.

조정을 모범으로 하는 이상적인 조정의 문화를 재창조하는 것에 초점을 맞추고 있었다. 권력을 다시 중앙 집중화하는 것을 목표로 하면서, 그들은 황제가 질서와 가치의 근본적인 원천이지만 몇 가지 이유로 인하여 그의 정권이 작동하는 것은 전적으로 문학인들에게 달려 있다고 주장하였다. 우선, 제대로 된 정부는 통치자와 피통치자 사이에 명확한 소통을 필요로 하였다. 문인들은 황제의 결정을 칙령을 통해서 일반 대중에게 포고하고 일반 대중의 상황을 상소, 정치적인 시 그리고 그들이 수집한 민요를 통해서 보고하여야 한다. 두 번째로, 문인들은 역사적 근거와 설득력을 갖고서 황제에게 조언을 하고 올바른 길로 인도할 수 있는 권한을 가진 유일한 사람들이었다. 세 번째로, 문학 작품은 작가의 인격과 품성을 가장 잘 보여 주는 도구이기 때문에 과거시험의 교재로 사용될 수 있었고 과거시험 합격자들을 환관들이나 재정 전문 관료들에 비해 더 높은 지위를 부여하도록 해 주었다. 네 번째로, 문학교육은 공민적 덕성을 함양시켜 주는데, 그 교육의 수혜자들인 문인들을 폭력을 주된 수단으로 하여 일반 대중의 이익을 지켜주었던 군인들보다 더 우위에 위치한 지도자들로 만들어 주었다.[69]

당 왕조 부활 프로그램의 많은 부분이 8세기 말에 등장했던 고전 산문 운동과 많은 부분에서 공통점을 갖고 있었지만, 후자의 경우 문학적 스타일, 과거의 활용, 개성 그리고 조정과의 관계에 관한 새로운 이

---

69) DeBlasi, Anthony. *Reform in the Balance: The Defense of Literary Culture in Mid-Tang China*. pp.28-30, 65-78.; Chiu-Duke, Josephine. *To Rebuild the Empire: Lu Chih's Confucian Pragmatist Approach to the Mid-T'ang Predicament*. 8장.

론들을 제공하였다. 특히 한유(768-824)와 같은 고전 산문 작가들은 중국의 문학사에서 크게 칭송받고 있는데, 그들은 수필, 서문, 편지, 비문과 같은 실용적이고 덜 중요한 형태의 문학들을 주요한 문학예술 장르로 변화시켰다. 송대에 이러한 생각은 한유가 "문장을 짓는 법으로써 시를 쓴다[以文爲詩]"고 했던 정형화된 문구 속에서 표현되고 있는데, 반면에 그가 말한 시는 "단순히 운을 맞춰 쓴 산문"이었다. 이러한 언급들은 주요한 문학 장르들을 뚜렷이 구분해 주는데, 그중에서 시는 언어적으로 가장 세련되고 순수한 문학 형태로서 자기표현의 궁극적인 수단이라는 것을 암시한다. 고대 문학 작품들의 순수성과 힘을 되찾아 주었던 도덕적으로 진지한 언어를 만들기 위해서 한유는 수세기 동안에 걸쳐 발전해 왔던 문학적 경계들을 허물고자 시도하였다. 그는 각각의 문학 장르를 특징지어 왔던 관습들을 제거하고 한 장르의 기법들을 사용하여 다른 장르를 활성화시켰다. 이러한 프로그램에서 '고대[古]'는 단순히 모방되어야 할 또 다른 한 세트의 관습이 아니라 문체상의 혁명을 달성하기 위한 동시기 문학적 관습에 대한 격렬한 거부였다.[70]

이러한 혁명은 한유가 과거시험 응시자였던 이익李翊에게 보낸 편지에서 가장 명확하게 설명되었다. 글쓰기의 본질에 관한 이익의 질문에 답변하면서, 한유는 어떻게 자신의 문체를 완성하였는지, 그 과

---

70) Hartman, Charles. *Han Yü and the T'ang Search for Unity*. pp.212-218, 224-225, 239-241, 257-273.; Bol, Peter. *"This Culture of Ours": Intellectual Transitions in T'ang and Sung China*. pp.132-133. 한유에 대한 또 다른 시각에 대해서는, McMullen, David. "Han Yü: An Alternative Picture." *Harvard Journal of Asiatic Studies* 49:2 (1989): 603‑657. pp.650-657 참조.

정에서 어떻게 자기 자신을 만들어 냈는지에 대해서 설명하였다. 그는 진정한 도道와 그 도를 표현하는 문학 모두가 지난 수세기 동안 쇠퇴하여 왔다고 하였다. 고대의 사상가들에 필적하고자 희망하는 사람은 장기간의 견습 수련을 견디어 내어야 하는데 그동안에는 세속에서의 성공에 대한 모든 생각을 포기하여야 했다. 한유 자신은 20년 이상의 시간을 오로지 유가 경전과 한대의 작품을 읽는 것에만 집중하였고, 그동안 축적되어 온 상투적인 문체나 지난 수 세기 동안 사용되었던 진부한 표현들을 자신의 생각 속에서 제거하고자 노력하였다.

이 얼마나 어려운 일인가. 이 글을 남에게 보여 줄 때는 남의 비난과 비웃음을 비난과 비웃음으로 알지 않았소. 몇 해를 이렇게 하면서 여전히 나의 생각을 바꾸지 않은 뒤에 비로소 고서 중에 순정한 것과 순정하지 못한 것, 비록 순정하지만 지극하지 못한 것이 흑백처럼 분명하게 판별되었소.
......
마음속의 생각을 끄집어내어 손으로 글을 쓸 때 마치 물 흐르듯이 글이 써 내려 갔소. 그러나 남들에게 보여 줄 때에 남들이 비웃으면 나는 기뻐했고 남들이 칭찬하면 나는 근심하였으니, 이는 오히려 사람들이 좋아하는 (시문의 색채가) 남아 있다고 여겼기 때문이오.[71]

그는 자신의 생애 마지막까지 이와 같이 추구하고 제거하는 과정을

---

71) 『한유서간문』, 한유 저, 이종한 역, 지식을 만드는 지식, 2010.-역주

계속하여야 한다고 주장하였다.[72]

이 서신은 한유의 계획에서 가장 핵심적인 요소들을 보여 주고 있다. 우선, 그는 연구와 암기를 위한 새로운 문집류를 완성하였다. 진사 시험 수험생들은 특히 『문선』 같은 주요 문집들에 실려 신성시된 시들을 공부하는 데 전념함으로써 시험을 준비하였다. 한유는 과거시험이 공부의 적합한 목적이 될 수 있는지에 대해서 이의를 제기하였고, 학생들에게 표준화된 시들과 그 시들의 관습적인 문구들을 버리도록 요구하였다. 그 대신에 그는 선진 시기 혹은 한대의 작품들의 '고전적인' 문집류를 제안하였다. 그 작품들은 자유롭고 융통성 있는 운율을 갖고 있었다. 이는 수 세기 동안 올바른 산문으로서 규정되어 왔던 행마다 일정한 글자 수를 지킨 엄격한 대구법의 글들보다 더 우월하다고 여겨졌다.

그러나 고전적인 문집류들은 그대로 모방되어야 할 일련의 텍스트는 아니었다. 대신 한유는 「유정부에게 드리는 답장[答劉正夫書]」이라는 가공의 대화에서 성인의 글을 공부하는 데에 "그 뜻을 본받되 말을 본받아서는 안 된다[師其意, 不師其辭]"라고 주장하였다. "고대에는 모든 구절이 성인들로부터 직접 나왔기" 때문에 고전 작품이 훨씬 더 우월하였다. 고전 문헌으로부터 구절들을 베끼기보다, 그는 그 작품들에 완전히 빠져들어 고대 성인들의 사상을 내면화시켜야 한다고 주장하였고, 그럼으로써 과거의 방식으로 새로운 글을 쓸 수 있었던 것이다.

---

72) 인용된 구절의 번역에 대해서는, Chen, Yu-shih, *Images and Ideas in Chinese Classical Prose: Studies of Four Masters*, pp.8-10.; Hartman, Charles, *Han Yü and the T'ang Search for Unity*, pp.242-244.

고대의 작품들의 재발견을 통한 새로운 어휘의 발전은 그가 추구하였던 시적인 언어의 체계적인 제거 프로그램과 병행하여 진행되었다. 한유는 당대 작가들이 '시적'이라고 여겼던 모든 것들을 벗겨 내면서 그와 동시대 작가들에게는 '황폐하고' '이해하기 어렵다'는 인상을 주는 스타일을 만들어 내었다. 관습적으로 표현되던 구절이나 그 대구절 대신에, 한유는 고전에 대한 심오한 지식을 사용하여 그 각각의 한자들 본래의 고전적 의미를 재발견하였고, 그러고 나서 그는 새로운 의미를 갖게 된 한자들을 가져다가 본래의 의미가 담긴 구절들을 만들기 위해 재결합하였다.[73] 오로지 점진적으로 수많은 시적인 '실패'들을 통해서 그는 자신만의 개성과 특징을 표현하였던 새로운 스타일을 발전시켰다. 하지만 그의 시들은 그의 동시대인들에게 절대로 미학적으로 인정받지 못했다.[74]

자신의 자아 형성에 대한 한유의 설명에도 고전과 개성이라는 주제들을 도입시켰다. 유종원이나 다른 사람들의 경우와 마찬가지로 한유에게 '고전'은 학자들이 고전적인 스타일을 흉내 냄으로써 한대 이후의 문학 발전을 도회시하도록 만들었던 문집류를 의미하는 것이 아니었다. 오히려 그에게 고전은 평생에 걸친 자기 수양을 통해서만이 성취될 수 있는 '정신적인' 상태를 의미했다. 장기간의 공부와 자기비판을 통해서, 사람들은 정치적 실패를 초래하였던 현실 세계의 부패함

---

73) Hartman, Charles. *Han Yü and the T'ang Search for Unity*. pp.248-252.
　　인용구는 pp.248, 254 참조.

74) Owen, Stephen, *The Poetry of Meng Chiao and Han Yü*. pp.36-54.

으로부터 벗어날 수 있고 스스로를 성인들의 고전적인 도의 화신으로 변화시킬 수 있었다. 이러한 방식으로 고전을 내재화시키기 위해서는 고전 문헌에 대한 지속적인 독서와 더불어 작문의 수련을 통해서 자기 자신을 개조하는 것 모두 필요하였다. 한유는 "공부라는 것은 어떻게 그 도를 완벽하게 할 것인가의 문제인 반면에, 글이라는 것은 규범적 유형을 완벽하게 하는가의 문제이다."라고 언급하였다. 이러한 '고전적인' 방식의 글쓰기는 고전의 가치를 내재화하는 것에 입각한 '정신적인 스타일'을 획득하였던 것이지 경전적인 문헌들 속의 규칙들을 단순히 따라하는 것만은 아니었다. 그것은 '성인의 도'를 되찾고자 하는 삶에 있어서 한유의 철학적 이상의 문학적 표현이었다.[75]

한유와 유종원의 개성은 그들의 글 속에서 명백한 이상과 암묵적 가치로서 표현되었다. 그것은 한유와 그의 추종자들의 격찬의 의미로 '기奇'와 '괴怪'라는 표현의 반복적인 사용에서도 명백하게 드러나고 있다. 훌륭한 문학은 반드시 비범해야 하고 장기간의 수련을 통해서 형성된 특출한 재능에 의해서 창조될 수 있다는 주장은 전통적 관습으로부터 벗어나야 한다는 주장과 관련이 있었다.

---

75) 한유의 사상 속 '고대'와 '성인의 도'에 대해서는, Bol, Peter. *"This Culture of Ours": Intellectual Transitions in T'ang and Sung China.* pp.125-131. 인용구는 p.125 참조. 유종원의 글 속의 '고대'에 대해서는, Chen, Jo-shui. *Liu Tsung-yüan and Intellectual Change in T'ang China, 773-819.* 4장. 참조. 유종원에 의해서 특별히 강조되었던, 이상적으로 도덕적이고 문학적 소양을 지닌 사람을 만들기 위한 지속적인 공부의 필요성에 대해서, 그리고 그 결과로서 발생한 글쓰기와 자기 수양의 인지에 대해서는, DeBlasi, Anthony. *Reform in the Balance: The Defense of Literary Culture in Mid-Tang China.* pp.117-137 참조.

일반적으로 말해서 온갖 사물 중에서 아침저녁으로 늘 보는 것은 사람들이 모두 주의 깊게 살피지 않는다. 그중에서 기이한 것을 보게 되면 함께 살펴보고 말들을 한다. 문장인들 어찌 이와 다르겠는가? 한나라 사람 중에 글을 쓸 줄 모르는 이는 아무도 없었지만, 유독 사마상여, 태사공, 유향, 양웅이 그중에서 가장 으뜸이었다. 이와 같이 들인 공력이 깊은 사람은 얻은 명성도 오래 전해졌다. 만약 전부 세속의 기풍에 휩쓸려 부침하고 자기 나름의 독창적 경지를 세우지 아니하면, 비록 당시 사람들에 의해서 괴의하게 여겨지지는 않는다고 하더라도 결코 후세에 전해질 리가 없다.[76]

이와 같이 훌륭한 문학은 독창적이고 개성적이어야 한다는 주장은 모방을 통해서만이 진정한 문체(스타일)를 획득할 가능성이 있다는 생각에 대하여 한유가 거부하도록 만들었다. 교육이라는 것이 자신만의 독창적인 문장을 생산해 내는 새로운 자아를 만드는 것을 목적으로 하였기 때문에, 진정한 작가는 유일무이한 자신만의 목소리를 발전시켜야 했다. 성인들의 가치를 완전히 소화함으로써, 작가는 독립적인 자아를 발현하게 되었고, 동시대의 사회로부터 거리를 두고 기존의 모든 모형들을 거부하였다. 이러한 이상은 또한 유종원의 문학적 사상의 중심을 이루었고 학생을 가르쳐야 된다는 생각에 대한 그의 거부로 구체화되었는데, 이는 각각의 학생이 그 자신만의 스타일을 만들어

---

76) 『한유서간문』, 한유 저, 이종한 역, 지식을 만드는 지식, 2010.-역주

내야 했기 때문이었다.[77]

　개성에 대한 한유의 강조는 정치적인 선택들을 수반하였다. 이러한 강조는 「백이송(伯夷頌)」이라는 글에서 가장 분명하게 나타난다. 백이와 그의 형제는 기원전 11세기 상나라에 대한 주나라의 반란을 범죄라고 주장하면서 그 반역자들 아래에서 생명을 유지하기보다는 차라리 굶어 죽는 것을 선택하였던 것으로 유명한데, 사실 하늘의 뜻에 따라 주나라가 극악무도한 상나라 왕을 제거하였던 것은 보편적으로 인정되는 바였다. 한유는, "다른 이들의 시각과 상관없이 오로지 정의로움이라는 원칙을 따른다는 목적만을 갖고서 홀로 서서 독립적으로 행동하는 학자야말로 진정한 위인이다. …… 세상 전체의 반대에도 불구하고 아무런 의심 없이 꿋꿋하게 자신의 소신을 지키는 사람은 백년에 혹은 천년에 오로지 한 명뿐이다. 백이 같은 인물은 심지어 하늘과 땅 그리고 수없이 많은 후세의 판단까지도 모두 무시하였다."라고 하였다. 하늘과 성인들에 대한 백이의 거부라든가 그가 궁극적으로 옳지 않았다는 사실에도 불구하고 한유는 백이의 행위가 일반적으로 인정되는 관습에 반대되는 독자적인 판단을 내리는 데 있어서 최상위의 척도를 제공해 주고 있다고 칭송하였다. 정치적으로 용감한 행동은 오로지 하늘과 세상 전체에 대한 백이와 같은 저항에서만 나올 수 있었다.[78]

---

77)　Hartman, Charles. *Han Yü and the T'ang Search for Unity.* pp.254-257.; Bol, Peter. *"This Culture of Ours": Intellectual Transitions in T'ang and Sung China.* pp.133-138.; Chen, Yu-shih. *Images and Ideas in Chinese Classical Prose: Studies of Four Masters.* 2장.; DeBlasi, Anthony. *Reform in the Balance: The Defense of Literary Culture in Mid-Tang China.* pp.120-126.

78)　한유의 「백이송」의 번역본은, Liu, Shi Shun, tr. *Chinese Classical Prose: The*

개성에 대한 이러한 강조는 예술적으로나 도덕적으로 진정으로 훌륭한 작가는 사회로부터 무시당하거나 거부당할 수 있다는 생각으로까지 이어졌다. 이러한 사상의 가장 두드러진 주창자는 한유의 친구이자 동료였던 맹교로서 그는 몇 편의 시에서 진정한 시인은 사회로부터의 고립과 빈번한 빈곤함을 피할 수 없다고 주장하였다.

> 형편없는 시인은 모두 벼슬자리를 얻고
> 훌륭한 시인은 오로지 산에 머물러 있다
> 산에 머무르면서 추위에 떨고
> 하루 종일 비참함에 비통해한다
> 더구나 시인은 앙심을 품게 되니
> 칼과 창이 입속에서 자라난다[79]

어쩌다 가끔 이전의 작가 중에서도 세상으로부터 인정받지 못했던 독특함을 칭송하는 경우가 있기는 하였지만, 다수의 지식인이 그 독특함을 진정 가치 있는 것으로 인정한 것은 당나라 말기에 이르러서 비로소 생겨난 새로운 현상이었다. 그들은 대부분 관습에 젖어 있던 기존의 작가들로부터 거부되었던 특출한 사람들이라고 스스로 자부하였다. 한유와 그의 동료들이 당 왕조를 멸망으로 이끌었던 낡아빠

Eight Masters of the Tang-Sung Period. pp.39~41. 인용문은 p.39 참조.

79) "惡詩皆得官, 好詩空抱山. 抱山冷兢兢, 終日悲顏顏. 好詩更相嫉, 劍戟生牙關."
　　孟郊, 「懊惱」-역주

진 가치들에 대한 도덕적 그리고 예술적 거부의 표현이라고 칭송하였던 것은, 그 이후의 시인들 사이에서 광기에 가까운 "내적 충동으로 인한 독특함"이라는 개념으로 발전하여 유럽의 낭만주의와 거의 같은 방식으로 고립된 천재성을 그 특징으로 하게 되었다.[80]

그들이 보여 주었던 문체상의 혁명, 과거에 대한 접근 방식, 개성에 대한 숭배 이외에도, 한유와 그 주위의 친구들은 또한 통치자와 조정에 대해서 새로운 태도를 견지하였다. 이러한 변화는 그들이 대부분의 관직 경력을 조정 황실에서 멀리 떨어진 지역 행정기관에서 보냈던 것에서 기인한다. 이것은 사회 질서의 창조를 위한 사대부들의 자기 수양의 근본적인 중요성과 그 반대로 통치자의 중앙집권적 역할에 대한 강한 거부로 나타났다. 한유는 자신의 가장 중요한 문장인 「원도原道」에서 그러한 생각을 가장 잘 표현하고 있었다. 이 문장은 그의 문학적 모델을 정치사에 적용시킨 것으로서, 그의 정치사적 입장에 따르면 고대의 성군들이 확립한 이상적인 질서가 한대 이후로 도교와 불교에 의해서 타락하였다. 공자가 등장하기 이전부터 이미 성인들이 세상을 통치하였던 것은 아니었기 때문에, 사대부들의 자기 수양은 정치적 그리고 도덕적 질서를 회복시키는 데에 가장 중요한 핵심이었다. 도교와 불교가 정신적이고 우주론적인 차원을 제공하였던 반면에, 유교가 개인의 가정사나 우주적 차원을 다루었던 것 이외에도, 한유는 사적인 영역과 공적인 영역을 재결합시키는 통합적인 유교적 도

---

80) Owen, Stephen. *The End of the Chinese "Middle Ages": Essays in Mid-Tang Literary Culture*. 1장. 인용구는, p.14 참조.

덕성을 옹호하였다.[81]

유종원도 통치자의 중요성을 축소시켰는데, 그에 따르면 인간과 자연 세계는 서로 분리되어 있기에 하늘이 홍수나 기근과 같은 자연적 현상을 이용해서 통치자에 대해 심판의 뜻을 전달하는 도덕적 행위자가 될 수 없다고 주장하였다. 고전적인 이론에서, 천자는 천지天地와 연결되어 있기 때문에 괴이한 현상들은 천자의 행위에 대한 칭찬 또는 견책이라고 해석되었고, 천자는 의례의 거행을 통해서 자연의 질서를 유지하여야 했다. 기원전 3세기 순자荀子나 1세기의 왕충王充 같은 고대의 사상가들 중에서도 자연 현상과 인간의 행위 사이의 모든 관계를 부인하는 경우도 있었지만, 이러한 관계는 중국식 황제 모델에서 관습적으로 인정되는 바가 되었다. 유종원은 이러한 통치자 중심의 세계관에 대해서 적어도 세 편의 독립적인 글에서 비판하였다. 시인이자 사상가인 유우석도 비록 유종원의 철저한 회의론에 대해서는 반박하였지만, 이 세상에서 하늘이 도덕성을 보증하는 역할을 하는 것은 아니라는 점에서는 유종원에 동의하였다.[82]

---

81) 통치자의 탈중심화는 유종원의 『비국어非國語』에서 더욱 강조되고 있는데, 여기서 그는 관리들의 도덕적 책임의식이 군주에 대한 충성보다 우위에 있다고 주장하였다. DeBlasi, Anthony. *Reform in the Balance: The Defense of Literary Culture in Mid-Tang China*. pp.117, 137-144.; Hartman, Charles. *Han Yü and the T'ang Search for Unity*. pp.145-160, 특히 pp.147, 150-152.; Bol, Peter. *"This Culture of Ours": Intellectual Transitions in T'ang and Sung China*. pp.128-131.

82) Chen, Jo-shui. *Liu Tsung-yüan and Intellectual Change in T'ang China, 773-819*. 5장.; Owen, Stephen. *The End of the Chinese "Middle Ages": Essays in Mid-Tang Literary Culture*. pp.48-53.; DeBlasi, Anthony. *Reform in the Balance: The Defense of Literary Culture in Mid-Tang China*. pp.86-88.;

또 다른 혁신은 한유가 스승의 높은 지위를 회복할 것을 요청하였다는 것이다. 스승과 제자의 관계가 전국시대나 한대에는 크게 중시되었던 반면에, 남북조 시대에 접어들면서 교육은 대체로 집안 내의 일이 되었고, 따라서 직업으로서 교육의 위치는 심각하게 격하되었다. 당대에 이르러 과거시험 감독관과 수험생 사이의 사회적 관계는 과거 스승과 제자의 관계와 어느 정도 유사하였지만 결과적으로는 전문적인 스승의 존재를 퇴색시켰다. 한유는 자신의 문장 「사설師說」에서 과거에는 성인을 포함한 모든 사람이 스승 아래에서 공부하였는데, 그들은 사회 질서를 지탱해 주었다. 그는 또한 젊은 학자들과의 관계에서 스스로 스승이라고 칭하였는데, 이러한 모습은 아마도 법통의 계승이 스승과 제자가 직접 대면해서 말로 전달함으로써 이루어진다고 주장하였던 선불교에서 영향을 받았을 것으로 보인다. 그러나 이러한 혁신은 동시기 유종원 같은 그의 숭배자들한테서도 지지를 얻지 못하였다.[83]

한유 사상의 마지막 한 측면은 불교에 대한 그의 태도에 관한 것이었다. 당대 대부분의 지식인은 도교나 불교 혹은 그 모두를 주요한 연

Lamont, H. G. "An Early Ninth Century Debate on Heaven: Liu Tsung-yüan's T'ien shuo and Liu Yü-hsi's T'ien lun, An Annotated Translation and Introduction." *Asia Major*, n.s., Part I, 18:2 (1973): 181–208; Part II, 19:1 (1974): 37–85.

83) Hartman, Charles. *Han Yü and the T'ang Search for Unity*. pp.160-166.; Liu, Shi Shun, tr. *Chinese Classical Prose: The Eight Masters of the Tang-Sung Period*. pp.35-37.; Chen, Jo-shui. *Liu Tsung-yüan and Intellectual Change in T'ang China*, 773–819. pp.54, 145-148.

구 분야이자 영적인 지침서라고 생각했다. 그러나「원도」와 부처의 진신사리에 대한 숭배를 비난하였던 저명한 문장「간영불골표諫迎佛骨表」에서 한유는 제도 종교들(불교와 도교)을 참된 도의 파괴자라고 비난하였고 그들에 대한 탄압을 주장하였다. 당시에 세 종교 사이의 관습적인 분업에서 유교를 지배적인 위치에 두었던 유일한 문장은 이고李翱(774~836)의「복성서復性書」였다. 그 문장에서 이고는 당대의 유교에서 불교 교리의 혼합주의적 부착물들을 제거하고자 노력했다.[84] 송대의 신유가들이 자신들의 도통道通을 만들었을 때에, 그들은 이 두 저자를 선택하여 그 속에 위치시켰다. 신유가는 한유를 지적 조상으로 숭배하였지만, 반면에 이고는 아마도 그가 유교적 가르침을 이해하는 데에 불교 사상을 활용하였을 것이라는 이유로 비난하였다. 그들에 대한 이러한 이해는 모두 시대착오적이었고, 특히 이고에 대한 이해는 부정확한 것이었다. 어떤 경우이든, 불교와 관련된 이 두 저자에 대한 생각들은 당대 지성사 전체로 볼 때는 대단히 미미한 영향만을 갖고 있었을 뿐이었다.

결론적으로, 당대 저술 활동이 지닌 역할의 발전들은 이 왕조가 전통적으로 중국 문학사에서 차지한 높은 지위를 지탱해 주는 몇 가지

---

84) Bol, Peter. *"This Culture of Ours": Intellectual Transitions in T'ang and Sung China*. pp.126-131, 137-140, 162-185.; Hartman, Charles. *Han Yü and the T'ang Search for Unity*. pp.84-93.; McMullen, David. "Han Yü: An Alternative Picture." *Harvard Journal of Asiatic Studies* 49:2 (1989): 603 - 657. pp.645-650.; Chen, Yu-shih. *Images and Ideas in Chinese Classical Prose: Studies of Four Masters*. pp.15-16, 19-22, 46, 57, 69.; Barrett, Timothy. *Li Ao: Buddhist, Taoist, or Neo-Confucian?* 특히 4장.; Emmerich, Reinhard. *Li Ao (ca.772-ca.841)*. Wiesbaden: Harrassowitz Verlag, 1987. pp.281-310.

공통된 특징을 갖고 있었다. 모든 새로운 형태의 저술 활동은 독특한 도시 문화의 등장과 연결되어 있었는데, 이러한 도시 문화는 저술이 추구하였던 새로운 배경과 문학적으로 다룰 수 있는 새로운 주제들을 제공해 주었다. 새로운 도시 문화의 등장은 문학적 무게중심을 한대 이래의 조정에서부터 벗어나도록 해 주었고, 따라서 문학이 사회정치적 배경으로부터 벗어나도록 조장하였다. 보다 도회적이고 상업적인 사회의 등장은 문학의 배경이나 주제로서 사적인 혹은 준準사적인 새로운 공간의 등장을 초래하였다. 암시적으로나 명시적으로 돈의 사회적 역할 그리고 문학적 소유라는 주제 또한 이러한 새로운 맥락 속에서 등장하였다. 무엇보다도 가장 중요한 것은 이러한 모든 발전이 새로운 형태의 작가와 그의 사회적 위치와 관련된다는 점일 것이다. 그 작가들의 천재성이나 성격 속에서 시문의 의의를 찾기도 하고, 문장가로서의 완성을 위한 수십 년간의 노력을 통해 창조된 독특한 개인적인 문체를 중시하기도 하였다. 혹은 젊은 작가의 낭만적인 역경을 새로운 장르인 소설의 중심 주제로 만들기도 하였다. 결과적으로 당대 문학계는 개인적인 성격과 문학적 천재성을 사회적으로 칭송받는 자질로 새롭게 인식시켰다.

| 나오는 말 |

881년 황소 반란군의 장안 약탈은 당 제국의 최후의 보루이자 중국
여러 왕조의 수도였고 늘 중요한 전략적 중심지였던 장안의 최후를 의
미하였다. 그들이 수도 장안을 점령한 지 며칠 후에, 반란군은 광분하
여 날뛰었고, 부유한 집을 약탈하고 주민을 학살하였다. 약탈자들은
특히 관리들을 살해하고자 하였다. 그러나 중국 시문에서 종종 묘사
되듯이, 시인 위장韋莊(836~910)은 「진부음秦婦吟」에서 그 사건을 역사
에 영원히 남겼는데, 관습적으로 연결되어 있던 학살당한 조정 관료
를 대신하여 장안에 머물러 있었던 피난민 여인의 가련한 처지에 초점
을 맞춰서 시를 썼다.

집집마다 피가 흘러 샘이 솟아오르는 듯하고
곳곳마다 원성이 일어나 땅을 요동시켰다

무희와 가희도 모두 모두 남모르게 버림을 받았고

어린 아들 딸 모두 산 채로 버려졌다

......

서쪽 이웃집의 처녀는 정말로 선녀와 같아

맑은 눈매는 가을 물을 떠다 담은 듯했다

화장한 후에는 다만 거울 속을 쳐다보기만 할 뿐

나이가 어려 집 밖의 일을 알지 못했다

한 사내가 금빛 계단을 뛰어 오르더니

어깨를 반쯤 벗겨 욕을 보이려고 했다

옷을 잡아당기며 대문 밖으로 나서려고 하지 않자

홍분紅粉과 향지香脂로 화장한 아가씨는 칼 아래 목숨을 잃었다[1]

동서남북 사방으로 떠돌아다니면서, 위장은 당 왕조가 소멸되어 버린 종말의 세계를 상징하는 겁탈당한 여자들과 불타 버린 집들로 구성된 만다라 그림의 윤곽을 완성하였다. 위장은 그 시에서 마치 중국의 미래 발전을 예언하듯이, 온 세상이 무질서한 가운데에 오로지 중국 남부 지역만이 "물처럼 맑고 숫돌처럼 매끈하였던" 모습을 상상하며 결론을 맺고 있다.[2]

당나라가 멸망한 이후, 중국은 북부와 남부로 분리되었고, 양쪽

---

1) Yates, Robin. *Washing Silk: The Life and Selected Poetry of Wei Chuang (834?–910)*. pp.111-112, 그 배경에 대해서는, pp.16-17.

2) Yates, Robin. *Washing Silk: The Life and Selected Poetry of Wei Chuang (834?–910)*. p.122.

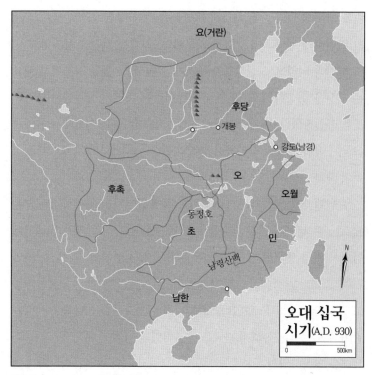

지도 17

은 차례로 경쟁 국가들로 분리되었다(지도 17). 이보다 앞서 보다 오래 지속되었던 분열의 시기인 전국 시대(기원전 481~221)와 남북조 시대(220~581)와 같이, 오대 시기(907~960)로 알려진 이 시기는 중대한 변화의 시기였다. 우선 첫 번째 변화는 당대의 정부와 사회를 지배했고 한유나 유종원 같은 엘리트들에 반대되는 문체나 이상을 정의한 대가문들의 소멸이다. 이러한 가문들의 의심의 여지가 없었던 패권은 종말을 고하게 되었는데, 왜냐하면 그들은 당대 황실 조정의 높은 직책과 완전하게 결합되어 있었기 때문이다. 지역적 기반을 포기하고 수도 장안과 낙양으로 실제로 이주하게 되면서, 그들은 그곳에서 새로운 재산을 형성하였고, 당 왕조 멸망이라는 재난의 상황에서 돌아갈 곳을 상실하였다. 반란군들의 수도 약탈은 대가문 구성원의 죽음이나 그들이 직접 연관되어 있었던 왕조의 종말만이 아니라 그들의 물질적 부의 파괴도 의미하였다.

두 번째 변화는 대가문의 쇠퇴와 소멸에 있어서 다소 명확하지 않은 요소는 수 세기에 걸친 후손들의 확산이었다. 당 후반기와 10세기에 걸쳐서 지역 엘리트 인구 중 높은 비율은 묘지명에서 발견되는 바와 같이 그 대가문 중에서 그다지 성공적이지 않았던 가계의 인물들이었고 그 지역에 연고도 없었다. 당대의 최상위 가문들은 남북조 시대와 같이 수도에서 계속해서 관료를 배출하였던 가계에 대해서만 가족적 유대를 인정하였던 족보를 만들었다. 그리고 그다지 성공적이지 못했던 계열은 족보에서 축출되었다. 그러나 그들은 사라지지 않았고, 동북 지역의 절도사들을 통해 혹은 경제적으로 발전한 남부 지역에서 지역 관료나 상인으로서 출세의 길을 모색하였던 듯하다.[3] 따라서, 비록 족보상의 자부심은 11세기까지 지속되었지만, 송 왕조 치하에서 작성된 사서史書에서 보이는 바와 같이, 최고 가문의 '본관本貫(원적이 표시된 성씨)'은 더 이상 황실 가족들을 지역의 엘리트들과 구별 짓게 해 주지

---

3) Tackett, Nicholas Oliver. "The Transformation of Medieval Chinese Elites (850 – 1000 c.e.)." Ph.D. diss., Columbia University, 2006. 2장.

못했다.

이와 관련된 주요한 변화는 실력 본위에 대한 새로운 윤리관의 등장이었는데, 이에 따라서 재능이 일반적으로 사회적 지위 획득의 근거로 받아들여지게 되었다. 중국 역사에 대한 설명에서, 족보로부터 재능으로의 이러한 초점의 변화는 당에서 송으로의 변화의 핵심적인 측면으로서 종종 묘사되었지만, 사실 이러한 변화는 당대에 시작되었다. 기존 가문들이 깊숙이 관련되어 있었던 시험과 의례의 특성은 그들의 지배를 유지시켜 주었지만, 과거시험 체제는 당대 관리의 선발에서 실력 본위 혹은 재능을 도입하도록 하였다. 더욱 중요한 것은, 중국 동북 지역을 장악하고 있었던 절도사들의 참모들이나 당대 말기 국가 재정의 기반인 남부 지역의 소금 전매를 관리하였던 조정 관리들은 모두 임용 과정에서 그들의 재능이 중요시되었다. 따라서 이러한 관직들은 미천한 출신의 뛰어난 인물들이 실질적인 권력을 지닌 높은 지위로 올라갈 수 있는 경로가 되었다. 당 왕조의 최후의 세기인 9세기에 이르러서 당 조정은 심지어 당시 가장 뛰어난 시인들이 출세할 수 있는 대체 경로를 마련하기도 하였다.

재능에 대한 새로운 강조는 중국 북부와 남부에 걸쳐서 경쟁적인 정권들이 등장하게 되는 10세기에 이르러 더욱 발전하였다. 북방의 오대 왕조(후량, 후당, 후진, 후한, 후주)의 황제들과 남부의 십국(오, 오월, 민, 초, 남한, 전촉, 후촉, 형남, 남당, 북한)의 지도자들은 대체로 군인 출신으로서 그들의 정권 유지는 군사, 재정 그리고 행정적인 분야에 타고난 재능을 지닌 신하의 선발에 의존하고 있었다. 동북 지역의 절도사들이 낙양과 개봉과 같은 북부의 주요 도시들을 장악하고 자신들의 새로운 도읍으로 만들었을 때에, 그들을 섬기고 있었던 동북 지역 출신의 군인과 관료 들은 집단적으로 이러한 새로운 지역으로 이주하였다. 지역 인재들의 등용에서 가장 중요한 모습은 돌궐 사타족 이존욱이 923년 침략한 사건이었는데, 이때에 동북 지역의 인물들이 낙양의 새로운 관료체제 내에서 지배적인 위치를 차지하도록 만들었다. 보다 능력 본위적인 절도사들의 조정에서 권력을 잡았던 사람들이 과거 제국의 중심부로 이동하였던 것은 주요 도시들의 관료 문화를 변화시켜 보다 재능에 기반한 것으로 만들었다. 이러한 모습은 996년 유개柳開가 쓴 묘지명에 잘 드러나 있는데, 그 묘지명의 주인공은 동북 지역에서부터 후당 왕조의 창업 군주인 장종을 보좌하여 낙양으로 들어왔던 관리였다.

당 말기에, 도적떼들이 양경兩京을 전복시켰을 때, 관리들의 족보들은 모두 불타서 파괴되었다. 자신의 성씨가 과거의 저명한 가문의 후손인 것처럼 행세하게 되니, 점점 혼란스럽게 되고 구분하기 어려워졌다. 내가 어떻게 이런 관습을 흉내 낼 수 있겠는가? 만약 행상이나 하인이라 하더라도 그 시대에 필요한 재능을 통해서 재상으로서 군왕을 섬길 수 있다면, 그가 반드시 명문 가문의 자손일 필요가 있겠는가? 아무런 재능이 없는 자라고 한다면, 비록 그가 명문가의 자제라고 하더라도, 지금 그것이 소용 있겠는가?[4]

---

4) Tackett, Nicholas Oliver. "The Transformation of Medieval Chinese Elites (850 – 1000 c.e.)." 5장. 그 묘지명은, pp.97-98 참조.

10세기에 정치 중심지들의 경쟁적인 등장은 군주뿐만 아니라 명문가 자제들의 행위와 가치관에 영향을 끼쳤는데, 이러한 정치 중심지들은 그들에게 새로운 경력의 기회를 제공하였다. 높은 수준의 지리적 유동성은 당대 엘리트의 삶을 특징지었다. 성공한 가문의 구성원들이 수도로 이주하였던 반면에 그들보다 못한 가족들은 지방으로 이동하였는데 그들은 동북 지역의 절도사들을 섬기거나 경제적으로 발전하고 있었던 남부 지역으로 이주하여 재산을 증식하는 길을 선택하였다. 남부 지역에서 관직에 오른 이들은 종종 그들의 봉급을 토지나 상업자본으로 전환하였고 그들의 가족들은 그 새로운 지역에 재정착하였다. 남부 지역에서 출토된 수많은 묘지명은 사망한 사람의 재산에 초점을 맞추고 있는데, 그것에 따르면 남부의 많은 가문은 그 이후로 혹은 그 이전부터 결코 국가와 연결되지 않았다. 이러한 묘지명들은 종종 묘지의 풍수지리학적 위치 덕택에 가문의 재산이 증식되었음을 강조하기도 한다. "그의 무덤에 대해서 말하자면, 동쪽으로는 개울의 가장자리에 위치한 듯하고, 서쪽으로는 기다란 제방에 인접해 있으며, 전방으로는 붉은 신령紅靈을 마주 대하고 있고, 후방으로는 언덕과 산들이 가깝다. 그 무덤은 이러한 위치에서 평화롭다. 만세와 천년토록, 아이들과 후손들은 젊은 나이부터 부귀영화를 얻을 것이다."[5]

10세기에 다양한 지역정권이 중국 전역에서 등장하였다. 새롭게 등장한 정치 중심지들은 점차 그 인근의 자원들을 독점적으로 사용하였

---

5) Tackett, Nicholas Oliver. "The Transformation of Medieval Chinese Elites (850-1000 c.e.)." pp.33-41, 특히 p.39. 묘지명은 p.36 참조.

고, 따라서 엘리트 구성원들은 종종 정부의 관직을 획득함으로써 그들의 사회적 지위를 유지할 수 있었다. 어느 한 지역에서 관직을 얻지 못했던 자들도 다른 지역에서 성공할 수 있었다. 그 결과 그들의 가족들은 어느 한 지역정권의 정치 중심지로부터 기회가 생겨남에 따라 그 다음 지역 정치 중심지로 이주하였다. 점점 더 많은 통치자들이 동북 지역의 절도사들을 모방하여 자신들의 중요 관료들을 과거 엘리트들의 지위를 안정화시켰던 과거시험이나 다른 관료적 절차에 따르는 것보다는 명령으로 채용하였다. 따라서 통치자의 명령에 의한 임명은 문과시험으로는 밝혀낼 수 없었던 재능을 지닌 사람들이 최고위직에 도달할 수 있게 해 주는 주요한 수단이 되었다. 따라서 비록 당대 과거시험 체제가 적어도 능력 본위의 관료의 등용이라는 사상을 확고하게 자리매김해 주었고, 더 나아가 송대의 과거시험이 새로운 형태의 실력주의를 제도적으로 완성해 주었지만, 10세기에 능력에 기반해서 관직을 수여하였던 통치자들은 고의적으로 그 과거시험 체제를 회피하였던 것이다.[6]

과거 그들의 정치 중심부였던 동북 지역에서부터 중국 전역에 걸쳐 이루어진 능력 본위주의적 가치의 확대는 10세기 엘리트들의 구조에 변화를 주었다. 묘지명에서, 군인들은 일련의 가치들을 찬양하였고, 조정 관리들은 또 다른 일련의 가치들을 지지하였으며, 조정과 아무런 관계가 없는 부유한 가문들은 또 다른 세 번째 가치들을 지니고 있

---

6) Tackett, Nicholas Oliver. "The Transformation of Medieval Chinese Elites (850 – 1000 c.e.)." 4장.

었다. 당대 후반기 가문들은 가장 일반적으로는 자신들과 유사한 부류 내에서 결혼을 하였던 반면에, 10세기에 이르러 그들은 다각화 전략을 선택하기 시작하였다. 이러한 전략적 다각화는 자손들 각각이 서로 다른 직업을 선택하고 다양한 유형의 엘리트 집안들과 결혼하도록 교육하게 하였고 이를 통해서 그들의 사회적 네트워크를 확장시켜서 그들에게 적합한 정치·사회적 틈새들을 확대하고자 하였다.

가장 전형적인 예로 왕욱현王勖賢이라는 인물을 들 수 있다. 그는 관리로서 지역의 절도사의 환심을 사서 친족의 젊은이들이 그 지역 정부의 조정 관직과 군직에 종사할 수 있도록 노력하고 있었다. "나의 아들 왕잠王潛은 학문에 뜻을 두었고, 성품이 성실하고 꼼꼼하다. 그는 당신의 조정에서 일할 만하다. 나의 조카 왕임王稔은 절개를 지킬 줄 안다. 그는 장교가 될 수 있을 것이다."[7] 이러한 패턴은 동북 지역의 군사화된 문화 속에서 처음 등장하였는데, 동북 지역에서는 군사 경력과 조정 관료 경력이 밀접하게 연결되어 있었고 군사 경력이 폄하되는 일은 없었다. 군사 정권들이 10세기에 당 왕조를 분할하고, 다음 세대 지도자들이 등장하게 되는 중앙의 금군이나 군사 지도자들의 개인적인 군대들이 정치권력의 중심으로 등장하면서, 가족 내 직업의 다각화 전략은 중국 엘리트들 모두에게 확산되었다.[8]

---

7) "子潛好學愼密, 可任以事. 弟子稔有氣節, 可爲將." 『十國春秋』 9:3554. (『伍代史書彙編』 杭州市: 杭州出版社, 2004.)-역주

8) Tackett, Nicholas Oliver. "The Transformation of Medieval Chinese Elites (850 - 1000 c.e.)." 1장, 3장. (인용문은, p.109.); Wang, Gungwu. *The Structure of Power in North China During the Five Dynasties.*

엘리트들 사이의 관직 추구와 지리적 유동성의 새로운 패턴과 더불어, 당대 후반기와 10세기에는 중화 문명의 중심이 지속적으로 남쪽으로 이동하는 모습이 목격된다. 이러한 장기적인 경향은 4세기에 시작되었고, 위진남북조 시기와 당대에 지속되었다. 비옥한 토지와 보다 풍부한 강우량을 지녔던 남부 지역의 매력은 과거부터 오래 지속되어 왔는데, 당대 첫 세기에 더욱 강조되었다. 그 지역 일대에 보다 더 효율적인 수상 운송 시스템이 발달하였는데, 이는 대운하가 생산성이 가장 높았던 남부 지역과 북부 지역의 시장을 연결해 주었기 때문이다. 안녹산의 반란으로 인한 북부 지역의 괴멸적인 파괴는 번영하는 남부 지역의 인구 흡입력을 더욱 강화시켰다. 이러한 인구 이동이 북부 지역에서의 인구 감소로 이어지지는 않았다. 다만 북부 지역에서도 인구는 계속 증가하였지만 남부 지역에서는 기하급수적으로 인구가 증가하였다. (포괄적인 인구조사 기록이 현존하는 두 해인) 742년에서 1080년 사이에 북부 지역의 인구는 겨우 26퍼센트 증가한 반면 남부 지역의 인구는 328퍼센트가 증가하였다.[9] 이러한 인구 변화의 결과, 중국 인구의 대다수는 남부 지역에 거주하였고, 이러한 인구의 우위는 이후 중국 역사 기간 내내 더욱 강화되었다.

당대 후반기에 남부 지역의 지속적인 경제 발전과 북부 지역에서의 혼란으로 상류 가문들 중에서 크게 성공하지 못했던 계열과 조정에

---

9) Hartwell, Robert M. "Demographic, Political and Social Transformations of China, 750 – 1550." p.369, 표 I . 또한 Shiba, Yoshinobu. "Urbanization and the Development of Markets in the Lower Yangtze Valley." In *Crisis and Prosperity in Sung China*. Ed. John Winthrop Haeger. Tucson: University of Arizona Press, 1975. pp.15-20.

서의 관직 경력이 없었지만 야심 있는 가문들은 보다 큰 기회를 잡기 위해서 양자강 유역으로의 이주를 선택하였다. 문헌 기록들은 북부 지역에서 남부 지역으로의 급속한 인구 이동은 9세기에 시작되었고 10세기에 가속화되었음을 보여 준다. 당시의 묘지명에 따르면, 엘리트 가문들의 이주는 황소의 반란 이후에 크게 가속화되었는데, 이는 북부 지역의 혼란에서 탈출하는 수단이자 새롭게 건설된 남부 왕조들에서 관리 등용의 기회를 얻기 위한 수단이었던 것이다. 남부 왕조의 조정에 있었던 대다수의 관리들 중 사료 속 증거를 통해 확인되는 인물들은 모두 북부 지역에서 온 이주민들이었다. 따라서 오대십국 시기 남부 지역 번진할거 세력들의 일시적인 등장은 엘리트들이 양자강 유역으로 이주하도록 하였던 또 다른 유인책이 되었고, 그로 인하여 남부 지역으로의 인구 이동이라는 기존의 장기 지속된 흐름은 더욱 강화되었다.

마지막으로 중요한 점은, 보다 부유한 이주민들의 새로운 물결이 앞서 위진남북조 시기나 당 초기에 남부 지역으로 이주하였던 대가문들을 양자강 하류 지역과 대운하를 따라 들어선 주요 도시들에서 변두리 지역으로 몰아냈다는 것이다. 따라서, 9세기와 10세기 남부 지역의 인구 증가는 보다 더 변두리 지역이었던 곳들을 이주민으로 채워나가는 과정이었고, 반면에 주요 도시들 주위의 이미 개발되었던 지역들은 상대적으로 변화 없이 유지되었다. 묘지명과 같은 석각 자료들은 남부 지역 엘리트의 대다수가 오래된 가문들이 아니라 보다 최근에 이주해 온 가문들이었고 기존의 가문들은 점차 주변부의 소도시들로 옮

겨 갔음을 알려주고 있다.[10]

결론적으로, 수·당의 통일 왕조 사회를 특징지었던 토지 소유의 방식, 도시 디자인 그리고 상업 통제 정책이 당 왕조 시기 동안에 소멸되면서, 대가문의 소멸, 능력 중시의 기풍의 등장, 중국 인구와 경제 중심의 남부 지역으로 이동과 같은 10세기의 여러 변화들이 등장하였고, 이러한 변화들은 송대뿐만 아니라 후기 중화 제국 시기 전체를 정의하는 새로운 지리, 사회, 경제 그리고 정치 제도들이 등장하는 토대를 마련해 주었다.

---

10) Hartwell, Robert M. "Demographic, Political and Social Transformations of China, 750 - 1550." pp.389-391.; Tackett, Nicholas Oliver. "The Transformation of Medieval Chinese Elites (850 - 1000 c.e.)." pp.83-85, 162-167.

당대 주요 연표

581년	쿠데타 후 수 왕조의 건국
589년	수나라의 진陳나라 정복, 중국의 재통일
610년	대운하 완성
612년	첫 번째 고구려 원정
613년	두 번째 고구려 원정: 대규모 반란의 시작
617년	당 왕조의 창업자 이연의 태원 기의
618년	수·당 왕조의 교체
626년	이세민에 의한 현무문의 변, 고조의 유폐, 그리고 당태종의 즉위
630년	당태종의 천가한 선언
636년	부병제의 공식적인 재건
637년	첫 번째 당률의 재정 및 반포
645년	고구려 원정의 실패: 인도로부터 현장법사의 귀국
653년	당률과 오경정의의 반포
655년	무측천의 황후 등극
660년	당의 백제 정복
664년	무측천의 조정 장악
668년	당의 고구려 정복
690년	무측천에 의한 무주武周 왕조의 창업
705년	당 왕조의 부활: 위황후·안락공주·태평공주에 의한 7년간의 정권 장악
721년	정부 기록에서 누락된 가구에 대한 우문융의 조사 및 등록
734년	이임보의 재상 등극

737년	당률의 최종적인 개수 및 공포: 변경 지역에서 부병제로부터 직업군인 제도로의 공식적인 전환
742년	변경 지역이 10개의 번진으로 분리되어 운영됨: 안녹산의 동북 지역 지휘권 장악
749년	부병제도의 공식적인 폐지
751년	이슬람 세력이 탈라스 전투에서 당군을 패퇴시킴, 이슬람 세력에 의한 중앙아시아 정복의 시작
752년	이임보의 사망, 안녹산의 조정과의 관계 단절
755년	안녹산의 반란: 756년 장안 함락
763년	안녹산의 반란 종결
780년	양세법의 공식적인 도입
781년	당 조정과 절도사의 첫 번째 전쟁, 786년 절도사 세력에 대한 공식적인 인정으로 종결
790년	티베트에 의한 당·위구르 연합군의 패배, 중앙아시아에서 당 세력의 영향력 종결
801년	티베트 격파를 위한 남조南詔와의 동맹이 서부에서의 50년간의 전쟁을 종결시킴
814년	절도사와 당 조정 사이의 전쟁의 재개, 819년 전국에 대한 당 조정의 직접적 지배권 장악, 그러나 당 국가 재정의 붕괴
821년	우승유와 이덕유 사이의 우이당쟁의 시작
835년	감로의 변과 환관의 조정 장악
845년	회창폐불의 발생, 846년 종료
858년	중국 남부 지역에서 반란군과 유적의 횡행
875년	황소반란의 시작, 884년 황소의 죽음과 반란의 종결
880년	황소반란군의 낙양과 장안 함락, 당 왕조 세력의 종결: 절도사들의 중국 분할
907년	당 왕조의 공식적인 멸망

중국의 역대 왕조

상商	기원전 1600~기원전 1027
주周	기원전 1027~기원전 256
서주西周	기원전 1027~기원전 771
동주東周	기원전 771~기원전 256
춘추시기春秋時期	기원전 722~기원전 481
전국시기戰國時期	기원전 476~기원전 221
진秦	기원전 221~기원전 206
전한前漢	기원전 206~기원후 8
신新	8~23
후한後漢	23~220
삼국三國(위魏, 촉蜀, 오吳)	220~280
서진西晉	265~317
위진남북조魏晉南北朝	317~589
수隋	589~618
당唐	618~907
오대五代	907~960
송宋	960~1279
북송北宋	960~1126
남송南宋	1126~1279
원元	1279~1368
명明	1368~1644
청淸	1644~1912

참고문헌

영어 프랑스어 독일어

Abramson, Marc S. *Ethnic Identity in Tang China*. Philadelphia: University of Pennsylvania Press, 2008.

Abu-Lughod, Janet L. *Before European Hegemony: The World System a.d. 1250–1350*. Oxford: Oxford University Press, 1989.

Adamek, Wendi L. *The Mystique of Transmission: On an Early Chan History and Its Contents*. New York: Columbia University Press, 2007.

Adshead, S. A. M. *China in World History*. Basingstoke: MacMillan, 1988.

———. *T'ang China: The Rise of the East in World History*. Basingstoke: Palgrave MacMillan, 2004.

Ahern, Emily. *The Cult of the Dead in a Chinese Village*. Stanford: Stanford University Press, 1973.

Backus, Charles. *The Nan-chao Kingdom and T'ang China's Southwestern Frontier*. Cambridge: Cambridge University Press, 1981.

Ban, Zhao. "Lessons for Women (*Nujie*)." In *Images of Women in Chinese Thought and Culture*. Ed. Robin R. Wang. Indianapolis: Hackett, 2003.

Baptandier, Brigitte. *The Lady of Linshui: A Chinese Female Cult*. Tr. Kristin Ingrid Fryklund. Stanford: Stanford University Press, 2008.

Barfield, Thomas J. *The Perilous Frontier: Nomadic Empires and China*. Cambridge: Basil Blackwell, 1989.

Barnhart, Richard M. *Peach Blossom Spring: Gardens and Flowers in Chinese Paintings*. New York: Metropolitan Museum of Art, 1983.

Barnstone, Tony, and Willis Barnstone. "Introduction." In *Laughing Lost in the Mountains: Poems of Wang Wei*. Hanover, N.H.: University Press of New England, 1991.

Barrett, Timothy. *Li Ao: Buddhist, Taoist, or Neo-Confucian?* Oxford: Oxford

University Press, 1992.

———. "The Rise and Spread of Printing: A New Account of Religious Factors." Working Papers in the Study of Religions. London: School of Oriental and African Studies, University of London, 2001.

———. *Taoism under the T'ang*. London: Wellsweep Press, 1996.

———. *The Woman Who Discovered Printing*. New Haven: Yale University Press, 2008.

Bartholomew, T. T. "Botanical Puns in Chinese Art from the Collection of the Asian Art Museum of San Francisco." *Orientations* 16 (September, 1985): 18–24.

Beckwith, Christopher I. *The Tibetan Empire in Central Asia: A History of the Struggle for Great Power among Tibetans, Turks, Arabs, and Chinese during the Early Middle Ages*. Princeton: Princeton University Press, 1987.

Benn, Charles D. *The Cavern-Mystery Transmission: A Taoist Ordination Rite of a.d. 711*. Honolulu: University of Hawai'i Press, 1991.

———. *China's Golden Age: Everyday Life in the Tang Dynasty*. Oxford: Oxford University Press, 2002.

———. "Daoist Ordinations and *Zhai* Rituals in Medieval China." In Dao*ism Handbook*. Ed. Livia Kohn. Leiden: E. J. Brill, 2000.

———. "Religious Aspects of Emperor Hsuan-tsung's Taoist Ideology." In *Buddhist and Taoist Practice in Medieval Chinese Society*. Ed. David W. Chappell. Honolulu: University of Hawai'i Press, 1987.

———. "Taoism as Ideology in the Reign of Emperor Hsuan-tsung." Ph.D. diss., University of Michigan, 1977.

Benn, James. A. *Burning for the Buddha: Self-Immolation in Chinese Buddhism*. Honolulu: University of Hawai'i, 2007.

Bielenstein, Hans. "The Chinese Colonization of Fukien until the End of the T'ang." In *Studia Serica Bernhard Karlgren Dedicata*. Ed. Soren Egerod. Copenhagen: Ejnar Munksgard, 1959.

Bingham,Woodridge. *The Founding of the T'ang Dynasty: The Fall of the Sui and Rise of the T'ang*. Baltimore: American Council of Learned Societies, 1941.

Birnbaum, Raoul. *Studies on the Mystery of Manjuøri*. Boulder: Society for the Study of Chinese Religions, Monograph 2, 1983.

Bischoff, F. A., tr. *La Foret des Pinceaux: Etude sur l'Academie du Han-lin sous la Dynastie des T'ang et traduction du Han lin tche.* Paris: Presses Universitaires de France, 1963.

Blauth, Birthe. *Altchinesische Geschichte uber Fuchsdamonen.* Frankfurt am Main: Peter Lang, 1996.

Bokenkamp, Stephen. "Time After Time: Taoist Apocalyptic History and the Founding of the T'ang Dynasty." *Asia Major,* Third Series 7 (1994): 59–88.

Bol, Peter. *"This Culture of Ours": Intellectual Transitions in T'ang and Sung China.* Stanford: Stanford University Press, 1992.

Boltz, Judith M. "Not by the Seal of Office Alone: New Weapons in Battles with the Supernatural." In *Religion and Society in T'ang and Sung China.* Ed. Patricia Buckley Ebrey and Peter N. Gregory. Honolulu: University of Hawai'i Press, 1993.

———. *A Survey of Taoist Literature: Tenth to Seventeenth Centuries.* Berkeley: Institute of East Asian Studies, Center for Chinese Studies, University of California, 1987.

Brokaw, Cynthia. *Commerce in Culture: The Sibao Book Trade in the Qing and Republican Periods.* Cambridge: Harvard University Press, 2007.

———. *The Ledgers of Merit and Demerit: Social Change and Moral Order in Late Imperial China.* Princeton: Princeton University Press, 1991.

Brokaw, Cynthia, and Kai-wing Chow, eds. *Printing and Book Culture in Late Imperial China.* Berkeley: University of California Press, 2005.

Buchanan, Keith. *The Transformation of the Chinese Earth.* London: G. Bell and Sons, 1970.

Buswell, Robert E., Jr. *The Formation of Ch'an Ideology in China and Korea: The Vajrasa-mAmadhi-SAtra, a Buddhist Apocryphon.* Princeton: Princeton University Press, 1989.

———, ed. *Chinese Buddhist Apocrypha.* Honolulu: University of Hawai'i Press, 1990.

Cahill, Suzanne E. *Divine Traces of the Daoist Sisterhood: "Records of the Assembled Transcendents of the Fortified Walled City" by Du Guangting (850–933).* Magdalena, N.M.: Three Pines Press, 2006.

———. "Smell Good and Get a Job: How Daoist Women Saints Were Verified and Legitimatized during the Tang Dynasty (618–907)." In *Presence and Presentations: Women in the Chinese Literati Tradition.* Ed. Sherry J. Mou. London: MacMillan,

1999.

———. *Transcendence and Divine Passion: The Queen Mother of the West in Medieval China*. Stanford: Stanford University Press, 1993.

Cartelli, Mary Anne. "The Poetry of Mt. Wutai: Chinese Buddhist Verse from Dunhuang." Ph.D. diss., Columbia University, 1999.

Carter, Thomas. *The Invention of Printing in China and Its Spread Westward*. New York: Columbia University Press, 1925; 2nd ed. rev. by L. C. Goodrich. New York: Ronald Press, 1955.

Chang, Han-liang. "The *Yang Lin* Story Series." In *China and the West: Comparative Literature Studies*. Ed. William Tay, Ying-hsiung Chou, and Hehhsiang Yuan. Hong Kong: The Chinese University Press, 1980.

Chang, Kang-i Sun. *The Evolution of Chinese Tz'u Poetry: From Late T'ang to Northern Sung*. Princeton: Princeton University Press, 1980.

Chappell, David. "From Dispute to Dual Cultivation: Pure Land Responses to Ch'an Critics." In *Traditions of Meditation in Chinese Buddhism*. Ed. Peter N. Gregory. Kuroda Institute Studies in East Asian Buddhism, No. 4. Honolulu: University of Hawai'i Press, 1986.

———, ed. *T'ien-t'ai Buddhism: An Outline of the Fourfold Teachings*. Tokyo: Daiichi ShobA, 1983.

Chen, Jinhua. "An Alternative View of the Meditation Tradition in China: Meditation in the Life and Works of Daoxuan (596–667)." *T'oung Pao* 88:4–5 (2002): 332–395.

———. *Making and Remaking History: A Study of Tiantai Sectarian Historiography*. Tokyo: International Institute for Buddhist Studies, International College for Advanced Buddhist Studies, 1999.

———. *Monks and Monarchs, Kinship and Kingship: Tanqian in Sui Buddhism and Politics*. Kyoto: Scuolo Italiana di Studi sull'Asia Orientale, 2002.

———. *Philosopher, Practitioner, Politician: The Many Lives of Fazang 643–712*. Leiden: E. J. Brill, 2007.

Chen, Jo-shui. "Empress Wu and Proto-Feminist Sentiments in T'ang China." In *Imperial Rulership and Cultural Change in Traditional China*. Ed. Frederick P. Brandauer and Chun-chieh Huang. Seattle: University of Washington Press, 1994.

————. *Liu Tsung-yuan and Intellectual Change in T'ang China, 773–819*. Cambridge: Cambridge University Press, 1992.

Ch'en, Kenneth K. S. *Buddhism in China: A Historical Survey*. Princeton: Princeton University Press, 1964.

————. *The Chinese Transformation of Buddhism*. Princeton: Princeton University Press, 1973.

————. "The Economic Background of the Hui-ch'ang Suppression of Buddhism." *Harvard Journal of Asiatic Studies* 19 (1956): 67–105.

Chen, Yinke. "Ji Tang dai zhi Li, Wu, Wei, Wang hunyin jituan." In *Chen Yinke Xiansheng lunwen ji*. Vol. 1. Taipei: San Ren Xing, 1974.

————. "Lun Sui mo Tang chu suowei 'Shandong haojie.'" In *Chen Yinke Xiansheng lunwen ji*. Vol. 1. Taipei: San Ren Xing, 1974.

————. "Lun Tang dai zhi fanjiang yu fubing." In *Chen Yinke Xiansheng lunwen ji*. Vol. 1. Taipei: San Ren Xing, 1974.

————. *Sui Tang zhidu yuan yuan luelun gao*. In *Chen Yinke Xiansheng lunwen ji*. Vol. 1. Taipei: San Ren Xing, 1974.

————. *Tang dai zhengzhi shi shulun gao*. In *Chen Yinke Xiansheng lunwen ji*. Vol. 1. Taipei: San Ren Xing, 1974.

Chen, Yu-shih. *Images and Ideas in Chinese Classical Prose: Studies of Four Masters*. Stanford: Stanford University Press, 1988.

Chi, Ch'ao-ting. *Key Economic Areas in Chinese History as Revealed in the Development of Public Works for Water-Control*. London: George Allen and Unwin, 1936.

Chia, Lucille. "*Mashaben:* Commercial Publishing in Jianyang from the Song to the Ming." In *The Song-Yuan-Ming Transition in Chinese History*. Ed. Paul Jakov Smith and Richard von Glahn. Cambridge: Harvard University Press, 2003.

————. *Printing for Profit: The Commercial Publishers of Jianyang, Fujian (11th–17th Centuries)*. Cambridge: Harvard University Press, 2002.

Chiu-Duke, Josephine. *To Rebuild the Empire: Lu Chih's Confucian Pragmatist Approach to the Mid-T'ang Predicament*. Albany: State University of New York Press, 2000.

Chou, Eva Shan. *Reconsidering Tu Fu: Literary Greatness and Cultural Context*. Cambridge: Cambridge University Press, 1995.

Chow, Kai-wing. *Publishing, Culture, and Power in Early Modern China*. Stanford: Stanford University Press, 2004.

Clark, Hugh R. *Community, Trade, and Networks: Southern Fujian from the Third to the Thirteenth Century*. Cambridge: Cambridge University Press, 1991.

Cole, Alan. *Mothers and Sons in Chinese Buddhism*. Stanford: Stanford University Press, 1998.

Cook, Francis H. *Hua-yen Buddhism: The Jewel Net of Indra*. University Park: Pennsylvania State University Press, 1977.

Crowell, William G. "Government Land Policies and Systems in Early Imperial China." Ph.D. diss., University of Washington, 1979.

Dalby, Michael. "Court Politics in Late T'ang Times." In *Cambridge History of China*. Vol. 3, Sui and T'ang China, Part I. Ed. Denis Twitchett and John K. Fairbank. Cambridge: Cambridge University Press, 1979.

Davidson, Ronald M. *Tibetan Renaissance: Tantric Buddhism in the Rebirth of Tibetan Culture*. New York: Columbia University Press, 2005.

Davis, A. R. *Tu Fu*. New York: Twayne, 1971.

DeBlasi, Anthony. *Reform in the Balance: The Defense of Literary Culture in Mid-Tang China*. Albany: State University of New York Press, 2002.

———. "Striving for Completeness: Quan Deyu and the Evolution of the Tang Intellectual Mainstream." *Harvard Journal of Asiatic Studies* 61:1 (2001): 5–36.

de Crespigny, Rafe. *Generals of the South: The Foundation and Early History of the Three Kingdoms State of Wu*. Canberra: Australian National University Press, 1990.

de la Vaissiere, Etienne. *Sogdian Traders: A History*. Tr. James Ward. Leiden: E. J. Brill, 2005.

———, ed. *Les Sogdiens en Chine*. Paris: Ecole Francaise d'Extreme Orient, 2005.

Despeux, Catherine. "Women in Daoism." In *Daoism Handbook*. Ed. Livia Kohn. Leiden: E. J. Brill, 2000.

Despeux, Catherine, and Livia Kohn. *Women in Daoism*. Magdalena, N.M.: Three Pines Press, 2003.

Des Rotours, Robert, tr. *Courtisanes Chinoises a la Fin des T'ang (entre circa 789 et le 8 janvier 881)*: Pei-li tche (Anecdotes du quartier du Nord). Paris: Presses Universitaires de

France, 1968.

———, tr. *Histoire de Ngan Lou-chan*. Paris: Presses Universitaires de France, 1962.

———, tr. *Traite des Examens, Traduit de la Nouvelle Histoire des T'ang (chap. XLIV, XLV)*. Paris: E. Leroux, 1932.

———, tr. *Traite des Fonctionnaires et Traite de l'Armee, tr. de la Nouvelle Histoire des T'ang (chap. XLVI–L)*. Leiden: E. J. Brill, 1947–48.

Dien, Albert E. "The Bestowal of Surnames under the Western Wei–Northern Chou: A Case of Counter-Acculturation." *T'oung Pao* 63 (1977): 137–177.

———. "The Role of the Military in the Western Wei/Northern Chou State." In *State and Society in Early Medieval China*. Ed. Albert E. Dien. Stanford: Stanford University Press, 1990.

Dien, Dora Shu-fang. *Empress Wu Zetian in Fiction and in History: Female Defiance in Confucian China*. New York: Nova Science Publishers, 2003.

Drege, Jean-Pierre. *Les Bibliotheques en Chine au temps des manuscrits (jusqu'au Xe siecle)*. Paris: Ecole Francaise d'Extreme-Orient, 1991.

Drompp, Michael R. *Tang China and the Collapse of the Uighur Empire*. Leiden: E. J. Brill, 2005.

Dudbridge, Glen. *Religious Experience and Lay Society in T'ang China: A Reading of Tai Fu's Kuang-i chi*. Cambridge: Cambridge University Press, 1995.

———. *The Tale of Li Wa: Study and Critical Edition of a Chinese Story from the Ninth Century*. London: Ithaca Press, 1983.

———. "The Tale of Liu Yi and Its Analogues." In *Paradoxes of Traditional Chinese Literature*. Ed. Eva Hung. Hong Kong: Chinese University of Hong Kong Press, 1994.

Ebrey, Patricia B. *The Aristocratic Families of Early Imperial China: A Case Study of the Po-ling Ts'ui Family*. Cambridge: Cambridge University Press, 1978.

———, tr. "The *Book of Filial Piety for Women* Attributed to a Woman Nee Zheng (ca. 730)." In *Under Confucian Eyes: Writings on Gender in Chinese History*. Ed. Susan Mann and Yu-yin Cheng. Berkeley: University of California Press, 2001.

———. "Concubines in Sung China." Reprinted in *Women and the Family in Chinese History*. London: Routledge, 2003.

———. "The Early Stages in the Development of Descent Group Organization." In

Kinship Organization in Late Imperial China, 1000–1940. Ed. Patricia Buckley Ebrey and James L. Watson. Berkeley: University of California Press, 1986.

————. *The Inner Quarters: Marriage and the Lives of Chinese Women in the Sung Period*. Berkeley: University of California Press, 1993.

————. "Shifts in Marriage Finance from the Sixth to the Thirteenth Century." In *Marriage and Inequality in Chinese Society*. Ed. Rubie S. Watson and Patricia Buckley Ebrey. Berkeley: University of California Press, 1991.

————. "Women, Marriage, and the Family." In *Heritage of China: Contemporary Perspectives on Chinese Civilization*. Ed. Paul S. Ropp. Berkeley: University of California Press, 1990.

Eckel, Malcolm David. *To See the Buddha: A Philosopher's Quest for the Meaning of Emptiness*. Princeton: Princeton University Press, 1992.

Eckfeld, Tonia. *Imperial Tombs in Tang China, 618–907*. London: Routledge Curzon, 2005.

Elvin, Mark. "Introduction." In *Sediments of Time: Environment and Society in Chinese History*. Ed. Mark Elvin and Liu Ts'ui-jung. Cambridge: Cambridge University Press, 1998.

————. *The Pattern of the Chinese Past*. Stanford: Stanford University Press, 1973.

————. *The Retreat of the Elephants: An Environmental History of China*. New Haven: Yale University Press, 2004.

Emmerich, Reinhard. *Li Ao (ca. 772–ca. 841)*. Wiesbaden: Harrassowitz Verlag, 1987.

Ennin. *Ennin's Diary: The Record of a Pilgrimage to China in Search of the Law*. Tr. Edwin Reischauer. New York: Ronald Press, 1955.

Faure, Bernard. "One-Practice SamAdhi in Early Ch'an." In *Traditions of Meditation in Chinese Buddhism*. Ed. Peter N. Gregory. Kuroda Institute Studies in East Asian Buddhism, No. 4. Honolulu: University of Hawai'i Press, 1986.

————. *The Rhetoric of Immediacy: A Cultural Critique of Chan/Zen Buddhism*. Stanford: Stanford University Press, 1991.

————. *The Will to Orthodoxy: A Critical Genealogy of Northern Chan Buddhism*. Stanford: Stanford University Press, 1997.

Finnane, Antonia. *Speaking of Yangzhou: A Chinese City, 1550–1850*. Cambridge: Harvard University Press, 2004.

Fitzgerald, C. P. *The Empress Wu*. London: Cresset Press, 1956.

Forte, Antonino. "Hui-chih (fr. 676–703 a.d.), a Brahmin Born in China." *Estratto da Annali dell'Istituto Universitario Orientale* 45 (1985): 106–134.

———. "The Maitreyist Huaiyi (d. 695) and Taoism." *Tang yanjiu* 4 (1998): 15–29.

———. *The Mingtang and Buddhist Utopias in the History of the Astronomical Clock: The Tower, Statue, and Armillary Sphere Constructed by Empress Wu*. Paris: Ecole Francaise d'Extreme-Orient, 1988.

———. *Political Propaganda and Ideology in China at the End of the Seventh Century: Inquiry into the Nature, Authors and Function of the Tunhuang Document S.6502 Followed by an Annotated Translation*. Naples: Istituto Universitario Orientale, 1976.

Frank, Andre Gunder. *ReOrient: Global Economy in the Asian Age*. Berkeley: University of California Press, 1998.

Frank, Andre Gunder, and Barry K. Gillis. "The 5,000-Year World System." In *The World System: Five Hundred Years or Five Thousand?* London: Routledge, 1993.

Gentzler, Jennings M. "A Literary Biography of Liu Tsung-yuan, 733–819." Ph.D. diss., Columbia University, 1966.

Gernet, Jacques. *Buddhism in Chinese Society: An Economic History from the Fifth to the Tenth Centuries*. Tr. Franciscus Verellen. New York: Columbia University Press, 1995.

Getz, Daniel Aaron, Jr. "Siming Zhili and Tiantai Pure Land in the Song Dynasty." Ph.D. diss., Yale University, 1994.

———. "T'ien-t'ai Pure Land Societies and the Creation of the Pure Land Patriarchate." In *Buddhism in the Sung*. Ed. Peter N. Gregory and Daniel A. Getz, Jr. Kuroda Institute Studies in East Asian Buddhism, No. 13. Honolulu: University of Hawai'i Press, 1999.

Gimello, Robert M. "Chih-yen (602–668) and the Foundations of Hua-yen Buddhism." Ph.D. diss., Columbia University, 1976.

———. "Li T'ung-hsuan and the Practical Dimensions of Hua-yen." In *Studies in Ch'an and Hua-yen*. Ed. Robert M. Gimello and Peter N. Gregory. Kuroda Institute Studies in East Asian Buddhism, No. 1. Honolulu: University of Hawai'i Press, 1983.

———. "Mārga and Culture: Learning, Letters and Liberation in Northern Song Ch'an."

In *Paths to Liberation: The MArga and Its Transformations in Buddhist Thought.* Ed. Robert Buswell, Jr., and Robert Gimello. Kuroda Institute Studies in East Asian Buddhism, No. 7. Honolulu: University of Hawai'i Press, 1992.

————. "Random Reflections on the 'Sinicization' of Buddhism." *Society for the Study of Chinese Religions Bulletin* 5 (1978): 52–89.

Goody, Jack. *The Culture of Flowers.* Cambridge: Cambridge University Press, 1993.

Graff, David A. "Dou Jiande's Dilemma: Logistics, Strategy, and State Formation in Seventh-Century China." In *Warfare in Chinese History.* Ed. Hans van de Ven. Leiden: E. J. Brill, 2000.

————. *Medieval Chinese Warfare: 300–900.* London: Routledge, 2002.

————. "The Sword and the Brush: Military Specialisation and Career Patterns in Tang China, 618–907." *War and Society* 18:2 (October 2000): 9–21.

Gregory, Peter N. *Inquiry into the Origins of Humanity: An Annotated Translation of Tsung-mi's Yuan jen lun with a Modern Commentary.* Honolulu: University of Hawai'i Press, 1995.

————. *Tsung-mi and the Sinification of Buddhism.* Princeton: Princeton University Press, 1991.

Gregory, Peter N., and Daniel A. Getz, Jr., eds. *Buddhism in the Sung.* Kuroda Institute Studies in East Asian Buddhism, No. 13. Honolulu: University of Hawai'i Press, 1999.

Gu, Mingdong. *Chinese Theories of Fiction: A Non-Western Narrative System.* Albany: State University of New York Press, 2006.

Guisso Richard W. "Reigns of the Empress Wu, Chung-tsung and Jui-tsung (684–712)." In *Cambridge History of China.* Vol. 3, Sui and T'ang China, Part I. Ed. Denis Twitchett and John K. Fairbank. Cambridge: Cambridge University Press, 1979.

————. *Wu Tse-t'ien and the Politics of Legitimation in T'ang China.* Bellingham: Western Washington University Press, 1978.

Han, Guopan. *Sui Tang Wu dai shi gang.* Rev. ed. Beijing: Renmin Chubanshe, 1979.

Hansen, Valerie. "Gods on Walls: A Case of Indian Influence on Chinese Lay Religion?" In *Religion and Society in T'ang and Sung China.* Ed. Patricia Buckley Ebrey and Peter N. Gregory. Honolulu: University of Hawai'i Press, 1993.

————. *Negotiating Daily Life in Traditional China: How Ordinary People Used Con-*

tracts, 600–1400. New Haven: Yale University Press, 1995.

Hartman, Charles. "*Alienloquium*: Liu Tsung-yuan's Other Voice." Ch*inese Literature: Essays, A*rticles, Reviews 4 (1982): 23–73.

——. *Han Yu and the T'ang Search for Unity*. Princeton: Princeton University Press, 1986.

Hartwell, Robert M. "Demographic, Political and Social Transformations of China, 750–1550." *Harvard Journal of Asiatic Studies* 42:2 (1982): 365–442.

——. "Financial Expertise, Examinations, and the Formulation of Economic Policy in Northern Sung China." *Journal of Asian Studies* 30:2 (1971): 281–314.

——. "Foreign Trade, Monetary Policy and Chinese 'Mercantilism.'" In *Collected Studies on Sung History Dedicated to James T. C. Liu in Celebration of his Seventieth Birthday*. Ed. Kinugawa Tsuyoshi, 453–488. Kyoto: Doshosha, 1989.

Helms, Mary W. *Craft and the Kingly Ideal: Art, Trade, and Power*. Austin: University of Texas Press, 1993.

——. *Ulysses' Sail: An Ethnographic Odyssey of Power, Knowledge, and Geographical Distance*. Princeton: Princeton University Press, 1988.

Herbert, P. A. *Examine the Honest, Appraise the Able: Contemporary Assessments of Civil Service Selection in Early Tang China*. Faculty of Asian Studies Monographs, n.s., 10. Canberra: Australia National University Press, 1988.

Holcombe, Charles. *The Genesis of East Asia, 221 b.c.–a.d. 907*. Honolulu: University of Hawai'i Press, 2001.

Hou, Ching-lang. *Monnaies d'offrande et la notion de tresorerie dan la religion chinoise*. Paris: Memoires de l'Institut des Hautes Etudes Chinoises, 1975.

Hourani, F. George. *Arab Seafaring in the Indian Ocean in Ancient and Early Medieval Times*. Revised and expanded by John Carswell. Princeton: Princeton University Press, 1995.

Hsieh, Daniel. *Love and Women in Early Chinese Fiction*. Hong Kong: The Chinese University Press, 2008.

Hsu, Cho-yun. *Han Agriculture: The Formation of Early Chinese Agrarian Economy (206 b.c.–a.d. 220)*. Seattle: University of Washington Press, 1980.

Hubbard, Jamie. *Absolute Delusion, Perfect Buddhahood: The Rise and Fall of a Chinese Heresy*. Honolulu: University of Hawai'i Press, 2001.

Hung, William. *Tu Fu: China's Greatest Poet*. Cambridge: Harvard University Press, 1952.

Huntington, Rania. *Alien Kind: Foxes and Late Imperial Chinese Literature*. Cambridge: Harvard University Press, 2003.

Hymes, Robert P. *Statesmen and Gentlemen: The Elite of Fu-Chou, Chiang-Hsi, in Northern and Southern Sung*. Cambridge: Cambridge University Press, 1986.

Idema, Wilt, and Beata Grant. *The Red Brush: Writing Women of Imperial China*. Cambridge: Harvard University Asia Center, Harvard University Press, 2004.

Ikeda, On. "The Decline of the T'ang Aristocracy." Unpublished draft chapter for the unpublished Volume 3 of the *Cambridge History of China*.

Inoue, Mitsusada. "The *Ritsuryō*System in Japan." Acta Asiatica 31 (1977): 83–112.

Jia, Jinhua. *The Hongzhou School of Chan Buddhism in Eighth- through Tenth-Century China*. Albany: State University of New York Press, 2006.

Johnson, David G. "The City-God Cults of T'ang and Sung China." *Harvard Journal of Asiatic Studies* 45:2 (1985): 363–457.

——. "The Last Years of a Great Clan: The Li Family of Chao chun in Late T'ang and Early Sung." *Harvard Journal of Asiatic Studies* 37:1 (June, 1977): 5–102.

——. *The Medieval Chinese Oligarchy*. Boulder: Westview, 1977.

——. "Mu-lien in Pao-chuan: The Performance Context and Religious Meaning of the *Yu-ming Pao-ch'uan*." In *Ritual and Scripture in Chinese Popular Religion: Five Studies*. Ed. David Johnson. Berkeley: Publications of the Chinese Popular Culture Project, 1995.

——, ed. *Ritual Opera, Operatic Ritual: "Mu-lien Rescues his Mother" in Chinese Popular Culture*. Berkeley: Publications of the Chinese Popular Culture Project, 1989.

——. "The Wu Tzu-hsu *Pien-wen* and Its Sources, Parts I and II." *Harvard Journal of Asiatic Studies* 40:1–2 (1980): 93–156, 465–505.

Johnson, Wallace, tr. *The T'ang Code*. Vol. 1, General Principles. Princeton: Princeton University Press, 1979.

——, tr. *The T'ang Code*. Vol. 2, Specific Articles. Princeton: Princeton University Press, 1997.

Johnson, Wallace, and Denis Twitchett, "Criminal Procedure in T'ang China." *Asia*

Major, third series, 6:2 (1993): 113–146.

Kang, Xiaofei. *The Cult of the Fox: Power, Gender, and Popular Religion in Late Imperial and Modern China.* New York: Columbia University Press, 2006.

———. "The Fox (*hu*) and the Barbarian (*hu*): Unraveling Representations of the Other in Late Tang Tales." *Journal of Chinese Religions* 27 (1999): 35–67.

Kao, Karl K. S. "Aspects of Derivation in Chinese Narrative." *Chinese Literature: Articles, Essays, Reviews* 7 (1985): 1–36.

Karetzky, Patricia Eichenbaum. *Court Art of the Tang.* Lanham, N.Y.: University Press of America, 1996.

Katō, Shigeshi. "On the Hang or Association of Merchants in China." *Memoirs of the TōyōBunko* 8 (1936): 45–83.

Kiang, Heng Chye. *Cities of Aristocrats and Bureaucrats.* Honolulu: University of Hawai'i Press, 1999.

Kieschnick, John. *The Eminent Monk: Buddhist Ideals in Medieval Chinese Hagiography.* Kuroda Institute Studies in East Asian Buddhism, No. 10. Honolulu: University of Hawai'i Press, 1997.

———. *The Impact of Buddhism on Chinese Material Culture.* Princeton: Princeton University Press, 2003.

Kirkland, Russell. "Dimensions of Tang Taoism: The State of the Field at the End of the Millennium." *T'ang Studies* 15–16 (1998): 79–123.

———. "Tales of Thaumaturgy: T'ang Accounts of the Wonder-Worker Yeh Fashan." *Monumenta Serica* 40 (1992): 47–86.

———. *Taoism: The Enduring Tradition.* New York: Routledge, 2004.

———. "Taoists of the High T'ang: An Inquiry into the Perceived Significance of Eminent Taoists in Medieval Chinese Society." Ph.D. diss., Indiana University, 1986.

Knechtges, David R. "Dream Adventure Stories in Europe and T'ang China." *Tamkang Review* 4 (1973): 101–119.

Kohn, Livia. *God of the Dao: Lord Lao in History and Myth.* Ann Arbor: Center for Chinese Studies, University of Michigan, 1998.

———. *Monastic Life in Medieval Daoism: A Cross-Cultural Perspective.* Honolulu:

University of Hawai'i Press, 2003.

——. "The Northern Celestial Masters." In *Daoism Handbook*. Ed. Livia Kohn. Leiden: E. J. Brill, 2000.

——. *Seven Steps to the Tao: Sima Chengzhen's "Zuowang Lun."* Nettetal: Steyler Verlag, 1987.

Kohn, Livia, and Russell Kirkland. "Daoism in the Tang (618–907)." In *Daoism Handbook*. Ed. Livia Kohn. Leiden: E. J. Brill, 2000.

Kuhn, Dieter. *The Age of Confucian Rule: The Song Transformation of China*. Cambridge: Harvard University Press, 2009.

Lagerwey, John. *Taoist Ritual in Chinese Society and History*. New York: MacMillan, 1987.

Lai, Sufen Sophia. "Father in Heaven, Mother in Hell: Gender Politics in the Creation and Transformation of Mulian's Mother." In *Presence and Presentation: Women in the Chinese Literati Tradition*. Ed. Sherry J. Mou. London: MacMillan, 1999.

Lamont, H. G. "An Early Ninth Century Debate on Heaven: Liu Tsung-yuan's *T'ien shuo* and Liu Yu-hsi's T'ien lun, An Annotated Translation and Introduction." Asia Major, n.s., Part I, 18:2 (1973): 181–208; Part II, 19:1 (1974): 37–85.

Legge, James, tr. *A Record of Buddhistic Kingdoms: Being an Account of the Chinese Monk Fa-hien of his Travels in India and China (a.d. 399–414) in Search of the Buddhist Books of Discipline*. New York: Dover, 1965.

Levi, Jean. *La Chine Romanesque: Fictions d'Orient et d'Occident*. Paris: Seuil, 1995.

Levy, Howard S. *The Biography of An Lu-shan*. Berkeley: University of California Press, 1960.

——. "The Gay Quarters of Chang'an." *Oriens/West* 7 (1962): 93–105.

——. "Records of the Gay Quarters." *Oriens/West* 8 (1962): 121–128; 8:6 (1963): 115–122; 9:1 (1964): 103–110.

——, tr. *Translations from the Collected Works of Po Chu-yi*. 2 vols. New York: Paragon Book Reprint, 1971.

Lewis, Mark Edward. *China between Empires: The Northern and Southern Dynasties*. Cambridge: Harvard University Press, 2009.

——. *The Construction of Space in Early China*. Albany: State University of New York

Press, 2006.

——. *The Early Chinese Empires: Qin and Han*. Cambridge: Harvard University Press, 2007.

——. "The *Feng* and Shan Sacrifices of Emperor Wu of the Han." In *State and Court Ritual in China*. Ed. Joseph P. McDermott. Cambridge: Cambridge University Press, 1999.

——. "The Suppression of the Three Stages Sect: Apocrypha as a Political Issue." In *Chinese Buddhist Apocrypha*. Ed. Robert E. Buswell, Jr. Honolulu: University of Hawai'i Press, 1990.

——. *Writing and Authority in Early China*. Albany: State University of New York Press, 1999.

Lin, Shuen-fu. "The Formation of a Distinct Generic Identity for *Tz'u*." In *Voices of the Song Lyric in China*. Ed. Pauline Yu. Berkeley: University of California Press, 1994.

Lin, Wen-yueh. "The Decline and Revival of *Feng-ku* (Wind and Bone): On the Changing Poetic Styles from the Chien-an Era through the High T'ang Period." In *The Vitality of the Lyric Voice*. Ed. Shuen-fu Lin and Stephen Owen. Princeton: Princeton University Press, 1986.

Liu, James J. Y. *The Poetry of Li Shang-yin*. Chicago: University of Chicago Press, 1969.

Liu, Shi Shun, tr. *Chinese Classical Prose: The Eight Masters of the Tang-Sung Period*. Hong Kong: Renditions, The Chinese University Press, 1979.

Liu, Xinru. *Ancient India and Ancient China: Trade and Religious Exchanges, a.d. 1–600*. Delhi: Oxford University Press, 1988.

Lorge, Peter. *War, Politics and Society in Early Modern China, 900–1795*. London: Routledge, 2005.

Lu, Sheldon Hsiao-peng. *From Historicity to Fictionality: The Chinese Poetics of Narrative*. Stanford: Stanford University Press, 1994.

Mackerras, Colin. *The Uighur Empire According to the Tang Dynastic Histories*. Columbia: University of South Carolina Press, 1973.

——. "The Uighurs." In *The Cambridge History of Early Inner Asia*. Ed. Denis Sinor. Cambridge: Cambridge University Press, 1990.

Mair, Victor H. *Painting and Performance: Chinese Picture Recitation and Its Indian*

    Genesis. Honolulu: University of Hawai'i Press, 1988.

———. "Scroll Presentation in the T'ang Dynasty." *Harvard Journal of Asiatic Studies* 38:1 (1978): 35–60.

———. *T'ang Transformation Texts: A Study of the Buddhist Contribution in the Rise of Vernacular Fiction and Drama in China.* Cambridge: Harvard University Press, 1989.

———, tr. *Tun-huang Popular Narratives.* Cambridge: Cambridge University Press, 1983.

Makeham, John. *Transmitters and Creators: Chinese Commentators and Commentaries on the Analects.* Cambridge: Harvard University Press, 2004.

Marks, Robert B. *Tigers, Rice, Silk, and Silt: Environment and Economy in Late Imperial South China.* Cambridge: Cambridge University Press, 1998.

Marme, Michael. *Suzhou: Where the Goods of All the Provinces Converge.* Stanford: Stanford University Press, 2005.

Mather, Richard B. *The Poet Shen Yueh (441–513): The Reticent Marquis.* Princeton: Princeton University Press, 1988.

Mazumdar, Sucheta. *Sugar and Society in China: Peasants, Technology, and the World Market.* Cambridge: Harvard University Press, 1998.

McCraw, David R. *Du Fu's Laments from the South.* Honolulu: University of Hawai'i Press, 1992.

McDermott, Joseph P. *A Social History of the Chinese Book: Books and Literati Culture in Late Imperial China.* Hong Kong: Hong Kong University Press, 2006.

McKnight, Brian E. *The Quality of Mercy: Amnesties and Traditional Chinese Justice.* Honolulu: University of Hawai'i Press, 1981.

McMullen, David. "Bureaucrats and Cosmology: The Ritual Code of Tang China." In *Rituals of Royalty: Power and Ceremonial in Traditional Societies.* Ed. David Cannadine and Simon Price. Cambridge: Cambridge University Press, 1987.

———. "The Cult of Ch'i T'ai-kung and T'ang Attitudes to the Military." *T'ang Studies* 7 (1989): 59–103.

———. "Han Yu: An Alternative Picture." *Harvard Journal of Asiatic Studies* 49:2 (1989): 603–657.

————. "Historical and Literary Theory in the Mid-Eighth Century." In *Perspectives on the T'ang*. Ed. Arthur F. Wright and Denis Twitchett. New Haven: Yale University Press, 1973.

————. *State and Scholars in T'ang China*. Cambridge: Cambridge University Press, 1988.

————. "Views of the State in Du You and Liu Zongyuan." In *Foundations and Limits of State Power in China*. Ed. Stuart R. Schram. London: School of Oriental and African Studies, University of London, 1987.

McRae, John R. *The Northern School and the Formation of Early Ch'an Buddhism*. Kuroda Institute Studies in East Asian Buddhism, No. 3. Honolulu: University of Hawai'i Press, 1986.

————. "The Ox-head School of Chinese Ch'an Buddhism: From Early Ch'an to the Golden Age." In *Studies in Ch'an and Hua-yen*. Ed. Robert M. Gimello and Peter N. Gregory. Kuroda Institute Studies in East Asian Buddhism, No. 1. Honolulu: University of Hawai'i Press, 1983.

————. *Seeing Through Zen: Encounter, Transformation, and Genealogy in Chan Buddhism*. Berkeley: University of California Press, 2003.

————. "Shen-hui and the Teaching of Sudden Enlightenment in Early Ch'an Buddhism." In *Sudden and Gradual: Approaches to Enlightenment in Chinese Thought*. Ed. Peter N. Gregory. Kuroda Institute Studies in East Asian Buddhism, No. 5. Honolulu: University of Hawai'i Press, 1987.

Meyer-Fong, Tobie. *Building Culture in Early Qing Yangzhou*. Stanford: Stanford University Press, 2003.

Miller, James. *Daoism: A Short Introduction*. Oxford: Oneworld, 2003.

Moore, Oliver. "The Ceremony of Gratitude." In *State and Court Ritual in China*. Ed. Joseph P. McDermott. Cambridge: Cambridge University Press, 1999.

————. *Rituals of Recruitment in T'ang China: Reading an Annual Programme in the Collected Statements by Wang Dingbao (870–940)*. Leiden: E. J. Brill, 2004.

Needham, Joseph. *Science and Civilisation in China*. Vol. 1, Introductory Orientations. Cambridge: Cambridge University Press, 1965.

Needham, Joseph, and Francesca Bray. *Science and Civilisation in China*. Vol. 6, Biology and Biological Technology, Part 2, Agriculture. Cambridge: Cambridge University Press, 1984.

Needham, Joseph, Christian Daniels, and Nicholas K. Menzies. *Science and Civilisation in China*. Vol. 6, Biology and Biological Technology, Part 3, Agro-Industries: Sugarcane Technology, Agro-Industries and Forestry. Cambridge: Cambridge University Press, 1996.

Needham, Joseph, and H. T. Huang. *Science and Civilisation in China*. Vol. 6, Biology and Biological Technology, Part 5, Fermentations and Food Science. Cambridge: Cambridge University Press, 2000.

Needham, Joseph, and Tsien Tsuen-hsuin. *Science and Civilisation in China*. Vol. 5, Chemistry and Chemical Technology, Part 1, Paper and Printing. Cambridge: Cambridge University Press, 1985.

Needham, Joseph, and Wang Ling, *Science and Civilisation in China*. Vol. 4, Physics and Physical Technology, Part 2, Mechanical Engineering. Cambridge: Cambridge University Press, 1965.

Needham, Joseph, Wang Ling, and Lu Gwei-djen. *Science and Civilisation in China*. Vol. 4, Physics and Physical Technology, Part 3, Civil Engineering and Nautics. Cambridge: Cambridge University Press, 1971.

Nienhauser, William H., Jr. "Some Preliminary Remarks on Fiction, the Classical Tradition and Society in Late Ninth-Century China." In *Critical Essays on Chinese Fiction*. Ed. Winton L. Y. Yang and Curtis P. Adkins. Hong Kong: The Chinese University Press, 1980.

Orzech, Charles D. *Politics and Transcendent Wisdom: The Scripture for Humane Kings in the Creation of Chinese Buddhism*. University Park: Pennsylvania State University Press, 1998.

Owen, Stephen, ed. and tr. *An Anthology of Chinese Literature: Beginnings to 1911*. New York: W. W. Norton, 1996.

———. *The End of the Chinese "Middle Ages": Essays in Mid-Tang Literary Culture*. Stanford: Stanford University Press, 1996.

———. *The Great Age of Chinese Poetry: The High T'ang*. New Haven: Yale University Press, 1981.

———. *The Late Tang: Chinese Poetry of the Mid-Ninth Century (827–860)*. Cambridge: Harvard University Press, 2006.

———. *The Poetry of the Early T'ang*. New Haven: Yale University Press, 1977.

———. *The Poetry of Meng Chiao and Han Yu*. New Haven: Yale University Press, 1975.

————. *Remembrances: The Experience of the Past in Chinese Literature*. Cambridge: Harvard University Press, 1986.

Pan, Yihong. *Son of Heaven and Heavenly Qaghan*. Bellingham: Western Washington University Press, 1997.

Pearce, Scott. "Form and Matter: Archaizing Reform in Sixth-Century China." In *Culture and Power in the Reconstitution of the Chinese Realm, 200–600*. Ed. Scott Pearce, Audrey Spiro, and Patricia Ebrey. Cambridge: Harvard University Press, 2001.

Pelliot, Paul. *Les Debuts de l'imprimerie en Chine*. Paris: Imprimerie National, 1953.

Petech, Luciano. *Northern India According to Shui-ching-chu*. Serie oriental Roma, 2. Rome: Istituto Italiano per il Medio ed Estremo Oriente, 1950.

Peterson, Charles A. "The Autonomy of the Northeastern Provinces in the Period Following the An Lu-shan Rebellion." Ph.D. diss., University of Washington, 1966.

————. "Court and Province in Mid- and Late T'ang." In *Cambridge History of China*. Vol. 3, Sui and T'ang China, Part I. Ed. Denis Twitchett and John K. Fairbank. Cambridge: Cambridge University Press, 1979.

————. "P'u-ku Huai-en and the T'ang Court: The Limits of Loyalty." *Monumenta Serica* 29 (1970–71): 423–455.

————. "Regional Defense against the Central Power: The Huai-hsi Campaign, 815–817." In *Chinese Ways in Warfare*. Ed. Frank A. Kierman, Jr., and John K. Fairbank. Cambridge: Harvard University Press, 1974.

————. "The Restoration Completed: Emperor Hsien-tsung and the Provinces." In *Perspectives on the T'ang*. Ed. Arthur F. Wright and Denis Twitchett. New Haven: Yale University Press, 1973.

Powell, William F., tr. *The Record of Tung-shan*. Honolulu: University of Hawai'i Press, 1986.

Pulleyblank, E. G. "The An Lu-shan Rebellion and the Origins of Chronic Militarism in Late T'ang China." In *Essays on T'ang Society: The Interplay of Social and Political and Economic Forces*. Ed. J. C. Perry and Bardwell L. Smith. Leiden: E. J. Brill, 1976.

————. *The Background of the Rebellion of An Lu-Shan*. London: Oxford University Press, 1955.

———. "Chinese Historical Criticism: Liu Chih-chi and Ssu-ma Kuang." In *Historians of China and Japan*. Ed. W. G. Beasley and E. G. Pulleyblank. London: Oxford University Press, 1961.

———. "Neo-Confucianism and Neo-Legalism in T'ang Intellectual Life, 755–805." In *The Confucian Persuasion*. Ed. Arthur F. Wright. Stanford: Stanford University Press, 1960.

Reed, Carrie E. *A Tang Miscellany: An Introduction to Youyang zazu*. New York: Peter Lang, 2003.

Reischauer, Edwin O. *Ennin's Diary*. New York: Ronald Press, 1955.

———. *Ennin's Travels in T'ang China*. New York: Ronald Press, 1955.

Reiter, Florian. *The Aspirations and Standards of Taoist Priests in the Early T'ang Period*. Wiesbaden: Harrassowitz, 1988.

Robinet, Isabelle. *Taoism: Growth of a Religion*. Tr. Phyllis Brooks. Stanford: Stanford University Press, 1997.

Rogers, Michael C. *The Chronicle of Fu Chien: A Case of Exemplar History*. Chinese Dynastic Histories Translation, 10. Berkeley: University of California, 1968.

Rouzer, Paul F. *Articulated Ladies: Gender and the Male Community in Early Chinese Texts*. Cambridge: Harvard University Press, 2001.

———. *Writing Another's Dream: The Poetry of Wen Tingyun*. Stanford: Stanford University Press, 1993.

Sage, Steven F. *Ancient Sichuan and the Unification of China*. Albany: State University of New York Press, 1992.

Schaab-Hanke, Dorothee. *Die Entwicklung des hofischen Theaters in China zwischen dem 7. und 10. Jahrhundert*. Hamburg: Hamburg Sinologische Schriften, 2001.

Schafer, Edward H. "The Capeline Cantos: Verses on the Divine Loves of Taoist Priestesses." *Asiatische Studien* 32 (1978): 5–65.

———. *The Empire of Min*. Rutland, Vt.: C. E. Tuttle, 1954.

———. *The Golden Peaches of Samarkand: A Study of T'ang Exotics*. Berkeley: University of California Press, 1963.

———. "The Last Years of Ch'ang-an." *Oriens Extremus* 10 (1963): 133–179.

———. *Mao Shan in T'ang Times*. Monograph No. 1. Boulder, Co.: Society for the Study of Chinese Religions, 1980.

————. *Mirages on the Sea of Time: The Taoist Poetry of Ts'ao T'ang.* Berkeley: University of California Press, 1985.

————. *Pacing the Void: T'ang Approaches to the Stars.* Berkeley: University of California Press, 1977.

————. "T'ang." In *Food in Chinese Culture: Anthropological and Historical Perspectives.* Ed. K. C. Chang. New Haven: Yale University Press, 1977.

————. *The Vermilion Bird: T'ang Images of the South.* Berkeley: University of California Press, 1967.

————. "Wu Yun's 'Cantos on Pacing the Void.'" *Harvard Journal of Asiatic Studies* 41 (1981): 377–415.

————. "Wu Yun's Stanzas on 'Saunters in Sylphdom.'" *Monumenta Serica* 33 (1981–83): 1–37.

Scharf, Robert H. *Coming to Terms with Chinese Buddhism: A Reading of the Treasure Store Treatise.* Kuroda Institute Studies in East Asian Buddhism, No. 14. Honolulu: University of Hawai'i Press, 2002.

Seidel, Anna. "The Image of the Perfect Ruler in Early Taoist Messianism." *History of Religions* 9 (1969): 216–247.

Sen, Tansen. *Buddhism, Diplomacy, and Trade: The Realignment of Sino-Indian Relations, 600–1400.* Honolulu: University of Hawai'i Press, 2003.

Seo, Tatsuhiko. "The Printing Industry in Chang'an's Eastern Market." *Memoirs of the TAyA Bunko* (2004): 1–42.

Shiba, Yoshinobu. "Urbanization and the Development of Markets in the Lower Yangtze Valley." In *Crisis and Prosperity in Sung China.* Ed. John Winthrop Haeger. Tucson: University of Arizona Press, 1975.

Shields, Anna M. *Crafting a Collection: The Cultural Contexts and Poetic Practice of the Huajian ji.* Cambridge: Harvard University Press, 2006.

Shiratori, Kurakichi. "Chinese Ideas Reflected in the Ta-ch'in Accounts." *Memoirs of the Research Department of the Toyo Bunko* 15 (1956): 25–72.

Skinner, G. William. "Cities and the Hierarchy of Local Systems." In *The City in Late Imperial China.* Ed. G. William Skinner. Stanford: Stanford University Press, 1977.

———. "Marketing and Social Structures in Rural China," 3 parts. *Journal of Asian Studies* 24:1 (1964): 3–44; 24:2 (1964): 195–228; 24:3 (1965): 363–399.

———. "Regional Urbanization in Nineteenth-Century China." In *The City in Late Imperial China*. Ed. G. William Skinner. Stanford: Stanford University Press, 1977.

Smith, Paul J. *Taxing Heaven's Storehouse: Horses, Bureaucrats, and the Destruction of the Sichuan Tea Industry, 1074–1224*. Cambridge: Harvard University Press, 1991.

Somers, Robert M. "The End of the T'ang." In *Cambridge History of China*. Vol. 3, Sui and T'ang China, Part I. Ed. Denis Twitchett and John K. Fairbank. Cambridge: Cambridge University Press, 1979.

———. "Time, Space and Structure in the Consolidation of the T'ang Dynasty." In *State and Society in Early Medieval China*. Ed. Albert E. Dien. Stanford: Stanford University Press, 1990.

Song, Ruoxin, and Song Ruozhao. "The Analects for Women (*Nu lunyu*)." In *Images of Women in Chinese Thought and Culture*. Ed. Robin R. Wang. Indianapolis: Hackett Publishing, 2003.

Stočes, Ferdinand. *La ciel pour couverture, la terre pour oreiller: La vie et l'oeuvre de Li Po*. Mas de Vert: Philippe Picquier, 2003.

Strickmann, Michel. "The *Consecration SAtra*: A Buddhist Book of Spells." In *Chinese Buddhist Apocrypha*. Ed. Robert J. Buswell, Jr. Honolulu: University of Hawai'i Press, 1990.

Strong, John S. *The Legend of King Aśoka: A Study and Translation of the Aśokāvadāna*. Princeton: Princeton University Press, 1983.

———. *Relics of the Buddha*. Princeton: Princeton University Press, 2004.

Sun, Yu, tr. *Li Po: A New Translation*. Hong Kong: Commercial Press, 1982.

Tackett, Nicholas Oliver. "Great Clansmen, Bureaucrats, and Local Magnates: The Structure and Circulation of the Elite in Late-Tang China." *Asia Major,* third series, 21:2 (2008): 101–152.

———. "The Transformation of Medieval Chinese Elites (850–1000 c.e.)." Ph.D. diss., Columbia University, 2006.

Tai, Wang-chou. "Notes sur le Li-wa-tchouan." In *Melanges Sinologiques*. Beijing: French Institute of Peking, 1951.

Taussig, Michael. *The Devil and Commodity Fetishism in South America*. Chapel Hill:

University of North Carolina Press, 1980.

Teiser, Stephen F. *The Ghost Festival in Medieval China*. Princeton: Princeton University Press, 1988.

──. "The Growth of Purgatory." In *Religion and Society in T'ang and Sung China*. Ed. Patricia Buckley Ebrey and Peter N. Gregory. Honolulu: University of Hawai'i Press, 1993.

──. *The Scripture on the Ten Kings and the Making of Purgatory in Medieval Chinese Buddhism*. Kuroda Institute Studies in East Asian Buddhism, No. 9. Honolulu: University of Hawai'i Press, 1994.

Thilo, Thomas. *Chang'an: Metropole Ostasiens und Weltstadt des Mittelalters, 583–904*. 2 vols. Wiesbaden: Otto Harrassowitz, 1997–2006.

Tian, Xiaofei. *Tao Yuanming and Manuscript Culture: The Record of a Dusty Table*. Seattle: University of Washington Press, 2005.

Tietze, Klaus-Peter. *Ssuch'uan vom 7. bis 10. Jahrhundert: Untersuchungen zur Fruhen Geschichte einer Chinesischen Provinz*. Wiesbaden: Franz Steiner Verlag, 1980.

Tregear, T. R. *A Geography of China*. Chicago: Aldine, 1965.

Tu, Kuo-ch'ing. *Li Ho*. Boston: Twayne, 1979.

Tuan, Yi-fu. *China*. Chicago: Aldine, 1969.

Tung, Jowen R. *Fables for the Patriarchs: Gender Politics in Tang Discourse*. London: Roman and Littlefield, 2000.

Twitchett, Denis. *The Birth of the Chinese Meritocracy: Bureaucrats and Examinations in T'ang China*. The China Society Occasional Papers, 18. London: The China Society, 1976.

──. "Chinese Biographical Writing." In *Historians of China and Japan*. Ed. W. G. Beasley and E. G. Pulleyblank. London: Oxford University Press, 1961.

──. "The Composition of the T'ang Ruling Class: New Evidence from Tunhuang." In *Perspectives on the T'ang*. Ed. Arthur F. Wright and Denis Twitchett. New Haven: Yale University Press, 1973.

──. *Financial Administration under the T'ang Dynasty*. Cambridge: Cambridge University Press, 1975.

──. "The Fragment of the T'ang Ordinances of the Department of Waterways

Discovered at Tun-huang." *Asia Major,* n.s., 6:1 (1957): 23–79.

———. "Hsuan-tsung (reign 712–56)." In *Cambridge History of China.* Vol. 3, Sui and T'ang China, Part I. Ed. Denis Twitchett and John K. Fairbank. Cambridge: Cambridge University Press, 1979.

———. "The Implementation of Law in Early T'ang China." *Civilta Veneziana Studi* 34 (1978): 57–84.

———. "Introduction." In *Cambridge History of China.* Vol. 3, Sui and T'ang China, Part I. Ed. Denis Twitchett and John K. Fairbank. Cambridge: Cambridge University Press, 1979.

———. "Kao-tsung (reign 649–83) and the Empress Wu: The Inheritor and the Usurper." In *Cambridge History of China.* Vol. 3, Sui and T'ang China, Part I. Ed. Denis Twitchett and John K. Fairbank. Cambridge: Cambridge University Press, 1979.

———. *Land Tenure and the Social Order in T'ang and Sung China.* Inaugural Lecture, School of Oriental and African Studies, University of London, 1961.

———. "Lands under State Cultivation during the T'ang Dynasty." *Journal of the Economic and Social History of the Orient* 2:2 (1959): 162–203; 2:3 (1959): 335–336.

———. "Lu Chih (754–805): Imperial Adviser and Court Official." In *Confucian Personalities.* Ed. Arthur F. Wright and Denis Twitchett. Stanford: Stanford University Press, 1962.

———. "Merchant, Trade, and Government in Late T'ang." *Asia Major,* n.s. 14:1 (1968): 63–95.

———. "The Monasteries and China's Economy in Medieval Times." *Bulletin of the School of Oriental and African Studies* 19:3 (1957): 526–549.

———. "Monastic Estates in T'ang China." *Asia Major,* n.s. 5 (1956): 123–145.

———. "A Note on the Tunhuang Fragments of the T'ang Regulations (*ko*)." Bulletin of the School of Oriental and African Studies 30:2 (1967): 369–381.

———. "Provincial Autonomy and Central Finance in Late T'ang." *Asia Major,* n.s. 11:2 (1965): 211–232.

———. "The Salt Commissioners after the Rebellion of An Lu-shan." *Asia Major,* n.s. 4 (1954): 60–89.

———. "Some Remarks on Irrigation under the T'ang." *T'oung Pao* 48:1–3 (1961): 175–194.

————. "The T'ang Market System." *Asia Major*, n.s. 12:2 (1966): 202–248.

————. "Varied Patterns of Provincial Autonomy in the T'ang Dynasty." In *Essays on T'ang Society*. Ed. John Curtis Perry and Bardwell L. Smith. Leiden: E. J. Brill, 1976.

Van Gulik, R. H. *Sexual Life in Ancient China*. Leiden: E. J. Brill, 1961; new ed., 2003.

Van Slyke, Lyman P. *Yangtze: Nature, History, and the River*. Reading, Mass.: Addison-Wesley, 1988.

Varsano, Paula M. *Tracking the Banished Immortal: The Poetry of Li Bo and Its Critical Reception*. Honolulu: University of Hawai'i Press, 2003.

Verellen, Franciscus. *Du Guangting (850–933): Taoiste de cour a la fin de la Chine medievale*. Paris: College de France, Institut des Hautes Etudes Chinoises, 1989.

————. "Evidential Miracles in Support of Taoism: The Inversion of a Buddhist Apologetic Tradition." *T'oung Pao* 78 (1992): 217–263.

Von Glahn, Richard. *The Country of Streams and Grottoes: Expansion, Settlement, and the Civilizing of the Sichuan Frontier in Song Times*. Cambridge: Harvard University Press, 1987.

————. *The Sinister Way: The Divine and the Demonic in Chinese Religious Culture*. Berkeley: University of California Press, 2004.

Wagner, Marsha L. *The Lotus Boat: The Origins of Chinese Tz'u Poetry in T'ang Popular Culture*. New York: Columbia University Press, 1984.

Wallacker, Benjamin E. "The Poet as Jurist: Po Chu-I and a Case of Conjugal Homicide." *Harvard Journal of Asiatic Studies* 41:1 (1981): 507–526.

Wallerstein, Immanuel. *The Modern World-System I: Capitalist Agriculture and the Origins of the European World-Economy in the Sixteenth Century*. New York: Academic Press, 1974.

————. "The Rise and Future Demise of the World Capitalist System: Concepts for Comparative Analysis." Reprinted in *The Capitalist World-Economy: Essays by Immanuel Wallerstein*. Cambridge: Cambridge University Press, 1979.

Wang, Gungwu. "The Middle Yangtze in Tang Politics." In *Perspectives on the T'ang*. Ed. Arthur F. Wright and Denis Twitchett. New Haven: Yale University Press, 1973.

————. *The Structure of Power in North China During the Five Dynasties*. Stanford: Stanford University Press, 1963.

Wang, Ling. *Tea and Chinese Culture*. San Francisco: Long River Press, 2005.

Wang, Robin R., ed. *Images of Women in Chinese Thought and Culture: Writing from the Pre-Qin Period through the Song Dynasty*. Indianapolis: Hackett, 2003.

Wang, Zhenping. *Ambassadors from the Islands of Immortals: China-Japan Relations in the Han-Tang Period*. Honolulu: University of Hawai'i Press, 2005.

Warner, Ding Xiang. *A Wild Deer amid Soaring Phoenixes: The Opposition Poetics of Wang Ji*. Honolulu: University of Hawai'i Press, 2003.

Wechsler, Howard J. "The Confucian Teacher Wang T'ung (584?–617): One Thousand Years of Controversy." *T'oung pao* 63 (1977): 225–272.

———. "Factionalism in Early T'ang Government." In *Perspectives on the T'ang*. Ed. Arthur F. Wright and Denis Twitchett. New Haven: Yale University Press, 1973.

———. "The Founding of the T'ang Dynasty: Kao-tsu (reign 618–26)." In *Cambridge History of China*. Vol. 3, Sui and T'ang China, Part I. Ed. Denis Twitchett and John K. Fairbank. Cambridge: Cambridge University Press, 1979.

———. *Mirror to the Son of Heaven: Wei Cheng at the Court of T'ang T'aitsung*. New Haven: Yale University Press, 1974.

———. *Offerings of Jade and Silk: Ritual and Symbol in the Legitimation of the T'ang Dynasty*. New Haven: Yale University Press, 1985.

———. "T'ai-tsung (reign 626–649) the Consolidator." In *Cambridge History of China*. Vol. 3, Sui and T'ang China, Part I. Ed. Denis Twitchett and John K. Fairbank. Cambridge: Cambridge University Press, 1979.

Weinstein, Stanley. *Buddhism under the T'ang*. Cambridge: Cambridge University Press, 1987.

———. "Imperial Patronage in the Formation of T'ang Buddhism." In *Perspectives on the T'ang*. Ed. Arthur F. Wright and Denis Twitchett. New Haven: Yale University Press, 1973.

Widmer, Ellen. *The Beauty and the Book: Women and Fiction in Nineteenth-Century China*. Cambridge: Harvard University Press, 2006.

Wiens, Herold. *China's March into the Tropics*. Washington, D.C.: Office of Naval Research, U.S. Navy, 1952.

Will, Pierre-Etienne. "Clear Waters versus Muddy Waters: The Zheng-Bai Irrigation System of Shaanxi Province in the Late-Imperial Period." In *Sediments of Time:*

Environment and Society in Chinese History. Ed. Mark Elvin and Liu Ts'ui-jung. Cambridge: Cambridge University Press, 1998.

Wittfogel, Karl. *Wirtschaft und Gesellschaft Chinas: Versuch der wissenschaftlichen Analyse einer grossen asiatischen Agrargesellschaft*. Leipzig: C. L. Hirschfield, 1931.

Worthy, Edmund H. "The Founding of Sung China, 950–1000: Integrative Changes in Military and Political Institutions." Ph.D. diss., Princeton University, 1976.

Wright, Arthur F. *Buddhism in Chinese History*. Stanford: Stanford University Press, 1959.

———. "The Sui Dynasty (581–617)." In *Cambridge History of China*. Vol. 3, Sui and T'ang China, Part I. Ed. Denis Twitchett and John K. Fairbank. Cambridge: Cambridge University Press, 1979.

———. *The Sui Dynasty: The Unification of China, a.d. 581–617*. New York: Alfred A. Knopf, 1978.

Wright, Arthur, and Dean Twitchett. "Introduction." In *Perspectives on the T'ang*. New Haven: Yale University Press, 1973.

Wu, Fusheng. *The Poetics of Decadence: Chinese Poetry of the Southern Dynasties and Late Tang Periods*. Albany: State University of New York Press, 1998.

Wu, Yenna. *The Chinese Virago: A Literary Theme*. Cambridge: Harvard University Press, 1995.

Xiao, Chi. *The Chinese Garden as Lyric Enclave: A Generic Study of the Story of the Stone*. Ann Arbor: Center for Chinese Studies, University of Michigan, 2001.

Xiong, Victor Cunrui. *Emperor Yang of the Sui Dynasty: His Life, Times, and Legacy*. Albany: State University of New York Press, 2006.

———. "*Ji*-Entertainers in Tang Chang'an." In *Presence and Presentation: Women in the Chinese Literati Tradition*. Ed. Sherry J. Mou. London: MacMillan, 1999.

———. "The Land-tenure System of Tang China: A Study of the Equal-field System and the Turfan Documents." *T'oung Pao* 85 (1999): 328–390.

———. *Sui-Tang Chang'an*. Ann Arbor: Center for Chinese Studies, University of Michigan, 2000.

Xu, Yinong. *The Chinese City in Space and Time: The Development of Urban Form in Suzhou*. Honolulu: University of Hawai'i Press, 2000.

ley: Numata Center for Buddhist Translation and Research, 1996.

Yamada, Toshiaki. "The Lingbao School." In *Daoism Handbook*. Ed. Livia Kohn. Leiden: E. J. Brill, 2000.

Yampolsky, Philip B. *The Platform Sutra of the Sixth Patriarch*. New York: Columbia University Press, 1967.

Yan, Zhitui. *See* Yen, Chih-t'ui.

Yang, Chung-i. "Evolution of the Status of 'Dependents.'" In *Chinese Social History: Translations of Selected Studies*. Ed. E-tu Zen Sun and John De Francis. New York: Octagon Books, 1972.

Yang, Jingqing. *The Chan Interpretations of Wang Wei's Poetry*. Hong Kong: The Chinese University Press, 2007.

Yang, Lien-sheng. "Female Rulers in Imperial China." *Harvard Journal of Asiatic Studies* 23 (1960–61): 47–61.

———. "Notes on the Economic History of the Chin Dynasty." *Harvard Journal of Asiatic Studies* 9 (1945–47): 107–185. Reprinted in Studies in Chinese Institutional History. Cambridge: Harvard University Press, 1961.

Yang, Xiaoshan. *Metamorphosis of the Private Sphere: Gardens and Objects in Tang-Song Poetry*. Cambridge: Harvard University Press, 2003.

Yates, Robin. *Washing Silk: The Life and Selected Poetry of Wei Chuang (834?–910)*. Cambridge: Harvard University Press, 1988.

Yen, Chih-t'ui. *Family Instructions for the Yen Clan*. Tr. Teng Ssu-yu. Leiden: E. J. Brill, 1968.

Yu, Pauline. "Song Lyrics and the Canon: A Look at Anthologies of Tz'u." In *Voices of the Song Lyric in China*. Ed. Pauline Yu. Berkeley: University of California Press, 1994.

Yu, Pauline, Peter Bol, Stephen Owen, and Willard Peterson, eds. *Ways With Words: Writings about Reading Texts from Early China*. Berkeley: University of California Press, 2000.

Zeitlin, Judith, and Lydia Liu, eds. *Writing and Materiality in China: Essays in Honour of Patrick Hanan*. Cambridge: Harvard University Press, 2003.

Zurcher, Erik. *The Buddhist Conquest of China*. 2 vols. Leiden: E. J. Brill, 1959.

중국어 일본어

谷霽光, 「安史亂前之河北道」, 『燕京學報』19 (1936): 197 – 209.

———. 『府兵制度考釋』, 上海: 上海人民出版社, 1962.

宮崎市定, 『宮崎市定アジア史論考』上·中·下, 東京: 朝日新聞社, 1976.

傅璇琮 等 主編, 『伍代史書彙編』, 杭州市: 杭州出版社, 2004.

史念海, 『中國古都和文化』, 北京: 中華書局, 1996.

———. 『唐代歷史地理研究』, 中国社会科学出版社, 1998.

———. 『黃土高原歷史地理研究』, 黃河水利出版社 2001.

嚴耕望, 『唐史研究叢稿』, 香港: 新亞研究出版社, 1969.

———. 『唐代交通圖考』臺北: 中央研究院歷史語言研究所. 1985-2003.

———. 『嚴耕望史學論文選集』, 臺北: 聯經出版事業公司, 1991.

王仲犖, 『隋唐伍代史』, 上海人民出版社, 2003.

李伯重, 『唐代江南农业的发展』, 农业出版社, 1990.

日野開三郎, 『日野開三郎 東洋史学論集』, 東京: 三一書房, 1980.

池田 温, 「盛唐之集賢院」, 『北海道大學文學部紀要』19.2, 1971: 45-98.

陈垣 编纂, 『道家金石略』, 文物出版社, 1988.

陳寅恪, 『陳寅恪先生論文集』, 台北市: 三人行出版社, 1974.

青山定雄, 『唐宋時代の交通と地誌地圖の研究』, 東京: 吉川弘文館, 1963.

布目潮渢, 『中国の歷史4: 隋唐帝国』, 講談社, 1974.

韓國磐, 『隋唐伍代史鋼』, 人民出版社, 1979.

지은이의 말

우선 당대 역사를 서술하면서 의존하였던 여러 연구의 저자들에게 감사를 표시하고자 한다. 그들의 이름은 각주나 참고문헌에서 찾아볼 수 있을 것이다. 또한 전반적인 지원과 적절한 조언을 해 주었던 "하버드 중국사" 시리즈의 책임 편집자인 티모시 브룩Timothy Brook과 이 시리즈를 구상하고 지원해 준 하버드대학교 출판사의 캐슬린 맥더모트 Kathleen McDermott에게 감사를 표하고 싶다. 이 밖에도 첫 번째 초고에 대하여 개선 방안들을 제시해 준 돈 월러스Don Wallace와 엘렌 월러스 Ellen Wallace를 비롯해서 그 이후 판본들에 대해서 역시 개선 방안들을 제시해 준 디터 쿤Dieter Kuhn과 여러 익명의 독자들에게 모두 감사의 말씀을 전한다. 지도 4·5·6·7·8·9·17은 데이비드 그래프David Graff 의 『중세 중국의 전쟁, 300-900 *Medieval Chinese Warfare, 300-900*』에서 인용 하였음을 밝혀 둔다. 라인하르트 에머리히Reinhard Emmerich에 의해 가 능해진, 훔볼트 재단Humboldt Foundation의 지원은 내가 이 시리즈의 당 대편과 위진남북조편의 마지막 판본을 완성할 수 있는 시간을 제공해 주었다. 무엇보다도, 매 단계마다 나의 원고 수정에 노력해 주었던 나의 아내 크리스틴 잉그리드 프라이크룬드에게 특별한 감사를 표하고 자 한다.

옮긴이의 말

국제 제국 당과 동아시아 문화권의 형성

290여 년간이나 지속된 당 왕조는 '국제적인 제국cosmopolitan empire' 이라는 그 왕조의 성격에서도 알 수 있듯이, 중국 역대 왕조 중 가장 개방적으로 다양한 문명의 문화를 수용하였던 기간이었다. 또한 이렇게 유입된 이질적인 문화 사이의 융합 작용을 통해 세계적인 보편성을 획득한 중화문명이 중원지역이라는 공간적 한계를 벗어나 동아시아와 중앙아시아 전체에 그 영향력을 확산시켰던 기간이었다. 특히 중화문명의 확산을 통해 오늘날에 이르기까지 사회 문화적으로 동질성을 유지하고 있는 동아시아문명이 본격적으로 형성되는 시기였다는 점에서 범지구사적으로 대단히 중요한 시대라고 할 수 있다. 저자가 강조하는 바와 같이 이러한 당 왕조의 개방성은 그 지배층들이 위진남북조 시기 중국인과 북방 이민족 간의 융합 과정(호한 체제)을 겪으며 형성된 혈연적·문화적 혼혈 집단이었기에 가능한 일이었다.

세계제국으로서 당 왕조의 번영은 후대 동아시아인들에게 당대 역사를 전체적으로 찬란한 영광의 시기로 기억하도록 해 주었지만, 사실 이러한 이미지는 안녹산의 반란 이전 당 전반기의 상황 특히 수도 장안과 동경東京 낙양의 번영에 의해 각인되어진 이미지였다. 또한 그 이미지는 왕조의 지나간 전성기에 대한 후대 정치인들과 문인들의 반복된 찬양에 의해서 정형화되었다. 사실 안녹산의 반란 이후 나머지 절반의 시기에는 수도인 장안과 낙양에서도 찬란한 번영과는 거리가 먼 상황이 전개되고 있었다. 당 조정은 이민족과 반란군의 빈번한 침입에 시달렸고 관중 지역과 대운하 그리고 양자강 중하류 지역 일부만을 직접 통제하였을 뿐이고 이마저도 때때로 위협받았다.

그런데 당 후반기는 단순히 왕조순환론상의 침체기였던 것만이 아니라, 중국 역사 전체에서 가장 중요한 시대적 전환기였다. 일찍이 20세기 초반 일본의 역사학자 나이토 고난[內藤湖南]의 획기적인 고찰 이후 이른바 당송변혁기라고 통칭되는 당대 후반기의 변화에 대해서는 그동안 그 성격에 대한 치열한 논쟁이 전개되어 왔다. 비록 그 성격에는 일치된 견해가 존재하지 않지만, 당송변혁기가 이후 천년을 지속하는 새로운 중화 제국으로의 전환에 결정적인 시점이었다는 견해에 대해서는 모두 동의하는 바이다. 특히 서구의 학자들은 이러한 전환기로서 당 후반기가 전반기보다 여러 면에서 더욱 흥미롭다고 생각하였고, 이 책은 그러한 서구 연구자들의 관점이 집대성된 것이라 할 수 있을 것이다.

당대의 전환과 중화 제국의 탄생

이 책의 부제는 '열린 세계 제국'이지만, 이 책에서 저자는 단순히 당대 전반기에 두드러졌던 사회문화적 개방성만을 논의하고자 하는 것은 아니었다. 저자의 시각은 오히려 개방적인 문화교류를 통해 성장하고 난숙하였던 중화문명이 정치적 위기를 통해 한계에 직면한 뒤에 새롭고 보다 업그레이드된 문명으로 탈피하는 과정에 초점이 맞춰져 있다. 저자는 새로운 중국을 준비하는 과도기로서 당대에 발생한 시대적 전환에 대하여 크게 4가지 측면을 강조하고 있다.

첫 번째로, 당 후반기는 위진남북조 이래 형성된 기존의 사회 시스템이 중단 및 폐기되는 시점이었다. 기존의 토지제도·군사제도·조세제도 등이 소멸·폐기되었을 뿐만 아니라, 폐쇄적인 도시 구조가 사라지고 새로운 상업 도시들이 출현하였다. 또한 세습적인 문벌 귀족 계급은 기존의 독점적인 사회적 영향력을 상실하고 실력을 기반으로 새롭게 등장한 엘리트 계층과 경쟁해야 하는 상황에 처하게 되었다.

당대 후반기의 두 번째 시대적 전환은 새로운 문화지형이 등장하였다는 점이다. 특히 경제 중심지로 성장하기 시작하였던 양자강 중하류의 이른바 강남 지역은 문화적인 측면에서도 정치적 혼란에 휩싸여 있었던 화북 지역을 대신하여 새로운 중심지로 등장하였다. 저지대에 대한 지속적인 간척을 통해 농업생산량이 화북 지역을 능가하게 되었고, 인구는 화북 지역의 인구에 거의 육박하게 되었다. 이후 정치적 중심지로서의 화북과 경제적 중심지로서의 강남이라는 구조는 중국의 전형적인 문화지형의 형성에 지대한 영향을 끼쳤다.

세 번째로, 당대 후반기에 중국 외부 세계와의 교류 방식에서 변화가 발생하였다. 한대漢代 이래로 중국 외부의 문명과의 교류를 담당하였던 실크로드라고 명명되는 육상 교통로는 당 후반기에 이르러 토번과 같은 이민족 왕조들에 의해 그 길이 가로막히고 이후에도 회복되지 못하면서 그 중요성은 상대적으로 축소되었다. 반면에 같은 시기에 중국 남부의 천연의 항구들을 중심으로 점차 확대되었던 해상 교역은 외부 문명과의 교류의 중심적인 역할을 담당하게 되었다.

당대의 시대적 전환의 네 번째 측면은 새로운 문학 장르의 등장이었다. 이러한 현상은 이백과 두보와 같은 문학적 성당 시기에 보이기 시작하는데, 문학 창작의 무대가 왕조 조정에서부터 주요 도시의 민간의 영역으로 옮겨가면서 발생하였다. 특히 많은 문인들이 모여들었던 도시의 사창가나 유흥업소 지역은 성당 시대 이후 문학 창작이 집중되었던 장소였다. 당대를 대표하는 문학 장르는 시詩였지만, 후반기에 이르러서는 한유나 유종원 같은 문인들에 의한 사회 비판적인 산문의 창작도 활발하게 전개되었다.

비록 당 조정은 정치적으로 장기간의 침체기를 벗어날 수 없었지만, 당대 후반기에 이루어진 4가지 방향의 전환은 새로운 중화 제국의 탄생에 결정적인 중요성을 지니고 있다. 특히 이러한 전환은 문화적으로 새로운 세계적 보편성을 창조해 내었고 중국을 중심으로 형성된 동아시아 세계는 인류 전체 문명의 중요한 한 축으로서 성장할 수 있었다. 결국 저자는 이 책에서 새로운 성격의 '국제적인 제국'으로 성장하는 중국의 변화를 지적하고자 하였던 것이다.

서구의 당대사 연구에 대한 주목

그런데 그 전환을 설명하는 내용이나 방식에서는 상당한 낯설음이 느껴지는 것도 사실이다. 그러한 낯설음은 아마도 그동안 한국 학계에 몇 권의 개설서나 『당대사의 조명Perspectives on the T'ang』(아르케, 1999) 정도를 제외하고는 당대사 관련해 서구의 전문적인 연구 성과가 본격적으로 소개된 경우가 없었던 것에서 기인한다. 이러한 점에서 이 책은 서구학계의 당대사 연구에서 거의 모든 연구를 망라하였다는 점에서 대단히 중요한 의미가 있다. 또한 저자는 동양서나 한문 사료를 제한적으로만 활용하고 모든 근거 자료는 서구학계의 연구서나 번역서를 활용하고 있는데, 이는 영미권 독자를 염두에 두고 작성되었기 때문이기도 하지만, 그만큼 서구의 관련 연구 성과만으로도 독자적인 연구가 가능할 정도의 수준에 도달하였다는 것을 의미하기도 하다. 비록 미국 학계의 경우 1990년대 이후 당대사 전문 연구자의 수나 연구서의 출판이 오히려 위축되는 측면도 보이지만, 이미 1990년대까지의 연구 성과만으로도 이 정도로 높은 수준의 개설서가 완성될 수 있다는 점은 상당히 인상적이다. 비록 여전히 소수이기는 하지만, 이 책에서도 여러 차례 언급된 바 있는 니콜라스 태켓Nicolas Tackett과 같은 비교적 신진의 서구학계의 연구자들이 다양한 금석문, 전기 자료, 그리고 관련 사서들을 데이터베이스화하여 활용하는 새로운 연구방법론들을 소개하고 있어, 향후 서구학계의 연구는 계속 주목해야 할 것이다.

미국에서 중국 당송대사로 학위를 하였다는 이유로 이 책의 번역을 맡게 되었지만, 번역이 처음이었던 관계로 너무나 많은 부족함을 느꼈다. 번역이 처음이기도 하였지만, 이 책은 놀라울 정도로 광범위한 분야를 종합적으로 다루고 있기에 역자의 제한적인 지식으로는 모두 다 포괄하기에 역부족이었다. 특히 수많은 당대 시詩를 활용하여 그 시대상을 설명하는 방식은 이 책이 지닌 여러 장점 중에서도 그 백미임에 틀림없지만 문학에 문외한인 역자로서는 넘기 어려운 한계였다. 뛰어난 장점을 지닌 이 책의 가치를 모두 다 전달하지 못한 점에 대해서 독자들에게 널리 양해를 구할 뿐이다.

끝으로 중국 역사상 가장 중대한 전환기를 다루고 있는 이 책을 번역하는 기간은 역자 본인의 인생에서도 가장 중대한 전환기였다. 개인적으로 중요한 일들에 집중하느라 이 책의 번역을 차일피일 미루고 있었음에도 끈기 있게 기다려 주고 계속 격려해 준 너머북스 이재민 대표에게 가장 큰 감사를 드린다. 그리고 어색한 영어식 표현과 끊임없이 출현하는 오탈자를 꼼꼼하게 교정해 준 편집자에게도 무한한 감사를 드린다. 다시 강조하지만 이 책에서 독자들이 발견하는 문제점은 모두 역자 본인의 책임이다.

찾아보기